天总会亮

中短篇作品集

『梦圆二〇二〇』主题文学征文活动办公室 编

TIAN ZONG HUI LIANG

『梦圆二〇二〇』丛书

湖南文艺出版社

图书在版编目（CIP）数据

天总会亮:中短篇作品集 /“梦圆二〇二〇”主题文学征文活动办公室编. —长沙 ：湖南文艺出版社, 2020.9

（“梦圆二〇二〇”丛书）

ISBN 978-7-5404-9788-0

Ⅰ. ①天… Ⅱ. ①梦… Ⅲ. ①中篇小说－小说集－中国－当代②短篇小说－小说集－中国－当代 Ⅳ. ①I247.7

中国版本图书馆CIP数据核字（2020）第160641号

PUBLISHING & MEDIA
中南出版传媒

天总会亮：中短篇作品集
TIAN ZONG HUI LIANG:ZHONG-DUANPIAN ZUOPINJI

“梦圆二〇二〇”主题文学征文活动办公室 编

出 版 人：曾赛丰
责任编辑：李 阔
装帧设计：刘盼盼
排版制作：弘毅麦田
湖南文艺出版社出版、发行
（湖南省长沙市东二环一段508号 邮编：410014）
网址：www.hnwy.net
湖南省新华书店经销
长沙超峰印刷有限公司印刷

版次：2020年9月第1版
印次：2020年9月第1次印刷
开本：710 mm×1000 mm 1/16
印张：27
字数：350 千字
书号：ISBN 978-7-5404-9788-0
定价：58.80元

本社邮购电话：0731-85983015
若有质量问题，请直接与本社出版科联系调换

目录

三、散　文

四、诗　歌

五、儿童文学

一
中短篇小说

| 1 |

天总会亮

作者 沈念

石喊坪的春天是跟着飚绵阴雨来的。雨停日出，野花全开了，空气中蠕动着一团黏稠的气息。风用力拍打也拆不开它的来历。我沿着田埂走过去，抓起一大把刚开的花，蓝色的插在黄焕胜家田口，粉色的分给黄顺发家，最后剩几朵颜色混搭的留给我爹黄定要。但还没走到家门口，我顺手一扬把它们扔到水渠里，流到不知道的远方。

水渠是新修的，水哗哗地流着。我很心疼，好像这些水都是我家的。以前渠没修到家户门口，水压根到不了山坡四周的田地，黄定要只会唉声叹气，碾不出半个屁响。我们时常坐在台阶上，惊慌地听着邻居黄焕胜骂娘操蛋。他的山田要水，他的果林要水，他养的羊要喝水，只有一个办法，去挑。挑水的路又远又窄，泼泼洒洒，两桶水挑回来并作一桶用，于是他整天骂骂咧咧，摔门打椅子，骂水势利眼，骂村干部全死绝。

我倒扣着手，放慢脚步，悠闲地往家走。有段时间，村里的大人小孩喊我“光跃缝纫机”，后来觉得太长，就喊成了“黄纫机”。他们是看我走路的模样像女人踩缝纫机的动作，腿一伸一屈，身体一俯一仰。我路过镇上窗帘店看到过一个中年女子把踏板踩得飞快，缝纫机发出嗒嗒的呼啸声。我在路上疾步，风吹过来，身体会生出轻飘飘的感觉——仿佛也成了一台踩得飞快转动的缝纫机。

黄定要远远地看到我，努力想把背抻直了跟我招手，又无可奈何地弯下去了。他弯腰驼背好多年了，小时候我以为他是想假扮成牛马逗我开心，后来发现他不是装的，就很严肃地问：“谁把你压弯成了这个样子？”他不回答。

我说：“是我吗？”

他连连摇头，然后用怜爱的目光看着我那条瘸短的腿。

“你小时候活蹦乱跳的，黄定要看你的样子，那张皱过的树皮脸笑起来像朵快凋谢的大葵花。”我从黄焕胜养的羊群中穿过的时候，他冲我边说边笑。他的笑总让我没来由地打冷战，像是藏着一把寒冬腊月从水底拎出来的刀子。羊群咩咩叫唤着向山坡下走，黄焕胜吆喝着走在最后。“你得了小儿麻痹症，再看看你们家，黄定要前世蛮造业（造孽）啊！”他自言自语，又像是说给羊听的，我却觉得这刺耳的声音是故意说给我听的。

回到屋里，我问黄定要：“人家说你蛮造业？”

其实我是想让他告诉我造业是什么东西。他剜了我一眼，过去他可从没拿这样的眼神看过我，也没生过我的气。他一黄昏没说话，平时我回来后喜欢问这问那的他突然哑巴了。没有了声音，屋里的黑就更像一块冰了，又冷又硬。我猜，黄定要是真的伤心了。

晚上我睡在床上，房间里回潮，墙壁像刚伤心地大哭过，听得到眼泪滴落的声音。黄定要也没睡，在床上翻来覆去，喉咙里像卡着一口痰，哧哧哼哼，要吐不吐，真是讨人烦。他性格就这样，一辈子忍气吞声。

路过石喊坪的算命瞎子说，黄定要会得三个崽女，但只有两个的命。瞎子说完扭身就走了，没人在意，黄定要也走了，心里却装了块石头。

我是他的满崽，上面还有一个哥哥一个姐姐。哥哥在我记事之前死了。有关他的事都是听旁人七嘴八舌拼凑出来的。黄定要听不得我打听哥哥的事，只要提到那个名字，他就会像个孩子般伤心哭泣。

“他这个大崽是个智障，从小看人眼珠就没转动过，笔直的目光，像枪膛里射出的子弹。”这是村秘书黄顺发说的。

“他是夏天失足掉到半口塘淹死的。村里的半口塘水面不小，也蛮深的，每年都要吃掉一两个被父母丢在家里的孩子，或者上年纪的老人。”这是黄焕胜说的。但他在里面游水捞鱼，没半拉子事。我就断定半口塘是个只会欺负老人孩子的软角色，碰到凶狠的人毫毛都不敢动，还要奉献出喂养的鱼虾龟鳖。

哥哥死的时候我太小，不然这些年有他站在身旁保护我，别的孩子也不敢背后向我扔泥砖块。他们起哄地喊着：“黄纫机，跛脚子，瘸里拐里跌跤子。”

我怒气暴躁的外表还是掩饰不了内心的孱弱，他们跑过来，明目张胆地抢走我手中的东西，有时是几颗光滑漂亮的鹅卵石，有时是刚摘的几枝映山红。转眼，他们就会把它们丢进半口塘，鹅卵石在水面上飙出几朵水花，就咕咚沉到水底了。他们说我哥哥也是这样咕咚沉下去的，只是比石头多冒了几个圆圆的气泡。有天夜里，黄定要站在哥哥的遗像前自言自语：瞎子这张乌鸦嘴呀，他是不来了，再来我要扇他几耳巴子啊。我这么拼命下田，要不是你走得早，将来是要给你娶个婆娘回屋里的。他说得这么动情，我听了却又想笑又想哭。

哥哥死了，人们记起瞎子的话应验了，就去找他给个说法。平时唾沫星子四溅的瞎子诡秘不语，人们失望离开，但是再也不背后叨咕他净讲瞎话了。

这世上姐姐和我还活着，她比我大四岁，但几乎不出家门。我不知道她到底在害怕什么，外面多好呀，想去哪就去哪，哪里好玩就去哪里，可她偏偏要躲在黑漆漆的家里。遇到外人来访，姐姐也是四处躲闪，她能一动不动待在你眼皮底下发现不了的黑暗角落，也并不是她长得有多丑，而是因为她天生就像我恩妈。

“造哒活业，大崽死了，妹崽是个精神病，家族遗传。满崽哩，突然得了小儿麻痹症。”黄焕胜又在人面前嚼舌头。我很讨厌这位邻居，没人把他当哑巴，他却一天到晚叽叽喳喳，把全村人的话都讲完了。那天，他不知什么缘故陪着一个乡干部从我家门前走过，指了指我家半掩的门，假慈悲地嚼了几句。我站在门后面，从门缝里看着他们大步流星地走过，那个乡干部像是怕我们突然从屋里蹦出来把他劫了，走得太急，差点趔趄摔倒。奇哒怪，我家门前的路被我踩得平平整整的，乡干部的趔趄逗得我扑哧笑了，谁知道我家的猫也惨兮兮地笑了一声。乡干部又被黑屋子里突如其来的声音绊了一个趔趄。

我看到转身就蹿到屋檐上的猫，觉得它便是昼夜不出门的姐姐变的。她到了夜里就变成了一只猫，在村里转悠，在屋顶追逐，发出几声恣肆的叫声。为了逮到姐姐变猫的证据，好几次我起夜屙尿，顺便会推开她的房门，发现床上是空的。我想这下终于逮住了，就睁大眼睛，坐在门口，等着等着却睡着了。姐姐不知道是什么时候坐在我面前的，她又变回来了，目不转睛地盯着我，那眼神吓得我魂魄都飞了。黄定要不认可我发现的这个秘密，说是我做的梦，姐姐从来没有出过家门，更不会变成一只飞檐爬树的猫。

姐姐安静的样子很美。常年躲在家里不见阳光，她的皮肤一天天变白，也变薄。有一天，她哇哇大叫，酣睡的猫也在惊吓中醒来。黄定要一紧张，背就蜷缩得更厉害了，他走过去看一眼不打紧，就只听到手忙脚乱翻箱倒柜的声音，马刺草丢哪里了？屋里只有姐姐的哭声在回答。

姐姐不知在哪里碰到什么东西，胳膊上一道长长的伤口，像被刀划开的一张纸，血沿着伤口往下淌。她只剩下哭，提着声调哭，越使力血就越往外涌。黄定要终于找到马刺草，在嘴里七嚼八咬，连着干涩的唾液敷住了血。哭声也连同止住了。姐姐不说话，她当然也说不出是被什么划的，难不成是家里的空气划破的？我过去也说过家里的空气很锋利，划到脸上脸疼，碰到手臂手痒，但黄定要不信，不搭我这茬。

黄定要突然哀号一声："真咯碰哒鬼了！"

姐姐呜哇叫唤的时候，恩妈坐在屋门口，像是耳朵聋了听不到屋里发生的一切。她气定神闲地掰着玉米棒，时间一秒一秒就这样被她掰碎在那个破箩筐里。秋天，村秘书黄顺发陪着新来的扶贫工作队长到我们家来的时候，她坐在门口连头也没抬。那位姓昌的队长和声细语地问家里的情况，黄定要齉声齉气，要听清一句完整的话比杀头猪都难，两只手也不知是该笔直垂落还是十指绞弄一起，这个问题他一辈子也许都想不清楚。我替他急呀，心里火辣辣的，比老黄蜂蜇了我还辣。比我爹年长的黄秘书是村里的老人，家家户户一门清，顺带着把我们家的故事粗枝大叶地讲了一遍。他说一句，我就在心里复述一句，他说完了，我把我们家的来历也记住了。

我爷爷奶奶并不是我爹黄定要的亲生父母。也从来没人追问过黄定要的真实身世，包括他自己。这让我很长一段时间很鄙视他，一个不是我奶奶亲生儿子的人成了我爹。

黄秘书说到我奶奶时，语气里听得到几分敬意。她年轻时也是村里的干部，当过好多年的妇女主任，干得最风光的就是抓计划生育，家里墙上几张墨迹模糊的奖状就是证明。她不仅兢兢业业拦截着别人家的超生，也把自己的生育给耽搁了。自己不生育让她上门抓别人的计生时更硬气，她以身说法，要响应党的号召，不误国事。有人说她不能生育，遭报应，她并不畏惧村民在背后戳脊梁骨，但受不了后来我爷爷借着酒疯动拳脚，威风八面的妇女主任在家里的地位陡然下降，最后在村长的耳授下找到了一个解决办法，就是他们去隔壁县城抱养了一个弃儿。那个刚出生就被抛弃的孩子后来成了我爹。他其貌不扬，个子低矮，老实巴交，小学没读完就肄业归家，到了三十岁也没女人愿意嫁给他。奶奶年老后开始多病，治病费钱，又总不见好，黄定要孝顺，只管埋头干活，攒点钱就拿去送给了医院。我奶奶去世前做的一件她引以为豪的事，就是给养子捡回了流浪到村里的一个女人。

那天奶奶移步屋坪，看到那个穿得邋遢，双目无神的女人从面前走过。她们对了一下眼神，像是地下党员对上了暗号。女人在村里转悠了一天，没有人听到她说过一句话。据说村里当天有好几个光棍打过她的主意，上前搭讪，女人一个字也不说。最后是日暮时分，我奶奶牵着她的手，大大方方带回家，女人冲她喊了声恩妈，后来就成了黄定要的婆娘。

过去扶贫队来我们家了解情况的时候，黄秘书说什么，黄定要除了点头什么也没说。是啊，像我们这样的家庭，有什么好说的呢？爷爷奶奶病死，哥哥溺水走了，没有半口塘他也不会是个正常人，恩妈和姐姐都是精神病人，她们在这个家制造出巨大的沉默。黄定要操持这个家，不知道哪一天就腰背驼了，算命的早说过，这是他命中该有的。恩妈整天都是僵硬的表情，但突然会望向我笑，笑容送到我面前，像石头里嘎嘣蹦出个奇怪的东西，真担心落地打碎后会发生什么意想不到的事。我每次出门的时候，都会躲开她的目光，不用看，我知道她又笑了。那笑靥如同一片树叶飘落并沾在衣背上。我加快脚步，想把它抖落下来。抖落到我身后自动出现的那条河里，我愿意一走出家门，就与他们隔河相望，而不是被他们的目光死死地抓牢。

哥哥再没在这个家出现过，恩妈有一次无来由地说看到了他，直撞撞地到半口塘寻他，她跳进塘里，在水里扑腾，被人救上来。她又趁人不注意跳下去，这次没有人下去了，岸上的人望着她，咒骂她神经病。她大声哭喊着哥哥的名字，身体漂浮在水面上，水淹不死她，她筋疲力尽，漂到岸边，自己爬上来了。黄定要为此狠狠打了她一顿，他把房门关上，下手很重。我听到柳枝条抽打在身上发出的噼噼声，像打在我的囫心上，可她竟然不知道疼，没有发出半声叫喊。她的泪水也许在半口塘流光了。但第二天我看到她的眼睛红肿，下嘴唇黑紫，咬出几颗月牙状的牙齿印。

黄秘书说到我的时候，黄定要眼睛里闪过一丝光亮，出生时的我是健全的，小时候的我活蹦乱跳，智力正常，五岁多那年感冒发烧、腹泻出汗，后来昏迷抽搦、四肢震颤，几经辗转到县城，医生说是小儿麻痹症。命是保住了，但是大地从此在我脚下是起伏波动的，我再也不能让黄定要脸上有光彩了，不然他不至于把腰佝得越来越低。我想过，他是没有勇气去看别人幸灾乐祸的表情。有一回，他看着我说："光跃，我是你的爹。"

我扑哧笑了，也很认真地说："我记得，我没忘，我是黄定要的蠢宝崽。"

黄定要叫我出来，不知是何用意，是想让扶贫队长看看本可引以为荣的儿子？我躲在里屋没动，黄定要的嗓门突然变大，见我还没动静，就拽着我的手拖出来。鬼知道他突然用这么大的力，把我的手弄得生疼。

我认识到我们家来的这个人，他到村里来了不短的时间了。我们没有说过话，但听到大家称他昌队长，有时又叫昌处，是省里下来的，要在石喊坪待两年，帮助石喊坪脱贫。我无所事事，不到村里别的地方转的时候，就喜欢站在村部不远处的小丘包上，看这个黑肤色的中年男人要做什么。他来的第二天，村部活动中心那栋房子晚上就有了灯，坪前一人多深的草被清除了，屋后的几块荒地翻了一遍，第三天，荒地又翻了一遍，再过两天落了场小雨，他开始把一些蔬菜种子撒进了地里。他像是一个从外地来的农民，要在石喊坪扎根了。

村书记请他，黄秘书也来讨好他。昌队，就上我家吃饭吧，你嫂子做饭，我俩喝点酒说说话，你也省了这些琐杂事。

昌队长摇头，先是说，吃一顿是一顿，哪能天天去吃。接着告诉人家，他就是农村出来的，自己种自己吃，蛮好不过了，再说有纪律有规定，你们和嫂子的心意就领了。

他把日常生活安顿好，就开始到贫困户家里走访。他前一天会拿着花名册向黄秘书打听哪一家住的方位，第二天出发前，我就准时到了村部路口，有的家户住得偏，我在前面走，他跟在后面，我们离得不远不近。走访出来，我又在前面走，他跟在后面，并不拒绝我的引路，但我们从来没有说过话。他很多时候皱着眉头，村里这么多贫困后遗症，来这里的扶贫干部都会不例外地皱眉。黄秘书说，铁打的石喊坪，流水的扶贫干部，来了，看了，完了，走了，啥事也没了。但眼前的这位昌队长不同，我对他有一种天然的亲近感，他严肃的样子都让我感到是温暖的。我们像是多年前就认识的老朋友，不需要问候，不需要拥抱，彼此远远地看一眼，一个被欺负被嫌弃的男孩的孤独和挫败就奇迹般地消失了。我也不知道为什么会有这种感觉，我说了也没人相信吧。

黄定要把我拉扯出来，站到了屋里光线明亮一点的地方，昌队长认出了我，高兴地说："我们早就见过面了，你是我的向导呀，挑水找码头，想说谢谢终于找到地方了。"

我脸上有些发涩，第一次被人说谢谢，我也没做什么呀。过去村里来了外面的干部，我想帮着引路，总是被黄秘书嫌弃地赶跑，让我不要丢石喊坪的脸。我天晴下雨有事没事在村里转，哪条路哪一户我都清清楚楚，我更没做过坏事，怎么就会让他觉得丢脸呢？

我和昌队长就这样认识了。他并没有跟黄定要说过去那些干部常说的大道理，说什么有困难党和政府会帮你，而是拍了拍他的肩膀，说："夜再黑，天总会亮的。我要在石喊坪待两年，慢慢给你想法子把生活过好一点。"与过去一样，黄定要的身体没来由地抖动，只是这次抖得更厉害。

我真是要看看他哪天想出什么法子来。黄定要没有出门相送，过去上面的干部走了，他掏出口袋里干部塞的信封，信封里是钱，有时多有时少，每一个信封都被他皱巴巴地留下来了。他看到信封就会很沮丧地说，我们全家死光了，才叫脱贫。咒自己一家死的话都说出来了，不知道他心里是多绝望。过去我也为我们家害怕过，但那天昌队长说了，天总会亮的，我就发现每个夜晚再黑再难挨，等来的还是白天，从此就不害怕黄定要的那种绝望了，好像睡一觉醒来，我们家就真的要改天换地变样了。

往后我经常去找昌队长，也不是找他有什么事。我就看看他，像是一天的固定生活，有时逢他外出开会不在，我就等着他傍晚回来，没看到人，心里就像缺了个角，空着块白。我看他住在村部二楼尽头的小房子里，灯有时彻夜不熄，就知道他又在忙碌了。

村部有了灯，像一样物件有了生命，重新活了过来。没过多久，坪前屋后收拾干净熨帖，来来往往的人也多了起来。有人来找他瞎扯，有人来反映村里的情况，也有人背后说村干部的坏话。我就站在那个隆起的小丘包上，那些难听的话飘进我耳里，又被风吹着从另一只耳跑了，他拿着个小本本都记下来了。他抬头看到我，就会解开紧锁的眉头，咧嘴笑着向我招手，我摆摆手，不过去，他就走过来，关心地问我几句与衣食有关的话，塞一些吃的在我怀里，有几次还给了几张红票子，说:“过节了，交给黄定要改善生活。”

我知道他也经常这样给人家钱，也是说改善生活同样的话。我并不喜欢，更希望他赶快想出个与过去不同的法子来。

石喊坪山多地少，没有几口水塘，也没有几块像模像样的田。全村 249 户 762 人，其中建档立卡贫困户 105 户 344 人，人均耕地五分田，少得可怜。这些数字写在村部门口的宣传栏里，每天路过从头到尾从尾到头不知读过多少遍，后来就住进我脑子里，哪怕是闭上眼睛，一蹦就出来了。

刚到村里那些天，村民见是省城来的扶贫工作队，要搞精准扶贫，见面第一句话就说：“我去年养殖亏光了，雪上加霜，不扶我没道理。”

另一个说：“我咬着牙七拼八凑盖房，还没钱装修，有新家搬不进，先帮帮我落了安身之地。”

昌队长呵呵一笑，说：“我可不是财神爷。”

村民哼哧乐了，嘲讽地说：“共产党的干部就是为老百姓办事的，省里来的领导，都该带着法宝。”

“法宝是带着有，也得看谁愿不愿意用，会不会用。”

“么子法宝先透个风？”“真有法宝不用的是猪。”村民来劲了，有的建档立卡户捏着手指打手势，问到底带了多少扶贫款。

昌队长神秘地说：“先保密。”

黄秘书叹气：“唉，贫困都是等靠要的思想作怪，多少年，改不了。”

昌队长早出晚归走访完这两百多户人家，我看到村里一天天热闹忙碌起来了，村部前坪白天晚上集中召开的会议也多了。有时是议论修路修水渠，在山上建个安全饮水的蓄水池，有时是号召大家改变观念，利用山地资源发展果林经济。会开到最后昌队长都要说几句，讲一通为什么干怎么干，他一给石喊坪描绘未来，下面的村民听了都手掌鼓得啪啪响。

有人扛着锄头上山了，荒山野径上的草割刈一空，来了几辆运货卡车，村民把树苗卸下车，在村部长桌上的登记表签完字，然后兴高采烈地把它们扛到了山坡上、果园里。昌队长兑现承诺，果树都是来自农业扶贫项目，免费提供，村民像捡了大便宜，开心得不得了。货车空了，昌队长发通知：“明天起农技员来现场上课，怎么栽，栽好了，明后年挂果，我帮你们吆喝，村里到时统一品牌卖出去。”

我家果树送来的第二天早上，我又站在小丘包上等着，看昌队长准备去哪家。他扛着把锄头，咧出熏黄的一口烟牙，说：“今天不用你带路，我知道走。”

出了村部左拐上新修的水泥道，我就猜到了他要去谁家。他走得很快，我怎么也没赶上去。他进了我家后山开辟的果园山地，黄定要才慢吞吞地刚出门。我张开嘴，心急火燎，却喊不出声音，我多想催促黄定要性急些，但他听不见，依然慢吞吞的。唉，拿这样的人有什么法子呢？

昌队长是来帮我们家栽树的。他负责挖坑，锄落泥飞，是把农活好手。几个村干部和县镇的农技员也过来帮忙，人多力量大，一天下来，百来棵夏橙栽得横平竖直。黄定要可开心了，但那张难得一笑的脸皮皱皱的，还是像个打了霜的老橙柑。他掏出一盒压衣兜没拆封的盖白沙，昌队长摆手，掏出自己的烟分装给了农技员。

也有人不开心，也许他是看不得别人开心，比如黄焕胜。夏橙栽完，他站在我家后山的围栏外，吼着嗓门喊：“黄定要，你围这篱笆，是成心不让我的羊过路不？”

黄定要反应迟钝，好像真是把羊回家的路堵了，没了说话的理。

黄焕胜把手上的烟抽完，大拇指弹飞那个咬破的烟头，说：“你赶紧把这篱笆拆了，我就当这事没发生。”

费力巴哈围起来的要拆掉，黄定要既左右为难，又非常恼火。我看着他，干着急，篱笆外还有条两米宽的路，人羊过身不妨碍，又是昌队长帮着种的果树，叮嘱的围个篱笆，他居然硬气不起来。人争一口气，黄定要不争，看不下去的我冒起一股无名火，走到欺人不讲理的黄焕胜面前，说：“昌队长帮我们家围的，要不你去找他问理。”

黄焕胜吃惊地望着我，黄定要更加吃惊地望着我。他们肯定没想到一个平时讲话不囫的蠢宝崽能把一句话说得这么硬邦邦的。

黄焕胜被“昌队长”给顶回去，心里窝着一口废气。过了两天，黄定要回家，垂头耷脸地踢翻了一把椅子，说：“果树苗被吃得枝干叶净，黄焕胜的羊死绝。”

我心想，昌队长早有先见之明，栽完果树苗就再三强调扎实打一圈篱笆防羊，黄定要也不是偷懒，而是胆小怕事，面子上挂不住，隔壁邻舍的，围个篱笆，太显眼了。再说，那个羊钻进去的洞，明摆是人为破坏的。黄定要当然不敢登门讨说法，只好忍气吞声认了这个栽。

“羊吃树”发生的次日午后，我听到我家后山有话语声，爬上坡一看，是昌队长带着几个人把被羊吃了枝叶的果苗拔出来，又栽下新果树，还帮着把篱笆扎得紧紧密密的。他忙完就要走，走之前，拎过带来的一个小手提袋说：“这里几件我女儿没穿过的新衣服，让侄女把旧的换掉，穿件新衣精气神清爽。人嘛，总是要朝前看向前走嘛。”黄定要愣在那里老半天，没吭声气，手上还是攥着拆过封的那包烟，一根也没递出去。

那几天村里的是非多，有胆大不怕事的村民拦截了黄焕胜家不听话的羊，指名他上门道歉认领，还有人把捉到的羊全身涂抹了黑锅灰，左右两侧用白石灰水写上“黄八蛋”。这几个字深究起来没什么，石贼坪多数姓黄，要骂也是把全村的黄家都骂了。但黄焕胜看到回家的几只黑羊和身上的骂名，脸就拉黑下来，拎桶水在羊圈里刷洗了大半夜，也挨着村里姓黄的人名骂了大半夜。

黄焕胜走南闯北，咽不下这口气，盘算了一夜，天亮了，喝了两杯早酒，就从家里出发了。村部前坪上的吵闹声越来越嘈杂，像归巢的蜂群降落在耳旁。我估计他们差点要打起来了。如果像过去有人烧火没人劝阻的话，那阵势一定是要打一架才会收场的。

黄焕胜像只汽油桶把自己点燃了。他气汹汹地冲进村部一楼大会议室，四处张望没看到昌队长，略显失望，他是冲着昌队长不会这么早出门才来的。屋里只有黄秘书坐在那里抄抄写写，他撸了撸袖子，紧了紧皮带，声洪音亮地说道：

“我今年 10 万的收入，现在打水漂了，都是借的钱，拿命去还呀。”他左右看看，无人搭理，又提高了嗓门，“村部死绝哒，连只鸟影子都没见。”

黄秘书抬头睨视，继续抄写着，嘴里劝道：“少安毋躁，有情况反映情况，有困难反映困难，不要把村部当成自己家，这里要威风，没人看。”

“你说话不管用，我懒得跟你费口水，我要见昌队长。”坪里几个看客捂嘴哧哧地笑起来。

“黄焕胜你莫嚣张，别给脸不要脸。”黄秘书火了。

这时昌队长从屋后菜地转进来，拍了拍沾泥的双手，眼睛盯着黄焕胜，眉头皱起向上翘。

“昌队长是讲理的干部，这个事怎么解决嘛，你们不来的话，他们绝对不会种什么果树。”

瞅着昌队长不吭声，黄焕胜借着酒劲拉高了声音：“你们来扶贫，把我扶倒了，不给个说法我就把我的羊都赶到村部来。”

“来一只杀一只。”黄秘书把笔朝桌上一甩，瞪着眼发怒了。

“你杀羊，我杀人。”

“大清早的说什么杀来杀去的，看哪个敢乱来！”昌队长对黄焕胜的小九九心知肚明，挥了挥手，要他别再浪费口舌了。

黄焕胜身为石喊坪的养羊大户，过去大部分山头都是荒山，他的羊群满山跑随地吃都没人管。现在扶贫队鼓励村民开垦山地，扎篱围栏种果树，但只要有个小洞，羊就钻进去啃了人家的果树苗，村民找上门要黄焕胜赔偿，他的羊再也不能像以前那样随地散养了。

“我不是建议过你把羊集中起来圈养吗？”

“圈养吃什么，不给它吃，怎么长得肥？长不肥，怎么卖出去？我的羊都是跟人签了标准化养殖协议的，达不到标准你们要承担责任。”黄焕胜说一通理由。他放养图的就是省事，过去羊自己吃，现在要他满山去割那么多羊吃的草料，这可是件苦差事。

昌队长见他蛮不讲理，也发怒了，说：“那山地是你一个人的吗？

人家种自己的地，谁的羊也不能到处跑。”

“羊自己要跑，我怎么看得住？我连自己都看不住。”

“不能因为你一个人养羊，耽误了全村人的脱贫大事吧？”昌队长态度强硬。黄焕胜又哪里不明白，眼下从上往下都在齐心协力抓扶贫脱贫，自知说不过理，不吭声了。

昌队长缓和了语气：“你自己考虑清楚，真心解决问题我和你一起想法子，无理取闹就找错了地方。”

“我看你也没真的法宝。”黄焕胜讥讽道，又重复此前那几句损失赔偿的糊涂话，出门往山上去了。

闹事的黄焕胜是村里有名的暴脾气。气盛不顺的时候，连老父亲也敢打。他老父亲住在祖屋，房子半边快坍了也不愿搬走，村干部上门提醒，黄焕胜牛气得很：“坍了就埋在里面好了。”

老父亲被打，跑到村部告状。黄秘书被推选出来，去批评教育黄焕胜。他理直气壮：“这是我们的家事，我打人是有理由的。”

黄秘书呵斥：“打人什么理由都不对，何况是儿崽打老子。”

黄焕胜鼻孔哼哧一声：“你问问，他打没打过他老子？”

老父亲低头不语，突然抽泣起来。黄秘书后来搞清楚，老父亲年轻时对黄焕胜的爷爷也是动手动脚，追着山坡赶着打，那个老头的手被打折了，没接好，临死前还是下垂的，再往上追溯，黄焕胜的爷爷也打过黄焕胜的曾爷爷。至于他们家族往上走是不是都是这样的传统，已无从考证。黄秘书真觉得自己多此一举掺和了别人的家事，悻悻地走了。

黄焕胜冲躲在屋外的父亲说：“告状也不嫌丢人，回家了听话点。”又朝黄秘书的背影丢下一句话，“一代打一代！”

黄秘书当笑话在酒桌上说，村里人很长时间看到黄焕胜，就哄笑着说：“一代打一代！”

有一天，黄焕胜在外打工的儿子回来，也就是这个短命鬼出车祸前最后一次回来，不知什么事父子俩争吵起来，儿子抄着根家里的扁担跟在后面追，黄焕胜大呼：“救命！儿子打老子，要出人命啦。”

他这么一路跑过去，绕过村部，黄秘书几个在窗户洞里伸头望一眼，也不出来阻拦，后来思量着怕真出什么事，就跟着去追看，刚好目睹黄焕胜从桥上直接跳到水里，脚下踉跄几步，扑腾落水，呛了几口，然后惊魂未定地奔向河对岸。我站在桥头，看着他狼狈的样子，却不敢笑。我怕他报复，村里老人、女人和孩子，黄焕胜是说打就打的。黄秘书和几个村干部，指指黄焕胜，又看看他儿子，叹了口气，这可真是现世报，一代打一代。然后，看热闹的人捂着嘴哧哧笑着走了。

黄焕胜常年穿一件蓝白条纹衬衣，外面套一件上了年头的黑西装，洗得有些发白，且胳肢窝处太紧了。他喜欢把衬衣领口扣上，但那半颗领口扣子时不时从扣眼掉出来，露出脖颈处的一块褐色胎记，上面长了两根细长的毛。他是石喊坪少有的几个见过世面的人中的一个，年轻时出外闯荡，有过几次被人茶余饭后当谈资的发家史。第一次发家是电打鱼，接着到城里开了家烧烤排档，往后和姨夫合伙买了辆中巴跑客运。前面两次是赚了钱又都挥霍了，先是买了辆嘉陵摩托在村里嘟嘟转，隔了两年买了辆二手捷达，酒后驾驶开到山沟里报废了，人也断了两根肋骨，赚的钱对家庭建设的改善性投入却几乎为零。

村里人说得最多的是他跑客运的那段历史，那时黄焕胜阔气，装的烟是黄杆杆的芙蓉王，黄秘书在鼻孔下吹口琴般地嗅过烟身，将烟嘴在左手大拇指指甲上磕几下，酸溜溜地说，狗日的黄焕胜你能呀，自己当司机，姨妹子售票。然后不说了，几个在场的人就嘿嘿地笑。

后来的事情印证成真。每天早出晚归，黄焕胜不知施展了什么魔法，与姨妹子好上了。起初他们撒谎说车抛锚了，有时在县城车站，有时是半路上，有时在白天，有时是晚上，姨夫终于有一天把他们堵在了车站附近的旅店。黄焕胜的脸被打肿了，嘴角流血，姨妹子跪在丈夫面前磕头求饶。最后的了断是，黄焕胜投的钱打了水漂，车子股份无偿转给姨夫，姨夫另请司机跑别的线路，两家再没了往来。

黄焕胜灰头土脸回了家，三起三落，他把自己看作一个落草的英雄。祸不单行，没过多久家里又出了意外，儿子车祸被撞死了，媳妇也跑了，丢下两个孙子给黄焕胜夫妇。他婆娘一天到晚抹眼泪，数落他在外面干坏事遭报应，要不就是在耳边叨咕，不多挣点钱，让孩子将来去镇上县里读个好学校，难道还像我们老鬼咯样在穷山里守一辈子啊。黄焕胜懊丧了几天，又活过来了。是啊，儿子再不会追打他了，一代打一代终结了。他勇气可嘉，没过多久，灵机一动，托熟人贷款养了百多头羊。

昌队长主动登了黄焕胜家的门，他们在屋里叽叽咕咕，像是交换各自的秘密。没过几天，他家的羊被镇上的车拖走了，又从外面拖回来一车果树苗。村里人传开了，黄焕胜把羊卖了，县里一个养羊大户全收去了，那人包了县城南郊的一片沙洲，羊群放养随便跑。这笔买卖当然是昌队长联系的，价格卖得理想，黄焕胜拿了存折回了家，关上门就开心了。夏橙、玫瑰香柑、雪梨，扶贫队承诺说愿意开垦荒山种果树的，树苗免费，种多少送多少。白捡钱的生意黄焕胜是不会放过的，他之后大清早出门，披星戴月才回家，半个月把十来亩山地翻耕了一次，这一下就种上了 1000 多棵。昌队长没有食言，派人装车送来果树苗的时候，黄秘书心有不满，办交接磨磨蹭蹭，鼻孔里哼哼哧哧："黄焕胜天生是个打算盘的好手。"

黄焕胜有个特点，想干活，再苦再累也不退缩，那个勤快麻利，村里没几个人能比。种果树大半年下来，他就扑在果园里，施肥、剪枝、锄草、松土，下雪后起床第一件事就是去把树冠上的积雪摇落。有一回黄秘书半夸奖半讽刺地说他种果树这活干得漂亮。他说："干活干活，干好才活得好呀。"

话糙理不糙，黄焕胜走南闯北也不是吃白饭的。村民有时恨他言语锋利刺人，有时也佩服他干活的卖命劲。山上，田里，哪里都是汗水才换得来的收获。这一年多来，他三天两头往山上跑，果林长势最好，夏橙花开的时候，像刚下过一场鹅毛大雪，满山坡的绿叶枝上白花朵朵，芬芳弥漫。农技员也专程看过几次，表扬他能干，过夏入秋就会挂果。有天回到家，他得意扬扬地跟屋里的婆娘说："农技员来看过了，等着金秋好收成吧。"

"那真得感谢扶贫队，昌队长是个好人，来这里忙得年节也回不去，对我们石喊坪是真心好。"婆娘把饭菜端上桌，唤着两个贪玩的孙子过来吃饭。

黄焕胜呷了口酒，说："你个女人家懂什么，看他是遇到了谁。我那不过是要了个计，早就想把羊卖掉种果树了，这不都让昌队长出面弄好，羊卖了，果树苗也没花钱。"

婆娘说："你就想着挖公家的墙脚，人家待我们诚心实意，你以后少寒碜点，丢脸。"

"人活着不都是在慢慢把身上的东西丢掉吗？"黄焕胜叹了一声，说，"我听说下个月昌队长要走了，我还真是要去送送他，谢谢他，他又给我出了个主意，买个二手的农货四轮跑运输，每年跑跑送果的季节就有得赚了。"

黄焕胜想了想，说："把家里几只母鸡给昌队长带回去吧，城里人哪吃得到这么正宗的土鸡婆。"婆娘也觉得这是个好主意，说完就朝鸡笼里刚归家的一窝鸡骄傲地看了看。

傍晚我从黄焕胜家门前走过，他们的谈话传到耳里，我心里一揺一抽的。昌队长哪会去与黄焕胜计较！他心里明白得很，谁的花花肠子曲曲绕绕，谁的小算盘歪主意，都让他当面或事后给撂明了。村部开会时他也经常说，办法总比困难多，农村是最基层，脱贫攻坚不是喊口号，为人民服务也不是图嘴巴子顺溜，落实到行动上，关键是解决矛盾，劲往一处使。

他对黄秘书说："黄焕胜勤快，勤快的人品性就差不到哪里去。"

他又说："黄定要也勤快不懒，但他们家这个实际情况，一时半会儿也没好方子药到病除，因病致贫的弱势群体，以后村里还要多关心。"

几个月前，昌队长把市里送医下乡的医生请到我家。那个戴眼镜的医生给我和恩妈察看了一番，摇摇头不语，又给姐姐听诊检查，露出了一点微笑。眼镜医生临走时给姐姐开了几种药，过两天药送过来，药盒上都写清了服用时间和剂量。那些日子，姐姐穿上昌队长女儿的那件粉色缀花连衣裙，坐在照进堂屋的阳光下，我隔老远看过来，差点没认出来。这是谁，她长得真美，怎么会在我家？石喊坪从没看到过这么漂亮的女崽。

"你姐姐要是没这个病，我一定让她嫁个好人家，不在我们黄家过这个造业的生活。"黄定要说的时候，我心痛得哭了。他就这么说过一次，以后再也不说了，可我每次回家远远看到姐姐坐在门口的身影，就要涌落几行泪，泪珠落在地上，一颗颗啪啪响。

村部坪前站满了人，哪一次的村民大会也没聚这么齐旺。这些人都提着包，挑着竹筐，里面装着活蹦乱跳的鸡，藏了一冬的硬邦邦的山茶叶，山上挖的草药，晒干的金银花，油炸好的地瓜片。他们都是来送别昌队长的，村里人人都喜欢的这个扶贫队长明天就要打道回家了。

人要走了，但石喊坪的面貌真是说变就变了。两年驻村说长不长，眨眼就过了。黄秘书逢人就夸，昌队长是个难得的能干人，吃得苦，霸得蛮，省里跑项目争资金，市县两级协调具体实施，个个项目亲自参与规划设计监督施工，干的都是给石喊坪打基础的实事。黄秘书的官话我听不懂，但村里那些变化有目共睹，大家都说昌队长的法宝管用，但具体是什么法宝，我一直没见着也没搞明白。我心里伤感，是昌队长真正要走了，还以为他一来就开垦菜园子，是要把石喊坪当自己的家哩。

我问黄定要去不去，他朝村部的方向望了一眼，那边光亮闪动，热闹得很。他絮絮叨叨，昌队长是好人，帮村里干的好事太多了，帮我们家也太多了。自打他来我们家一次，破旧东西甩出去不少，又添了些送的新物件，屋里顿时变得亮堂起来，原来都是那些破旧遮住了光。姐姐穿上新衣，吃了治病的药，像是变了个人，不再躲在暗屋子里了，她看人的眼神有了笑意。我还发现黄定要的背比过去挺直了许多，对恩妈的一言一行也温柔了许多。前些天昌队长又来了，和黄定要交代，他说与乡联小校长都讲好了，秋季入学就让光跃去报名上学。黄定要傻乎乎地站着，眼泪不争气地流，我掰着指头算，那时正好到了我们家夏橙花果同枝的时候了。

“你去送送昌队长吧。”黄定要捡了十来根山药结绳打捆，放到我面前。

“我去拢拢鸡生的蛋吧。”我们家的鸡吃山长大的，有一只专生双黄蛋，是黄定要眼中的宝贝。

“昌队长对你好，对我们家好，你要说几句真心的感谢话。”黄定要找出一个蓝靛色的布袋子，让我把鸡蛋装里面。

来接昌队长的车，尾厢盖打开后，大家争先恐后地往里塞，空间小，一会儿就塞满了。昌队长哭笑不得，又一样样拿下来，像分果果一样地把东西往村民手里塞回去，推推搡搡，有的收下带回去了，有的哭啼着丢下就跑了。黄焕胜送来了四只鸡，装在一个纤维袋里，剪了四个小孔露出鸡头透气。

“黄焕胜记人的好，真是难得。”黄秘书打趣一句。

昌队长不收，天热路远，怕没到城鸡就死了。黄焕胜不讲道理，撒泼说：“你不收我就打死它们。”说完就捏起了拳头。

说真心话，我才不信他会一拳打死四只鸡。昌队长推托不得，无奈地收下了。黄焕胜又说：“明天出发我要看着你把鸡带上车。”

昌队长点头，连声说“好”。转身他就递给了黄秘书，使了个眼色，说：“赶紧让人把鸡杀了，放到你们家冰箱，留给后面的工作队打牙祭。”黄秘书说：“那明天黄焕胜要看不到鸡怎么办？”昌队长说：“放心，我自有办法，你记得把原袋子留给我，到时我使个障眼法，保证他看不出破绽。”

他们的对话黄焕胜没听到，我却都听到了，当然不会告诉他，等昌队长走了以后，我再跟他说，气气他。

黄焕胜像是看穿我日后对他有什么邪恶念头，朝我打招呼：“黄纫机过来啦？”

“嗯……嗯。”我点点头，喉咙里老半天挤出几个干涩的音节。

“那你过来呀？”他见我一动不动，就朝我走过来，我后退几步，他说，“你紧张干吗，我又不吃人。”

黄焕胜肯定是不吃人的，不然这些年，他早把我吃掉了。我这么一想，自己都乐了。他问我：“你来干什么，也是来送昌队长吗？”

废话，你们都可以来送，我为什么不能来？当然也不能这么反驳，只是点头表示他猜对了。

“那你过来呀，告个别吧，你看昌队长对你最惦记最关心，这一走，他就不知什么时候再回来了。”

他说的是实话，我很感激他帮我把心里话说出来了，这个时候我第一次觉得他是个大好人。我羞涩地向前走了两步，身体歪歪倒倒的，一紧张嘴就是歪的，涎水差点就要流出来。我努力想把身体走得直一点，还是没做到。也许跟黄定要的驼背永远挺不直一样，我这辈子也做不到了。

我张了张嘴，想说的话在喉咙口就被拦截了，被堵得严严实实的，找不到缝隙挤出来。我的脸涨得通红。昌队长热情地向我挥手，喊道：“光跃，名誉村长，黄光跃，你过来。”他有次开玩笑说我对村里情况的了解和村长有得一比，就给取了这么个绰号。

“昌……昌队长，我……我……”我一点也不紧张，我们已经很熟了，但半天还是没“我”出个名堂。

黄焕胜已经走到我身旁，帮我打开手中的蓝布袋，开始数起来。

1，2，3……

我说：“不用数，只有 7 个鸡蛋，一半是双黄蛋。”我的喉咙像昌队长派人修通的渠道，突然就水流顺畅起来。

“那你送过去啊。”黄焕胜露出开心的表情，鼓励着我。

我说：“我想凑齐 10 个鸡蛋，但……但鸡受了吓，这两天，偏……偏偏没下蛋。”

昌队长到车尾厢翻了翻，然后背着手走了过来。他把手伸进我的布袋子里，是 3 个鸡蛋。正好凑了个整数。我太高兴了，眼泪漫过眼眶就溢了出来。昌队长拍拍我的肩，抱紧我，在耳边对我说：“天晚了，早点回家。”

我看着他，黄定要让我说的感谢一句都还没说呢。昌队长那张脸在黑暗中发出清亮的光，眼睛鼻子眉毛，都能看得清清楚楚。我想说，你来了后，村里的路灯都亮得很，回家的路再晚我都看得见。我还想说，夜再黑，天总会亮的。但我张开嘴，牙齿磕碰，依旧没有声音。这时只见他的脸上，两道泪水唰地流下来了。那是我的眼泪从他脸上流过吧。

| 2 |

前程似锦

作者 向本贵

一

“青年书法家，我的这副春联是‘春来爆竹梅花报，人在尧天舜日中’，横联要写‘欢度新春’，可不要写‘前程似锦’啊。”

“好的。”包成杰将毛笔在砚台里蘸足了墨汁，提神，运气，大笔一挥，四个大字就呈现在了人们的面前，苍劲，凝重，朴拙，肥润，淡淡的墨香沁人心脾。包成杰从小就喜欢练颜体字帖，后来又练赵孟頫的行书，读大学时还拜访了省城的几位书法名家，集众家之长，自成一体。

只是，横联写的并不是“欢度新春”，仍然是“前程似锦”。

“你怎么还是写的‘前程似锦’。”

包成杰拍了拍脑壳，显出几分尴尬：“看我，又写错了。再给你写吧。”

“不用，看这四个字写得多好。”求春联的人爱不释手，拿了春联也不走，站在一旁看着包成杰给别人写春联。

旧年辞别迎新岁，时序车轮总向前。

前程似锦。

喜居宝地千年旺，福照家门万事新。

前程似锦。

春风春雨春色，新年新岁新景。

前程似锦。

“青年书法家，你写的春联千变万化，横联怎么就一成不变啊？”围观的人们赞叹之余，也有人道出了心里的疑惑，有人甚至和包成杰开起了玩笑，“才华出众，年轻有为，又在公务员的队伍里，当然是前程似锦了”。

每年的腊月尾上，市书法家协会都要组织市区的一些书法高手举办给群众义务书写春联活动。买来一大捆红纸，几瓶墨汁和一扎毛笔，在人流如潮的东街市场前的十字街口摆几张桌子，几个书法家往桌前一站，过路的人们就争先恐后地围了上来。在商店或是地摊上买一副春联要十块钱，这里却是分文不取，还能亲眼见着书法家将喜气和祝福的话语化为行云流水般的新春对联，感觉就大不一样。春节嘛，总是要有好心情的。

当然，包成杰的桌前围的人总是要多得多，用里三层外三层形容也不为过。人们的目光里流露着惊诧，青葱年少，书法却是了得。开始的时候，围着他求春联的人有男有女，有老有少，慢慢就全是女孩了。人们不好意思跟这些衣着时尚，身上还飘散着浓浓香水味儿的姑娘们挨肩擦背地拥挤，他们还怕姑娘们的尖叫声炸了耳膜。后来，人们就发现了一个秘密，里三层外三层将包成杰围得水泄不通的姑娘们嘴里说请他写春联，眼睛却是盯着他不放，有的眼里热辣辣似火，有的眼里柔情如水春意荡漾。包成杰却是不管姑娘们怎么地盯着自己，怎么地咋咋呼呼尖叫，就一个成语——坐怀不乱。当然，不管写什么内容的春联，横联一律是“前程似锦”。姑娘们拿着写好的春联，也是不愿意离去的，却被后面的姑娘挤出了包围圈，万般无奈，走老远，还对着包成杰张望呢，她们的心里除了潜有一缕似水的情意，一个疑团一直解不开。看看旁边的几个书法家吧，谁不是两眼深沉，一脸沧桑？一个老书法家更是道骨仙风，白发银髯。可他，穿一件洁白的西服，脖子上再系一条鲜红的领带，超凡脱俗，却又一脸青涩，活脱脱小鲜肉一个，怎么就练就如此劲道，如此精美的书法了！

包成杰这是第八次参加给群众送春联活动了。第一次参加这样的活动，是他大学毕业刚刚参加工作的那年腊月。他没有留在省城工作，也没有遵照爷爷的遗愿回农村老家教父老乡亲科学种田，让人们都过上有饭吃的好日子。爷爷是饿怕了，临死的时候还想着饿肚子的情景，拉着正准备参加高考的孙子的手，要他考农业大学。在填报大学的志愿表上，他不能对爷爷食言，那是爷爷临终前的嘱咐。可是，大学毕业他却是违背了爷爷的遗愿，考上了市文化单位的公务员，彻底地跟所学的专业说再见了。他从小就喜欢书法，还喜欢唱歌，大学四年，除了修好专业课程，他就干了这两件事，如今，他是如愿以偿，真有点跃马扬鞭，春风得意，说前程似锦也是恰如其分的了。

上班的第一天，领导找他谈话，元旦节快到了，市里要举办大型文艺晚会，我们单位和电视台联合承办，你能写能唱，晚会文字上的工作你负责吧，当然，到时候还要来个独唱才是。包成杰高兴得不得了。不过那次的晚会人们只是记住了一个会唱歌的包成杰，一首《祖国赞歌》将晚会推向高潮，掌声和尖叫在大礼堂经久不息，却不知道晚会宣传布景的漂亮的书法也是出自这样一个小青年之手。

人们真正知道他的书法了得，是在一个月之后，人头攒动的东街市场的街口。那天是腊月二十四，过小年，正好是星期天，包成杰无所事事地在街上闲逛，突然，他看见那边街口熙熙攘攘地围着许多人，走过去，原来是市书法家协会义务为群众写春联，那些手捧着还散发着墨香的春联的人们好不得意，那些求春联而不得的人们就使劲地往里面拥挤。几个书法家手握银毫，或纵横驰骋，或铁画银钩，特别是一位老书法家，凛冽的寒风抚摸着长长的银髯也在所不惜，只管尽着人们的要求，把一副副精美的春联奉送给围观的人们。太平盛世，人们想着把年过得光光鲜鲜，红红火火，书法家们也就有了用武之地。

“书法还真的不错。”

包成杰轻轻道，手就有点痒痒了。一位中年书法家也许是听见了他的嘀咕声，抬起头来说：“小伙子，你也写一副试试。”脸上除了得意，还流露出一丝揶揄。

包成杰还真的接过他递过来的毛笔，信手写了一个横联：前程似锦。他觉得这四个字，此时此地送给谁都贴切不过。

中年书法家的眼里除了惊讶还是惊讶，脱口说：“年纪轻轻，居然有这般的书法功底。有颜体的朴拙，又有赵体的肥润。”

围观的人们是不会说这些话，也不懂颜体赵体，他们只要贴在自家大门上的春联写得漂亮就好。那天，别的书法家都已经离去，包成杰却是脱不了身，人们缠着他，一直写到街灯的光亮泼洒一地才放他走。虽是寒风凛冽，虽是饥肠辘辘，他还是非常高兴的。

这些年，包成杰就盼着两件事，一是市里举办的各种大型文艺晚会，二是腊月末的义务写春联活动。市里举办的各种文艺晚会，是不会忘了请他去唱歌的，在观众的掌声里唱完一首再唱一首。腊月末的义务写春联更是有一种别样的得意和享受，蓝天是帷幕，大地是舞台。他是在人们的赞叹声里完成一副又一副春联的。当然，他给人们写的横联一律是四个字：前程似锦。人们说，还别说，这横联，用在什么内容的春联里都是十分合适的。

口袋里的手机突然就唱起歌来，是包成杰最崇拜的男高音歌唱家唱的《小白杨》。

电话是单位领导打给他的：“包成杰，你快回来。”过后就是领导的批评声了，“上班时间，不坐在办公室，到处乱跑。”

“你交代我的工作早就做完了，还要我坐在办公室啊？”还有一句话不敢说出来，“上班族，买房要攒十年钱，买车还要攒十年钱，想要小孩吗，房和车就暂时别想了吧。被人家瞧不上眼呀，坐在办公室心里烦。”

领导并没有再责骂他，而是满脸的和颜悦色：“年轻人，整天坐着，还真的很难受，我那阵刚上班，也像你这样，花脚猫，转眼就别想在办公室找着我。”领导给他倒了一杯茶，说，“坐吧。”

包成杰没有坐，心想有话你就快说吧，我还得赶去义务写春联呢。

“是这样的，昨天去市里开了个会。如今上面不是抓扶贫抓得紧吗，市直单位也要组织扶贫工作队去乡下扶贫呢，一个单位抽一个人。上面要求很严的，年轻有为，思想进步，吃苦耐劳，还要是第三梯队的后备人才，才有资格去扶贫。刚才几个领导研究了一下，我们单位符合这些条件的，只有你了。过完春节就走，时间一年，明年腊月接你回来。”领导眼睛盯着包成杰，语气却是不容置疑，“叫你来，是想听听你的意见。”

“能有什么意见，你们已经定下来了，不去也得去啊。”心里还真的不十分乐意。从小农村长大，即便是现在，每年还得回农村几次看望父母，农村什么情况不清楚，何况时间那么长，还是到偏远落后的山区去，让那些缺吃少穿的农民群众富起来，小康路上不能有一个人落下，那得吃多大的苦，费多大的心血，肩头的责任该有多重。

“那就好，明天去市里参加扶贫工作队培训学习，正月初七上班，单位的车送你下去。”领导过后拍了拍包成杰的肩膀，有点语重心长地说，“其实，要你去扶贫，我还存有另一份私心，失恋多久了，怎么还放不下啊，去乡下走走，散散心，把那段感情忘掉。”

领导的谈话就算完了，包成杰还是去了东街市场。一个姑娘老远就大声地尖叫起来：“包哥，你怎么才来，快给我写副春联！”

是哪位姑娘第一个叫他包哥的，他不知道，反正包哥这名叫出来之后，就在姑娘们中间流传开了。走在大街上，冷不丁会有一声包哥传了过来，声音柔柔的，甜甜的，还带着几分暧昧。他就知道这姑娘不是在哪次文艺晚会上听他唱过歌的迷妹，就是哪一年的腊月求他写过春联的粉丝。实在说，包成杰对这些目光热辣辣贴在自己身上，不停尖叫的漂亮姑娘真是爱恨交加。八年，包成杰有三段铭心刻骨的恋爱经历。第一段爱情是从那年市里举办的春节晚会开始的，独唱之后走下台来，一个打扮时髦、画眉描唇的漂亮姑娘给他送了一束鲜花，还给了他一个大大的拥抱，两人就此坠入爱河。漂亮姑娘对他崇拜得五体投地，心疼到肉肚里了，还山盟海誓，高兴得包成杰整天就像是浸泡在了蜜罐里，浑身的汗毛都能溢出甜滋滋的爱情来。

只是，热恋过去，姑娘却悄然消失，只给他留下一封长信：无车无房无钱，我可以接受，我的父母却是接受不了。他们说，没车可坐公交，总不能一辈子租房子住吧？最后还来了一句：爱你的姑娘心里在滴血呢。他还真的很不服气，我不是富二代，也没有爹娘可拼，却是端的铁饭碗，长流水，车迟早会有的，房也迟早会有的。瞧不起我，你就走。不曾料到，第二段恋情接踵而至。是从第三年腊月在东街口给人们写春联的时候开始的。女孩是求他写春联的众多迷妹中的一个，高挑的身材，飘逸的长发，看他的眼湖如秋水荡漾，俏美而白净的脸面就会泛起一缕嫣红，似一朵绽开的山茶花儿，带露还羞，接了他递过去的春联，轻轻说：“能给我一个电话号码吗？”他给了，两人就成了恋人。包成杰心里的底气比上次要足了许多，他贷款按揭了一套二居室的房子，虽是还在图纸上，也算是有房了吧。姑娘却是另有所图。前途漫漫，何时才能富起来，干脆放弃公务员，跟她一块下海吧，还卖唱，还卖字，挣的钱肯定多得多。他把脑袋摇得像个拨浪鼓，他觉得自己的书法应该在城东市场的街口展现，自己的歌声应该属于喜欢自己的广大听众，决不可染了铜臭。和第一次热恋的姑娘一样，悄然离去，不同的是这个姑娘连一封离别的信也没有留下。

这段恋情像是盈盈秋水，只留下几折波痕，姑娘的决绝和无情却让他耿耿于怀。前年，也就是他三十岁那年，又一个姑娘走进了他的生活。这次跟前两次不一样，这次是媒妁之言，单位领导亲自为他保媒。见面那天，姑娘说的第一句话是："我早就认得你。听你唱歌，看你给群众写春联。"

包成杰有了前两次的教训，对姑娘热辣辣的眼神，充满着崇拜的言语视而不见，说："两次恋爱失败，一次是因为无车无房无钱，一次是要我离开公务员队伍去下海。你可要想好。"

姑娘说："不谈这些。"

"那谈什么？"

"谈初心，谈乡愁。"

包成杰好不高兴，姑娘也跟他一样，曾经的寒门学子，境遇与共，志同道合。两人很快坠入爱河。相处一年，姑娘突然羞答答说她有三个月没来身上了，吃饭没有口味，还想吃酸。包成杰就知道她说的什么了，急得："刮掉吧。三个月，趁着还只是个不成形的小茄子儿。"实在说，包成杰还真的没有做好要孩子的准备。他的打算，不说有车，起码得住进那套属于自己的房子之后才能要孩子。

"不，我喜欢孩子，再说，你也三十岁了啊。"姑娘的眼里全是做母亲的柔软和怜爱，"我知道你是担心养活不了孩子，我的工资要给乡下的母亲治病，你的工资要交按揭房款。其实，还是可以开源节流的，每个月买宣纸的钱占去了你工资的一少半……"

包成杰知道姑娘后面还会说什么，打断她的话说："要我中断五更起床练字，真的很难。"

孩子刮掉了，姑娘走了，包成杰也大病了一场，从医院出来，脱形了似的。

"换换环境，也不失为一个疗治心灵创伤的办法。"书法界的朋友对包成杰在情感上的遭遇一直十分同情，劝他说，"到时候要我们帮什么忙，打个电话，我们就下来。”

姑娘们听说包哥要去乡下扶贫，时间还长，又不约而同地尖叫起来：“一年听不到你的歌声，看不到你的书法，会想你的啊。”

包成杰不跟她们说话，只管埋着头写春联：和风抚绿柳时雨润春苗，百家迎新岁千户接福禄。

“怎么，横联还是‘前程似锦’啊？”等着春联的是一位老人，看着他写的“前程似锦”四个字，一脸慈祥地说，“横联应该写‘春回大地’更为贴切。”

包成杰没有听清他说的什么，他的思绪已如腾跃的野马，早就驰入遥远山乡里的那个扶贫点去了。领导说一个扶贫队员驻一个村，自己要去的村子是个什么样子呢，一定很偏远很落后很穷很苦吧。但愿那地方明年就是春联中写的这样就好。

二

包成杰去的地方叫前坡村。先在县里开了一天会，第二天清早，县里用车把他们送到大垭乡政府。几个贫困村的领导早就在乡政府候着他们的。前坡村的村长刘福也在候着的队伍中间。刘福六十多岁，刀刻般的皱纹网样纠结在瘦癯的脸上，深眍下去的两个眼睛盯着包成杰就不松开。

包成杰不知道他这样瞪着自己什么意思，对着他笑了笑，说：“前坡村有多远，是坐车还是走路？”

刘福却是始终不曾言语半句，把他的两个行李袋子挑在肩头，向前面走了。

包成杰追上他，重又把袋子抢过来自己挑着，嘴里说：“怎么好意思让你给我挑。”

刘福看着他挑担子的样子，拧着的眉头才慢慢地散开，说：“看样子，不是肩不能挑、手不能提的城里人。”

包成杰说：“我还真的不是城里人。”

“老家在哪，家里还有些什么人？年纪轻轻就当干部了啊。”

“隔壁县的，离这里不远。家里有父母，一年要回去看望他们几次。”过后笑着道，“三十多岁了，还年轻啊。”

出乡政府没走几步，大路就变成了小路，茅封草长，蜿蜒崎岖。包成杰问：“不是说村村通公路吗，我们村怎么还是这样的崎岖小路？”

“上面说有计划的，今年轮不轮着前坡还不一定呢。你来了，我们就请你给村里办一件事，把前坡的公路修通，我们给你送万民伞。”

包成杰说：“我当然要催着他们修路的，不过，村里别的工作还是要过问的。”

刘福连连说：“村里别的事情你就不用过问了，进进出出有一脚好路走，没饭吃心里也高兴。”

“如今这样的好年月，村里还有没饭吃的人家？”包成杰吃惊地问。

“天灾人祸，贫病交加，农民是经受不起的。”

包成杰再没有说话，心里却是有了几分沉重。

正月的太阳挂在头顶，却没有一丝儿暖意，沿路是满目苍黄，间或，能见着苍黄里有一缕炊烟升起，几声鸡鸣狗叫，寂寥的村落才有了几分生气。

刘福指了指横亘在前面的一座大山，说：“前坡村就在那座大山的半坡上，看着不远，走起来却是要腰酸腿疼的。”

果然，从山脚慢慢往山上爬，见着村口第一栋木屋的时候，足足走了两个小时，刺骨的寒风也没能驱散浑身的涔涔热汗。那时读大学，寒暑假回家还要下地帮着父母做农活呢，锄地割禾，挑肥落种，一点都不觉得累。包成杰不由生出万千感慨，人啊，还是不能常年坐在办公室里，不晒太阳不淋雨，是一定会变得四体不勤的。

最先看到的那栋木屋就是刘福的家，木屋虽旧，却是收拾得干干净净。禾场上有两棵桃树，也许是正月初的这些日子一直放晴的缘故，桃枝居然染上了星星点点性急的春色。

走进禾场，包成杰就闻到了一缕腊肉的芳香，心里不由生出一种温温的感觉。这是远行的儿子回家的感觉。包成杰每次回老家，还没走进禾场呢，那一缕饭菜的芳香就会扑面而来。父亲早早就站在门前盼望着，母亲却是在灶屋忙活不停。父母知道儿子喜欢吃腊肉，家里每年腊月杀一头大肥猪，大部分熏制成腊肉了，儿子什么时候回家，都有腊肉吃。

路上，刘福就对包成杰说过，儿子儿媳一直在城里打工，孙子也被他们带到城里上学去了，家里就两个老人，这一年，包成杰就住在他家里。包成杰知道从灶屋端来饭菜的女人就是刘福的老伴邹如莲了，说："如莲伯娘，我这一来，要麻烦您了啊。"

邹如莲一脸慈祥地说："在城里上班好好的，晴天不晒太阳，雨天不湿衣裳，大老远地跑到乡下来扶贫，我们感激不尽的，说什么麻烦。"

刘福从柜子里拿了一壶酒来："农村还真不能跟城里比的，城里人喝瓶子酒，农村人喝自己做的包谷酒。"

"我不会喝酒。"包成杰还要说什么的，张了张嘴，却又不说了。只见花衫儿一闪，从灶屋走出来一个年轻女人，手里拿着两个杯子，飞快地对包成杰瞟了一眼，低下头，倒酒去了。她一定是听到了包成杰说不会喝酒的话，给刘福倒一满杯，给包成杰才倒了小半杯。

像是一缕清风，从包成杰的心里拂过。在城里，抬眼见着的是那些穿着时尚，描眉涂唇，见着自己总是咋咋呼呼的姑娘，可她，衣着朴素，举止文静，神态安详，别是一种自然之美，清纯之美。她是刘家的什么人呢？

"来，喝酒。"刘福已经举起了杯子。

“我真的不会喝酒的。”

年轻女人已经进灶屋去了，可他的眼睛还对着灶屋张望。

“秀梅给你只倒了半杯酒，喝了，下午休息，晚上开会。”

一餐饭吃完，也没见那个名叫秀梅的年轻女人从灶屋出来。趁着放碗的时候，包成杰去了灶屋，灶屋里却没人。

灶屋的那边，有一栋木屋，十分破旧。一个老妇人牵着一个小女孩在禾场上玩耍。小女孩突然就挣脱了老人的手，往禾场外面跑去，一边跑还一边叫喊着要找她娘。只是，小女孩才跑了几步，又被老人拽了回来。原来，老人手里牵着一根绳，一头缚在小女孩的腰间。一老一小，像是拔河比赛。小女孩哭，老人也哭。包成杰走过去，才发现老人是个盲人，眼睛瞪老大，也没看见面前站着一个大男人。想跟她说说话，却不知道从何说起。小女孩终于还是没有拽过老人，被老人搂抱着进屋去了。包成杰对着木屋里张望一阵，除了一老一小，再没有见着别的人，心里不由生出几许狐疑，还掺杂有几分失落，转身往那边村里走去。

刚才来前坡的路上，包成杰已经从刘福的口里知道了前坡村的基本情况，站在村口，抬头对着半山腰张望，就能见着层层梯田和片片旱地，梯田和旱地旁边便是散落的六个村民小组，二百二十五户人家。当然，全村的九百多口人是见不着多少的。如今，农村去城里打工的多，偏远落后的村寨进城打工的就更多。抬眼能见着的，除了空巢老人和留守儿童，也就几个在家带孩子的年轻女人。刘福说了这些，就是一声长长的叹息：“前坡土地贫瘠，又没有什么出产，人们一年忙活到头，也就弄个肚子饱。你不知道，以前天旱时，人们吃水用水要到山下的小溪里挑，早晨一盆洗脸水从大人洗到小孩，还舍不得倒掉，要喂猪。我做了十多年村长，就做了一件事，劈山开渠把水从那边山里引了来。修路却是没能力解决啊，十公里，还要架一座桥，那得要多少钱。包干部，就等着你来给我们把路修通，大家出门才有一脚好路走。”见面才一会儿，刘福已经几次说到修路，可见老人家对他这个扶贫干部寄托了多大的希望。

现在，包成杰站在村口，他的心里有一种说不清道不明的情愫，他突然想起自己的老家来。跟前坡一样，老家也在一面大山坡上，自己在那面大山坡上生活了十多年，也没有真正赤脚撸袖地做过几天农活，就离开了，走进了城市，走进了机关，老家的样貌已渐渐远去，曾经留存于心间的乡野的炊烟，已渐渐稀淡。写写画画，唱唱跳跳，是他的工作，除此，就是开会，就是一张报纸，一杯清茶，以及那些打扮时尚的迷妹的尖叫和掌声。也有烦恼，也有不快，也有抱怨，甚至还因为恋人的不辞而别难得放下。跟偏远落后山区的这些为吃饱肚子而忙碌的农民相比，实在太矫情了，太不应该了。现在，有两个字突然从包成杰的心里涌了出来。任务。自己来前坡，是有任务的。这就是扶贫。怎么扶，刘福说了，修路。要想富，先修路。他当然知道这个理，自己的老家也一直穷，大前年，路修通了，他娘还专门给他打了个电话，说现在多好，禾场上的两棵梨树结的梨都不要自己背到乡场去卖，人家城里人开着车来乡下玩，顺便就把梨给买走了。听娘颤抖的声音，娘一定是流着幸福的泪水对儿子说那话的。

“要你休息一会儿你却不，站这里做什么。”是刘福，从那边田间小路走来，喝过酒，满脸的皱纹里填满了赭红色，眉头却是紧紧地拧着。

“看看山里的风景，也是休息。”

“我们住在这里，也没觉得有什么风景可看。”

“刚才你去了哪里？”看见刘福一副愁眉苦脸的样子，一定遇到什么为难事了吧。

“村里一个五保老人生病，在床上躺半个月了，每天要去给他做一次饭。”这样说的时候，刘福的眉头拧得更紧了，“那个赵祖煌，只怕没多少时日了，往后一天得去两次才行的。”

包成杰就不作声了。去年他回老家的时候听父亲说，村里一个叫冬爷爷的五保老人，死了三天也没人知道，那时正是六月，人们从门前过，闻到一股臭气，才知道他死了。父亲说，如今国家的政策好，五保老人每个月有二百多块钱，吃穿不愁，就怕死的时候身边没人。他听了也就听了，风吹过一样。今天，心里却有一种隐隐的疼痛。设身处地想一想，也许，无儿无女的五保老人快死的时候，心里的奢望，就是身边能有个人吧。五保老人年轻的时候也曾风光过，也曾担当过，也曾做过对村里有益的事，离去的时候，却是孤苦伶仃，该是何等凄凉。他说："带我去看看好吗？"

"没什么好看，家里弄得不成样子的。"

"那我就更要去看看才是。什么时候死了，没人知道，我这个扶贫干部怎么交代？"包成杰加重语气说，"不但要去看一看，还得陪陪老人。"

刘福思考一阵才说："这样吧，你也不用去看他。我现在就安排人去守着就是了。"

"也行。"顿了一下，包成杰又问道，"你说一天给他弄一次饭，有一餐不是要吃冷的吗？"

"一天忙得两脚不沾地了，哪有时间去给他热饭热菜？早晨把饭菜做好，摆在床头，什么时候肚子饿了自己吃。往后有人守着他，当然就能餐餐吃上热饭热菜了。"刘福的眉头又拧了起来，喃喃说，"就担心他吃了几餐饱饭，回过阳来，那就又害了我们了啊。"

"活过来不更好吗？你说老人才七十五岁，就走了，还真的亏了，我们国家现在的平均寿命是七十六岁。"

"哪有那么多闲工夫去侍候他，正月过了是二月，春耕生产脚跟脚就到了。我还担心呢，他赵祖煌开了这个头，村里别的五保老人怎么办，还不都想照着卦打呀。"

"村里还有几个五保老人？"

“那时穷，我们前坡没有讨到老婆的单身汉可多了，如今不都成孤寡老人了嘛！死了几个，还剩下五个，有两个身体一直不好，稍有头痛脑热，就是赵祖煌这个样子。”

包成杰说：“往后的事情我管不了，赵祖煌却是要按我说的去做的。”

刘福脚步噔噔地走了，那样子像是生气了。包成杰想跟着他去，想一想又没，还真担心刚来就跟这个脾气倔强的村领导杠上了。

邹如莲正在收拾禾场上的柴火，说：“包干部，你就睡在厢房里，铺给你开好了，去休息一会儿吧，晚饭做好，就叫你。”

包成杰说：“如莲伯娘，你别叫我包干部，叫我小包。”

“就怕你不高兴。”

“怎么不高兴，当然高兴啊。”

厢房并不宽敞，却收拾得干干净净，床上的被子是新的，还叠得有棱有角，窗前摆着一张桌子，桌子上有一盏台灯，还有一个开水瓶和几只茶杯，一只茶杯里泡了茶，热热的茶水洇出一缕淡淡的茶香。包成杰心里不由生出一种温暖的感觉。十年来，他跟两个同样大学毕业，同样打着单身的伙伴共同租住在一套三居室的房子里，按他们自己的说法，他们不过是房子的匆匆过客，脏，乱，垃圾成堆，臭气熏天。他的那间房更是有过之而无不及，地上到处是写过的废纸、泼洒的墨汁。他也曾想过，这日子何时才是个头。可想过，也就过去了，从农村走出来的寒门学子，谁没有这样一段艰难的过程？过些年，按揭的房子从图纸真正变成了房，自己有个窝了，幸福也就指日可待了。

躺在床上，包成杰原本还要想一些事情的，比如村里的公路怎么修，比如村里的经济怎么发展？再比如，那个名叫赵祖煌的孤寡老人到底病成什么样了，刘福是不是安排好了侍候他的人？当然，他的脑壳里面还会闪过一个漂亮姑娘的身影，帮着如莲伯娘把饭菜做好，她就走了，去了哪里呢，这个时候没出去打工，一定就是那个在读的女大学生了。他听刘福说过，这么多年来，前坡村才出了一个大学生，还是个女的，接到大学录取通知书的那天，他还给她封了一个红包，要她努力读书，为前坡村争光呢。

只是，这些都还没有想好，他就睡着了。他做了一个梦，先是和几个书法界的朋友在东街市场大门口给群众写春联，享受着迷妹们热辣辣的目光和尖叫，后来，又梦到自己回乡下老家去了，娘给他做了一桌子好菜，吃饭的时候，娘就坐在一旁看着他，嘴里还在不停地唠叨："儿呀，过年你就三十二岁了，下次一定要带着媳妇儿回来，我和你爹就盼着抱孙子啊。"娘这样说的时候，两行泪水就挂在了愁苦的脸上。

包成杰想对娘说句什么的，没说出口，却醒了，是如莲伯娘叫醒的。如莲伯娘一脸慈祥地站在床前："小包，饭做好了，起来吃晚饭。"

窗棂上的光亮有点发暗，厢房里那一缕淡淡的绿茶的芳香，与从壁板缝间挤进来的饭菜的芳香掺和着，变得更加浓郁和诱人。包成杰的眼睛有点发湿，他记得，每次回老家，娘总是说他坐车累了，要他睡一会儿，饭菜做好，娘才脚步轻轻地走进房来，眼睛盯着儿子，像是看不够似的，然后才小心地把他叫醒。

三

那些日子，刘福安排了几个身体稍好一点的老人轮流着守候赵祖煌。包成杰说他一定要抽空去看看老人，刘福这次没有拦他，说："我还担心他吃了几餐热饭热菜，回过阳来再住一年两年，还不害死了我呀，看来我是多虑了。开始吃到热饭热菜的时候，老泪纵横，感激涕零，说好吃啊，可口啊，还说我做了好事，一定会添福添寿的。才吃了两餐，就丢口不吃了，说他吃不下。你愿意去看看，当然好，给他多大的面子。不过我要对你说，打个照面你就走，房里一股的臭气，受不了的。”

包成杰没有说话，拔脚匆匆走了。

赵祖煌住在村子东头一栋破旧的木屋里。一个老人在灶屋给赵祖煌做饭，一个老人坐在床前陪着赵祖煌说白话。包成杰走进房，眼泪就出来了，他想起十多年前，临近走进高考考场的前几天，突然接到父亲的电话，说久病中的爷爷快不行了。他匆匆忙忙赶回家，爷爷躺在床上，瘦骨嶙峋，张着嘴，喉咙像是拉风箱一样呼噜作响，眼睛却是瞪得特别大，像是要交代孙子什么话的，终究还是只说出一个农字，就掉气了。包成杰泪如雨下，他当然知道爷爷说的农字后面的话是什么。还在他去县一中读书的时候，爷爷就对他说过，日后考农业大学，学会科学种田的本领，就回来把知识传授给乡亲们，年年大丰收，大家就不会饿肚子了。

包成杰泪如泉涌。面前的赵祖煌也一样骨瘦如柴，也一样张着嘴还抽不起气来，但他的两眼不像爷爷那样，充满着对孙子的期待和企盼。他两眼空泛，充斥的是绝望，是离去前的痛苦。包成杰弯下身子，对着赵祖煌的耳边说：“爷爷，我送你去医院，好吗？”

从包成杰走进房来的那一刻，赵祖煌一双深眍下去的眼睛就盯着他不松开。这时，他艰难地转过头来，看了陪伴他的老人一眼。陪伴他的老人大声说：“市里派来前坡扶贫的包干部，他看望你来了。”

包成杰分明看见老人的眼里闪过一缕光亮，张了张嘴，终于从喉头吐出几个字来：“感谢你……”过后，艰难地摇了摇头，抬起一只手，对着门外指了指，“你走吧，房里脏。”

“不脏，我要陪陪你老人家。”包成杰的泪水更加多了，“十多年前，我爷爷去世，还是我扶着他的呢。”

在灶屋做饭的老人把饭菜端进房来，说：“老伙计，给你做的你最喜欢吃的红烧肉，快吃吧。”

赵祖煌的眼睛钩子一样瞅了一阵冒着热气的饭菜，过后就把眼睛紧紧地闭上了，轻轻说："不吃。"

"我知道，你想吃，却不肯吃。"

包成杰说："想吃就吃，怎么不肯吃啊？"

"担心屎尿屙在裤子上。包干部，你不知道，赵祖煌一辈子特别爱干净，屋子收拾得整整洁洁，衣服缝补得熨熨帖帖，走出去，谁知道他是没有女人的光棍汉啊！"

"别看他现在躺在床上动弹不得，年轻时可是我们乡有名的大力士。修塘坝水利，修公路桥梁，抬不动石头，就叫他。谁家立屋，扛中柱也是他的专利。英雄暮年。人哪，老不得。"

包成杰接过老人手里的饭菜，说："爷爷，你把我当成你的孙子吧，孙子给你喂饭，你也不肯吃了？裤子弄脏了，孙子给你换。"

"包干部，你不知道，赵祖煌的女儿要是还在，外孙只怕比你小不了几岁的啊。二十多岁的时候，他放木排去怡溪口，带回来一个女人，又漂亮，又贤惠，还给他生了一个女儿。只是，女儿两岁的时候，生病没钱治，眼睁睁地看着死了，女人也就离他而去。女人说，这地方比她的老家还穷，再生了孩子，还是养不活的啊。"

两行浑浊的泪水，从赵祖煌深眍的眼坑里鼓出来，老人一定是想起离他而去的女人和死去的女儿了。

包成杰想劝劝老人，却不知道说什么好，端起杯子："爷爷，不肯吃饭，那就喝口水吧。"

"不……要。"

"我说了，裤子弄脏了我给你换。"

老人还是摇了摇头，说："半夜了，你快走吧。"

"不，我要陪陪你。"

"你是个好人，前程……似锦。"

包成杰心里不由一阵战栗，自己最爱写的四个字，他也会说啊。

赵祖煌是在包成杰来前坡扶贫的第十天的早晨去世的。当时，包成杰看着老人有些不对，喉头呼噜作响，鼻尖鼓出几粒汗星。包成杰记得爷爷临终前就是这个样子，连忙跳上床，扶起老人，让他依在自己的怀里。

就在这时，刘福带着两个老人来接班，没进房就数落起包成杰来："修路的事没有落实好，一些困难人家还没有走访完，眼见着春耕生产大忙的季节又到了，你却是一步不离地守在这里。"看见包成杰坐在床头，怀里躺着赵祖煌，气就不打一处出了："赵祖煌，你真会享福啊，躺在扶贫干部的怀里舒服是吧，快睡在枕头上去。"

一个老人扯了扯刘福的衣角，轻轻说："看那样子，赵祖煌只怕要走了。"

刘福说："走了好，这么拖着，他自己不好受，我们也跟着受累。"吩咐站在一旁的老人，"准备一封爆竹，再准备一点纸钱，送老人上路。"过后，低下头来，对着赵祖煌的耳朵道："就你的命好，市里来的扶贫干部扶着你离去。"

赵祖煌就那样走了，沧桑的脸上凝固着难得的笑容。

几个老人淌着泪，忙乱地烧纸钱，点燃爆竹。一会儿，禾场上就有了杂乱的脚步声，是那一挂爆竹噼噼啪啪的响声把大家召唤来的。也不用吩咐，一些人收拾堂屋，一些人把老人的棺材抬了出来，包成杰和刘福几个人给老人洗了澡，还从柜子里找出一套干净衣服给老人换了。

过后，刘福扯着嗓子说："还要几个人去挖棺材井，绞抬棺材的索子，下午把老人送上山去。"

包成杰说："这么快啊？"

"没儿没女，摆在这里，还得安排人陪着，送上山，入土为安。"

包成杰的眼泪又出来了："不是说赵爷爷年轻的时候也算得一条汉子，给村里做过许多好事的啊，还是要开个追悼会才好。"

包成杰的话得到了许多人的赞同。在农村，老人走了，家里条件好的，请几个道士来做做法事，条件不好的，也要停一天两天，让亲人们赶来掉几行泪水，烧几张纸钱。却没见过追悼会是怎么开的，看看这个从市里来乡下扶贫的年轻干部，怎么给一个五保老人开追悼会吧。几个五保老人更是决绝地要求刘福给赵祖煌开追悼会，也许另有想法，这个头开了，日后他们走的时候，不也一样得开个追悼会的吗？

刘福像是下了多大的决心，说："干脆村里开支一点钱，买点猪肉来，各家各户，菜园里有什么蔬菜，再凑一点，大家一块吃餐流水席，晚上再开个追悼会，明天清早送上山。这样也对得住他赵祖煌的了。"

包成杰说："我去买点纸来，还得写副挽联。"

"村里有个小卖店，那里有纸。谁写啊？"

"我写。"

包成杰买好纸笔墨回来的时候，赵家已是热闹非常，男男女女，老老少少，忙得不亦乐乎。一些行动不便的老人做不了活儿，也不闲着，眼里夹一泡泪水，坐在棺材前诉说着赵祖煌在世时的种种好处。

"老伙计，你的力气可真大呀，那年我家的耕牛掉进泥坑爬不起来，是你扛着牛屁股把它弄上来的。"

"那年跟你一块儿放木排去怡溪口，我的木排被洪水冲散，我被洪水冲下河滩，要不是你救我，我早就没命了。"

"那年，一只金钱豹把我家的猪叼走了，谁都不敢去追赶，是你追了三座山垭，硬是从金钱豹的嘴里把猪给抢了回来。"

包成杰听在心里，一副挽联也就写成了：青山绿水长留生前浩气，苍松翠柏堪慰逝后英灵。

"挽联做得好，书法也好。"

一个清脆悦耳的声音从身后传来，包成杰有点得意忘形，又十分吃惊，这样的话语在城里司空见惯，偏远落后的山村，居然也有这样的声音啊。扭过头，他的眼睛不由得就睁大了。那个他在第一天来前坡的时候见过的漂亮女人就站在他的身后，还是那样白皙的脸面，还是那样文文静静的神态，只是，眼湖里除了宁谧，还有一种光亮，这光亮也跟城里那些咋咋呼呼的迷妹一样。原来，她安静的外貌下也掩藏着一颗青春萌动的心。

“一直没有看见你，还以为你上学去了呢。”

“在你的眼里，我还是个学生吗？”年轻女人抬起头来，目光柔柔地看了他一眼。

“刘福叔说，前坡出了一个大学生，还是个女的，不是你？”

“她叫邹冬妹，我叫钱秀梅。”钱秀梅妩媚一笑，“快写横联啊，等着你写了才好贴呢。”

包成杰不假思索，提笔写了“前程似锦”四个字。

钱秀梅又啊了一声。做活儿的人们不知道她啊这一声的意思是什么，一起围了过来，就都大声惊叫起来：“包干部，你的字比那些书法家的字写得还漂亮。”

一个老人却是看出了问题：“不对啊，赵祖煌死了，怎么还前程似锦？”

包成杰有点尴尬，说：“再写吧。”

刘福说：“不用。赵祖煌劳动力好，还肯帮助人，却是吃了一辈子苦，受了一辈子累，去了那边的世界，总得有个好的前程吧。再说了，小包来我们前坡村扶贫，我们前坡不是有奔头了吗？”

几个五保老人却是泪水涟涟地说：“真的就想死了啊，包干部一定也会按照这样的规格送我们上山的吧。看看赵祖煌，一辈子吃苦受累，死了却是风光了一把，市里来的干部扶着他落气，还给他开追悼会，还给他写了这样一副好挽联，真的没有枉来人世间走一回。”

四

把前坡村的每家每户走了一遍，又连着开了两个会，一个会是关于春耕生产的，一个会是评议摸底当前要扶持的特困人家，写好报告，呈送给民政部门，包成杰就回了一趟市里，向领导汇报前坡村修路的事情。有关领导听说一个村近千口人进进出出走的还是一条茅封草长的小路，十分吃惊，村村通公路几年前就提出来了啊，扶贫攻坚，特事特办，落实资金，尽快动工修路。这让包成杰高兴得不行，就又准备马不停蹄地去乡下，惹得文艺界的朋友大骂他去乡下才多久，就把大家忘脑后去了："你说，乡下有什么好，能把你心里的朋友全都挤一边去了？"

包成杰却是心急火燎地说："你们要是没有忘记我这个去乡下扶贫的朋友，就伸出手来帮我一把，我现在当紧的是要钱要粮要衣服被子救济扶贫点上的困难人家。"

还别说，这话说出口，他住的那间出租屋就被旧衣旧被和油盐大米堆得满满当当的了，他便租了一辆面包车，高高兴兴往乡下赶。

刘福早就带着人等候在乡政府的大门口了。挑的挑，扛的扛，天快黑的时候才回到前坡。包成杰说："不用摆在村里，赶紧分下去吧，我记得，有三户五保户的被子又烂又薄，有两户特困户吃了早餐没有晚餐。"过后，从一个大包里掏出几个布娃娃和一个小书包，"这些不用分，是给方卉的。"

包成杰第一次知道瞎子婆婆手里牵着的小女孩名叫方卉，钱秀梅的女儿，是在送赵祖煌上山的第二天。那天吃过早饭，他原本要去看望一个正在生病的五保户，刚出门，却听到瞎子婆婆大声地叫喊着方卉。包成杰不知道瞎子婆婆叫喊的方卉是谁，怎么让一个瞎子这样大喊大叫。踅回身来，包成杰就不由呆在那里了。钱秀梅扛着一把锄，要去做活儿，却是动弹不得，方卉已经扯掉了奶奶手里的绳子，把她的两只脚紧紧地抱住不肯松开，瞎子婆婆怎么叫喊她也不听。

“方卉是你的孩子？”包成杰有些语无伦次地问。

白皙的脸面染了几许胭红，纯净如水的眼湖有微波荡漾，钱秀梅笑着说：“你的书法不错，还有才气，动笔成联，眼力却不行，我已经二十八岁了，在你看来，怎么还像个大学生？”

包成杰的脸不由得也红了，有几分尴尬地说：“看上去，还真的只有二十出头。”

刚才还是笑靥如花，转瞬变得凄凄然了：“我没你的命好，考上了大学，却没钱上学，那张大学录取通知书也就成了心里永远的痛。”

包成杰的心仿佛有一只手重重地捏了一把，生生地流出血来。前些天，他只是听刘福说，瞎子婆婆家原来的日子过得有多好，三年前的腊月，在城里打工的儿子儿媳带着才一岁的女儿回家过年，年后返城打工，走出乡场没多远，儿子被迎面开来的渣土车撞死了。那个撞他的司机却是穷得叮当响，买车的钱还是借的，司机说他宁愿吃枪子儿，也拿不出赔命的钱啊。一家三口，老的老，小的小，还有一个是瞎子，原本要吃低保的，儿媳却是坚决不要。包成杰一直想见见这个用柔弱的肩膀支撑着那个破碎家庭的女人是个什么样子，原来，就是这个他认为是大学生的钱秀梅啊。他的眼睛变得有些湿润起来，抱起方卉说：“让你娘去做活儿啊，叔叔什么时候去城里，给你买玩具回来。”

“我要一个布娃娃。”

“好。”

“还要一个小书包。”

“好。”眼里的湿润变成了两滴豆粒般的泪水，吧嗒一声掉在方卉粉嫩的小脸上。方卉的奢望，当然也牢牢地记在包成杰的心里了。

“春耕时节，也是春荒时节，是不是给方家一些大米和油盐呢？”刘福跟包成杰商量说。

“我去问问吧。”

“问她肯定不会要的，你得做她的思想工作才行。”

“知道。”包成杰拿着玩具和小书包去了方家。钱秀梅正在灶屋做饭，方卉还是被她奶奶牵着，绳子紧紧地拽在手心里。刘福曾经对包成杰说过，去年的五月，方卉把奶奶手里的绳子挣脱，跑到村前的水塘边玩，掉进水塘里，要不是有人从村口过，现在也就没有方卉了。

方卉看见包成杰手里拿着的小书包和布娃娃，就又跟奶奶进行着拔河比赛，嘴里还不停地叫喊着：“包叔叔好。”

“喜欢不？”

“最喜欢这个书包了。我娘说，她没能读大学，我日后长大了，是一定要读大学的。”

钱秀梅从灶屋出来说：“今天方卉她奶奶六十五岁生日，就在我家吃饭吧。”

包成杰说：“如莲伯娘把饭菜也做好了的。”

“我这就去请两个老人，一块吃，多热闹啊。”

一会儿，门外就有了刘福的说话声：“你如莲伯娘做了你最喜欢吃的菜，你却在方家吃饭。”

包成杰看了钱秀梅一眼，说：“如莲伯娘怎么没来？”

“她来了，鸡呀猪呀狗呀还不翻天？”刘福把手里的一个花花绿绿的塑料袋子递给方卉，“你包叔叔把你刘福爷爷和你如莲奶奶当小孩了，买了一包糖果，你吃吧。”

方卉还在看小书包，一副爱不释手的样子，嘴里说：“谢谢爷爷。”

“不用谢我，要谢谢你包叔叔啊。”

方卉就依在了包成杰的怀里，一颗糖果已经塞进嘴里去了，稚嫩的小脸上满是幸福和依恋。

刘福对钱秀梅说：“这次小包弄来的东西可不少，怎么说你家也得拿一点来。”

钱秀梅说：“我们有衣服穿，有被子盖，饭也有吃的。全都分给村里几户特困户吧，那才叫雪里送炭。”

“这些日子，小包一直对我说，想给你们家评低保，你写个报告，可别负了人家扶贫干部的一片心意。”

钱秀梅还是说的那句说过很多遍的话：“低保我们家也不要的，感谢领导的关心。”

包成杰说：“我问过乡里领导，你家这样的情况，是可以申报低保的。你要想好，一年才申报一次，现在不报，要等到明年的这个时候才能报。”

“今年不报，明年也不会报的。”钱秀梅盛了一碗饭，还夹了许多好菜，递给坐在一旁的婆婆，一边对女儿说，“背着包叔叔买来的书包，当得饭啊。”

包成杰过去扶老人，说：“跟我们坐一块儿，我才好给您夹菜。”

刘福说：“家里来了客人，她是决不会坐在席面上来的。”

包成杰抢过老人手里的饭碗：“今天一定要跟我们坐一块儿吃饭。”

包成杰还是听刘福说的，老人的眼睛原来并没有瞎，不过是有点眼疾罢了，儿子死后，她是活活把眼睛哭瞎了。她能不哭吗，儿子不在了，二十多岁的儿媳还不走？想把孙女留住，可孙女才一岁，还在她娘的怀里吃奶，自己养不活，孙女被儿媳带走，她就成孤寡老人了。开始的时候，看天上的太阳是红红的一团，后来，红红的一团就变成了模糊一片，再后来，就什么都看不见了。钱秀梅带着她去省城的大医院，弄了许多药来，也无济于事。钱秀梅对老人说，现在，她更加不会离开方家了。有好心人介绍单身男子来方家做上门女婿，钱秀梅还是说，不是谁答应给老人养老送终，抚养方卉长大成人，我就跟他一块儿过日子，还得看他赶得上方卉她爹爹不！

几个年轻人就拿她死去的男人跟自己做比较，高高的个子，帅气的模样，还有文化，在城里打工的几年，还学得了一门维修机械设备的技艺。信心满满地上门来，却是悄悄地离去。

几杯酒落肚，刘福的话就多起来：“我们前坡村，媳妇做到钱秀梅这样，就是一个标杆，乡里领导说了，今年乡里评选最美女人，钱秀梅要排在第一位。”

包成杰说：“材料我来写。”

“那当然好，怎么说请别人写也得给人家买条烟吧。”

钱秀梅红着脸说：“别笑话我了，这些都是做儿媳的本分。”

瞎子婆婆早已泣不成声：“你要写，我能说出我家儿媳的许多好来。”

刘福一旁问包成杰：“你来前坡一些日子了，也没听你提起孩子和家人，孩子多大了啊？”

包成杰只是怔了怔，指着方卉，笑着说：“也是个女儿，跟方卉差不多大。”

钱秀梅的眼泪就出来了：“不像我家方卉，命苦，一岁就没爹了。”

方卉也不吃饭了，给奶奶擦眼泪，又给娘擦眼泪，后来，自己也流起眼泪来，晶亮的泪水，挂在粉嫩的小脸上，让人怜爱又心疼。包成杰把她紧紧地搂在怀里，说：“别哭，叔下次去城里，给你买许多好看的童话书回来。”这样说的时候，自己的眼里也有泪水晃动了。

一餐饭吃到天黑，刘福和包成杰回来的时候，邹如莲正在家里淌眼泪，抱怨刘福说：“有酒喝，就不知道回来了。”

“又是什么事，让你掉眼泪了？”

“儿子打电话来，我们孙子又没地方读书了。”

“不是说有学校读书了吗？”

大前年的九月，儿子打电话，说他们孙子到了上学年龄，却因为没有户口没学校要，东奔西找，求人说好话，好不容易才进了一家私人办的学校，读了一年，人家不办了，又只得换。

“三年换了三个地方，怎么又没书读了？”

“收的钱少，要钱的地方却多，还要这里整改，那里完善，不达到要求就查封，人家学校能不关门歇店吗？”

刘福叹了一口气：“是也是，如今孩子金贵，学校教育质量上不去，安全设施还不配套，谁放得心？要他们把孩子送回来，在村小学上学，他们说村小学的条件更差，不能让孩子输在起跑线上。如今开学多久了，我孙子还在找学校，早就输在起跑线上了啊。”

一个晚上，包成杰躺在床上辗转难眠，心里搁着的事情一件未了，又添了新的。

五

修路工程队是这年的四月来到前坡村的。不过二十几个人，机械设备却不少，推土机，运渣车，压路机，搅拌机，摆了一长溜儿。刘福高兴得嘴都合不拢了，把全村的男男女女组织起来去帮忙：“村里的年轻人都外出打工挣钱去了，就剩下这些人，要是不行，我就把在外打工的年轻人叫回来。”

带队修路的领导说：“路是承包给我们修，你们来人做活，我们还得给你们开工钱。”

“那就让村里的几个年轻女人给你们煮饭洗衣做做后勤工作吧。我们总得出点力啊。”

“也不用，我们自己带有后勤人员。其实呢，对我们来说，这样的工程不过是举手之劳，把几条山坡推出一条道来，压牢实，铺上水泥就成，再在山脚的小溪上架一座小桥，也就两个拱。国庆节，汽车就能开到村里去。想要给我们做点什么，也行，让你们村的扶贫干部给我们写几幅字吧。”

“你们也知道小包会写字啊？”

“市里有名的青年书法家，怎么不知道？”

刘福把这话对包成杰说了，包成杰说：“我这就去问问，要写什么内容，写多大的尺寸，给他们写就是了。”

包成杰去了修路工程队，才知道里面有一个工人师傅去年腊月在东街市场门口请包成杰写过一副春联。

“‘锦鲤飞身酬远志，祥羊跪乳感亲恩’，我儿子去年高中毕业考上大学，你给我写了这样一副春联，街坊邻居都说好。”顿了一下，那个工人师傅带着几分神秘的口气说，“知道吗，修路工程队为什么来得这么快，设备也带得齐全，还是因为你的书法！去年腊月，我们局领导也请你写过春联的。”

包成杰十分意外，又特别高兴，说：“真的巧了，原来还有这样的机缘啊，这次要认真给你写，盖上我的小印，还要给你们局领导写一幅字，请你给带回去。”

包成杰去了一趟县城，买了一大捆上好的宣纸回来：“各位要写什么内容，写多大的尺寸，我这就给你们写。”

“那阵你写春联的时候，就爱写‘前程似锦’，给我就写这四个字。我要装裱好，挂在堂前显眼的地方。”那位工人师傅说。

“‘前程似锦’四个字当然是要写的。还要写‘大好河山’，还要写‘通达四海’！”

修路工程队的领导说：“看这样子，大家做活都不安心了。放半天假吧。想写什么，就让书法家慢慢给你们写，写好之后才好安心做活儿。”

包成杰说：“我也有一个请求，不知道说得说不得？”

“你说，我们答应就是了。”

“前坡村还真的很穷。一些人家还没有解决温饱问题，一些人家眼见着就要奔小康了，一场病，或是一场灾祸，就又打回到穷困的行列里去了。他们盼望了多少年，就盼着这条路修通，才好彻底改变他们贫穷落后的面貌啊。”

“不用你说，我们用修国道的质量标准修这条路就是了。套用时下说的一句话，精准扶贫。修路或许就是给精准扶贫插上腾飞的翅膀吧。”

也不知道是谁说包成杰下山给修路工程队的师傅们写字去了，前坡村的人们全都向山下涌来，男男女女，老老少少，就连几个五保老人也拄着棍子蹒跚着来了。

写字的桌子是用几块木板临时搭起来的。四月的太阳明媚而灿烂，四月的风儿带着山花和青草的芬芳，氤氲在热闹的人群里就不肯离去。包成杰把手里的毛笔蘸足了墨汁，运气落笔，洁白的宣纸上就有了“前程似锦”四个大字，凝重而苍劲，肥润而朴拙。

“好。”人群里爆发出一阵赞叹之声。

包成杰提起笔来，这次他写的“四海通达”“锦绣河山”“一带一路”。沉思良久，将“百年大计修路为先，千载伟业建设为本”一挥而就。在人们的喝彩声中，又提笔写了一幅字：积善积德功德无量，修路修福寿福绵长。对那位工人师傅说：“这幅字，麻烦你给我带回去送给那位领导，就说我感谢他了。”

太阳照在青春的脸上，额头鼓出了星星点点的汗水，包成杰也全然不知，他只是觉得，在这偏远的山野乡村，伴着煦风，伴着阳光，伴着小溪流水，给人写字又是另一种不同的感受，跟在书房里练习书法不同，跟在东街市场的十字街口给人写春联也不一样。心静神定，酣畅淋漓。

突然，背后有一缕清风拂来，浑身透心地凉爽，回过头，钱秀梅一只手抱着方卉，一只手把方卉头上的草帽摘下，轻轻地给他打扇。

包成杰想说句感谢的话，却没有说出来，提笔又写了“不忘初心、记住乡愁”八个大字。

“写得真好。年轻人，在城里待久了还真的不行。接地气，就要到基层的群众中来。套用你们文艺界的一句话，深入生活。”工程队的领导五十多岁，穿一身洗得发白的工作服，瘦高的个子，一张沧桑的脸，就知道他是一个为着多修路，修好路，带着工程队四海为家，八方奔波的人。

“包干部，给我也写一幅字吧。”一个五保老人蹒跚着挤进人群，喘了一阵气，才说出这样一句话来。

“写什么啊？”包成杰头没抬，洁白的宣纸上，又有了路通心通四个大字，温润的墨迹，在四月的阳光里熠熠生辉。

“就写你上次给赵祖煌写的那副对联。”

包成杰不由一怔，回过头来，一双深眍下去的眼睛含着浑浊的光，巴巴地看着他，他的心里有一种莫名的疼痛，说：“你老人家别着急啊，真要有那一天，我给你写就是了。”

“就担心你年底回市里去了，这几个月我却不死呢。”

刘福过来抓着老人的手往一边拽，有些没好气地说：“多事，没看见包干部正忙吗？想他给你写那样的对联，明天你就死，他不就给你写了吗？”

修路工程队的领导不知道老人要包成杰写什么，还一副老泪纵横的样子，对包成杰说：“宣纸买得多，时间也充裕，谁要写都行，不光是给我们写啊。”过后大声地对着他的同伴说：“书法家到农村来扶贫，我们把这路修好，也算是对他的一种支持啊。”

刘福说：“我们要来帮忙你们又不要，那就这样吧，路修好，给你们立一块碑，字还是请小包写。你们想好，上面写什么内容，就对小包说。”

修路的工人师傅们齐声道：“现成的啊，前程似锦。”

六

来时还是春寒料峭，万木霜天，眼看着满山青黛，百花争艳，梯田里的草子花变成了绿肥，过后，插下的禾苗就转青了，发绿了，转眼，又到了禾子打苞灌浆的季节。包成杰突然就觉得，迎面吹来的山风变得热乎乎的了。身上臃肿的羽绒服褪去，换成了羊毛衫，现在，干脆只穿一件薄薄的衬衫，汗水还不时从额头淌落，挂在晒黑了的脸上。

“小包，我田里的青苗该施点什么肥才好？”

“小包，快来看看，我家水田里的禾苗叶子有些斑点，是不是病虫灾害啊？”

“小包，我家的一棵梨树，每年的花开得热闹，结的梨却不多，能帮我去看看吗？你说果树开花是可以授粉的，怎么授粉啊？”

走在村野小路，田间阡陌，总是被人们叫喊不停，询问不停，仿佛唤醒沉睡在心灵深处的一个梦，那是包成杰曾经对爷爷的承诺。当然，不但能有求必到，还能圆满地给人们解决问题，这是包成杰四年农业大学的功底。现在，他似乎才懂得学有所用四个字的含意。这么多年来，因为书法，因为唱歌，博得了多少掌声和喝彩，收获多少漂亮而时尚的姑娘们的尖叫，但这些都不能跟前坡村的农民们焦虑的目光，急切的询问相比。还有他们的一声感谢的话，淳朴而平淡，却让他心里有一种不一样的感受，他突然觉得，自己肩头的责任更重，自己心里的担当更沉。还有一种道不清，说不明白的乡愁，氤氲在胸口，久久不得散去。

当然，他也有清闲下来的时候，那就是每天的早晨。五点起床，是他这么多年来养成的习惯。或是练字，或是练唱。农村没有这样的条件摊开纸笔来写写画画，他也不好意思大清早就啊啊啊地练嗓子。

如莲伯娘又不让他去灶屋帮着做早饭，刘福也不让他去菜地里帮着侍弄瓜果蔬菜，无所事事，他会悄悄走出禾场，站在村口看前坡早晨的风景。太阳从东边犬牙般的山垭升起，晨雾还没散去，山野像是披着一件蝉羽般的轻纱，突然，一声鸡鸣狗叫，给宁静的山村的早晨平添几许灵动和生气。是谁赶着清早的脚步下地做活了？田地里是锄头落地的声响，是农人忙碌的身影。在城里的这些年，包成杰只能在梦中见到，那是他儿时的记忆，父母就是这样没日没夜地辛勤劳作，为了弄个肚子别饿着，还为了送他读书。

这些年，自己的老家是彻底变样了，人们在小康路上的脚步走得平稳而坚实。可眼下的前坡村，还在穷困的路上艰难地前行，农人们就只有没早没晚，用加倍的努力，泼洒汗水，辛勤耕耘，求得一个较好的收成。

每每这个时候，方卉就会从自己家里跑出来，大声地叫喊着包叔叔，瞎子婆婆跑得有些磕磕绊绊，手里的那根绳被拉得直直的了。包成杰急得大老远就会迎上去，伸出手，将她抱在怀里，说："不能这样啊，奶奶会摔跤的。"过后，就教她背诵毛泽东诗词："东方欲晓，莫道君行早……"

在包成杰心里，他欣赏唐诗宋词，但他更喜欢毛泽东诗词，他说，跟唐诗宋词相比，毛泽东的诗词更加大气磅礴，恢宏厚重。直到如莲伯娘叫他吃早饭，他才会把方卉送回家去。这个时候，方卉的奶奶总会摸索着伸过手来，接过孙女，说着感谢的话，过后，又把那根被包成杰解脱的绳子递过来，说："包干部，请你把绳子系在我孙女的腰上，不然，她又会满世界跑的。"

钱秀梅在灶屋做早饭，花衫儿伴着鸡呀猪呀狗呀的叫唤，忙得晕头转向了。间或，她会回过头来看包成杰一眼，白净的脸仍然那样白净，湖般的眼仍然那般清纯，婀娜的腰肢仍然那般轻盈。

常常，包成杰总爱拿钱秀梅跟城里那些花枝招展涂脂抹粉的姑娘相比，没有咋咋呼呼的尖叫，也不做哪个当红明星的粉丝，她的心里，只装着女儿和瞎子婆婆，一切的劳累和艰辛，都是为了让瞎子婆婆能安度晚年，让女儿能健康成长。每每这个时候，包成杰的心里像是有一只手在轻轻地抚摸，两眼也不由得湿润起来。

“农村有句俗话，禾子打苞，五六月荒。还得开个群众大会，对那些度过春荒有困难的人家做一个登记，我要去一趟市里，再弄点钱粮来。”包成杰这样对刘福说。

刘福已经不是正月二月农闲时的样子了，进了三月，脚上穿的沾满了泥泞的黄跑鞋换成了一双用旧轮胎割成的皮子草鞋，四个口袋的中山装也换成了对襟衫子，六十多岁的老人，看上去仍然是一副十分干练的样子。每天早早起床，必定要处理村里的一些琐事，或是张家婆媳吵架，或是李家屋场纷争，或是哪个五保老人又拄着根棍子找上门来，诉说米吃完了，油吃完了。过后，就去了自家的田地里，育秧，插禾，田间管理。当然，还得经常到别人的田地里走走，看看，谁家的禾苗有了病虫灾害，谁家的田地该施肥管水了，他都是要管的。家里只有老两口，但各自的分工却是格外分明。如莲伯娘只是喂猪喂鸡做饭，操持家务，当然，如莲伯娘还有一个重要的任务，接听孙子打来的电话。按说，只有城里的上班族数着指头过日子吧，盼着星期六的到来，有两天休息。刘福家居然也是数着指头过日子。星期六这天吃过晚饭，尽管一身的泥泞和汗臭，老两口也是不会去洗澡的，眼睛盯着摆在桌子上的那只老掉了牙的手机。儿子说了，除了星期六，平时不会打电话，他们没时间，还影响孩子读书呢。只是，手机里把一曲《在希望的田野上》唱得再豪迈，刘福也是不会去接的，眼睛盯着如莲伯娘，直到手机里传出孙子稚嫩的叫喊声，如莲伯娘宝宝儿呀地叫着，刘福的那张皱纹密布的脸就绽开成一朵大菊花了。

“能弄点钱粮来当然好，村里的困难户就能平平安安地把五月六月度过去。还有那几个五保老人，上次给他们弄了些旧衣旧被子来，他们可高兴了，再要给他们弄点这些东西来，寒冬腊月也就变成温暖的春天了啊。”

“村里还要开个会，田间管理当紧要跟上，我看了，一些田里要施返青孕苞肥，一些田里要杀虫防病，不然，秋天就不会有好的收成。”

刘福一双眼睛看着包成杰，多皱的脸上布满了慈祥，笑着道：“看你这样子，也没在家做过几天农活，说起种田种地一套一套，格外里手。”

包成杰有几分得意地说：“我读的农业大学，说起来也算是科班出身。”

刘福就瞪大了眼睛：“怪不得，怎么就去了文化单位？可惜了啊。”

包成杰没有回答刘福的话，他听到方卉又在那边禾场上大声地叫着“包叔叔”。走过去，看见方卉又在跟她奶奶进行着拔河比赛。

“方卉，又叫叔叔做什么？”包成杰大声地问。

“再教我一首诗词吧，先前教的那几首我早就能背了。”

“有空了一定教你，现在没时间啊。”

“好。”方卉就不再跟奶奶进行拔河赛了，转过身，两手抱住奶奶，高兴地说，“包叔叔答应我了，有空就教我。”

瞎子婆婆没有作声，只是用手擦了擦眼睛，包成杰知道，老人又哭了。准备过去劝劝她，想了想，又没动，这个时候，钱秀梅一定还在家里的。

从什么时候开始，包成杰不知道，但从那个时候开始，包成杰的确是不敢见钱秀梅了。见着她，他就会想起一个女人来，要说钱秀梅像她，也不是，两个女人是不可比的，一个老成持重，心思缜密，一个温柔文静，贤惠善良。但她们看他的眼神却是那样相似，能让他的心化成水。

人们说，初恋是不可忘怀的。包成杰对初恋却没有任何留恋，第二任也就从他的脑海里匆匆而过。让他不可忘记的，是第三任女友的那双眼睛，常常，两人坐下来，她就那样静静地看着他。眼睛是心灵的窗户啊。她的眼里含着多少内容，他无从探解，但只要与那双眼睛对视，他的心就会宁静如水。只是，她还是跟他分手了。前两任女友分手不是父母干预，就是自己觉得跟了他前途渺茫，第三任女友却是因为肚子里的爱情结晶，做掉孩子的那一刻，女友原本笑靥如花的脸面就如霜打的落叶。跟他告别的时候，离去老远，还回过头看了他一眼，那一眼含有一个女孩内心的多少离愁，多少悲凄，多少痛苦，他无从掂量，却是让他的心里存有太多愧疚，难以释怀。

现在，他又看见那双眼睛了，是钱秀梅的。不同的是，四目相对，他的心不是宁静如水，而是会按捺不住地狂跳，像是乡愁的涌动，像是初心的回归。认真想一想，好像还不止这些。

“包干部，我家禾田里的禾子好像是有问题了，能不能帮我去看看啊？”

是钱秀梅，从灶屋走出来，洗得发白的碎花衫儿沾了几点油渍，额头还有几粒汗星，那张可人的脸面带着笑意。包成杰当然又看见了那双看他的眼睛，清澈见底，却又微波荡漾。

“三亩水田，没看见你请人，也没看见你换工，全是你自己做出来的啊。”

站在禾田的旁边，包成杰就想起四月的时候，钱秀梅犁田和插禾的样子，单瘦的身子，晴天戴一个斗笠，雨天披一件蓑衣。他还担心呢，一个弱女子，什么时候才能把禾苗插下啊，不承想，二十多天过去，田里的草子花不见了，变成了满田青葱的禾子。

“村里的年轻人全都打工去了，想请也没得请啊。”钱秀梅抬起头来，对着包成杰莞尔一笑，“你知道村里人怎么说你的吗？”

包成杰心里不由咯噔了一下，问道：“他们背后说我什么了？”

“前坡村来过几次扶贫工作队了，都说就喜欢你。”

这话说出口，钱秀梅的脸有些发红，包成杰的脸也不由得红了，不敢跟她的目光对视。他知道，她还有话没说完呢。

“都说你年纪轻轻，却什么都会。”

“过奖了，其实我并不会什么的啊。”

“会写字，做阳春也格外里手。没看见大家都爱问你生产上面的问题吗？”

包成杰就笑起来：“农村出来，当然是知道怎么做阳春的。”

“你也是从农村出来的？看着一点都不像。”

“我老家跟前坡差不多，也是这样的梯田，也是这样的村落，也曾是这样贫穷和落后。不过，大前年公路修进村之后，村里的面貌就大变样了。”

钱秀梅却是不再说话，细细的柳叶眉拧起来，盖住了晶莹的眼湖。包成杰知道她心里想的什么，要是家里条件好，拿得出钱送她读大学，她的命运决不会是现在这样的吧。或是在城里的哪座高楼大厦里做白领，或是像自己一样，当公务员，如今也去哪个偏远落后的乡村扶贫去了，用自己一颗真诚炽热的心，去帮扶那些向着小康之路艰难行进的人们。

担心她会掉眼泪，他不再说这个话题了，弓下身子，认真地看了一阵水田里的禾苗，说：“你要买点肥料来施施，不是病虫灾害，是缺肥。禾子要圆脚打苞，得施壮苞肥了。”

“原来是这样。”

“没钱，我这里有。”包成杰从口袋掏出几张钞票，递了过去。

“不要。去年卖猪的钱，存着就是为了春耕生产用的。”钱秀梅投来感激的微笑，又说道，“村里的几户困难人家，六月过不去，不是他们懒惰，也不是他们少了划算，而是天灾人祸。因病致贫，因灾致贫，就很难翻起身来。”

“我知道。今天就准备去市里，弄点钱粮来，帮他们一把。”这样说的时候，包成杰问道，“给你也带点什么回来？”

“不用。”

“那就给方卉带点礼物回来吧。”

“也不用。得给你自己的女儿买点什么带回去啊。几个月没回家了，你女儿就不想你？”

包成杰怔了怔，笑着说：“当然。”走了老远，脑壳里面还有一个女人的身影在晃动，白皙的脸面，宁静的眼神，单瘦的身子，晴天头上戴一个斗笠，雨天身上披一件蓑衣。这个女人的命运轨迹原本不是这样的，她的人生原本可以更加灿烂辉煌，更加斑斓多姿，罪责当然是贫穷这只无情而可恶的杀手。

七

前坡村的公路是在国庆这天举行的通车典礼，市里县里来了领导，文艺圈的朋友也来了不少，他们说包成杰来乡下扶贫快一年了，也没下来看一看，趁着他的扶贫点举办通车典礼，一定要来捧捧场的。

包成杰几天前就对刘福说过，要把通车典礼的仪式弄得热闹一点，隆重一点，刘福问他怎么弄才算热闹和隆重，他说像城里人那样，让领导剪彩啊。刘福说，我不会，你要怎么弄就怎么弄吧。

包成杰就自己掏钱买来一段红绸和几把剪子，对钱秀梅说：“你再找几个面目清秀一点的年轻女人，到时候牵着红绸，端着盛剪子的盘子，让领导剪彩就是了。”

钱秀梅红着脸说：“那时在中学读书，学校礼堂和图书馆落成典礼，就是我牵的彩带。”

包成杰笑说：“看不出，当年你还是校花啊。”

钱秀梅红着的脸就换成了凄凄之色：“我没你的命好。”

包成杰知道自己的话又让她勾起曾经的回忆，那是她心里永远的伤痛，赶快把话题岔开了：“剪彩那天，把方卉带去，让她也高兴高兴。”

钱秀梅摇着头道：“祖孙俩当人当面进行拔河比赛，还不让人笑话！”

包成杰说："到时候我带她去。"

钱秀梅再没有作声，就算是默许了，包成杰却发现，那张秀美的脸上，又有两行泪水淌落下来。

那天清早，包成杰刚刚起床，方卉就来叫他："包叔叔，我娘说你要带我去看通车典礼，是真的吗？"

"当然是真的。吃早饭了没？"

"高兴，不想吃。"

方卉一定是想着通车典礼是个什么样子的吧，天真无邪的脸上，居然也有了沉思的样貌。

"不吃早饭怎么行，还不饿？"邹如莲把她抱到家里，盛了半碗饭，还夹了许多好菜，"把这半碗饭吃完，不然，包叔叔不会带你去看通车典礼的。"

方卉看了包成杰一眼，低下头，一边吃饭，一边说："我娘说，包叔叔最喜欢我了。"

沿着新修的公路下山，大老远，就看见山脚小溪边的石拱桥头里三层外三层地站着许多人，前坡村的大人小孩都要来见证剪彩之后，汽车开到村里去的那一刻。站在人群中间的是钱秀梅和几个年轻女人。深秋的太阳没有了六月的炙热，却变得格外明丽灿烂起来，阳光洒在花枝招展的年轻女人身上，像是披着一件五彩的衣裳。

包成杰这是第一次看见钱秀梅打扮之后的样子，束在头上的发鬏散开去，只在后面结着一个彩色的蝴蝶结，黑亮的头发瀑布一样披在肩头。上身穿一件紧身碎花衫儿，下着一条百褶迷你裙，身段修长，又不失婀娜。

"包干部，你看这样行吗？"

"当然行。到时候领导来了，两个人拉绸布，四个人端盘子。听说乡党委书记和扶贫队长要陪着市县领导剪彩的。"

说话的当儿，几辆小车从那边山口开过来，停在山脚的公路旁。

刘福和包成杰带头鼓掌，人们也就一边鼓掌，一边大呼小叫地欢迎领导的到来。

领导们一个个都是神采奕奕的样子。偏远落后的贫困山村修通致富之路，从此插上奔小康的翅膀，他们也是打心眼里高兴的啊。剪彩之后，各人还说了许多勉励和祝福的话，就准备把小车往山上开。几个从市里来的文艺圈的朋友却大声地叫喊起来："包成杰，你得唱个歌表示一下吧，人家领导大老远地来给你剪彩，多大的面子啊。"

快一年了，包成杰心里满满当当全是装的前坡村人的衣食住行，前坡村人的脱贫致富，还有那几个五保老人泪眼巴巴看他的眼神，腊月给群众写春联，文艺晚会上台献唱的得意和潇洒全都忘到脑后了啊。包成杰喉头还真的有点发痒，清了清嗓子，他唱的一首《小白杨》："一棵小白杨，长在哨所旁，根儿深，杆儿壮……妈妈送树苗，对我轻轻讲，带着它，亲人嘱托记心上，栽下它，就当故乡在身旁……"

洪亮而纯正的男高音，伴着十月的灿烂秋阳，伴着氤氲着深秋芬芳的清风，伴着路旁潺潺的溪水，飘向很远，很远。

前坡村的人们这时才知道，包成杰不但会写字，懂农事，歌也唱得这样好。

唱完，城里来的几个包成杰的迷妹又大声地叫喊起来："包哥，还有多久才回去啊？"

"三个月。"包成杰从钱秀梅手里接过方卉，钻进一辆小车，伴着噼噼啪啪的鞭炮声，跟在领导们的小车后面，慢慢地开上了前坡村。刘福早有安排，他还留着一群人在村口候着，小车上山，鞭炮就又开始响个不停了。

包成杰陪着市县领导在村里打了个转，走访了几户特困人家，之后，复又抱着方卉钻进了小车。文艺圈的朋友大老远地赶来给他捧场，不能让他们空着肚子回去吧。

"包叔叔，吃过饭，你是不是要跟你的朋友一块儿回去啊。我娘说，你家里也有一个跟我一样大的女儿。”

方卉一副很懂事的样子，依在包成杰的怀里，这样问。

“我回去了，想我不？”

“想。”

“那我就不回去了。”

“不过，我还是希望你回去的，你回去了，能见到你的女儿，还能给我带很好看的童话书来。”

“上次给你带的《小白兔历险记》，下次回去，就给你带《白雪公主成长记》。”

“谢谢包叔叔。还要教我诗词呢。‘风雨送春归，飞雪迎春到，已是悬崖百丈冰，犹有花枝俏，俏也不争春，只把春来报，待到山花烂漫时，她在丛中笑。’包叔叔，我没背错吧？”

“没有，背得真好。包叔叔真的很喜欢你。下次回去，还要给你带纸笔墨来，教你练习书法，把你背的诗词用书法写出来。”

这天晚上，包成杰和刘福说白话到小半夜还没睡，刘福说：“要不是你小包催着，前坡村的公路今年只怕还不得通。”

包成杰说：“这不是我的功劳，村村通公路是新农村建设的硬指标，迟早是要修山上来的。公路修通，下一步就看你的了。”

“那时我就说了，我的任上，就做两件事，一是水，二是路。没有想到这一当就是二十年。现在，我是要甩担子了啊。”

“我听说了，换届选举时大家还是要选你的。”

“选我也不干了。”

“要我看，你再做一件好事，就算是功德圆满。你想啊，方卉的父亲那阵要不是因为外出打工，现在一定还活得好好的吧？要是村里的年轻人不出去打工，就不会有那么多留守儿童和空巢老人，整天眼巴巴地看着村口吧？你和如莲伯娘也不会老是望眼欲穿地盼着孙子打电话回来的吧！”

“我就知道你要说路修通了，下一步是发展村里的经济，让大家尽快富起来。说得轻松，前坡这样的条件，没有森林，没有矿产资源，能有什么经济可以发展？”

包成杰当然是要劝劝他的，不忘初心，砥砺前行。话还没说出口呢，突然禾场上就传来匆匆的脚步声，还有钱秀梅焦急的叫喊：“刘福叔，我家方卉病了。”

包成杰不由大吃一惊，跟着刘福和邹如莲往方家跑去。

方卉躺在奶奶的怀里，已经不省人事。钱秀梅一个劲地哭喊着：“儿呀，你可别吓我。”

“什么情况，白天还好好的啊？”

刘福着急地问，一边要钱秀梅赶快弄点桐油来。偏远农村，缺医少药，小孩生病还是只得沿用祖宗传下来的办法，用桐油巴灯火急救。

“刚才还给我背诵她包叔叔教她的诗词，突然就说肚子疼，头疼，后来就变成这样了。”

“农村的土办法只怕不行，还是要赶快送医院。”包成杰着急地说，“只怕是下午跟着我去乡场吃饭着凉了。”

“公路刚刚修通，村里连辆摩托车都没有。”

包成杰再没说话，背着方卉就往山下跑去，钱秀梅跟在他的身后，一边跑，一边哭。包成杰跑了一段路，累了，她就把女儿抢过来自己背。半夜的时候，才来到乡医院，医生板着一张脸，脱口责骂：“做父母的，发高烧也不知道么吗？晚来一步就没救了。”

包成杰张了张嘴，嘴边的话又咽了回去。钱秀梅连忙说：“他是我们村的扶贫干部。”

医生板着的脸才松动下来，对着包成杰道：“还真的得谢谢你。春秋两季，孩子容易感冒，不打紧的，打针吃药，在医院住几天就好了。”

包成杰才长长地舒了一口气，交代钱秀梅说：“我去交钱，你在这里守着方卉。”

钱秀梅没有作声，只有泪水不停地流淌，她的口袋里还真的没有钱。

医生问钱秀梅："后垭村还是大洞村？听说年初市里来的几个扶贫工作队员，全都分到偏远落后的村里去了。"

"前坡。"

"前坡昨天通车啊，市县领导都来剪彩了，还听说，那个扶贫干部能写能唱，还懂农业技术，莫非就是他？"

"是的。"

"年纪轻轻，也愿意来乡下吃这号苦，了不得。"

钱秀梅却盯着医生说："你是刚来的吧？我之前没有见过你。"

"刚从畔溪乡医院调过来没多久，离家近一点。"医生过后喃喃说，"农村要多有这样的干部，就是群众的福气啊。"

"村里的群众都喜欢他。"这句话说出口，钱秀梅那张凄苦的脸，居然也飘飞起一片红晕了。

八

方卉在医院住了六天才出院，包成杰没有来医院接她，他回市里去了。这次他带了几包前坡的土壤回去，半个月之后才回来。一个书法界的朋友开着面包车送他回来的。面包车里装着几大捆刺葡萄苗子。

回城的十多天，包成杰一点都没闲着。先是去了一趟农科所，请他们帮忙把带回来的土壤做了检测，结果出来之后，他高兴得不行，去果木苗圃买了这些刺葡萄苗子带了回来。

"我们前坡的土壤里面含有一种叫作硒的微量元素，种出的水果不但好吃，对身体也大有好处，延年益寿，还能防癌，肯定好卖。如今的日子好过，谁不想活一百岁！"

刘福眼睛盯着几大捆刺葡萄苗，热情却不高："我们前坡土地金贵，风调雨顺，也就弄个肚子不饿着，占了地，费力费神，要是没有好的收益怎么办，大家经不起折腾的啊。"

"是你要我想办法帮着前坡发展经济，办法我想了，你又接受不了。我算过账，肯定比种田种地划算得多。"

刘福还是丢下一句话："我们乡没有种刺葡萄发家致富的先例，前坡不做第一个吃螃蟹的人。"

两人僵持不下的时候，钱秀梅来了，老远就说："包干部，这次回去很久啊。"

"有事，不然早就回来了。"包成杰发现，钱秀梅又瘦了，眉头也拧得更紧了。

"还你钱。"

"什么钱？"

"方卉治病的钱，是你垫的。"

刘福一旁说："你把猪卖了，原来是要还小包的钱。"

"方卉住六天医院，花了一千多块钱，报销一部分，剩下的钱，只有卖猪了。"钱秀梅叹了一口气，"人算不如天算，原本过年的时候把猪杀了，自家留下猪头猪脚猪下水，猪肉全卖掉，明年春耕生产的钱就不愁了。这一下，计划全落空了。"

包成杰没有接她递过来的一沓票子，说："这钱你拿着，按你刚才说的，该做什么做什么。"心想，因病返贫是什么意思，现在算是真正明白了。

钱秀梅还是要把钱给他，说："欠着账，心里着急。"

刘福一旁说："小包不是还有三个月才走吗，走的时候还他不迟，现在紧要的是买只小猪仔喂养，不然，收的红薯怎么办，还不烂掉？"

包成杰却灵机一动，说："那钱算是我给你的押金，借我一块地，让我做个试验。"

钱秀梅眼睛盯着包成杰，不知道他说这话什么意思。

“我买了些刺葡萄苗来，刘福叔不感兴趣，你借块地给我做示范，成功了，前坡的出路就算是找着了，不成功，你也没亏到哪里去。”

“禾场上摆放的几捆细藤条就是刺葡萄苗啊？要多少地，你自己去挑吧。”说着，扛了捆刺葡萄苗就要往村后面的山地去。

“一亩就够。良种刺葡萄苗，果大，核小，肉厚，还沁甜，两年挂果。明年谁来前坡扶贫，我会交代好，重点扶持你家。”

“那是往后的事。你现在得教我刺葡萄的栽培管理技术，我心里才踏实呢。”

“其实也没有什么难。”

十月，太阳挂在天上，灿烂一片，远山近岭，满眼熟透的金黄，微风吹来，氤氲着野菊的淡淡芳香。包成杰抬起头来，正好跟钱秀梅的目光相遇，那样子她像是还有什么话要说。包成杰道：“还没来得及去看望方卉呢，我答应她了，要给她带《白雪公主成长记》的，童话书带来了，等会儿给她送去。”

“还别说，你回去的这些日子，方卉夜里做梦都在叫包叔叔。”

“我也想她，多可爱的孩子，又漂亮，又聪明，教她的诗词都能背。”顿了一下，包成杰道，“村里也没办所幼儿园。公路修通了，明年方卉该去乡里上幼儿园了吧？一天一天长大，她奶奶是越来越牵不住她的了。”

钱秀梅无奈地说：“我问过，学费很贵的。”

“要是年初来的时候带点刺葡萄苗子栽了，明年就挂果了。”

“那就还得她奶奶牵两年，那时刺葡萄真要丰收了，方卉去乡里上一年幼儿园，就在乡中心小学读书。村小学那个样，基础没打好，日后考大学不过是一个梦想罢了。”顿了一下，钱秀梅说，“城里的条件好，你女儿早就上幼儿园了吧。”

包成杰没有回她的话，眼睛盯着半山坡一大片荒地，喃喃道：“这么多上好的山地，荒着，真的可惜了。”

“年轻人外出打工，像是候鸟，过年的时候才回家住三五天，留在家里的老人，也就把水田插上禾，吃饭的粮不掏钱买。”这样说的时候，钱秀梅的眼泪又出来了。

包成杰知道她又想方卉她爹爹了，不知道怎么劝她才好，心里像是刀剜一样生生地滴血了。一阵，他说：“趁着我还有三个月才回去，把苗子栽好，再就近在责任山上砍些杂树条子来，把葡萄架搭上，我才走得放心。”

那些日子，包成杰早早就和钱秀梅上了山，先用绳子牵好线，再挖洞，栽苗子。做得上心，一丝不苟。他当然有自己的想法，这片葡萄园，不但是方家今后的经济来源，方卉读书的依靠，还是前坡村能不能脱贫致富的一块试验地，只能成功，不能失败。套用当下叫得响亮的一句口号：精准扶贫，打好扶贫攻坚战。

“包叔叔，什么时候走啊？”

“腊月。”

“你走了，再没人给我买童话书了。”

“上学了，就有书读了。”顿了一下，包成杰又说道，“没上学的这两年，我从城里给你寄童话书来。”

方卉那张天真无邪的脸却布满着忧郁，着急地道：“我娘说，她就担心没有技术，葡萄苗不挂果，我就读不成书了。”

包成杰心里不由咯噔了一下，明年后年的事情，他还真的没有十足的把握在天真无邪的孩子面前拍着胸脯回答了。不担心一万，就担心万一，可方家，这万一也是承受不起的啊。

钱秀梅一旁瞪了女儿一眼，说：“就想着包叔叔陪着你是吧。来前坡一年了，还不回去，他女儿想他了。”

“包叔叔对我说了，骗你的，他还没结婚，哪有女儿！”

钱秀梅眼睛盯着包成杰，像要从他的脸上看出什么来。包成杰却不看她，伸手把方卉抱在怀里，说：“包叔叔就是回去了，也会常来看方卉的，还有你们家的那片葡萄园，包叔叔一定会交代明年来前坡扶贫的工作队员，要重点关照，不能有任何的闪失。”

早出晚归，风雪无阻，包成杰和钱秀梅忙活了两个多月，腊月尾，一片规整的葡萄园总算是办成了。成行的刺葡萄苗迎着料峭的寒风，等着来年春风春雨的召唤，就要往葡萄架上攀爬上去，然后开花，然后结果。那是钱秀梅全家的希望，当然，也是包成杰心里的寄托。真的企盼这片葡萄园能给方家带来好的收益，钱秀梅那柔弱肩膀上的担子就会轻一些，那张青春的却总是布满着愁苦的脸，才会挂起舒心的笑容。

这年腊月二十四，过小年，前坡村召开群众大会，欢送包成杰回市里去。按照刘福的说法，你小包脸面大，这么多年来，前坡村没一次开会像今天这么热闹，这么齐整，男女老少，包括几个五保老人都拄着棍子来了。

一个老人拉着包成杰的手就不松开：“我已经几年没去乡场了，走不动路啊，现在多好，坐车去。”

那个要包成杰提前给他写挽联的五保老人又是一副泪水涟涟的样子了：“果然吧，这一年我没有死，我的那个愿望落空了。”

几户困难人家却大声地叫喊起来：“我们也想栽刺葡萄，你走了，谁教啊？”

包成杰说：“我都教给钱秀梅了，让她教你们吧。”

“要她教，不过是说说怎么插葡萄苗，怎么搭葡萄架。怎么修枝，怎么授粉，怎么防虫治病，她会吗？只怕她自己的那片葡萄园也没把握结出好的葡萄来。”

钱秀梅还真的十分着急了：“包干部教我怎么修枝，怎么授粉，怎么防虫治病，我也没记全啊，就是记全了，也不过纸上谈兵。”过后，眼巴巴地看着包成杰：“你说明年会有扶贫干部来前坡，就是来了，他懂吗？不可能也像你一样，农业大学毕业的吧！”

包成杰不敢跟她的目光对视，喃喃说：“那我就申请再留一年吧，教会你们栽培刺葡萄了，再回去。”

人们都鼓起掌来：“这就好。刺葡萄栽培成功了，我们给你送匾。”

刘福一直坐在一旁没有作声，这时抬起头来说：“小包啊，你总是要我别甩担子，继续当这个村长。我看你也别做扶贫干部了，来做大学生村官吧，扶我们村一把，到时候我放心落意交班，你也放心落意回去。”

几个回家过年的年轻人就都叫喊起来：“包干部来前坡做大学生村官，我们也不出去打工了，跟着你办葡萄园。打工挣几个钱，苦和累还受得了，想老婆孩子啊，心肝都开拆了。”

刘福却还在那里说个没完：“我们前坡村的精准扶贫不仅仅是修路和发展经济啊，村小学那个样子，校舍破破烂烂，师资力量也不足，留在村小学读书的孩子，不过蹭几年破凳子，没毕业就辍学了。那些在外打工的年轻父母，就想着把孩子带去城里上学，却是三年换三个学堂。大山里的孩子，没起步就已经输在起跑线上了啊。你来做大学生村官，除了发展经济，把村里的学校也给弄一弄。功德千秋，我们就不仅仅是给你送匾，还要给你立碑的。”

包成杰的心有些怦怦跳，他连做梦都没有想过当大学生村官，那将是另一条不知未来的人生之路，连连说：“这样的大事，我可做不了主的。”

“这个还真的只要你自己做主就成了。前几天在乡里开会，我已经问过了市里来的扶贫工作队长，他说上面还动员大学生到农村来做村官呢，给农村带来了新的信息，新的知识，新的观念，加强了农村基层组织的力量，又锻炼了自己。我还问过乡里的领导，他们也都欢迎你留下来做村官。”

包成杰看见一屋子的人都看着他，更有两双巴望的眼睛让他不忍对视：一双眼里除了沧桑，就是期待；另一双眼里除了温柔，还有憧憬。他的心不由一阵战栗，两眼也变得有些模糊了，说：“那就，留下来做村官吧。”

| 3 |

处分期间

作者 王琼华

一

大早，何立正吱嘎吱嘎两声把左右两扇窗户推开了。早春的山里，晚上仍是冷飕飕，睡觉时得把窗户关个严严密密。一年前，他带着洁茹和杨凯两名扶贫队员进驻延寿村的第一天，刚把行李搬进村小闲置的公房里，就下起了大雪。半夜里，他的房门被砰砰敲响了。开门一看，原来是洁茹。她一张泪脸，呜呜咽咽地说："何队长，怎么没有空调？"原来，她睡在床上，被冻得瑟瑟发抖。村里都有空调了，还用得上我们来这里蹲点吗？何立正心里嘀咕了一句。他转过身子，从床上抱起被子塞给洁茹。第一个晚上，他跟杨凯挤在一个被窝里过的。第二天早上，杨凯跟洁茹说："抱团取暖，恐怕是我们唯一一个选择。""哪怕我要抱团取暖，也轮不到抱你——因为你不是我的菜！"在单位里，洁菇是出了名的刀子嘴。昨天下午，县扶贫办公室刘主任来了电话，今天上午来村里进行验收。这意味着，他们第二天即可离开延寿村，结束为期一年的扶贫工作。洁茹听到这消息，又是拍手，又是跺脚，又是大叫:“哇，要回到空调房里睡觉了！”何立正虎起脸说:“你敢当着村民说这话，我割掉你舌头炒白辣椒下饭！”洁茹朝他伸出红润的长舌头，啊了一声。何立正狠狠瞪她一眼，骂道:“没点出息！”但前几天在洁茹的扶贫工作个人鉴定表上，他签了一个意见:“该同志能吃苦，肯与村民打成一片，是一个很值得培养的好苗子！”杨凯“偷窥”这张表后，马上告诉洁茹。洁茹激动地给了何立正一个欧式拥抱。杨凯羡慕地说:“下次再轮着来扶贫，我一定要争取当队长。这待遇太好了！”何立正给杨凯的评语，跟洁茹差不多一个意思。他突然有点困惑了。两个年轻队员这一年怎么坚持下来了呢？在驻村的头一个礼拜，洁茹和杨凯合伙写了一个报告给市科技局党组，强烈要求单位全体人员轮流下村扶贫，每一个人负责半个月或者一个月。不过，两人这份报告被刘局长扔进了废纸篓。捏成一团扔进废纸篓的过程，刘局长让办公室主任用手机录了像，通过微信发给了何立正和洁茹、杨凯。洁茹和杨凯便死了这条心。过了几天，刘局长给他们送来了三床厚被子。洁菇还多收一条毛毯。据办公室主任称，刘局长交代过了，洁菇身体单薄，怕冷。一年时间的扶贫，眼看就要圆满结束了。何立正非常感激他们。他也很欣慰，村支两委认可扶贫工作队这一年所做的工作。昨天，村支书张得天得知工作队马上要离村的消息，便跟村主任张得伟和村会计张吉财商量:“何队长他们帮村里干了那么多实事好事，我们要组织村民来一个热烈欢送！”何立正一口拒绝了。他说:“非要搞个什么仪式不可，那明天早上你们来我屋子坐一坐，聊聊哪些尾巴没了，得让接手的工作队留意。”张得天点头同意，约定好赶在验收组进村前一块儿碰个面，形成共识，以便跟验收组也提一提要求。所以，早上一起床，何立正打开窗户，换一换屋里的空气，好让村干部和两个队员等一下进来坐。接着，他把房门也打开了。

忽地，何立正瞪直了眼睛。

门口，摆着一个有锅盖大小的花圈，花圈上有两条白飘带。一条写着:“何立正一路走好。”另一条落款:“张美人敬挽。”

杨凯和洁菇见了，便很气愤，要把它扔出去。何立正没同意，抽身把花圈抬进了自己住的屋子里。村干部走进来时，看到屋里摆着一只花圈，都傻了眼。知道怎么回事时，张得天当即骂道:“这人养猪，怎么把自己也养成了一头猪？”村主任张得伟也嚷道:“哼，今天我要当一回屠夫，把这头猪给宰了！”何立正笑道:“别去找他了。让我一路走好，是一个良好祝愿。明天我带着它上路，也算是一个纪念物吧。”“要不，报个案吧。”村会计张吉财伸头伸脑提出一个建议，马上得到杨凯和村干部附和。张吉财兴奋了，边摸手机边嚷道:“我马上拨 110。”何立正一见，赶紧伸手，捂着张吉财的手机，说:“报什么案？人家没违法。”

张得伟叹了一口气:“他求之不得你何队马上开溜呀。”

“何队让他把猪场挪个地方办，也是怕杜鹃坡那地方有危险。”张得伟摇摇头，又磨磨牙地说，“好心被张美人当了狗肺！”

张吉财诅咒地说:“总有一天，轮到他猪场发瘟。”

“吉财，不要这么说话！”何立正朝张吉财瞪了一眼，又想了想，“好了，别让一只花圈毁了我们的心情。抓紧时间干我们的事吧。”

何立正的开场白还没说完，手机响了。县扶贫办的电话。接通后，他边听边喔了几句。挂掉电话后，他跟大伙说:

“验收组今天不来了。”

张吉财嚷道:“领教过了，他们说话没一次靠谱的。”

“改明天了？”洁茹有点发急。

何立正一吁:“没说。”

没隔几分钟，何立正的手机又响了。刘局长打过来的。他赶紧一接，一听呆了:“什么？让我马上回市局？”

“今天必须回！”

“我们这几天正在待命，接受县里验收哪。”何立正想解释几句。

结果，刘局长说："叫你回来，你就回来。哪儿这么啰嗦？局党组早上跟县里管扶贫这一块的头头沟通好了。你，今天必须回城！"

何立正蒙了。

村干部也面面相觑。

杨凯扫了一圈，不由一笑。他神秘兮兮说："我前几天得到一个可靠消息，局里马上要提拔一位科长担任局工会主席。第一个人选嘛，便是我们的何立正队长。我猜，市委组织部今天要来考察了。"

洁茹挥起一拳头，直接捅到杨凯胸口上，惊喜地："你臭小子，怎么不早说呢？"又跟何立正说："小女子这趟回去，即可在大树底下好乘凉！"

"八字没一撇。再说，工会主席算个啥官？"何立正嘴巴这般说话，但脸上露着一副苦尽甘来的笑容。

"怎么不算官？局长也是你的会员。"杨凯嚷道。

一听，村干部们又是一番恭贺。

房间里热闹起来了。

二

下午，何立正兴致勃勃赶回了市里。

他刚钻进单位办公楼，刘局长便把他叫到办公室。他才知道，哪是什么组织部门来考察自己，市纪委纠风办昨天下午找上门来，称他们收到一封举报信。何立正调侃地："不会是举报我吧。"

"你就举报不得？"刘局长反问一句。

何立正猛地一噎。他看到刘局长一反常态，板着脸孔，便摸摸脑袋地说："不明白，我怎么成被举报对象了？"

“你又不是活神仙！”

“真、真有事呀，刘局？”

“你呀，这么一个关键时刻。你不是聋子，也早该有耳闻了。怎么捅出这种糗事来呢？你也真会选掉链子的日子！”

“刘局，举报我、我犯了什么事？我反人民，我反国家，我反——”

“反什么反？你把自己反掉了！别跟我卖关子。何立正同志，我今天是代表市局党组找你谈话。人家举报你收受贫困户的茶油！到底怎么回事？”

何立正一听，才明白自己被人家告了什么。但他仍是半信半疑地说：“五斤茶油的事？”

“五斤吗？”刘局长厉声地问道。

何立正呆了呆，只得说：“五、五……”

“真是五斤？”

“五、五公斤。”

刘局长拿起桌上的钢笔敲了敲，嚷道：“立正同志，你这个时候得充分清醒。我再说一遍，我代表党组跟你谈话。你陈述事实时，不要添油加醋，但也不能搞短斤少两。”

何立正软软地嗯了一声，苦巴巴说：“局长大人，到手就是五斤。五市斤！我找人称过，秤还平一点。”

“到底五公斤，还是五市斤，我暂且不跟你玩绕口令。你现在把收受贫困户茶油的事完完整整说一遍。”刘局长把手上拿着的钢笔摔到桌子上。

何立正吁出一口气。

他面对单位一把手，只能做一个详细陈述。原来，延寿村有一个农户，叫张孝勤。以前在城里打工，做了个小工头，在延寿村也算是一个过得有滋有味的家庭。用张孝勤自己的话来说，好几年前，他听到村里搞土地流转，脑子突然发热，回村租地种起了油茶树，号称是全县东部乡镇第一个油茶树基地。他手头钱不够，就东凑西筹的，光写给人家借条就有八九张。但他做梦也没想到，油茶树进入挂果期后，产量不高，卖出去的茶油钱还不够付人家的利息，而且成了延寿村背债最多的农户。张孝勤挂到嘴边的一句话就是："还说种一片发财林，结果种了满坡的退财树。"何立正进村后，听到这情况，便把张孝勤列为第一个扶植对象。他马上去市农科所找人。一问所里，他们只有一个懂得油茶树低改的技术员。对方口口声声称，今年计划排满了班，自己也长不出三头六臂。杨凯出了一个主意，到其他油茶树基地请专家吧。何立正跟他一伸手："给我！""什么？"杨凯一呆。何立正说："钱！没钱你我能上哪些地方请专家？我打听过了，一天一千块钱，包吃包住。喝酒的，晚上得给两三斤米酒。"不过，过了几天何立正又来找这位技术员了。他说："听说您的儿子想从市九中转到市一中读书？"技术员说："哪个家长不希望自己的孩子到一中读书呢？人家是省示范中学，百年老校。"接着，他阴阳怪气地问何立正："你想帮我呀？"何立正一笑。技术员摇摇头说："你一个扶贫的干部，有这能耐？这能耐你也有，也轮不到你去扶贫。我不是挖苦你。嗯，以前老弱病残下乡，现在'边角废料'扶贫。"何立正手一堵，嚷道："废话少说！我俩做一笔交易，行吧。"技术员不屑地："交易？我被'提篮子'的诈去几万块钱，我儿子转学进一中的事最后还是墙壁上画月光。"他翻翻眼皮，"你行呀？""行不行，看结果吧。我不收你一分钱。事成之后，你帮我一个忙，到我的扶贫村帮一个种植户低改他的油茶树。"何立正说道。技术员见他有正经事求自己，便明白对方也不是拉腔拉调开玩笑，一拍大腿地说："一言为定！事成之后，老子变孙子，跟你做牛做马端屎倒尿都 OK！"几天后，这技术员的儿子转学到了市一中读书。过了一个礼拜，技术员爽爽快快跟随何立正走进了张孝勤的油茶树基地。

这时，刘局长听完何立正叙述，伸长脖子，认认真真看了看他。

何立正晃晃脸问道："我脸上长了麻子？"

"呵，你小子还有这能耐？"

何立正知道这刘局长在说什么，苦苦一笑道：“屁个能耐！我就是把在一中读书的儿子转到市九中，再把技术员的儿子从市九中转到市一中。”

“噢，交换场地——”

“自古华山一条道。打死我何立正也只有这个办法。我差点跟校长下了跪。”

“问题呀问题，你儿子会恨死你！”刘局长抬手戳了戳何立正的额头，嚷道，“何立正，你还没讲茶油的事。”又恍然大悟地说：“我明白了，你在为自己收受茶油作铺垫。”

“铺垫——”何立正一怔，“铺什么垫呀？”

“潜台词——收礼有理嘛。”

何立正立刻叫道：“局长大人——”

“现在连开会都不能称‘尊敬’，还想当‘大人’？我可不敢没事找事。我，仅是一局之长。”刘局长认认真真纠正道。

“刘局长，我也没想到，这技术员真他妈的有两下子，当年油茶树挂果就比上年多了三四倍。张孝勤种油茶树第一次赚钱了。他高兴呀，想飞上天的心都有了，便把一桶五公斤、十市斤的新榨茶油没声没响放到了我睡觉的屋子里。”

“你当时不在屋子里——”

“我在，我能让他进门吗？”何立正脖子一挺。

“你这张鸭嘴，硬！”刘局长叱责一句，质问，“他能放进来，你怎么不能把它送回去呢？嗯？你别瞎编个理由来。”

“好好好，我一句话都不说了。”

刘局长噎了一下，嚷道：“但你必须跟组织上说清楚。而且，要让组织相信你说的是真话。”

何立正没答话。

“很难受吗？又不是让你这大老爷生个崽出来。”

刘局长这话是一句玩笑话，但一脸严肃。何立正已经意识到，这事到了不可能大事化小，小事化了的地步。“妈的，斗大西瓜没砸晕老子，却要被一粒芝麻砸死！”他骂了自己一句，掏出手机，一个电话打给杨凯。刚接通，他就嚷了一声：“我在局长办公室，局长找你核实一件事。”便把手机塞给刘局长。没想到何立正当面使出这么一招，刘局长只得跟杨凯说了一下核实的事。杨凯在电话中说：“局长，何队那天刚好带领我们去做张美人的工作，让他搬迁猪场。他的猪场建在杜鹃坡，靠在一个陡坡上。何队怕下雨出事，便动员他搬个地方。”刘局长一挤眉头：“杨凯，你今天没睡醒吧。我问你这事吗？功不掩过！”杨凯连连呵呵了几声，接着说：“下午我们从杜鹃坡回来时，何队发现他住的屋子里放着一桶茶油。何队马上猜到了，一定是张孝勤送来的。他提起油桶，就往张孝勤家送去。”

“到底送到了他家里没有？”

“送到了呀。”

“你敢保证？”

“刘局长，出了什么事？”杨凯突然有点紧张问道。刘局长嚷道：“不该问的，你问什么问？”杨凯噎了噎。刘局长催道：“快说！快说！”杨凯说：“那天，我陪着队长去的。到了张孝勤家，何队说明来意。张孝勤一听，接过油桶，就哇哇叫道，你们看不起我！这油我不要了。他扭开桶盖，便往门口的水沟里倒。”

刘局长一噎：“脾气怎么这样倔？”

“他是村里有名的‘一根筋’！”

“多、多浪费呀。”

“是呀，何队和我就是这么叱责他。他一边倒油，一边骂，浪费一个鸟，人都没被人家看成人。没办法了，何队只得冲上去把油桶夺了过来。这时候，十斤油被倒掉了一半。张孝勤仍想从何队手中抢回油桶，把油要倒个一干二净。何队长只好服软说，老张，你、你别冲动，这油我收下了，我收下这桶油！何队长便把剩下的半桶油提了回去。”

挂掉手机，刘局长吁了一口气。但他想了想，说道：“毕竟，你收了人家五斤茶油。”

何立正点点头，说：“是五斤。但最后我按十斤重量给了钱。嗯，市场价折款。一斤十八块，一共一百八十块。”

刘局长双眼顿时一亮：“太好了！”他马上追问一句：“这个叫张孝勤的农户收下了吧？”

“哪、哪敢把钱给他？他接过钞票会一把撕掉！”

“那钱给了谁？”刘局长劈头盖脸问道。

何立正说：“他儿子不是在县城读书吗？吃住都在学校。寄宿生。我找了姓陈的校长，把油钱当成他儿子的伙食费给交了。嗯，我手上还有收据。”

“把收据给我。给我一个复印件。原件你先留着。立正呀，立正，你还算清醒。”刘局长脸上露出了笑容。不过，他马上批评何立正：“技术员他儿子读一中的事，当初你也该找找我。我想象不出来，全局几十号人，你脸皮最薄，怎么还办成了这事？呵，刮目相看。”

何立正唏嘘地说：“快一年了，儿子都没叫我一声老爸。”

刘局长起身，有点感动地拍了拍何立正的肩膀。

没过几天，何立正却沮丧了。收受扶贫对象的茶油一事，让他受了一个记过的处分。刘局长跟他解释：“这事我没办法协调下来。人家说了，资助伙食费，收受茶油，两件风马牛不相及的事，不能搅到一块儿。资助，算你做了献爱心的好事，值得表扬。但收受茶油属于违纪行为，理应受处理。事已如此，你要冷静对待。这样吧，你先回单位上班。”

第二天，何立正突然打电话跟刘局长说：“我回延寿再待一年吧。”

“哦，为什么？”刘局长问道。

“树要皮，人要脸！”说罢，何立正挂了电话。

三

何立正又回到了延寿村。

跟随他一块回村的还有杨凯。本来，他可以跟洁茹一样，今年用不了再下乡扶贫。但杨凯盯上了一个副科长的位子。刘局长却跟他说了，局机关是空缺了一个副科长位子，但轮不到他杨凯。“除非你杨凯同志给局党组一个破格提拔你的理由。”这是刘局长的原话。杨凯怦然心动，知道刘局长话里套了话。当天下午，他找到何立正，要求跟他重新回到延寿扶贫一年。何立正说：“我说话算数吗？”“刘局长都说了，何立正同志是一个代理队长，但责权利三个不变。我一定听你调遣。你说一，我不二！”杨凯挺胸说道。杨凯能继续来做队员，这是何立正求之不得的事，便点了一下头。杨凯道谢后，说道：“何队，我——”“打住！打住！称呼要准确。否则我又要挨批了。”何立正半是自嘲半是无奈地说，“记住，我是何代理！”“哪、哪有这么认真的？”杨凯摸摸脑勺子。何立正嚷道：“人家不是很认真吗？就这么称呼。否则，我也要处分你。嗯，你刚才想问啥事？”杨凯说：“很多同事蒙了，你含冤受了一个处分，怎么还想回村里去？”“我含了什么冤？”何立正没好气溜了他一眼，见杨凯还要张嘴说什么，便一抬手堵了堵，“什么都别、别、别说了！”过了好一会儿，杨凯嘀咕道：“都是那个花圈……”“什么？”何立正一时没听明白意思。杨凯翻了一下眼皮：“带来个霉兆头！”“哦，我死定了——”何立正变了腔调。杨凯嘀咕道：“回村第一件事，我就把那鬼东西还给张美人！”“你敢？”何立正瞪他一眼。

何立正和杨凯下车时，张得天带着几个人已经等候在村小门口。张得天奔上前握着何立正的手。他早就想好了一肚子的安慰话，但还没来得及说上一句，张吉财便跑了过来，大叫："不好了！不好了！张孝勤上了猪场，跟张美人操棍拿刀打起来了！"

"怎么一回事？"张得天问道。

"鬼晓得！"

何立正嚷道："走走走，去看看去！"

他和张得天几个人一溜烟地跑出了村小门口。他们赶到村西头杜鹃坡猪场时，只见张孝勤正攥着一把砍柴刀要冲上去，准备随时跟握着粗棍站在门口的张美人拼打一场。还好，几个邻居已经劝上了架，有的攥着张孝勤的手臂，有的拦住张美人。

张得天喝道："都别动！谁动老子先捆了他！"

"都别动！都别动！"何立正抬起双手，压了又压。

张孝勤把手臂一甩，冲到何立正跟前，抬手指着张美人嚷道："何队，就他告你的状，让你吃了哑巴亏！"

"我没有告状！"张美人大声争辩。

"除了你这头猪，村里还有谁会告何队？"

"送花圈的是我。但我没告状！"

"一定是你这个杂种告的！"

"谁杂种——"

"你！"

何立正只得让张得天他们前拉后推地把张孝勤弄走了。他一个人留在猪场里。张美人瞟了他一眼，冷冷地："你怎么又回来了？"

何立正努力一笑道："舍不得离开你！"

"哼，我才不想见你。"

"我那么遭你讨厌吗？"

张美人把粗棍扔到一旁，挽上手臂说："我琢磨一万遍，我没想明白，我张美人前世欠你什么债？"

何立正自嘲地说："我哪辈子都当不了债主。没这命！"又轻轻松松说道："张美人，我人站到你猪场门口，也不请我进去坐一坐，喝口水吗？"

张美人摇摇头。

"明白了，你这里缺我坐的凳子。张美人，我仍是那一句话，你把猪场办到这山坡下，万一发生滑坡，那你怎么办？"

"我在杜鹃坡办猪场，又不是一两天，去头掐尾，也有五六年时间，从没有发生过一次猪瘟。看看邻村牛油湾老李头他的猪场，连续三年发猪瘟，结果倒了。知道为什么吗？"

"就是你自己说的，你占了一块风水宝地吧？"

"没错呀。所以，哪怕你何立正拿枪子毙了我，哼，我也不会从杜鹃坡搬走的。"

"我有枪吗？我就是一张嘴。去年秋，我已经请县里的畜牧师专门来过一趟。这事你知道。人家在村东跟你挑了一块地，那里更适合养猪。"

张美人哼道："我当然知道，你够上心让我搬地方。"

"啊，我藏私心呀？"何立正问道。

张美人拉高嗓门嗯了一声，讥笑地说："你不打自招了吧。"

"我自、自招了什么？"何立正噎了一下，挺挺脖子。

"三年前，张吉财他就看中了这地方。他那点鸟本事，撵不走我，但他不死心。呵呵，你们扶贫队来了，他找到了可当刀做棍使的对象。"

听到这话，何立正暗暗一惊。他猛地回想起来，去年他提出让张美人搬迁猪场一事时，第一个表示支持的就是张吉财。后来，张吉财好几次在会上都说，搬迁猪场这事办不了，工作队便是扫了自己的威风。

看到何立正久久没话说，张美人便不阴不阳地说："何队，不，听说你的称呼改名了，叫何代理。你只要不撵我走，我张美人这辈子都记你大恩、记你大德。我张美人养猪，不是养鸡，怎么也不会把自己养成一只‘铁公鸡’。”

“你是不是想歪了？”何立正问道。

“歪不了的。过年时，我不给肉品公司采购员送上一两头不吃饲料的土猪，他们又能看中我这猪吗？天下的猪都一样，全是四条腿、一张嘴。”张美人边说边走到何立正身边，把脸凑到他眼前晃了晃，“我是一个上嘴巴说人话、下嘴巴也不放狗屁的人。我们做一个交易吧。”

“交易什么？”

“张吉财给你一份好处，这好处我张美人给你两份，行吧？你只要给我一个说法。”

何立正有点无奈。他今天才发现张美人原来有一个心结。这个心结不解开，张美人恐怕真的不会愿意将猪场搬离杜鹃坡。

他把头一抬，嚷道：“张美人，我会给你一个说法。”

张美人狡黠地笑了笑：“嘿嘿，那太好了！以后，你就是我最敬爱的何队长！”

“我是一个代理。”

何立正回到村小时，杨凯已经把张美人送的花圈抬出去，在村小的土墙前一把火给烧了。

四

下午，张吉财把一份名单交给何立正。昨天，县扶贫办来电话，有一笔春耕解困资金刚下拨，要求各个贫困村在三天内把钱发放给备耕困难的农户。何立正与支书张得天、村主任张得伟商量，决定先摸个底，看看有哪些备耕困难户。散会后，这事交张吉财去办了。

何立正接过名单看了看，问张吉财：“这十七户人家都摸准了吧？”

“我张吉财闭上眼睛打了二十几年算盘，也没见哪一笔账我算错过。”张吉财几乎答非所问。但何立正听懂了，便笑道：“张会计真能心中有数呵。”

“何队，我可不是吹牛。村里哪个人几根鸟毛，我张吉财也一清二楚。”

“那就好。”

张吉财离开时，何立正跟他道了一声：“辛苦了。”接着，何立正把杨凯找来，把备耕困难户的名单拍到他手上，说：“我们分头去核实一下。前面八个你负责，后头九个我来查。”

杨凯看看名单，说：“吉财会计写的吧。这个高中生的字写得四平八稳。嗯，字如其人。他办事滴水不漏。”

“我以前也是这个印象。”

杨凯一听，扬头问道：“何队，你发现什么了吗？”

“村里哪个人几根鸟毛，他都清楚。计生专干也不敢在人前吹这牛吧？”

“这开玩笑的话，你也当真呀？”杨凯掏出手机看了一眼，“时间不早了，今天轮着我掌锅。”

“误不了你吃饭。嗯，回来后我来做菜吧。”

“这周轮着你洗碗。”

“做饭洗碗今天我全包了。行吧。”何立正爽快地说。

杨凯这才大喜道：“行行行。但愿何队天天能手痒呀。早上我买了几斤冬瓜。我最喜欢你做的黄焖冬瓜。没想到你还有这一手？”

何立正说：“都是在家里跟你嫂子学的。她弄几个家常菜，那可算上档次。”

“原来如此。就说这黄焖冬瓜，咬一口，跟咬到一块香喷喷的红烧肉一样。”杨凯咂咂嘴巴，又沉脸一叹：“好些日子没见过猪肉影子了。何队，你说这猪去哪儿了？”

何立正一笑，心领神会地说："镇里赶圩时，我们抽空去买几斤肉上来。"

"跟你提一回意见，行吧？"

"提提提……"

"你说话能算一回数吧？"

"啊，我何立正什么时候说话没算数？"何立正扭了扭脑袋，马上恍然大悟，"噢，不就是上一个赶圩日没让你下山买肉？"

"一个圩日吗？"杨凯大声反问一句。

"两个。"

"连续三个圩日了。三个！五天一个圩日，三五十五，我半个月没吃到一块肉。"

"不都是刚好有事吗？我说杨凯，年轻人，少吃肉，有利于你的健康，还帮你省了钱。一举两得。城里房价仍在涨。你不能老想着又吃肉，又买房吧？手上没房，你那女朋友跟你结个屁的婚呀。我一心为你着想……"

杨凯双手一挽，摇头晃脑地说："何队你下乡一年，口才比以前好多了。再过一年，刘局长他那张嘴也说不过你。我算服了你。嗯，今晚这顿饭，你一定要做一个有红烧肉香味的黄焖冬瓜。"

"好咧！"

"多放一点油。"

"好咧，好咧。"

"这茶油放得再多，都没猪油做的菜好吃。"

"好咧，好咧。"

"这有什么好咧？"

何立正一口气串了八户村民的门，名单中只剩下一个叫张美承的农户。刚才，他问了第八户的村民，知道张美承住在村部后三排小巷子里，跟张美人做邻居。张美人的家，何立正早已熟门熟路，来来回回串过十几次门了。不过，后几次被张美人堵在门外，人家说啥也不肯让他进门。这时，何立正拐过一个巷子，迎面遇到了杨凯。何立正问道：“核查了几个？”“全部完成了，也没看出大小问题来。”杨凯答道。何立正说道：“那你先回去吧。”杨凯露着笑脸说：“何队，我陪你吧。”何立正侧脸扫他一眼，便明白了：“你小子又要滑头。早回去了，你不好意思不做饭吧。”“知我者，何队也。这样吧，等下我负责洗碗。”杨凯笑眯眯的。何立正说：“一块儿回吧。反正，我手头也仅剩下一个。”杨凯晃头晃脑地说：“你也没发现问题吧。”何立正摇摇头。杨凯朝他努了一下嘴。何立正边走边说：“核查一遍，心里安稳些。”

何立正和杨凯路过张美人家门口时，张美人刚好挑着一担水桶出来。他见是何立正和杨凯，立刻横在自家门口，嘴上嚷道：

“哼，别来找我——”

杨凯举手示意一下，几分调侃地说：“不好意思，我们今天不是到你家来。我们到你邻居家去。”

“张美承？”

杨凯停下脚步，有点小得意地朝他长长嗯出一声。

张美人哼道：“呵，狗鼻子！”

杨凯噎了一下，满脸莫名其妙。

何立正跟张美人打声招呼。但张美人装聋，挑着水桶就走了。杨凯扭头望了他背影一眼，磨磨牙地说：“何队，他怎么骂我们狗鼻子？”

何立正说：“我解释不了。”

“谁骂我狗鼻子，谁就是大狗鼻子！”

“你骂人家干吗？”

杨凯哼了一声。

到了张美承家门前，何立正喊了一声：“美承在家吗？”话音刚落，矮胖胖的张美承便迎了出来，见是扶贫工作队突然来访，发怔了一下。但一眨眼，张美承便点头哈腰地说：“何队好！杨干部好！快进屋里坐吧。”

何立正刚进屋子，就发现半新半旧的大沙发坐了两个陌生男子，都是四十上下的样子。他问：“来客了？”

张美承忙解释道：“这两位是手艺师傅。我今天刚好把他们从圩里请来帮厨房吊个顶的。”

“吊顶？！”何立正一怔。他扫了张美承一眼，似乎怀疑自己听错了。

“厨房原来刷了层石灰，天长日久了，灰皮动不动脱落，还掉到锅里呢。要是你们城里人见了，哪还敢吃这锅里炒出来的菜？”

何立正哦了一声，又耸耸鼻子。他闻到一股香味。他判断，这股香味从厨房里窜出来的，便径直走进厨房。果然，锅里正焖着红烧肉。张美承笑道：“圩里师傅跑了十几里来辛苦了一场，得请他们吃顿饭。”何立正噢了一声，抬头看了看用铝板装好的天花板，没多说什么话，便与杨凯出门了。张美承站在门口，追上一句：“何队，吃了饭再走吧。”

何立正扭头回了一声：“不用了。”

“好香喂。”杨凯叫道，感慨地说，“闻这味，看那颜色，真是做出了一锅地地道道的红烧肉。看不出张美承手上功夫还行呢。嗯，何队，我敢打赌，锅里头的一定不是黄焖冬瓜！”

何立正努努嘴，说道：“要不然张美人怎么说我们长了狗鼻子呢？”

“我的爷呀——”杨凯终于反应过来，“张、张美人他以为我们上张美承家吃红烧肉来了？”

“这叫来得早，不如来得巧呀。”何立正自嘲了一句，想了一下，又跟杨凯说，“你马上把村干部一个个叫过来，开个紧急碰头会。”

“还没吃饭呢。”

何立正把脸一端：“怎么没吃饭？你去问张美人，他一定可以举证你我上张美承家吃了红烧肉。”

“我不是跟着何队蒙冤了？”

“所以，这个会得马上开！”

何立正和杨凯没想到，碰头会一直开到凌晨两点钟。他俩更没想到，张吉财跟张美承的爷爷是堂兄弟辈。在会上，张得天主动承认：“我第一次拿到名单看，当时就觉得美承不该写入名单里。结果一吞口水，把想说的话又吞回了肚子里。现在，我同意把美承从名单中拿掉。”张吉财一口咬定他没私心，不同意从名单中拿掉张美承，便与何立正争辩起来。两人不仅红了脸，还红了眼。最后，何立正站起身子，双手按在桌子上说：“张美承该不该从名单中拿掉，我们可以找县扶贫办裁定！我同时会跟县扶贫办提供两个在备耕期间所发生的事实，一是他家厨房吊顶，一是炖红烧肉。我不是说人家不该过好日子。但这种农户应该不是村里最困难的人家吧。”张吉财磨磨牙，气愤愤拣脚先走了。散会后，何立正把张得天单独留了下来。前年，张得天才从部队回来。去年秋天在“两委”班子调整时，他被选为支书。当时，张吉财也想当支书，人前人后使了不少力。何立正却看中了张得天这后生崽。张得天从未担任过村干部，何立正努力了一番，破格让他当了支书。张得天上任后，所干的几件事也证明何立正没看走眼。不过，何立正发现，在村主干开会时，他的嗓门经常打不开。就说刚刚发生的这件事，他明明知道备耕困难户名单中被张吉财塞人了，却不敢及时当面提出调整意见。不过，张得天刚才在关键时刻敢理直气壮支持工作队，又让何立正感到了宽慰。何立正帮张得天的杯里添了一点水，跟他说：“你有能力，又有脑子，但办事一定要做到一把尺子量到底。”张得天如实说道：“何队，张吉财的辈分比我高一辈，我从小叫他吉财叔。我读高中时，他还掏过钱。那时候，我家算穷的。再说，他在村里当会计也有二十几年了，是一个‘老杆子’。”何立正说：“咱组织内，哪有辈分之分？都是普通党员，之间同志关系。别忘了，全村老百姓都在盯住你呢。”张得天想了好一会儿，点了点头：“何队，我记住你的话了。”何立正看了看时间，说："回去睡觉吧。明早，我把备耕困难户的公示名单贴出来。"张得天起身走了两步，又转身说："何队，早上你就多睡一会儿吧。这公示我去贴就行了。"

大早，张得天刚刚把一份《延寿村备耕困难户公示名单》贴出来，好些到村部门前一口老井挑水的村民便围拢上来。有人问："支书，还玩这新花样？"张得天跟村民说："不是花样，这样做是为了别让村干部看花了眼。大伙都是明眼人，发现有不对劲的地方，可以打我的电话。不放心，你们也可打何队长电话。电话都写在尾巴上了。"他把电话号码念了一遍。

张美人凑上前，抬头看了一遍名字，大声地："张支书，你漏掉一个名字吧？"

"漏了吗？"张得天一怔。

"真漏了。"

"漏、漏了谁呢？"

"昨天，我听说张美承也列入这个名单了。"

张得天一听就明白了，便笑道："有人告诉你，张美承要穿龙袍了，你信不信呢？"

张美人噎了一下。

张得天说："你别疑神疑鬼。嗯，眼见为实。"

张美人笑了一下。他半是调侃，半是困惑地说："难道红烧肉煮成了夹生肉，让何队吃出一肚子不高兴了吗？"

"什么意思？"张得天问道。

张美人则自言自语地说："还真有一点意思。"

"当然有意思！没意思我还会来贴这公示？"张得天回了一句。

这时，何立正远远地站在后面，看到张得天一大早就把公示名单贴了出来，又听到他与村民一番对话，不由会心一笑。接着，他悄然离开了。

五

张孝勤的油茶树基地就在高山背，离村里只有三里路。早上，何立正爬到高山背，挽起裤脚，弓着腰，拿着锄耙跟张孝勤一块儿锄草。张孝勤没跟他讲客气，见多不怪了。何立正每次爬上高山背，都要帮他干点活。太阳晒到头顶时，张孝勤便拉他坐到树下喝大叶茶。何立正跟张孝勤聊出一件事，说他发现绿坪组和斗水组有几个留守妇女闲在家里。张孝勤马上回答，只要她们愿意，便可来这里干些杂活。何立正一巴掌拍在张孝勤背上，大声说："我何立正要的就是你这句话！谢谢你，能帮她们一把。"张孝勤侧脸说："何队，你们工作队不帮我，我想帮她们也帮不成呀。"

中午，何立正刚从高山背下来，还没走到村口，就看到杨凯和村支书张得天一前一后从村部奔了出来。

"上哪儿去？"何立正问道。

张得天叫道："何队，我们正想去找你呐。"又沮丧地说："白给了张吉水家里两头羊。"

"什么意思？"

杨凯双手一推："没了。"

"昨天下午我路过他家，他老婆刘菊婶还在给两头羊喂草。怎、怎么说没就没了？"何立正很惊讶。

张得天摆摆手说："不是说羊突然暴病死了。刘菊婶她、她把那头公羊卖、卖给县城来山上过夜的人。"

杨凯补充道："就是几个'驴友'，他们把羊牵走了。听说要在山上烤全羊吃。"

何立正脖子一粗地说:“啥时候的事?”

杨凯跟张得天对了一眼，才答:“羊牵走了半个多小时的样子。”

一听，何立正转身就走。

“何队，你刚下山，就别去找刘菊婶。找她批评一顿的事，我俩办得了。”张得天叫道。

何立正嚷道:“你们先别去找她，我上山去把羊找回来再说。”

很快，何立正从正在村口菜土上忙碌的村民嘴里打听到了“驴友”牵羊走的方向。他刚爬到杜鹃坡时，看到张美人领着几个人在猪场门口从一台小四轮上卸饲料。他问道:“张美人，你看见有人牵羊往这路过没?”

“看见了。”

何立正暗暗一喜。他走前几步，发现前面是一个三岔路口，便回身问道:“张美人，他们往哪条道走的呢?”

“左道啊。”张美人随口答道。

“谢啦。”

说罢，何立正便往左边小路奔去。

张美人张望一眼，大声追问:“你追羊干啥去?”

“刘菊婶把种羊给卖了。你说，她靠养羊脱贫这事不就成了一句狗屁话?”何立正恨恨骂了一句，又嚷道，“她开点窍，跟你养猪一样，她养羊，辛苦几年还怕脱不了贫?”

张美人哦了半声，几乎迟疑了一下，吞吞吐吐地说:“好像是、是往右道去了。”

何立正厉声道:“到底左道，还是右道?”

“你、你气势汹汹干吗?”

“张美人，你养猪好些年了，难道你还不懂种羊种猪怎么一回事吗?”

张美人伸长脖子往前方眺望了一眼:“没错。右道。”

“右道吗?”

“右道。不是右道，你扭掉我脑袋。”

何立正抬起手，远远地戳了张美人一下。他抬腿向右边小道奔去。果然，他拐了三四道弯，爬上一个大坡，就发现前面的草坡上搭有两个绿色帐篷。七八个“驴友”已经把一头羊捆上腿，翻倒在地。羊正发出“咩咩咩”的叫声。一个瘦“驴友”端来一个小脸盆，准备接羊血用。另一个胖“驴友”操起一把锋利的尖刀。

“别杀羊！你们别杀羊！”

嚷声中，何立正大步冲了上去。

胖“驴友”见突然来了一个陌生人，怔了怔，嚷道：“不捅上一刀，我们怎么烤全羊呢？”

“这是一头种羊，你们千万杀不得！”何立正解释道。

矮“驴友”上前打量他几眼，冷笑：“我们花了钱，又不是我们偷来的。种羊也是羊，怎么杀不得？”

何立正挡在羊的跟前，他怕胖“驴友”突然一刀捅下去。

“花了钱，你们也杀不得！”

瘦“驴友”变起嗓门叫道：“你当你是谁呢？”

何立正字正腔圆地说：“我是驻延寿村的扶贫队长，我叫何立正！”

“扶贫队长？”矮“驴友”问道。

“没错。”

一个女“驴友”马上跟胖“驴友”打听道：“扶贫队长多大的官？不会比你爸还大吧？”

胖“驴友”把手上的刀晃了晃，歪头说：“你真没文化，扶贫队长算个官吗？”

几个“驴友”一听，轰地笑了起来。胖“驴友”上前一步，扫了何立正一眼，说：“行啊，看在你舍身救羊的英雄壮举上，我们今天不吃烤全羊了。这头羊你可以牵回去。”

何立正忙说：“太谢谢了！遇到好人了。谢谢。”他弯下腰，便要给羊松绑。胖“驴友”把刀一举:“慢，但事没那么简单。我还有一个条件。”

何立正抬头:“行，说吧。”

“这头羊，我花了 1600 块钱。”

“我给你 1600 块。”说罢，何立正又想解开羊脚上的绳子。

“嗯，你别急嘛。”

“还有什么吗？”何立正怔了一下，只得软声软气地说，“好好好，有什么你尽管说。”

胖“驴友”走到何立正跟前，说道:“把这头羊牵上山来，我们花了一身大力气，流汗不少，连腿也软了。你得付我们 1600 块人工费。”

“这——”何立正呆了。

矮“驴友”走上前拍了拍何立正的肩膀，说:“你没说错，我哥就是天下第一好人。否则，早把羊捅了。我哥已经给了你这个扶贫队长一个大面子。”

何立正看了看这些“驴友”，知道这个条件非答应不可，便咬咬牙:“人工费，我付！”

“驴友”们齐声欢呼起来。胖“驴友”爽爽地把刀扔到一旁，又站到何立正跟前，摆弄了一下手腕，好像等着伸手接钱。但何立正掏了几个口袋，也只掏出三百多块钱。矮“驴友”一见，脸色大变，骂道:“你真是来扶贫的？扶贫队长竟然也是一个穷光蛋，还得靠人家救济你吧？”

女“驴友”尖起嗓门补上一句:“等一会儿，我们给他一条羊腿，也算我们为扶贫做了大贡献。”

“驴友”们怪叫一阵。

何立正只得掏出手机，说:“我下山去拿钱。羊你们别杀，我先拿手机抵在这里。”

“苹果吗？”矮“驴友”问道。

“不、不是。”

“三星最新款吧。”

“国产机。”

矮“驴友”抱着何立正的肩膀，在他耳边嚷道：“兄弟，你干脆跟我们说，老人机。嗯，怎么把你老爸用的手机带到你身上呢？”

又是一顿轰笑。胖“驴友”弯下腰从地上把刀捡了起来。

“我借钱给他——”

何立正扭头一看，张美人来了。原来，张美人刚才指路后，也偷偷跟了上来。他想来看看热闹，这扶贫队长怎么把羊牵回来。不过，他看到何立正被这帮没大没小的“驴友”欺负时，却冒出一股怒气，便从树后走了出来。何立正牵着羊跟他道谢时，他却说：“嗯，我只是借钱给你。”何立正说：“那我知道，那我知道。放心，钱我会一分不少还给你。”张美人说：“我叔婆可不会给你这笔钱。”“你叔婆——”何立正困惑。张美人告诉他：“你们喊的刘菊婶，就是我的亲叔婆。不是我亲叔婆家的羊，我才懒得管这闲事。”何立正笑道：“不管怎么讲，我都得谢你。”

何立正把羊牵到了刘菊婶家里。

刘菊婶跟他解释，她的儿子上次犯病，借了邻居两千块钱，人家催得紧，丈夫在城里打工又没捎钱回来，便打起了卖羊还钱的念头。何立正安慰了几句，便走了。傍晚，他听借钱给刘菊婶的邻居说，只借给了刘菊婶三百块钱。而且，早就还清了。他意识到，刘菊婶没把卖羊的真由头说出来，便有点不放心，当晚又走进了刘菊婶家里。两人聊了起来。刘菊婶支支吾吾了半天，终于把卖羊的事说透了。原来，刘菊婶怎么也不相信工作队送上一公一母两头羊，就能帮她脱贫致富。第二天，何立正交代杨凯带上刘菊婶去十几里路外的洼水村，让一个养羊专业户跟她介绍养羊致富经验。刘菊婶回来后，马上找到何立正说：“我卖羊，差点把我的羊银行给卖掉了。这家养羊户前几年也是领了一公一母两头羊，现在他每年可卖几十头羊出去。他说，家里那幢大洋房，就是羊跟他盖的。”她认错后，便要把卖羊的钱塞给何立正。何立正说：“他婶，这钱先放到你那里，算我的定金，等你哪一年能卖出几十头羊时，我再来牵一头羊回去过年。”刘菊婶说：“不是一头羊，你得牵两头羊回去。”何立正刚想张嘴答话，刘菊婶说：“何队你啥都别说了。美人他全告诉我了。你付了两头羊的钱，才把这头种羊帮我牵回来。我让美人打了电话给张吉水，让他回来跟我一块儿养羊算了。”

六

何立正本来打算，爬上杜鹃坡猪场去见张美人，他暗吁一口气：终于等到一个与张美人进行沟通的机会。他真没想到，张美人能借钱给自己解围。要不然，刘菊婶那头羊恐怕就牵不回来了。这事传出去，影响要多坏就有多坏。他当时便意识到这点，才打算花“巨资”也要把这头羊给牵回来。

他正要出门，杨凯却告诉他：“县扶贫办来电话，拨给特困户的生产扶植资金必须发放到户到人！”

“啥意思——”何立正困惑问道。

“你上次跟扶贫办汇报过了，打算以入股生财的方式，将张孝顺家的五万元交给张孝勤，作为股金入股油茶树基地。”

“是呀，我们写了专题报告。”

“扶贫办开会后，认为这资金有‘张冠李戴’嫌疑，担心工作队走后会留下遗留问题。”

何立正只得匆匆下山，进县城去找县扶贫办邱主任。见到邱主任时，他把上次报告中的理由复述了一遍，又补充了新的看法。张孝顺一家四口人，除了老婆能算个数，张孝顺和两个儿子都没文化，才帮他们想了一个入股分红的办法。邱主任说:“这个理由也能成立，整个扶贫资金的管理就会全乱套。”何立正只得说:“我说他们没文化，也是一种尊重。背地里跟你说一句实话，他们都有点智障问题。”邱主任嚷道:“智障吗？那要上医院做个鉴定。真是智障，这笔资金必须收回。”“为什么？”何立正一怔。邱主任说:“这是扶贫产业开发专项资金，不得用于生活救济！”何立正赶紧解释:“好好好，我一时冲动，把词用错了。张孝顺一家就是没上过学，没文化。他自己拿去搞产业，这钱绝对会打水漂。”邱主任硬邦邦地说:“可这钱去向要经得起检查。”何立正噎了一下:“拿钱入股，可以帮助贫困户每年得到一笔收入，这钱又不会蒸发，所以……”“没所以！文件上明确了的原则，便要坚守。否则，你这个代理队长今年还要捞一个更大的处分回去！你觉得划得来吗？”邱主任似乎好心好意提醒一句后，看了看墙上挂着的电子钟，说县长有一个会还得赶去参加，何立正只好起身告辞了。

何立正回村时，拐道进了一趟镇政府，刚好镇长下乡回来。何立正便把扶贫办邱主任找自己谈话的事汇报了。镇长唏嘘地说:“算了，别得罪他们。否则，扶贫款以后会少拨给我们。”

“有这么严重吗？”何立正暗暗惊了一下。

镇长说:“你说呢？”

“可、可我们的想法也没错呀。扶贫资金入股油茶树基地，还是你我做了张孝勤好几次工作，人家才松口的。”

镇长只得安慰了何立正一阵子，又说留他吃了晚饭，再让镇里的车送他回延寿村。何立正谢绝了。他嘴巴上说时间还早，用不了在镇里坐等饭吃，其实他感到浑身仍是不舒服。

他独自一人在山道上爬了一段路后，往南竹林前一站，掏出手机，写了一段文字，却又删掉了。过了好一会儿，他吁出一口气，重新编了一条两三百字的信息，检查一遍后发给了县委书记。

晚上，何立正把门一关，带着一股郁闷心情与杨凯一对一喝了一点米酒，没洗澡，就上床睡了。

第二天早上，县扶贫办邱主任带着两名下属火急火燎地来到延寿村。何立正刚刚做好早餐。杨凯则正站在屋檐下猫腰刷牙，满嘴都是白色泡沫。

何立正几乎明白他们的来意，见面便说："上午，我就去找张孝勤，让他把张孝顺家的股金全退出来。放心好了，钱一分不会少。"

邱主任劈头盖脸地说："谁让你退出来？"

"你——"

邱主任猛地一绷脸："我说了吗？我什么时候说过这话？空口无凭。何队长，别忘了，舌头可以绞死人！"

何立正噎了一下，连忙解释道："我刚才是想说，您这么早来到延寿村，我们非常高兴。"

邱主任声色俱厉地说："就这意思？"

"啊。"

"别骗我。"

"我心口一致。"

"嗯，人前人后也得一致。"邱主任意味深长补了一句。他见何立正连嗯了七八声，才蓦然露出笑容，亲亲热热拍了拍何立正的肩膀："你们从市里下来扶贫，待在这穷山恶沟里，不容易哇。全县三十几个扶贫队长，在我眼里，你是最有脑子的一个队长。仅此一个。"

"哪里哪里……"何立正突然摸不到头脑。刚才，怎么完全误判了对方的来意？他一时没往下说话。

"这可不是假话。而且，延寿村是一个不断出经验出典型的地方。"

何立正发怔了。他不得不问道："邱主任呀，我这里有经验吗？"

"怎么没有？有有有……"

“我、我何立正眼拙。”

“谦什么虚呢？不过，谦虚也使人进步嘛。扶贫资金入股，就是一个好经验。我看这种形式它有很多好处，比如资金的安全性，资金的成长性，还有资金的效益性，它们统统增强了。特别是它能让贫困户长期受益，甚至取得一劳永逸的效果。看看，那多好哇。”邱主任娓娓道来。

“主任，您今天认可了我们的做法？”何立正又惊又喜。他做梦也没想到，邱主任今天摸早上山来，就是给自己送“大礼包”的。

主任把脸一绷：“不是今天！”

何立正脑袋里一根神经猛地跳了一下，说道：“那是的。那是的。延寿村的每一条经验，都是在县扶贫办精心指导下所取得的。”

“认识上可别出问题，这可是大是大非的事。”

“有数！有数！”何立正连连点头。

邱主任这才说明上山进村的来意，他们想详细了解扶贫资金作为股金入股大户基地的做法。何立正自己干的事，早有感受，便一口气讲了三十几分钟，又粗粗细细回答了对方提出的七八个大大小小的问题。邱主任接着主持召开了村支书、主任和专业户代表张孝勤等参加的座谈会。哪怕一问三不知的张孝顺，也被请到村支两委的会议室。邱主任颇有耐心地听他回答了一个问题。

下午，邱主任提出一个要求，检查扶贫工作组和村里的账目。

杨凯负责工作组的账目。他一听，便很敏感地问道：“你们总结经验来的，还是来查账呢？”

何立正忙跟杨凯摆摆手，说：“扶贫办核查账目，我们怎么能有抵触情绪？”

邱主任把何立正拉到一旁，跟他嘀咕道：“听到你们的介绍，我心里有个感觉，真是一个好经验。我有了一个想法，准备在全县推介你们的做法，再把它上报市里去。为了安全起见，账目也得核查一下。

目的嘛，你应该知道。”

“当干部的，不得带病提拔。”

“是呀，一旦带病推介，你我都要负连带责任的。”

“理解。”

“理解就好。”

“真理解，假理解？”

“反正我知道主任您不是害我。”

“那就够了嘛。”

“是的是的。”

这两套账整整被检查了一个下午。临走时，邱主任又把何立正拉到一侧。何立正顿时有点紧张地说：“发现问题了吗？”

邱主任说：“工作组账目没半点问题。村里的账目去年以来也没任何问题。证明了一点，工作队从去年初进驻后，资金使用上盯得很紧。”

何立正抬头即问：“你们不是还查验了村里前几年的账吗？难道——”

“何队长，你已经听明白了我的意思。”邱主任狡黠一笑。

“问题大吗？”

“有没有问题，跟你没半点关系。放心吧，今天这份经验材料完全可以形成，尽快进行推介。另外，村里的老账我们要带回去。”

“行哪。”

何立正爽快地用这两个字进行了表态，结果惹恼了张吉财。扶贫办主任他们刚一离开，张吉财就跳到何立正跟前嚷道：“何队，你凭什么同意他们把村里的账拿走呢？”

何立正陡地一噎。

还好，张得天马上回了张吉财一句话：“这事用不了大惊小怪。他们有权检查账目。这是好事！”

“喂喂，你屁股怎么坐凳子的呢？”张吉财扭头冲张得天吼道。

“我现在是站着说话！”张得天装了一回糊涂。

张吉财见旁边的人全是茫然地盯着自己，便忍了忍，跟张得天说：“支书，你跟他们说一下吧。明天把账本弄回来。他们呆头呆脑把账本搞丢了，谁来负这责？”

何立正说：“能搞丢吗？”

张得天补上一句：“是呀，丢不了！”

“张得天，你胳膊肘怎么老往外拐——”

张吉财吼完这一声，扭头走了。

杨凯走上来，问道：“张会计情绪这么大？”

何立正没答杨凯的话。他侧过身子，半开玩笑半认真地跟张得天说：“行呀，你把你叔也得罪了。”

“何队，你说过，党内没有辈分之分，我也是对事不对人。”

何立正笑眯眯地跟他点点头，又说：“进入雨季了，张美人的养猪场得抓紧动员他赶快搬。”

张得天说：“我昨天去找过他一回。他嘴上没那么多恶言恶语了，但一根筋还是一根筋，说我们一心一意骗他。”

“得想一个办法，让他信任我们。”

“吉财会计能上门解释一下，可能会让他改变些态度。”

“这倒是一个好办法，但村里账目刚被扶贫办拿走，估摸他一时半会儿不会答应去做解释工作的。”

张得天稍稍想了一下，点点头。

吃饭时，杨凯坐在四方桌旁，一边夹菜，一边问何立正：“今天扶贫办来了解情况，转了一百八十度的弯。”

“你琢磨个啥？”何立正装了一碗饭。中晚餐，他定量是一碗半米饭。但早餐很随意，吃两只红薯，或者喝一大碗南瓜粥，甚至不吃早餐。他扫了杨凯一眼。

杨凯说："你昨晚喝酒时，跟我说了，昨天见你可是凶巴巴的。"

"嗯，你脑子琢磨点正经事吧。"

"这还不是正经事吗？我猜，邱主任今天早上起床冲澡时，可能没热水，一头冷水冲下来，让他一个哆嗦，就改变他以前的所有看法。"

"如此，即好。"

"何队，你没回答我的问题。"

过了一会儿，何立正翻了一下眼皮地说："我是有个第六感觉，但是否正确，得需要等待验证。"

过了几天，何立正收到了一份《扶贫工作通报》。通报上登了一篇文章，标题是《贫困户当上了"股东"——延寿村变扶贫资金为"股金"的成功探索》。通报上面有一段编者按语，特别指出县委书记充分肯定延寿村的经验做法，而且这份典型材料还是按照县委书记批示精神采写的。读了通报后，张得伟马上跟何立正说："这个做法是你何队提出来的，又是你何队带领我们实施的。文章中怎么称是扶贫办指导下干成的？"张得天一边手指戳通报，一边叫道："上面写道，他们苦口婆心，做村主干的工作，做农户的工作。全颠倒了。何队才是苦口婆心做我们工作。"

何立正说："不管怎么样，我们可以大张旗鼓干这事了。"

过后，杨凯偷偷问道："何队，是不是跟你发信息给县委书记告了一状有关，他们才突然——"

"我给书记发的信息，只是提了一个建议，说是供他参考而已。顺便，也谈了一点个人感受。"

"这算啥告状——"

"我本来就不是要告他什么状。"

他暗暗吁了一口气，幸好当时自己改变主意，重新编写了一条信息。否则，邱主任上次来延寿就是来吹胡子，瞪眼睛，兴师问罪一番。一念之差，便是天壤之别。

七

何立正回市里轮休了两天，便回到延寿村。杨凯见他走进屋子，便问："四天假你何队也不休完？"又眨眨眼地说："嫂子不在家吧？"何立正抬手拍了杨凯的脑袋一下："谁像你年轻人，没女人过不了日子。"杨凯呵呵一笑，帮何立正泡来一杯茶，伸脖晃脑地说："何队，你没休完的两天假，干脆送给我吧。""你做梦去吧。"何立正一边嚷道，一边端起杯子，准备喝上一口。杨凯一听，忽地把杯子抢了过来，说："何队，我忘了，这杯子是我专用的。"何立正一愣："你这杯子泡的茶，我没喝过吗？"杨凯很严肃地说："不好意思。今天不行。"何立正瞪他一眼，伸手把杯子夺了回来："怎么，今天喝不得？哼，小子，你就是有假，我何立正也不让你休。你假休不成，还想见女朋友？哼，你上张美人猪场去见吧。"杨凯赶忙赔着笑脸说："何队，你别当真。你两天假不用送我。我要休假时，你也别不准。"又告诉他说："昨天下午，李花花她来找你。"何立正问道："说了什么事吗？""昨天中午，她跟来吃饭的'驴友'差点打起来了。"杨凯说道。何立正眼睛一鼓："怎么要打起来了呢？'驴友'吃饭，不会来白吃吧。"杨凯摇摇头，说："到底怎么一回事，李花花也没说个明白。"何立正虎脸说："你该问明白。"

何立正把杯子一放，起身窜出了屋子。

杨凯追到门口："何队，弄饭吃了再去吧。"

何立正没答话，很快拐进了巷子。

李花花的家就在村里最东头，门口有一条路，城里人上山露宿或游玩的，都要路过她家门口。何立正前些日子还想，这阵子上山看高山杜鹃的人越来越多，她店子生意应该不错。何立正心里又算了一下，这店子开了四五个月，也该上财路了。去年冬至那天，李花花突然跑来跟何立正说：“何队，邻居们都说你脑子里装有一台机器，啥事都能想通想透。”何立正明白李花花有事找上门，便让她直截了当把话说响。李花花说：“你随便给人家一个主意，都能帮人家赚钱。我家也想早点脱‘帽’，何队你帮指条路子吧。”何立正呵呵一笑，说：“嗯，我前几天还跟张支书说，一块儿过去跟你聊一聊，让你开个农家菜馆。”“开馆子——”李花花一怔。何立正点点头，说：“我在村里头待了快一年，发现城里人春天上山看杜鹃，夏天露营，秋天看红叶，冬天赏雪松，都要一拨一拨从你家门口路过。你开上一家农家菜馆，生意哪会不好呢？”李花花大喜，经过几个礼拜张罗，一块“李花花农家菜馆”的招牌便挂了出去。那天，何立正和杨凯特意买了号称一万响的大圈鞭炮，在她店门口放了一个满地红。在何立正印象中，李花花个性很好，待人热情，嘴巴也算能说会道，是一块开店子做生意的好料。她怎么跟来吃饭的“驴友”吵架呢？何立正困惑了。

他一见到李花花，李花花就把左手背重重拍在右手掌上，嚷道：“何队，这馆子要倒了。”

“怎么要倒？”何立正惊了一下。

“打架了。”

“真、真打架了？”

“人家都把碗给砸了，我还等人家把屋顶掀掉？都不好意思跟何队说，一个礼拜我跟来吃饭的吵过三四次。”李花花气愤愤地说。

何立正只得心平气和地问道：“他嫂，到底怎么一回事？”

李花花又把左手背往右手掌上拍了两下，嚷道：“他们骂我是一个大骗子，说我嘴巴上称要做一桌地地道道农家菜，结果是我糊弄了他们，只肯交一半钱。那我不是亏死了吗？我只能挡在门口，不许他们离开……”

何立正明白了怎么一回事。但他心里也在嘀咕，李花花真的会把菜做得那么难吃吗？他有点忐忑，便掏出手机，打通杨凯的电话："我请你吃馆子。你马上来李花花农家菜馆。噢，叫上支书和主任一块儿来。"

杨凯欢天喜地赶来农家菜馆。

很快，张得天、张得伟几个人也来了。

何立正笑眯眯交代李花花道："你弄几个拿手菜来吧，让支书和主任今天吃个痛快。"李花花欢喜地应道："好咧。"张得天一听，悄声问道："何队，你过生日？"何立正摇摇头。杨凯噢了一声，故意调侃道："哦，明白了，你要做李花花农家菜馆的形象代言人吧。"何立正说："我请你们吃饭，要有理由吗？凡是不想吃的，现在可以开溜！"几个人笑了一阵子，谁也没想抬起屁股离开。但很快，他们皱眉苦脸了。刚上两三个菜，杨凯就忍不住叫道："呀呀呀，太咸了！李花花她开、开了几辈子盐店吧。"张得伟夹了一只鸡爪子，咬了半天，最后不得不把鸡爪子扔到了桌子下。不过，桌下一条黄狗倒是一点也不嫌弃，趴在地上津津有味啃了起来。张得伟探头瞟了一眼，有点自怨地说："我属狗的，怎么就长不出一副好牙齿？"何立正左右看看，问道："不好吃？""咬不动！味道也太不行了。"张得伟如实答应。张得天摇摇头："店子怎能开得下去？来吃饭的，人家不砸碗才怪！"杨凯贴到何立正耳边说："下次你再请我来这儿吃饭，呵呵，免了吧。"

何立正呆了。

下午，他突然跟杨凯说："我明早回家一趟，两天内返回。"

"何队，你真怕我抢你的假呀？"杨凯叫道。

"我有事。"

"啥事呢？"

"先不能说，看办不办得成再说吧。"何立正说话时，一点也不兴奋。他似乎对自己要进城去办的某一件事没抱半点信心。杨凯冲他嚷道："故弄玄虚，不是你何队的风格！"

大早，何立正匆匆下山了。

第二天下午，何立正回到了延寿村。他屁股后面，还仄步跟着一个中年女子。她穿着一双高跟鞋。杨凯刚好站在村口跟人聊事，他见这女子，惊得一张嘴就要叫出声来。何立正赶紧跟他嘘了一声，让他别说话。

何立正没有把女子领进村小而是直接把这女子引进李花花农家菜馆，进门便嚷道：

“李花花！李花花！”

李花花从厨房里钻出来，见是何立正，便叫道：“何队来了呀。”她看看中年女子，问道：“来客了吧。”顿时热情地说，“快坐快坐，我做几个菜。我把杨干部也叫过来。”

何立正说：“我们不是来吃饭的。”

“来了哪能不吃饭？吃空气呀？”

“李花花，我跟你说一件正经事。你这馆子的菜做得真不好吃。”何立正边说，边把屁股落到一张长凳子上。

李花花把头一埋，嘀咕道：“我只有这本事。”又叹道：“唉，恐怕再熬上个十天八天的，就要关门了。别说赚个狗屁钱，连本钱也没捞回一半。”

“关门，那怎么行呢？”何立正说。

“我也没办法。”

“问你一句，这店还想办下去吗？”

李花花跟何立正点点头，又不好意思地看了中年女子一眼。

中年女子突然说道：“妹子，我来帮你吧。”

李花花怔怔地说：“你来帮我？”

“嗯。”

“你、你能帮我？”

何立正便跟李花花介绍道：“我下山帮你请来了一个做菜的师傅。就是她！她做家常菜很有一手。她这次上山，专门来把一些家常菜的做法传教给你。如何？”

李花花两眼顿时放光，连声说：“真的？真的？何队，这是真的吗？”

“真的也好，假的也好，这位大姐师傅都站到你跟前，还不相信？”何立正笑道。

李花花愣了愣，扑上前猛地一把抓着中年女子的手，感动地说：“你是我的菩萨！你来了，我这店子就垮不了。”转身朝何立正说：“谢谢你。”接着，她脸上的笑容一收，跟中年女子说：“干一个月，我要给你多少钱呢？多了，我可付不起。”

中年女子说：“我不拿工钱。”

“真的？”李花花很愿意听到这句话，但她也不敢轻易相信这事是真的。

何立正说：“她免费教你。你管她吃，管她住，就行了。”

中年妇女扫了何立正一眼，好像责怪他这般安排有点不妥。

何立正看懂了中年女子的眼神，忙说：“李花花是村里出了名爱干净的人。你看，店里家外都整洁得很呢。你睡在她家，不会有臭虫咬的。”

“它要咬你，就让它咬我。它想咬你一口，我就让它咬我十口！”李花花爽朗朗补上两句。

中年女子只得露脸一笑。

没过几天，李花花家常菜馆的生意便好了起来，中晚两餐来店里吃饭的人络绎不绝。吃饭的人除了夸黄焖冬瓜做得好吃，茄子皮炒腊肉、苦笋炖肉沫、山芽菜清炒等也成了主打菜。

这天，张得天来店子看了一圈，跑到村小便问何立正：“你从哪里找来这个大师傅？救活了李花花家菜馆，还教会她做菜，工钱也不要。”

何立正笑道：“秘密！”

张得天又去找杨凯打听。杨凯摸摸脑袋，跟张得天说：“何队不让我说，他警告过我，我说了出来，他要打断我的腿。”

刚好，张得伟坐在一侧，说：“昨天，我去店子吃了一顿。跟以前比较，那味道一个天，一个地。这大师傅也会做冬瓜烧成红烧肉这道菜。嗯，比何队做的还好吃些。”

“那当然呀。何队就是她教会的。”杨凯脱口而出，甚至有点自豪。

张得天和张得伟相对一眼，不约而同地问：“真的？”

杨凯抬手拍了拍自己的嘴巴：“打嘴！打嘴！”

八

雨，断断续续下了好几天。

吃过早饭，杨凯穿上雨衣，搭摩托车上镇里送报表去了。镇里催得紧，报表得上午送到。何立正把张得天叫到自己住的屋子里，跟他说：“昨晚我跟防汛办打过电话，听他们说，这雨还得下几天，雨量会更大。我心里毛虚虚的，隐隐约约觉得张美人猪场非搬不可了。”张得天拿了一个杯子倒水喝，边说：“昨天下午，他从猪场下来，我刚好遇到他。他一见我迎上来，就劈头盖脸跟我说，别提猪场搬地方的事。前段日子，他脑子有点活络。才过几天，脑筋又堵死了。”何立正说：“张美人有疑心，怕我们团团伙伙捉弄他。”张得天努努嘴说：“我都想骂他脑子进水了。”何立正从小桌子的抽屉里拿出一张纸，说：“昨晚，我起草了一份承诺书，保证不让村里任何人在杜鹃坡办养殖场。我在上面签了字。但他认不认可我这个承诺，我真没半点把握。”张得天想了一下，说：“何队，我在上面也签一个字吧。”何立正大喜：“太好了！支书给个承诺，他应该会打消疑虑的。”张得天掏出笔，在承诺书上签了自己的名字。接着，他打听道：“张吉财前天上午被县扶贫办叫走了，两个晚上都没回来。他老婆今天一大早就来问我，她老公怎么连手机也打不通了。”“手机打不通了？”何立正有点惊诧。前天上午，县扶贫办两位同志突然来到延寿村，直接找支书张得天，说让张吉财带着这几年的票据跟他们进城一趟。张吉财上车走后，何立正才从张得天嘴里知道这事。眼前，张得天见何立正蒙在鼓里，也没再聊张吉财的事了。但何立正还是说了一句：“可能手机没电了吧。”

很快，何立正爬上了杜鹃坡。

这时，张美人领着几个人正在猪场门口冒雨忙碌着，把一头头猪赶上卡车。

何立正问道：“美人，要送猪呀？”

张美人扫了何立正一眼：“百味肉制品公司临时加单，要一百五十头猪，今天我得把它送进城里去。”

“大雨天的，下山时让司机开车多留点心。”

“人家是个老司机。”

何立正噎了一下，说：“我想跟你聊个事。”

“没什么好聊的。你们绞尽脑汁，油嘴滑舌，还不就是让我相信你们说的话？”

“你还担心？”

“嗯，我不是二百五！”

何立正笑了一下，伸手掏出承诺书，又递给张美人。张美人一怔：“啥东西？呵，不会是一张支票吧？”何立正告诉他：“一份承诺书。保证你搬离杜鹃坡后，村里不得有人再来这里办养殖基地。我在上面签了名。”张美人怔了怔，接着嚷道：“你能在延寿村待多久？哪怕你留级，到年底也会拍拍屁股溜回城里去。又不是上门女婿当‘倒插门’，哪能一辈子待在延寿村？嗯，到时候张吉财他还不把承诺书当成一张废纸？”何立正努努嘴说：“张得天支书在承诺书上也签了名。”“没骗我吧。”张美人双眼盯住何立正。何立正平静地说：“你自己看看吧。”张美人接过承诺书，打开后挤眉瞪眼地读了一遍。何立正说：“白纸，黑字！”张美人想了想，说：“我送完这趟猪，回来再跟何队你聊。”他随后又跟何立正说：“挑中张得天这个人当支书，算你有眼力！”

何立正笑了一下，说：“我相信，我和他都没看错你张美人！”抬头看看天空：“这雨越下越大。”

“下雨，又不是下炮弹，怕个啥呢？”

“但愿没事。”

张美人不屑地说：“老天爷不下点雨，我们种田的吃什么？水泥坪上种不出稻谷的。我儿子写作文，倒是写了这么一个故事。但他说，那是一个幻想。嗯，眼前水泥坪只适合城里大妈跳广场舞。我进城见多了，都是吃饱饭撑的。”

“好了好了，回来我们再细聊。你儿子会比你有出息。”

张美人撇了一下嘴，未再答话。

中午，杨凯在镇食堂吃完饭，便匆匆赶了回来。他还没进门，就叫道：

“何队！何队！”

何立正上午离开猪场后，又到李花花农家菜馆坐了一会儿。他刚刚才进屋，坐到桌子前，埋头在本子上记着什么。

“何队！”

杨凯闯了进来。

何立正问道：“一惊一乍，干吗呢？”

“出事了！”杨凯脱口即出。

何立正猛地一抬头，问道：“出啥事了？”

“张吉财这家伙恐怕回不来了。”

“回不来了？什么意思？”何立正站起身子，一双眼盯着杨凯。

杨凯说：“他承认了，前些年他做了好些假账。扶植贫困户的钱，有一小半被他偷偷装进了自己口袋。"

何立正倒吸一口冷气："不会吧。啊，怎么可、可能？"

"假不了。吃饭时，镇长跟我嘀咕的。"

"天哪！"

"张吉财还交代了一件事，跟你何队长有关系。"

何立正惊得瞪起眼睛问："跟我有关系？"

杨凯连忙说："何队你别紧张。嗯，你收了张孝勤一桶茶油的事，就是他写信举报的。"

"谁说的？"

"他自己都坦白了，还会假呀？他一个晚上写了七封告状信。"

何立正发怔了，喃喃地说："他怎么会告我呢？"

杨凯说："我和镇长猜到了一点。你没得健忘症吧。去年村支两委换届时，他张吉财一心想搞到支书这个位子。结果，你跟组织部和镇党委提了张得天的名，他便怀恨在心了。"

"你、你们别乱猜……"

"我乱猜了？"

"我说了，别乱猜！"何立正突然吼了一声，一双眼睛瞪得圆圆的。

整整一个中午，何立正躺在床上。下午，他来到张孝勤的油茶树基地。张孝勤见他闷闷不乐的，便问："何队，你也有烦心事吧。"何立正噎了一下，连声说："我有吗？有吗？"张孝勤憨厚地笑了笑，说："嗯，何队你也不是神仙。"何立正听到这话，低头沉思了片刻，才啧了一声，说道："我稍稍一想，烦心事还真不少呀。""最揪心的是儿子埋怨你吧。听杨干部说，你每天都打一个电话给儿子，但他一个都没接。没办法，你就给他发信息。可他一个字也没回给你。"张孝勤说道。何立正唏嘘一阵。张孝勤说："儿子一定很想回市一中读书。我要是一中校长就好了。我天天烧高香，让校长发发善心，好让你儿子重新回一中读书去。""回不了。"何立正拍拍张孝勤的肩膀，有气无力地说，“咱，不说这个了。”张孝勤看了看何立正，过了好一会儿，才叹了一口气。

外面又下暴雨了。

雷声也大得有点吓人。

何立正站到门前，望了望天空，问道：“张孝勤，你说天会不会塌下来呢？”

张孝勤说：“塌不了。”

“塌不了？”

“看天干吗？吃了晚饭，我送你回村小。要不，我等下弄两个小菜。按你的要求，不上蛋，不上肉。你照规定给我伙食费。一块儿喝两碗米酒。行吧？”

过了一会儿，何立正才点了一下头，又说：“把杨凯也叫上来。这小子遭遇感情危机了。他以为我不知道。我回城听洁茹说了，他女友被他的同学挖了‘墙脚’。”

这时，杨凯打来电话。何立正一接听手机，就大吃一惊：“什么，杜鹃坡猪场被雨水倒灌了？好，我马上赶过去。你让张支书马上组织青壮劳力上来，看看能不能把猪场里的猪转移出去。”

挂掉手机，何立正便要往外冲。

张孝勤捞起两件雨衣，一件扔给何立正，一件往自己身上套，嚷道：“何队，我陪你一块儿去。”

“好！”

何立正和张孝勤赶到杜鹃坡时，张得天和杨凯带了二三十个青壮劳力也到达猪场门口。何立正与张得天走进猪场察看了一番，发现倒灌进来的雨水还不多。他跟村主干商量了一下，便决定马上把猪转移出去。这时，杨凯打通张美人的电话。得知猪场遭灾消息，张美人在电话中哇哇直叫：“你们快救救我的猪呀！这两千多头猪被水灌死了，我张美人血本无归，一辈子都翻不了身！”杨凯劝说了一番，对方仍是抑制不了情绪。何立正夺过手机，嚷道："张美人，你放心，我们一定会把猪安全转移出来，一头不少！你往回赶时，别让司机开快车！听到没有？否则，我、我扇你几个耳光！"

接着，何立正迅速把人员分成了三个组，第一组由张得天带领，进猪场把猪赶出来。第二组张得伟带领，在猪场门口接应，再把猪护送到安全地带交给第三组。第三组把猪统一赶到集中点。这事杨凯负责。张得天突然想到一个问题："何队，这两千多头猪赶到哪里去呢？"

"这——"何立正犯难了。

张孝勤挤上前来，嚷道："何队，我那里有三个用来秋天存放茶籽的大仓库正空着呢。"

"太好了！张孝勤，你真帮了张美人的大忙。"

"何队，我是帮你忙。"

何立正摆摆手，嚷道："好了好了，啥都别说了。"又交代大伙："各组按照我的要求，立刻到位，马上行动。注意啊注意，发现有不安全苗头，必须马上撤离！"

紧张忙碌两个多小时，两千多头猪终于从猪场转移出来了。何立正见了，不由露出笑脸。杨凯也抹了一把脸上的雨水。他再次打通张美人的手机，把这个好消息告诉了他。张美人非常感动，连声道谢。刚要挂掉电话时，张美人突然想到一件事："杨干部，在保温室里还有两只良种小猪仔。它可是我花大钱刚买回来的。""好的，我马上去查一查，看看是否已经抱了出来。"杨凯答应道。

何立正看到杨凯转身要返回猪场，忙问："杨凯，你干什么去？"

"张美人说，保温室里有两只小猪仔。"

"小猪仔？"

"这小猪仔好贵重。我看看去。"

"你回来。我去看吧。"

何立正刚刚跑进猪场，张得天和杨凯就惊恐地发现猪场上端的山坡开始下滑，便齐声喊道：“何队，快跑！”“何队，快跑！”

就在这时，山坡摧枯拉朽似的垮了下来……

九

何立正的遗体是第二天上午才从烂泥巴里找到的。

在李花花农家菜馆里当师傅的中年女子看到何立正的遗体，便要冲上去。李花花和几位大婶使劲扯上她。中年女子一边痛哭，一边骂道：“你这个骗子！你这个骗子！你说让我来这当一个月的师傅，你就把儿子转回一中读书！你这个骗子，我刚刚教会李花花做菜，你就撒手不管了……”李花花也号啕大哭起来。昨天晚上，她听杨凯说了，这中年女子便是何立正的老婆。何立正明白，李花花一旦知道他老婆的身份，就不会同意让他老婆来帮忙。哪怕留下来当了师傅，也会坚持要给他老婆工钱。就怕这事，何立正便让老婆瞒了身份，还警告杨凯把嘴巴拉上拉链。

杨凯也哭成了一个大花脸。他知道，队长救了自己。

这时，刘局长带领洁茹、办公室主任等好几个人从市里赶到了延寿村。他在何立正遗体前鞠了三个躬后，走到何立正老婆跟前，握着她的手，安慰好一阵子，并且告诉她说：“市一中同意让你儿子转回市一中读书。昨天晚上，市委书记专门打了市一中校长的电话。”

何立正的老婆又大哭了，仍想扑到何立正遗体上。李花花几个人死死抱住了她。

她狂叫道：“何立正，我骂了你一辈子，你怎么就不回一句话？何立正，你听见没有，你就不能骂我一句吗？我知道了，你要是活着，儿子还不一定能转回一中。我知道了，你想儿子转回一中读书。我知道，你做梦都想让儿子有大出息，生儿子那天，你就说了，要让儿子上清华、读北大……”

所有人都流下了泪水。

中午，在延寿村的祠堂里举行何立正遗体告别仪式。

张美人走到遗体前，扑通跪下了。他哭诉道：“何队长，我这个死王八蛋造的孽，我这个不得好死的王八蛋害死了你……”

遗体左右，摆满了花圈。

一个最大花圈的两条白色飘带上分别写道：“恩人何立正一路走好”“罪人张美人全家敬挽”。

…………

4

乡村书屋

作者 万宁

一

从长汝高速下来，老陆的脖子便开始像飞行的大雁，铆足了劲，往前伸起，他盯着前方，生怕把前面老萧的车跟丢了。其实，老陆的担心是多余的，跟丢了老萧，还有带路的小唐，但老陆不这么想，他没有把握，好多年没有开过长途，路是会欺生的，再加上他只有一只眼睛的视力，看不过来，生怕路上会发生意想不到的状况，所以，他格外警惕。

老陆，老萧，小唐，他们在几天前才认识，之后在微信上沟通过几次，按规定他们必须在今天去青山县的木溪镇樟树坡村报到，他们三人是一个帮扶工作队的。人还没去，市里扶贫办已给他们发了若干文件，最令人头痛的是一些硬性规定，队员驻村每月不能少于二十天，而且实打实要考勤，考勤由村支两委来打，然后送镇政府盖章，上一级扶贫办随时会来检查。老陆听到这些规定，心里的火噌噌直冒，眼看着要退休了，居然摊上这趟差事。这工作与自己多年的工作岗位，风牛马不相及。

那天，老陆想跟队长娄小童磨叽磨叽，他在一本《中国刑警》上看到一篇论文，用于刑侦领域的 Y-DNA 染色体检验技术已经成熟。简单来说，是利用了 Y 染色体在男性父系之间的单向传承。如果是男性嫌疑人在作案现场留下可以检测出 DNA 成分的东西，通过找到与嫌疑人有相同 Y-DNA 渊源亲属，进行同源比对，可以直接确定嫌疑人的姓氏。每个姓氏都有 Y 染色体的特异性标志，也就是在血液里流动的代表出生的“条形码”。他是午休时翻看的，两点半，便拎着杂志，敲开了娄队的门，他刚把杂志递过去，娄队鹰一样的眼睛仅瞟了一眼，“别异想天开了，这个技术的成熟，是实验室的成熟，也就是说，是学术上的成熟。”

“不试试，怎么知道？”

“怎么就没试？上次的排查，跟这个技术大同小异呀，其实，就是大海捞针。”

“现在，又有突破了。”

…………

话还没讲完，娄队把手一摆，手掌正对老陆：“呵，陆树洲。”老陆心里一怔，涌在胸腔里的话，哧的一声，变成了空气。

娄队在这个时刻，又很突兀地呵呵起来，不太正常地干笑着，以至于老陆愣住了，眼睛不敢眨一下，生怕错过某些重要细节。

“陆雷大学马上毕业了？”老陆还没回答，娄队又说了，“如今，就你轻松，上不用管老，下不用管小。”

娄队这样一说，老陆不好意思不笑一下，于是他跟着哼哈了几下，心想我轻松，是我生活删繁就简，除了儿子，老子是孤家寡人啊。

“局里给我们队一个下乡扶贫指标，我正想着派谁去好，不想你就来了。”娄队又哈哈笑起来，“这说明啊，这个扶贫工作，不是我派你去的，是你主动请缨的！”

这逻辑，与胡扯没区别呀。再看娄队，他还在哈哈笑，一副自鸣得意的样子，可是老陆就觉得这笑容诡异，明明是皮笑肉不笑，还显得特真诚。

陆树洲就这样，在这种笑容里，成了一名扶贫干部，其实他心里还是愿意的，换一种工作环境，换一种工作方式，总比他在队里无所事事好。他因特殊原因，一直留在队里的321，也就是情报管理部门，打打杂，从前他还能做点什么，可如今什么都信息化了，尽是大数据，老陆从前学的那点业务，早过时了。平常他有事没事就喜欢看看从前的工作笔记，几十年间，一长摞的黑色本子上，有上百个案例，当然上面的案子，多数是破了，但有几桩，就一直悬在那儿，有的过去二三十年，就是一个死案，毫无头绪。那些案件，他都参与过侦破，仔细回忆，竟还能历历在目，只是关键性的线索，总是在关键时刻掉下链子。

这些年，工作闲下来，他会刻意地去重温，去捋捋来龙去脉，试图有所发现。再过两三年，陆树洲就该退休了，想到这里，他总会不自觉地深呼吸，长长地嘘出一口气。这些案子恐怕真的就永远搁置了。老陆心里明白，却不愿意接受，当然他的不愿意，只是他的一厢情愿。生活总在继续，工作也是，人不可能总是纠结在过去。往前走，是必须的方式，也是生命的本能。

所有的想法被去樟树坡村锁定，车在这个时候穿过金色稻田，随着道路往山坡上蜿蜒，越往上走，梯田越气势，一丘一丘的田，匍匐在山坡上，收获的颜色在阳光下璀璨迷人。车窗早已摇下，老陆忍不住来个深呼吸，秋天的风里有丝丝的甜味，他从副驾驶座位上的布包里摸出一支烟，燃起，几口吞云吐雾，车也慢了。

路上车不多，也没什么人，他太喜欢这个状态了，把烟吸进去时又吸了一口上好的空气，他发现前面老萧的车速也慢了，他也在飙烟。老陆心里呵呵一乐，提起脖子，在拐过弯上面的那条道上，他看到小唐的跑车，深蓝色的帆布车篷敞开着。“这小子，哪像是去扶贫呀。”老陆心里嘀咕，不过人的眼睛都是用来看他人的。陆树洲同志是看不见自己的样子，墨镜架在鼻梁上，细格子厚布衬衣上套了件宽大的黑夹克，夹烟的手指搭在车窗上，一副进山度假的模样。

有梯田的山，一丘一丘的，从南面上山，从北面下山，然后还是上山，还是下山，感觉车子陷在一个巨大的稻浪中，起起伏伏，如同行走在画里。只是，走着走着，就把梯田丢了，先是稀稀落落的石头山，再是长着低矮灌木丛的丘陵，车子越往前走，湿气越重，深褐色的岩石上，铺满青苔，周围树木逐渐茂密。盘山而行，能听到奔腾喧闹的溪水声，林间的鸟鸣，却难见到一两个人，如此，心里开始发毛。谁都知道，一个村子地处深山，致富是件难事。

在靠近樟树坡村时，噼噼啪啪的鞭炮声，在山里炸响，回声延绵不绝，一波响声刚刚远去，新的响声又炸来，此起彼伏，在群山中激荡。到了村口，才知道是村里老了人，出殡队伍正从村里走出来，二三十人，披麻戴孝的。前面的小唐早就收起车篷，靠边停着，于是老萧老陆也自觉停下，让出一条道给送葬队伍。老陆隔着车玻璃，瞧见这群人脸上并没有多少伤痛。葬礼很多时候是在履行一种必须的仪式。

稀稀落落的人群走过之后，空气里依旧留存着这群人的气味，这是老陆摁下车窗的感觉，憋住气还没来得及喘，前面的小唐已踩着油门，在山道上呼啦呼啦地跑起来，老陆跟在后面也呼啦起来。一支烟的工夫，就开到村部。车子还没停稳，有人伸过手来，热情得让老陆、老萧与小唐难以招架。村支部书记罗金贵、村主任全满福带着村干部站了一坪。

老萧是队长，老陆站在一旁，听他与人寒暄，小唐忙着点头散烟，烟是软盒子的蓝芙蓉王，接烟的人要是知道价格，保准不会舍得点燃。老陆在这时也接了一支。好烟谁不想抽？他想这小子，年纪比老子年轻，开的车子好老子好远，烟也高老子几个档次。来路不浅呀。他在混乱的喧哗中，忍不住叹了一口气。

“咋了？陆哥，烟不好？”小唐的细眼睛向他挑逗了一下。

老陆心窝子被啥戳了一下，他面色尴尬，想：“这小子成精了，我心里所想，他也能知道？”他慢慢地把烟送到唇边，吸了一口，做出陶醉的样子，“好烟好烟，不过，我可抽不起。”“说笑话哈，陆哥是看不上它。”小唐话说得巧，听着倒不反感。他俩聊上了，剩下老萧一个人在那儿应酬。他们仨，老陆明显是一内向人，不爱言语，而小唐是一活跃的主，但他懂规矩，比如，这个时候，他并不多说，因为老萧是队长，老陆虽然没有明确是副队长，但人家资格老，这些场面上的话，他不说，自己就不能开口，哼哼哈哈跟在后面，是错不了的。小唐贼精，他明白老萧是政法委副处级调研员，老陆是老公安，自己只是交警支队下面的副队长，队长是喊着好听，其实啥级别都没有。所以，在扶贫队他只能是个联络员，做事他就得冲到前面张罗，说话的时候，他就要躲在后面做哑巴。

在村部隔壁人家吃过午饭，村主任全满福便带他们去住所，他指着对面山坳上一栋三层楼房子：“这是我们村最好的房子，房子主人在外边开挖车，家里只有两位老人留守。”

在几垄稻田的田埂上穿行，稻穗黄中带青，沉甸甸地垂首，没费多长时间，他们便走到这边的山坳上。窄窄的土路，扯上扯下的，一栋房屋的前坪正在办酒，房屋背对他们来的方向，大家在看到之前，竟然没发现这里的热闹。

“这家老了人，在办酒。”村主任全满福说。老陆立马想起进村时，遇见的出殡队伍。

“哎，苦了一辈，日子刚好一点，摊上大病，自行了断了。”全满福自语式唠叨，“了断了好，不拖累后人，好人哪。”语气里满是赞赏的态度。他仔细描绘了老人死的情形，死者原本身体不错，去年在山上果园给果树剪枝，摔了下来，偏瘫了，在医院治疗后，有些恢复，行动还是不便，春天的时候，晚上夜起，又绊了一跤，结果脑溢血。“好人哪，喝个农药，都跑到已不住人的老屋里去喝。”

这些话，原本是随便听进耳朵的，不想却钻进心里了，老陆、老萧、小唐吓了一大跳，心里顿时长出绿毛，黏巴巴的，很是害怕。这是非正常死亡呀。

老陆突然上前，一把扯住全满福：“咋回事？喝农药？自杀？”

全满福很平静，望了望老陆：“是啊，又不稀奇，村里每年有好几起。”

山坳上一阵风，忽然而至，这瞬间，把大家的头发作乱草吹，老陆似乎还想问，全满福抬脚往前走了。老萧、小唐站在原地，看着坪里吃酒席的人，他们吆喝喧天，满嘴油渍渍的。人死在老屋，丧事在新屋里办，毫不忌讳，这就应验了乡下那句老话“丧人出栋梁，生人不寝房”，这话颠覆着传统的生死观念，意思是说，如果房子里办丧事，那家里的运气就会越来越好，而且可能会出一个当官的后代，说是生命的消失，也就意味着死者携带的晦气烟消云散了，那么房间里的晦气也会随亡者一起消失。但房间里有女人生产，那么房主的气运就会衰败，说是新生儿可以吸走屋子里的一切好运。这些怪论，无不牵强，但在乡里一直流传，人们还特别迷信，所以，村里人不避讳在屋里办丧事，却避讳在家里生孩子。过去要生产的女人，都要住开，老屋或单独堆放工具的茅棚。

老陆却仍然在全福满的话里思维里，由此，他想起在某本杂志上看过一份调查报告，说农村老年人自杀现象严重，高自杀率、高自杀比重，正在快速增长，当时觉得是那位博士在危言耸听。今天如果不是亲眼所见，亲耳所闻，怎么都不会相信调查报告是在说一件不争的事实，而这个事实，在乡村竟然没人觉得残酷，人们接受着，甚至还予以赞赏。贫困的现实，导致乡风乡俗的凋零。人的生命在他们眼中，不是特别珍贵。一个不愿拖累子女，而自行了断的老人走了，在村里，在亲人朋友间，并不能激起多大波澜，长吁短叹后，日子又在卑微与麻木中继续。

那家人丧事办酒的喧闹，散落在他们行走的山坡上，老陆在这瞬间，看到观念的巨变，不知从何时起，在人们心目中，自杀已成为一种正常死亡。

正想着，全满福领着大家走进一栋新房子里，两位六十来岁的老人，显然早等在厅屋里了，见了全满福不住地点头哈腰，全满福脸上堆起了笑容，指着老萧、老陆、小唐，一一介绍，完了，他用手往上指了指："准备好了？"两个老人的头点得更勤。

二楼，除了楼梯间，有三间单独的房子，只是房间里的床有大有小，并没有人分配，床最大的那间老萧住，小唐进了床最小的那间，老陆进了属于自己的这间房。一进去，心里立马产生了拒绝，自己的睡眠怎么可以安放在这儿！花得一塌糊涂的床单被套，客气地铺在床上，低端的家具，一应俱全。

小唐跑了过来："怎么住啊？味道太重了。"他用手指拎起被子，闻了闻。

老陆站在一旁，想这还要闻吗？被子上主人的味道算什么，主要是家具，它们看上去漂亮，甲醛味呛死人。

老萧面无表情地走进来，他伸手把靠北边的窗子打开，转头怪笑，他还没来得及说话，男主人站在门口说了："有点气味吧？都怪我崽，他说他的客户就喜欢吃乡里家养的猪肉。"

老萧突然开窗，老陆与小唐没防备，不觉都捂上了鼻子，当然，猪粪的浓烈是捂不住的，惊讶中，他们听见猪没有克制的叫声。

"是不是会吵到你们？不过习惯了，听着就不刺耳了，咱家每年都要养四五头。"男主人唠叨，他并不觉得这是多大的事。

老陆他们面面相觑，没有言语。为打破尴尬，老萧吆喝了一嗓子，他对楼下的全满福说，赶紧回村部，镇上的干部还等在那儿。

老萧所言不假，回到村部，都等着开见面会。老萧他们是全市六十六个驻村帮扶工作队之一，从今日入驻起，到二〇二〇年十二月，三个年头，要实现樟树坡村里的贫困人口全部脱贫。他们郑重承诺，每个月不会少于二十天驻村，请所有村干部监督。村里的情况由村支书罗金贵、村主任全满福介绍，全村两千多人，贫困户四十二户，贫困人口一百四十七人。说来说去，樟树坡村是属于非贫困县的非贫困村，只是村里的贫困面还比较大，这些贫困人口大多是因病致贫，如残疾、中风、硅肺病（因在矿上挖煤所致）、摔伤致残的（有部分是在外打工时摔伤）等等，当然也有因懒致贫的，情愿穷，也懒得做事，干啥都是一副死猪不怕开水烫的鬼样子。但不管是什么样的贫困户，上面有要求，统统要保证两个不愁：不愁吃，不愁穿。然后，还要有三个保障：就医、就学、住房的保障。这三个保障，分得很细，各种情况，都有条条框框的。

其实，这些要求，市里开会时强调过多次，可是具体到村里，就觉得迷茫了，很多事情不知道要怎样才能解决，而解决了这些，又还远远不够。比如，确定一户人家是不是贫困户，据说有个标准，就是看他家人平均年收入有没有超过三千四百块钱，一年啊，老陆心里想，这基数的标准有点低。只是没想到，村里居然还有上百号人没有达到。

镇里的干部走后，老萧、老陆、小唐便坐在那儿喷烟，相互用二手烟毒害对方。罗金贵、全满福这帮村干部起初还陪着，可是他们看到烟雾里密布的愁云，便悄无声息地退了场。

烟抽了好一阵子，似乎有了绵绵无期的态势，最后老萧发话了。扶贫的办法，我们不急，总会想出办法的，看人家怎么扶，我们就怎么扶，脱贫任务一定会完成的。接着，他叹了一口气："我发愁的是，今晚我们睡哪里？"

"刚刚上厕所，我侦察了，村部尽是空房间，我们买三张床来，再自备铺盖，可睡这里。”老陆建议。

“未必我们现在就撤？我是说，今晚我们睡哪里？”老萧焦虑起来。

“嘻嘻，我反正有地方睡，我车上有露营帐篷。”小唐笑得无邪，然后开始引导，“这樟树坡村，崇山峻岭的，有了这个，哪都能睡，你们如果要买，我有兄弟正好开了家户外体验店，他可连夜送过来，保证你们按时就寝。”

小唐话刚完，老萧的烟雾就朝他喷了过来：“赶紧的，把货送来！”

晚饭还是在村部隔壁中午吃饭的这户人家吃。一栋半新不旧的两层楼房子，坐西朝东，一层紧挨村部围墙的一间大屋，开着两扇大门，门上横着牌匾，写着：乡村书屋。中午吃饭的时候，老陆就注意到了，想进去看看，却看到门上的锁，他想这多半是种形式，应付检查的，不想在晚边上，乡村书屋的门开了，里边有灯，还坐着一男人，五十来岁，他身后那扇书柜里的书，给他添加了一些文气。他叫罗大全，在邻村木溪小学做后勤，十一岁的儿子每天与他同行，而他一回到家，基本上就待在书屋里，整理图书，或自己看书。村里来看书的人少之又少，这个书屋，基本上是他一个人的天地，书屋有人打理，书籍能归类，不零乱，不蒙灰尘，这是村里求之不得的好事。

屋里有一张长方形的阅读桌，老陆走进去时，这家人的儿子罗安安正在写作业，女主人李玉芳喊吃饭的大嗓门也盖了过来。老陆略微有些不好意思，很明显，这家人是让他们先吃，自己才去吃的。这样想着，一抬眼，与罗大全的目光遇上了。罗大全正从摆在墙角的书桌边起身，脸上的浅笑，谦卑内敛，只是这笑匆匆忙忙的，一闪而过。

两扇墙的书柜，书正面摆放着的以政治类、法律类、农业科技类居多，还有一些通俗文学，这些书被束之高阁，表情冷冷，感觉有好久没沾上人气。书落在这里，取阅的人不多，当然书的品质非常一般，极大部分是配送而来。

没一会儿，老萧与小唐也走进来，浏览了一下，没两分钟，就往外走，老陆跟着，但他莫名地回了一下头，他说不清，具体是什么诱使他回头，其实这一回头，他并没有看到什么，无非是他刚刚看到的那些。

二

樟树坡村晚上好多年没开过会了，村部的前坪里从来都是黑灯瞎火的，但这一夜不同，老陆他们把大门敞开，房里的灯光照进前坪，他们搬来椅子，坐在星空下，海阔天空地一顿瞎聊。聊着聊着，小唐从车尾厢里拿出帐篷，支起来，老陆与老萧也到帐篷里躺了躺，挺舒服的，再看里边的装备，啥都有，想热爱户外运动原来是有前提的。他们仨，围着帐篷，一会儿椅子上坐，一会儿帐篷里躺，就着烟枪，腾云驾雾。

好在也没多晚，帐篷就送到了，没多久，他们三人各自把帐篷架在自己汽车的后面。这时，夜色像床薄被，覆盖着他们有些不安的睡眠。

黎明前有那么个时段，老陆躺在帐篷里，感觉万物躁动，林间的鸟类，离巢啾鸣，在树枝上跳来跳去，因天光而亢奋，村里的各种动物也陆续发出响声，他拉起拉链，看见老萧坐在椅子上抽烟了，他赶紧起来，与老萧沿着山坡，往坡梁上走。

樟树坡村刚刚苏醒，仅有少数人家开了大门，其余的，除了院子的鸡狗有动静，房子与房子里的人都在熟睡。老陆不停地深呼吸，他总觉自己浊气重，想用山里的空气，来清洗自己的肺，老萧背着手，把早上的散步，弄得像个视察。遇到果园、菜地，他会驻足，瞅个仔细。村里的几条小溪，从山顶飞泻而下，溪水的源头是半山坡溶洞里流出来的，哗啦啦的，蜿蜒欢唱。一路走过来，老陆他们发现有几处依山面水的房子，陷在竹林里，风景如画。“住在里边，不成神仙都难。”老萧感慨。老陆站在那儿，满是羡慕，这坡上立着的几栋房子，真好啊，不用出门，抬眼就是青山绿水。

走了个把钟头，回到村部，小唐被两人围住，见他们回来，立马脱身："萧队长回来了，你们一个一个讲。"

"你们怎么不住我家了？"说话的正是昨天那户人家的老头子。

"村主任会跟你解释的。"老萧故作深沉。

"今早我问了，全满福说不晓得。"

老陆想笑，可不能小瞧村民。

"呃，全主任之前是不是说在你家住，每人每晚二十元？然后，伙食费另算。"老萧问。

老头点着头："是，是，他是这样说的。"

"可是村里也有人要我们去住，那么住进你家，就会引起矛盾，所以，我们哪都不去，就住村部，我们把钱交给村里，这样谁都不会有意见。"老萧一口气把话说完，说得跟真的一样。

"那不管怎样，我要找全满福赔，为布置房间，我家花了不少钱。"老头拍着屁股，很生气。

见老头走了，一直坐在旁边看热闹的男人这时站了起来："萧队长，萧队长，贫困户罗细崽跟你报到。"一向严肃的老萧忍不住笑了起来："没想到真有把贫困当歌唱的。"

好在这个时候村支书罗金贵赶来："细崽，村上帮扶点给你房子住了，你还要什么？"

"我不住了，那里不是老人家，就是病人子，还有就是，残疾人与脑壳有病的，我不住那里，我要回来砌屋，"罗细崽指着老萧他们，"我要他们给我砌一栋屋。"

他站在那里，噼里啪啦地说着来意。听说有个扶贫政策，每户每人可补五十平米，每平米补九百元，细崽人懒，算盘倒是打得溜，他问他娶个老婆，老婆带了两孩子嫁过来，这样是不是可以建个两百平米的房，是不是可以得到补助建房款十八万？

按这个逻辑，好像是这样的，可这明显是被他的理解绕进去了。政策的前提是一户只有一个人时，政府可补五十平米，但是，一户有两个人时，就按人头算，每人又只能补二十五平米。所以，罗细崽只看到前面的政策，而忽略了后面的规定，所以，当老萧试着与他解释，罗细崽一听，就急了，他喊了起来：“你们不许耍痞！”他抹了抹自己的脸，毫无羞耻地说：“为了勾引寡妇，我都献了身。”

老萧说这是你自己的私人生活，只要是你情我愿，不碍事的。不想罗细崽提起嗓子，吼了起来：“怎么不碍事？我都破了处男之身，如果不能按两百平米补助，我就去告你们！”

站在一旁的小唐猛然笑起来，见过耍赖的，没见过脸皮这么厚的。罗金贵也笑了：“你莫老是打歪主意，做点正经事。”说着就向他摆手，赶他走。

见他走了，罗金贵摇着头苦笑，他说一个祠堂里的，樟树坡村有名的懒汉，四十一岁了，还没讨老婆，成天游手好闲，起先守着老娘，蹭吃蹭喝。两年前，老娘走了，他一个人住在老屋里，也不捡拾，房子越住越破，墙沿倒了，屋顶漏了，他倒好，住在里边，不闻不顾，他老兄要他出去做点事，赚点钱来修屋，他还朝老兄翻白眼，根本不听，照样睡大觉。扶贫工作组来村里调研，他第一个跑来讲他如何贫困，讲房子破了，住不得人了，所以，上个月就要他去了村里的扶助点，不想刚住一个月，工作队才驻村，他又来了。这扶贫又不扶懒。

到这个时候，老陆觉得有点笑不出来，这种贫能扶起来吗？都懒到骨头里了，按说是壮年，有手有脚的，没病没痛的，养活自己不难呀。

这一天，老陆没有想到，待在村部就是接待各种申请扶助的贫困户，好在村里早造好册，来了人，村支书或村主任就具体介绍，老萧、小唐认真做着记录。

第二天，第三天，都是如此。

第四天，他们开始分类，看哪些政策可套现到他们身上，套着套着，才发现这不是一两天就可以完成的工作，小唐给老萧老陆敬烟，自己也燃上，滋滋地唆着，闷了好久，才张口把烟雾吐出来，同时也把“今天是周五”吐了出来。是啊，来这儿一周了。周末，家肯定是要回的。所以，吃过中饭，他们便开始打道回府。

可能是归心似箭，回市里的路上，小唐开着他的跑车，跑得最快，老萧也不赖，老早也没了影子。老陆眯着一只眼睛，伸着脖子，扶着方向盘的手格外谨慎，当然，前面没有人带路，似乎还开得轻松些，只是稍稍有些慢。刚进城，儿子陆雷发来微信语音，他回枫城了，说要老爸请他撮一顿。老陆趁着等红绿灯时，回了他。要他选好店子，发个位置，他马上过来。

在湘江边一个叫“大炒肉”的口味店，陆雷在老陆来之前就点好了菜，一盆辣椒炒肉，一盆水煮活鱼。爷俩来此，目的明确，就是想好好吃一顿，陆雷大四了，从学校回来，就想来吃这里的肉，他说吃过这么多地方，就只有这里的小炒肉像他们广告上所说，肥肉焦香，瘦肉嫩滑，油汁饱满，色味俱佳。他们相对而坐，老陆望着儿子，瞧他端着饭碗，眼睛盯着肉，吃得嘴巴吧唧吧唧响，于是自己停了筷子，儿子还在吃长饭，学校的伙食显然不够，老陆燃起一支烟，看上去是在歇饭气，其实他是想让儿子多吃点。陆雷边吃边说着各式八卦，当然也问老陆在乡里扶贫的事。

话说完了，两个盆里的肉也吃光了。

陆雷幸亏没有随爸爸，不然会闷死去，老陆离婚多年，一个人把陆雷带大，有时候他也会恍惚，不敢回望自己走过的路。埋单时，老陆从口袋里摸出一百多块钱，平常这时候，陆雷会鬼笑子笑，涎着脸，然后说：“爸爸，不好意思哈。”可是今天，老陆听到：“爸，我不想考研，我想早点工作，与你一起养家。”

老陆停下自己所有的动作，转脸望着陆雷，嘴巴动了两下，把要说的话咽了下去，他浅浅一笑，用手去拍陆雷：“我们这个家，怎么要两个人来养？”完了，又说，“爸虽然没什么钱，但供你读书是不成问题的。”

陆雷只局促了一下，旋即又嘻嘻哈哈地说：“养家是借口啦，我是不想读了，法律念起来好枯燥，将来又不搞学术，念到本科，差不多了。”

陆雷说得有一定道理，但老陆还是想要他考研，年轻的时候多读一点书，比什么都强，好在老陆对陆雷的语气从来都是温和的，他说：“别先忙着做决定，仔细想想。”

他们父子关系总的来说是不错的，陆雷有什么，都会与他说。饭后他与同学打球去了，而老陆就回了局里。人是很奇怪的动物，在一个地方待久了，就习惯了。老陆一周没有去办公室，从樟树坡村回来，要不是陆雷喊吃饭，他保准会要先去局里。此刻，他来了，其实又没有什么事，他只是坐在自己的座位上抽了一支烟，然后在楼道里走走，与还在加班的同事点点头。也许这里有股味道，他只是来闻闻。

回到家，洗完澡坐到床上的时候，老陆心里一惊，他想起来了，刚刚回局里，他居然没有打开抽屉，去看那垛笔记，平常自己每天都要翻一翻的，这次竟然忘了，他不知道这是好事还是坏事，他不自觉地点燃一支烟。

儿子冲了进来，白了他一眼：“干吗？干吗？说好了，不在卧室抽的，怎么又忘了？”

老陆嘿了嘿，却用力叭了两口：“忘了，以为自己还在樟树坡。”儿子没理他，又回对面他的房间了，留下老陆一个人发着呆。

第二天一大早，老陆把陆雷与自己的脏衣服洗了晒了，煲了粥，下楼买了面点，煮了从樟树坡村带来的土鸡蛋。自己吃完，陆雷的房门还关着，估计还在睡，所以，老陆就出门了。开着车，他想都没想又来到局里，刑侦队在局里是单独一栋楼，队里的办公室永远有人在加班。刑事侦察的，忙着往外跑，勘察现场、调查取证、询问证人、讯问犯罪嫌疑人、使用专案特情、秘密侦察都要往外跑，然后一个小组一个小组坐下来案件分析，这个时候，办公室是灯火通明的。倒是刑事技术部门看上去总是静悄悄的，他们在实验室提取痕迹物证，进行毒物分析，或者模拟画像和现场模拟实验，重复单调，只是偶尔有元素对上了号，才会发出石破天惊的欢呼。其实，这里永远是静水流深波谲云诡的。老陆喜欢在这里坐坐，看显示屏上绿莹莹的亮光，这是科技在解码人类。

年轻警员们走起路来脚底生风，楼道里尽是这种脚步声。当年老陆也是这般意气风发，办起案子来不要命。如果再年轻一次，他不知道自己还会不会这样拼命。

很多事，他是不敢回忆的，但不敢回忆，并不意味着他就不回忆。他的意识告诉自己忘了，可是他的梦境常常又把他拉了进去。他的梦，当然是噩梦。曾经一度，他不敢入睡，他怕经受梦境中的惊吓，那些夜晚，他一个人缩在床角，倚着墙，搂着枕头，痛苦地与睡眠抗衡。他不喜欢黑夜。这样的日子持续了多久，他忘了，好在时间会洗磨记忆，任何事都会慢慢过去，任何事情都会淡忘，甚至模糊不清。这些年，老陆基本上放下了，面对自己只有一只眼睛的视力，也完全习惯了，好像自己天生就是如此。

那年，他还只有三十一岁，如今怎么回忆，都记不起为何要派他去卧底，就只是他能讲一口上海话，他从小是外婆带大的，外婆是上海人，所以，局里就让他只身去了上海。他去的时候，没有想到过危险。那时他从蓝桥服饰市场的派出所调到局里刑侦队，做特情刚刚三年，内部人称这个部门为 321。三年里，他只做过监内特情，也就是监狱内侦察，假装犯人，关进监狱，与目标人物住在一起，得到他的信任，获得情报。这个卧底相对安全，毕竟是在自己人的地盘上。

但那次接到任务，说实在的，他心里有些慌。临出发前，他特意回了一趟家，望着新婚妻子米小米，要说的话，几度咽下，只说队里集中培训，会有好多天不能回家。当时小米怀孕四周，走到门口时，他竟然儿女情长地把手伸过去，放在她的肚子上，闭着眼睛，轻轻地说："等我回来。"

第六感肯定是存在的，只是人们还无法完全解释。那个时候，没有人叫他老陆，队里的人几乎都叫他小陆或直呼陆树洲，他的上海行动，只有队长与教导员知道，化名郑伟，一名中南片区出售旧服装的老大。旧服装也就是洋垃圾，在八十年代末，九十年代初，全国各地都有销售点。因为利润空间大，这个行当屡禁不止，这些旧货在枫城蓝桥市场有几个地下销售点，为了销售渠道，几帮人打在一起，几个月之间，出了两起人命案。于是，这起案件成了部里督办的大要案。

陆树洲是坐火车去的上海，在车站有人接站，被人带到靠近港口码头的民房里住下。刚开始无所事事，每天跟着别人去码头去仓库，装作要货的样子。你住在这等货，自然就会被销货的人盯上，所以，每天也会有想销货的人过来谈天，谈的内容无外乎是货源、货量以及货物的种类，陆树洲在蓝桥市场待过，看上去蛮懂行，懂行口气就大，货是一船一船要，而且可以扳现金。所以，在上海个把月，码头上有旧货的仓库都请他去看货。

旧货其实也没什么可看的。一麻袋一麻袋地堆放着，或者还在船舱里。进旧货有个行规，就是不允许打开看。进货的人像赌石样，把货进回去，得慢慢清理，干洗、烫熨，让旧货焕然一新。货好，自然能赚个盆满钵满，货差，那就自认倒霉。每个进货的人，格外谨慎，一开始只是四处看看，并不出手，而陆树洲扮演的郑伟更是如此，每天走走看看，只是打探行情。

在这段时间里，这个虚拟的郑伟似乎在陆树洲身上附体了，他的行事他的思维，都是属于这个叫郑伟的人。这么多年过去，老陆仔仔细细回忆过若干次，但他终究不知道是哪出了破绽，反正那天他被人带着去看货，那辆破桑塔纳从码头开出时，他的右眼跳个不停，他并不相信，这是灾难来临的前兆。

不相信，并不意味着它不会来临。行驶没多久，车内狭小的空间里流动着诡谲，陆树洲有警觉，可为时已晚。不知从哪里飞来拳头把他打晕，醒来时他的眼睛上蒙着黑布，双手被反绑在一张凳子上，耳朵里可以听到好多脚步声，与一些说话的声音，声音有回声。根据回声可判断，这地方应是个空旷的仓库。有人对他审问，要他从实招来，他到底是干什么的。他在醒来最初的那个瞬间，有些慌乱，之后便以郑伟的身份，装出愤怒的样子，大声叫嚷。他的声音在这个空间回荡，每个细音在回荡中放大，他在发声时，周围一片寂静，边上不是没人，这些人在这时都屏住呼吸，听他的声音在空气里流动。

“哟呵，不说，是吧，那就别怪我们啦。”一个沙罐子的声音不急不慢地传进陆树洲耳里，话说完，还轻轻笑了几声。

一顿乱打，陆树洲的手被绑住，他无法躲避，痛疼密集地砸下来，他蒙着的眼睛，爆出一波一波的金星，金星灼热着眼眶，他忍不住嗷嗷直叫，叫声惨烈，且不由他控制，这是身体在承受击打时自己发出来的。唯一能控制的是他们要的信息，他一字没说。

“哎哟喂，还不说，给点厉害吧。”还是那个声音，非常南腔北调，似乎还有枫城某个县的口音，陆树洲时常会觉得，那是他的一种幻觉，但他真真切切地记得，那声音传过来时，如同落下细细刀片，刀割的疼痛周身密布。陆树洲感觉绑着他的椅子移动一下，他们给他换了蒙眼布，只蒙住他一只眼，另一只眼被人以最快的速度用手掌遮住，也就一会儿，一个空心竹筒对住了他的眼眶。

陆树洲一只眼睛，穿过空心的竹筒，能看见坑坑洼洼的水泥地面，可是只看了这一眼，眼睛里便是一片黑，眼球撕心裂肺般疼痛起来，有人用手掌猛击竹筒底部，一阵一阵，陆树洲摇晃着身子，除了绑住的手，他的身体也被人死死钳住，就这样，竹筒对着他眼眶，一次又一次地猛击，他整个眼珠被活生生地完整取掉了。之后，他才知道，这是古代遗留下来的酷刑，一直被黑帮沿用。

最后的事，陆树洲就完全失忆了。因为在眼球掉下来的瞬间，他就晕过去。他是怎样被人丢在街上的，他不知道。总之，他的这次卧底，以失败告终，这也成了他一生的耻辱。

没想到今天又会想起这些，他在呆愣之时，抽屉已被打开，手掌覆盖在那几本办案笔记上。这是他的工作记录，都是一些案子，有一大半，堪称完美收官。那些死案，就封存起来了，没人提起，因为人们的视线与精力扑在新案子上。

老陆听到楼道上有娄队的声音，他没有出去，不想去打扰，说起来，队里上上下下对他出奇地好，这些老陆心里明白得很。

三

在樟树坡村与枫城之间，来来去去的，一晃就是几个月。

局里的事情似乎已经远离了老陆，他的心被樟树坡村各种奇葩，填得满满的。譬如填写各类表格，打印各类材料，上面一股脑地布置下来，谁都头大，小唐直嚷嚷，搞不了。老萧摸着脑袋，骂骂咧咧的。三个人中，没想到最有耐心的是老陆。表格一份一份地填，材料一样一样地写，按照目录，有条不紊，样样按要求备齐。

各种资料与表格的打印费巨大，好在这笔资金可以报销，可是老陆总觉得浪费。如今也是怪，越是高喊反形式主义，形式主义越是盛行，如此，还催生了一个行业，细想，奇葩就是这样诞生的。从前，老陆看到街头店面的招牌写着图文广告，不知这是做啥的，想着没什么生意吧，如今一接触，才知道人家根本就是忙不赢，一般的小单，不在眼里，不接呢。不过，奇葩就在这里，他们的衣食父母，居然是各机关各部门的各种检查，天方夜谭吧。事实上，因为检查造就了各种资料，它们的汇编、打印、装订，经图文广告店一打理，又规范又漂亮，有了这些材料，显得被检查的单位对此次检查高度重视，有好的态度。这便是我们固有的思维。

除了图文广告店，老陆发现那种专门制作各种标语各种横幅的店子，生意也是好得一塌糊涂，他们都做些啥呢？说出来，不大跌眼镜，也肯定会咋舌，他们是在制作落实形式主义的具体物件。上面要求号召做啥，下面也不管工作做了还是没做，先把声势造起来。比如，来一个什么专项斗争专项检查，从乡村到社区，全挂上标语与横幅，马路上隔几米，就在树上牵一幅，仔细想想，这些东西，应付一场检查后，标语都成啥了？说是要爱护环境，少给地球制造垃圾，可事到临头，谁都忘了。

这世界变化太快了，老陆不明白的事越来越多，他也懒得去想，浑浑噩噩地过完年，转眼就到了第二年的三月。

老陆天天在村部弄这些材料，他发现庭院里的几棵樟树，遇见春风反而落叶，风哗啦啦地吹，树叶哗啦啦地掉，一层一层的落叶铺满地面，抬头张望，树上的叶子却不见稀疏，反而更茂密，一层新绿披挂下来，疯了一般抽枝散叶，一天一个样。等老叶子落得差不多时，这樟树在四月间又开起碎碎的花来，花的颜色起先是嫩绿的，风吹了几天，就开始嫩黄，快落下时，又成了嫩白，樟树花的香味不同于樟木的香味，却也醒脑，有春天的芬芳与浓烈，举目一望，看不见的花瓣一直在下坠，看得见的是碎花屑，一层层的，躺在地上，散发出樟树的精油味。

每天无数次，站在院子里抽烟的老陆，看着这些樟树，在季节里新旧更替。这天，他看见罗大全的老婆李玉芳把院子里的樟树花屑扫在一堆，装进一个蛇皮袋，她说这些花屑有油，可以肥菜土。

几个月里，老陆发现罗大全家屋里屋外的事，都是这个叫李玉芳的女人做。罗大全与他儿子罗安安一回到家，就待在书屋里，一个写作业，一个在电脑上忙。他们家还有个女儿叫罗咪咪，一张脸上，最抢眼的是眼睛，总是笑眯眯的，又黑又亮。只是女儿难得回来一次，听说大学毕业了，在县城的一所中学教书。

来樟树坡村后，老陆、老萧与小唐一直在他们家搭伙吃饭，而老萧与小唐绞尽脑汁，想为村里争取一点项目，时不时跑县里跑市里，老陆也就成了留守在村里的扶贫干部，而李玉芳家多数时候也只有她，午饭他们两个人吃，但李玉芳无论怎样都不先上桌，她把饭菜做好后，径自去了菜园子，等老陆吃完，她才回来。其实，老陆蛮想与她扯些家常，可是她几乎不说话，到了晚上，罗大全与罗安安回来，如果老萧与小唐在，他们就先不来吃，倒是只有老陆一个人时，他们还是会过来一起吃，当然李玉芳除外，她总是在吃饭的时候有忙不完的事。

老陆试着与罗大全聊聊，而他大都只是仰起一张谦卑的脸默默地听着，然后低头扒饭。而对老陆问的一些事，回答得似是而非，这天也就聊不下去了。有时候，老陆暗自思忖，这家人太闷了，生活里好多东西是可以说道说道的。这种闷，其实是对自己与他人的虐待。不过，老陆也会想，没有外人时，他们肯定是不一样的。

当然，扶贫工作决不只是填写一些表格，更多是身体力行的各种实事，他们在山下溪谷，村里景色最美的地方办了个叫云上居的民宿。民宿当然是老板投资的，他们把闲置的民房租下来，在原来的框架上进行设计装修，制造了一种乡村仙境，山高水长，溪水清澈，竹林苍翠，待在这里，发发呆，吃一些山里的土菜，休整一下情绪，那是再美不过的事了。云上居还特意办了个网店，村里自己种的各式蔬菜，都可以送到店里，店里负责归类、打包，直销枫城。如此，村里种蔬菜种水果的热情高涨，而这些改变让老陆、老萧与小唐悄悄出了一口粗气，村支两委也开始喜悦了，村里的贫困户似乎看到了脱贫的希望。

除了这些，老陆他们还在做一项工作，就是清理村里的“四类房”，也就是上面所说的违建房、危旧房、空心房与偏杂房，而樟树坡村最突出的，就是偏杂房多，它们散落在山林深处，独门独户地立在山头上。扶贫组与村干部，一轮一轮地进山，劝他们住下来，告诉他们，政府有政策，可为他们砌新房，帮忙找工作，山民们一听，心就动起来，可是到了真正要他们搬走时，他们心里又不情愿了，理由是祖祖辈辈住在这里，舍不得搬呀。如此反反复复，老陆、老萧与小唐被搞得焦头烂额。

集中居住房建在村口，山坳上那片斜坡处。房子立了几排，十来户人家，统一的房屋结构，白墙黑瓦，让来樟树坡村的人老远就能望到。可是，话又说回来，老陆去了附近几个村，每个村都是统一的模式，统一的徽派建筑，如此一来，将来每个村都是雷同的。难怪人们说，中国的规划师们，规划完城市，又来规划乡村。最怕是规划不动脑子，模式化，统一化。有一天，在中国大地上，任何一个乡村都是雷同的，我们要去哪里哭诉，寻回我们的自然村落？统一规划，总有一天，我们的乡愁会突然不见。

当然，老陆他们是管不了这么多的，他们只想着把上面布置下来的工作一样一样地完成，每一项工作能够达标，也就心满意足了。

不管怎样，村里还是有了欣欣向荣的景象，果林里的桃子、李子、梨子，一串一串地累积在枝头上，蔬菜地与瓜棚豆架，在山坡缝隙间四处蔓延。村里再难见到一群一群的村民在房前屋后打牌聊天了，他们都散落在自家地里打理园子，收采长得正好的瓜果蔬菜，他们一篓一篓地往云上居的网店里送，送了，就有现钱，到手机上。于是乎，就有了一种魔力，大家时不时想在自家菜园子里变把戏。

这些景象是老陆他们最愿意看到的，扶贫的最高境界，是一种精神上的扶贫，是要让所有人明白，想富裕，得自己劳动。

掐指一算，老陆他们来樟树坡村快三个年头，这也意味着，所有工作理顺后，再过一个时期，通过有关部门一项一项验收后，他们便可打道回府。

四

老陆记得那个早上，他起得格外早，夜里做了个噩梦。那个声音，又来到他耳朵里：“给点厉害吧。”语调低沉，声线零乱，磕磕巴巴的嘶哑里，散发出陈年茶水、酒精及烟草的混合味，这些气味里密布着一把一把锐利的刀子。

老陆一个寒噤，醒了。一身汗躺在夜色里，他抬手把灯拉亮，燃上一支烟。

这一夜，他又失眠了。所以，天还只是毛毛亮，他披了件外衣，从村部走了出去。

罗大全家的厅屋是敞开的，乡村书屋的门虚掩着，透着灯光。老陆从他家屋前走过，沿山坡小路往上，绕了几个弯，站到了坡上，看樟树坡村的早晨。

周围起伏的山峦，飘着山岚，从山间奔腾而下四条溪水，寒水溪、仕美溪、木家溪、高家溪，蜿蜿蜒蜒，流向村外的黑龙潭，而村里的菜地，像一抹一抹的亮色，涂抹其中。老陆看到菜地里晃动的人影，他来了个深呼吸，低头瞧见滚动在丝瓜叶子上晶莹的晨露，看得出神时，罗大全的老婆李玉芳在旁边弄出动静来。老陆站的地方，正是她家菜地，她在瓜棚下摘丝瓜，手拿剪刀，一条一条剪下，用白色软网兜好，放进装菜的泡沫箱子里。

“罗家嫂子，赶早班车呀。”网店收下刚摘下的蔬菜，在清晨发车，中午就到了枫城的餐桌上。

“呃，今天城里大全叔叔家的几个女儿要来，这菜是摘给她们的。”李玉芳停下摘菜，她似乎明白老陆的疑惑，罗大全叔叔家难道不也是樟树坡村的？“其实，罗大全是过继来的，一两岁时，就做了舅舅的儿子。”

“哦，哦。”老陆随意地点头。

“他本姓尹，莲塘坳的尹家。”李玉芳说过后，便在豆架上摘起豆荚来。

莲塘坳是梯田南面的村子，尹姓人家多，老陆在那里做过排查。李玉芳极为平常的一句话，触碰到老陆心里一直等着触碰的神经。

他站在那里，点燃一支烟，望着菜地猛吸了一口，他想平静平静，可是他的那个熟得不能再熟的感觉来了，控制呼吸，保持姿态，慢慢瞄准，最后，便是寂静与绚烂并存的黑暗。

回到村部，他把小唐从床上扯了起来，等不了他刷牙洗脸，就要他往枫城开。老陆知道，今天他无法开车了，不是他只有一只眼睛的视力，而是他内心翻滚得太厉害了。

他的思绪不知要从哪里开始，他的脑子全乱了，但他手里拽着一根主线，在小唐的跑车上疯了般奔跑。陆雷打来电话，现如今，他是枫城东区法院的书记员，他在电话里向老陆报告，他要去外地出差几天。

接过电话后，老陆对正在开车的小唐说：“陆雷，其实不是我亲生的。”

这句话吓得小唐把车子开得一趔趄，接着，扯吼一般，沿着长着青苗的梯田，往下一路狂奔。

小唐看见老陆那只有目光的眼睛微眯着，两颊呈胭红色，嘴巴在用力抿紧，但小唐觉得他肯定会讲点什么，人憋得太久，突破口会在某个瞬间冲出来。

“你听说过蓝桥市场那个案子不？二十二年前的。”老陆开始讲了，而且根本不用小唐来回答，老陆的声音随着行驶的车厢，从好远的地方传来。

那是个深秋的星期一，当时他还处在颓废期。这天早上，还没到上班时间，整栋办公楼突然呼啸起来，平常不怎么出警的他，也跟着去了现场。在进蓝桥市场的街口，有一栋三层楼房子，挂着“雷记饭店旅馆”的招牌。局长漆红海一脸凝重，领着大家奔了进去，却被湿腻腻的血腥味呛到，在203房与202房，四名死者都保持着生命最后的状态。有旅客躺在床上，在睡梦里死去的。饭店老板是死在一把椅子上的，手反绑着，嘴里塞了一块带血的毛巾。老板娘是坐在床头，半坐半卧着。被子里躺着他们八岁的女儿，早已僵硬。血流成河的原因，是死者的脸，全部血肉模糊，全部被钝器狠砸过。

现场除了一位店里工作人员站在楼梯口，其余的人全是刑侦队的，他们戴着口罩、手套，工具箱打开着，收集着指纹、脚印、烟头、血液的有关物证。他们在做这些的过程中，203房间的地板上，一个一岁半左右的娃，一直在哇哇大哭，他谁都不要，谁都不能靠近。他能幸免，是个奇迹，他经历了什么，谁都不清楚，在那个充满血腥气的房间里，他只晓得哭，谁都不要。女干警女服务员，他都不要，他只是张着嘴号啕，周围是被稠黏的血液浸润着的被子。

都在抓紧时间寻找有利破案的线索，对于正在号啕的孩子，他们没有时间理会。学法医物证专业的娄队当时正在这间屋子里，他后来回忆：在现场，在破案的过程中，根本没有时间来同情。

神奇在那刻发生了。任何人不要的小家伙，在陆树洲走进去时，他睁开眼睛，望了望他，哭声明显小了许多。而当陆树洲伸手要抱他时，他居然伸出双手来，而完全把陆树洲征服的，是他抱起小家伙时，哭得停不了抽搐的小东西用肉乎乎的手，环抱着陆树洲的脖子，头歪在他胸上，竟闭上了眼睛。陆树洲就在这刻被融化了。

这个孩子就是陆雷。

陆树洲无意识的伸手，竟成就了他们一辈子的情分。当时，陆树洲只是想抱起这个孩子，他是雷记饭店旅馆雷木林的儿子，在那个凌晨，妻子胡红莉，八岁的女儿雷蕾，还有一位旅客，一起被害了。世间有的事，是解释不了的，那天陆树洲从血泊中抱起这小子，他就再也不要别人了，陆树洲想放手，他就大哭，以至于只能带他回家。米小米在那个时候还是他的妻子，他们的孩子在那次他从上海受伤回来时，小米惊吓过度流产了。所以，当陆树洲把陆雷带回家时，米小米是没有母爱的，她以为是队里临时交给陆树洲的任务。

只是，孩子是天使，你带上几日，他的气息会浸透过来，丝丝缕缕密布在荒凉已久的心窝里，这时，你想放下也就放不下了。陆雷与陆树洲之间，是存在生命密码的。那个早晨，他们之间打开了一条通道。遇到陆雷之前，陆树洲一直在沉沦，甚至消沉，而在他抱起他时，他的心，被柔软击中，紧接着，他像融化了，心里软软糯糯的。也就在那个时候，陆树洲决定要收养陆雷，而这一决定，让米小米离开他有了理由。

只是这个震惊全国的灭门案久侦未破，每次似乎找到一点线索，转来转去，一个急转弯，便又是个断头路。线索的总和，到最后，又是个漂亮的总数：零。

现如今，陆雷二十四岁了，这也意味着，这个案子已经过去二十二年。但老陆在潜意识里，这个案子总有一天会水落石出的，老局长漆红海在临终时还记挂，他说，这个案子没破，是他这辈子的遗憾。当时，老陆的手被局长握着。“我会帮你的。”他喃喃而语。

冥冥之中，也许，真有一种暗示。

早两年，突然刮来一股“抓逃犯，破积案”的风，这个案子翻了出来，进行了大规模的排查，当年案发现场的物证，指纹、脚印、烟头、毛巾的照片，还有当年办案的笔记，大家不停地传阅。之所以大家又有了小激动，是因为当年收集的那十几个烟头。案发的时候，因技术的局限，这些烟头只是烟头，他们在上面找不到任何数据，可是现在，烟头上残存的唾液，会显示出一串串生命的密码，甚至你血液的源头，都可以找到。

简单地说，这种密码源头，存在于男性父系之间，是一种单向传承。如果在作案现场，留存了可以检测出 DNA 成分的材料，而且，又恰巧是男性犯罪嫌疑人，那么，就可以通过技术找到嫌疑人的姓氏，上一次，他们通过比对，找到了尹姓。这也就是说，每个姓氏里，都有 Y 染色体的特异性标志，这些“条形码”，流动在血液里。

尹姓在全国，说大不大，说小也不小，要逐个排查，当然是大海捞针。这些线索，来自那几枚丢下的烟头，一个叫“香零山”牌子的香烟，那个年代，枫城及周边的城乡好多人都抽“香零山”。于是，他们就决定从枫城的几个县开始排查，派人收集血样，这些标志点神奇得很，一点不同，意味着相隔七代，或者十四代。到最后，费尽全力，会寻到一个具体而又空洞的概念：他们几百年前，是同一个祖先。

真的是撞到大运了。那一次，他们的目标锁定在青山县木溪镇莲塘坳村尹姓家族。在排查中，除了户口本上的家系成员，他们还注意了外迁的，改嫁的，挨家挨户仔细核对，而 DNA 检测数据，在那一刻浮出了水面。当时，所有人激动起来，甚至还有那么一点点总算解脱了的感觉，这激动在他们体内横冲直撞，但意想不到的事，又出现了。他们锁定的人物，一位与案发现场留下的 DNA 数据很吻合的尹姓男子，在两年前就车祸身亡了，而骨灰是没有办法提取 DNA 的。

大家集体哑然，这案子又一次站在了悬崖上。

两年过去。

冥冥之中，好像有人在指路。老陆怎么都没有想到，娄队让自己来扶贫，樟树坡村与莲塘坳村只隔着两座山。不经意的聊天，居然让他得知罗大全原来姓尹，虽然还没采集血样，可是他的直觉已经在告诉他，这个案子可能会是在樟树坡村——他扶贫的村落——水落石出。

于是，所有的结果，真的就朝着老陆想的方向，一点一点靠近。当娄队带着干警把罗大全家包围时，樟树坡村的夕阳正洒在乡村书屋的前坪里，罗大全如同往常，坐在电脑桌前喝茶。干警进去时，他抬起头，望了望："我等你们等到现在。"他嗓音嘶哑声音单细地说了这句话。

那天上午，在队里的DNA实验室，老陆守着工作人员将采集来的血卡打孔取样，然后，将从二十二年前的现场烟蒂中提取的DNA放在一块比对，也就一瞬间，所有的人惊呆了，居然一模一样。老陆坐在凳子上没动一下，他是动弹不了，他坐在那儿，耳朵里全是"咚、咚"的心跳声，周围的人说什么，他都听不见了，他只知道终于可以跟陆雷说身世了，终于可以告慰他的家人了。

罗大全归案后，牵出了同伙，他的堂叔。他的这位堂叔一直混迹江湖，居无定所，但罗大全有他的QQ，他们偶尔会说上几句。据罗大全交代，那年，堂叔突然回到莲塘坳，他去看堂叔，并开口跟他借钱，因为两岁半的女儿被医院诊断为"先天性眼睑下垂"，肌肉会逐渐萎缩，会导致眼部畸形，并且影响视力与视野，而手术是唯一治疗办法。手术费在当时来说，是个惊人的数字，需要七八千人民币。堂叔跟他说，他没有钱，但他可以给他想办法。罗大全怎么都没有想到是这个办法。他鬼使神差，跟着他去了蓝桥市场，在雷记饭店旅馆，他恶魔附体，其中的细节，他从来不敢回忆，他只知道太血腥太残忍。从蓝桥市场回来，像做了一个噩梦，他试图忘记所有的一切，可是记忆不放过他，曾经一度，他只要闭上眼，血淋淋的画面就直冲过来，他无处可逃。

有时候，解开一个结，会附带上另外的结，一切的一切，魔术般迎刃而解。他们是在江苏盐城追捕到罗大全堂叔的。老陆也去了，他堂叔已老得走不动了，他与家人住在一栋民居里。推开他家门时，他坐在轮椅里打了一个哈哈："跟大全说过多次，你想什么，就会来什么！"罗大全经常做噩梦，梦见警察来抓他，堂叔就是这样告诫他的。

可是，老陆听到这声哈哈，像被人打了一枪，差点趴了下去。这笑声，在他的梦里，狰狞了多年。

罗大全的堂叔是个黑老大，那年为了躲避风声，回到老家，于是就有了这个灭门案，他之所以下手这么重，是因为他手上背了几条命案，他已不在乎再多几条。

在结案之际，令所有人没有想到的是，罗大全痛哭流涕，他望着老陆怒吼："你们扶贫队，为什么不早点来？"

当时，村支部书记罗金贵、村主任全满福，老陆、老萧及小唐都在，这毕竟是樟树坡村的一件大事。村里人知道这件事后，没人敢相信，因为罗大全在家里鸡都不敢杀，他怎么会去杀人？老陆被这声怒吼震住了！心下想，如果在罗大全家需要女儿手术费时他们在，也许陆雷现在是和他的亲生父母及姐姐一起生活的，而自己也会是另一种生活。

贫穷难道真的是一种恶吗？老陆全身一激灵。

5

李六顺的拐杖

作者 谢枚琼

一睁开眼，窗外已大亮，黄甫兴心下一激灵，骨碌碌地翻身下床。昨晚睡得太死了，他不禁懊恼地一拍脑门。作为驻村第一书记，到茶花村的第一天，他得给老乡们留下个好印象，却不料还是睡得有些过了。要说也是怪，平时在家里头，只要六点一到，他一准就醒了，比公鸡司晨还准。在平时换了个新地方，他常常要在床上辗转到大半夜才能入睡，也是怪了，昨晚住到村民高瑞祥家，他一靠上枕头竟然就呼呼大睡。他住的房子显然是特意粉刷过了的，墙壁洁白，床上铺盖也是新的，明显也是为了他新置的。黄甫兴坚持换上了自己带过来的床单，还有一床毛巾被。仲夏之夜的茶花村，一开始还开了电风扇，低挡，到了后半夜黄甫兴感觉身上盖了毛巾被都有些凉了，迷迷糊糊地欠起身子摸索着把风扇关了。好家伙，这一睡就到了大天光。其实时间也还不晚，才七点过一刻。黄甫兴赶紧到堂屋里洗漱。

老高的堂客玉芳从灶屋里出来打招呼道："书记起得这么早哩，怎么不久睡下子呢？肯定睡不习惯，莫见怪，俺们家就这样子，对不住书记这样的贵客。"玉芳自顾自地说开了。

黄甫兴讪讪地应答着："蛮好，蛮好的，起晏了，起晏了。"

玉芳问道："书记早上吃什么？听说你们城里人早上不吃米饭，我给你煮面条吃行不？真的对不住书记这样的贵客了，早上俺农村人也不会做什么花样，昨天特意买了面条回来。俺再给你打两个荷包蛋吧，书记你放心，鸡蛋是自家屋里的鸡生的，冇喂一点点饲料。哟，反正也冇得那买饲料的空钱子呢。"

这玉芳嫂子看来是个话篓子，黄甫兴赶紧说："你千万别把我当什么贵客了，我这一来就得三年，你们吃么子我就吃么子，我都吃得惯。"

说话间高瑞祥回来了，他打了个赤膊，两只裤脚扎老高，冲黄甫兴点点头微微一笑，算是打过招呼了。黄甫兴道："大清早就去忙了啊。"高瑞祥嗯了一声，说："去田里了，要抽穗了。"没头没脑的两句话，让黄甫兴听着费劲。看来这老高是个闷葫芦。黄甫兴也不刨根究底了，反正得待三年，不在急头上，慢慢来吧。

远远地看到有人一瘸一拐地走过来。他的腰背弯成了一张弓，行动看上去煞是费力，以至于他每挪动一步在黄甫兴看来都显得有些夸张，整个躯体似乎全靠双手拄着的拐杖强撑着。黄甫兴想，那根棍子可别折断了。瞧上去那拐杖并不见得粗大结实。来者隔着老远就大喊大叫起来："啊，听得讲新书记来了，来得好，俺正是要找新书记，还是大城市里来的，来得好，早就该来了呢，早就该把原先的那些书记统统都换了才好。"

黄甫兴听得心里七上八下不着底，侧脸望望老高，老高眉头一皱，也不搭话，待那人慢慢走得更近了，老高一大步跨到他身边，猛然伸手朝他背上啪的一掌拍去，嘴里冷笑着："六拐子，你就使劲装吧，上头越来人你就越会装孙子。"那个叫六拐子的哎哟一声尖叫，身子往上一蹿，背上的那张弓一下就拉直了，他一跺脚骂道："你娘偷人个高老二，老子又不是装给你龟孙子看的，关你个屁事啊。"高瑞祥这时倒不计较他骂娘，咧嘴笑出一声来，举手作势又要往他背上擂去。六拐子吓得赶紧往黄甫兴身边一躲。

黄甫兴见状，忙拦住老高，六拐子一把扯住黄甫兴的胳膊，哭丧着一张苦瓜脸，说："书记啊，你看看，这高老二他娘的尽欺负俺这弱势群体，中央都在天天讲要关心俺们这些遭孽人，他怎么就冇得一点良心呢？都是人啊，怎么人与人有这么大的区别呢？"这几句话黄甫兴倒像听出了喜剧台词的意味，尤其是六拐子还晃动着那条瘸腿，让他更觉得像小品《卖拐》里的场景。黄甫兴便知道这两人有些闹着玩的味道，不会当真扯皮。他顺手扯过来一把竹椅，往六拐子身边一移，说："你先坐下，慢慢讲。"

六拐子一下子就神气了，他嚷着："高老二你就是比不上人家黄书记关心平民百姓，你还真敢当着书记的面把俺李六顺怎么的？告诉你从现在起黄书记就是俺的大靠山，哼。"他把身子往椅背上一靠，拐杖朝地上敲了敲，一副翻身当主人的范。玉芳扑哧一下笑出声来，说："你这死六拐子，讲你胖，你就真喘气不赢了。"

黄甫兴这下弄明白了，六拐子的名字叫李六顺。

李六顺冲着他诉开了："书记呀，你来茶花村当老大，俺第一个举双手四脚欢迎你，不信……"

黄甫兴忙止住他："那个六什么，李六顺同志，可不兴叫我什么老大老大的。我是来为村民服务的，你可别乱叫。都是同志，党内都兴叫同志。"

李六顺朝自己嘴巴上扇了一下："瞧俺这张臭嘴，该打。书记批评得十分对，俺其实早就从报纸上电视上知道了，现在可不许乱叫了。以前人家可喜欢被人叫老大了。"

他接着说："俺得给你汇报汇报，俺大名叫李六顺，为啥叫李六顺呢，俺娘生我那天正是六月六日，六六大顺嘛，本想图个吉利，可俺这大半辈子过完了，一顺都冇得，别讲什么六顺了。这不是向你书记诉苦，人要脸树要皮，俺要是有个两顺三顺的也不得来装穷了。冇得办法咧，腰杆子挺不直，讲不起话哩。"

见旁边的高瑞祥正待插话，李六顺赶紧话锋一转："当然啰，以前怪自己不争气，游手好闲，呷不得苦。可这几年我改了啊，高老二你别翻白眼，你摸着良心讲讲，俺六拐子这几年怎么样，还不是老老实实待在屋里？"

高瑞祥点点头："这倒是实话，可那是因为你脚瘸了啊，要是脚不瘸，哪里还看得到你的鬼影子。"

李六顺把椅子朝黄甫兴身边挨了挨。"俺正是瘸了，所以想好好干都不行了，这身体吃不消了，肩不能挑，手不能提。吃个低保，这帮子死有良心的还嘴歪鼻子翘的，俺这不是没办法了吗？想俺李六顺曾经也是十里八乡的风云人物，现在沦落到吃低保的地步了，哪个心里舒服啊？"

听他这一诉说，高瑞祥嘴唇蠕动着没再抢话了。

李六顺走的时候，拄着拐杖，一瘸一拐的，只不过他的腰没像来时那样弯成弓了。

玉芳嘴快，向黄甫兴说起了李六顺的情况：这人呢本是个聪明人，有一手泥水匠的活。手巧，可是手也痒。这像他爷老子"李咬筋"，真是十崽十性，李六顺上面两老兄却规规矩矩的，偏偏他像了爷老子。荷包里不能存一个铜板，喜欢赌钱，做泥水匠赚的工钱都丢到赌桌上了，自己辛苦不说，倒欠了一屁股的赌债，生了两个妹子，都上学了，一个小学，一个初中。他啥事都不管，好像妹子不是他生的，屋里大大细细的事，吃喝拉撒也好，油米酱醋茶也好，他一概不理，他倒像是光棍一样，只管自己赌，赌，赌，家里哪还像个家呢？有人讲，李六顺一次喝醉了讲酒话，讲什么反正他两个女儿迟早都是别个屋里的人，自己早晚都是"绝户"，没什么念想，等两妹子长大了嫁了，嫁出去的女泼出去的水，万事大吉。酒后吐真言，看来他还是重男轻女思想作怪，认为自己没有儿子就断根了。苦就苦了他屋里堂客菊兰，那堂客真的是遭孽，嫁给这号背时鬼，前世的冤气。早几年，应该就是大前年，菊兰一赌气跑得不知去向了，留下那双女儿也不管了。李六顺咒了三天通天娘，骂菊兰冇得良心。要俺讲，菊兰还算老实的，要是换了别个，只怕早就冇看见人了。菊兰这一跑呢，说来也是好事。

黄甫兴奇怪了，人都跑了，怎么还是好事呢？

玉芳说："这一来李六顺就晓得冇得堂客的难了，女儿毕竟是自己的骨肉，现在娘冇得了，他不管谁管？讲起来，这六拐子也没坏到良心全让狗吃掉了，他从这个时候起才开始当家理事，晓得自己过去有多混蛋。竟然慢慢从赌桌边上回来了，还四处托人打探菊兰的下落，一心想寻她回来过日子。听说他还去了隔边村子桃树坳他岳老子家，跪在岳老子面前作了保证，讲只要岳父家里帮他把菊兰寻回来，他做牛做马都愿意。当然这是听说的，但李六顺自己死不承认有下跪这回事，男人嘛，都是死要面子的。呵呵。"

老高不由得白了玉芳一眼，道："就你嘴巴子会讲，七扯八扯，少讲几句嘴巴会闭臭啊？"

玉芳呸了一声："你当我喜欢讲啊，我口水都讲干了，嗓子冒烟了，正好喝口水去。"她真的转身就进堂屋里去了。

高瑞祥摇摇头，这鬼堂客们真是冇收拾得。

他接过堂客的话头说，她讲的也是实话哩，以前也没人喊他"六拐子"，去年中秋节，他大醉了一场，醉得人事不省，还是送到县人民医院才抢救过来，可是落下了后遗症，医生讲是中风了，从此后跛了一只脚，拄上了拐棍。这样一来就拐了场，再也不能出去做工了，肩不能挑，手不能提，整个人算是废了。讲起来也是遭孽，更是苦了他家两个小妹子，依他的想法不让她们读书了，还是乡里村里看不过眼，七想八想的，给予了资助，左邻右舍也帮衬了些，才让两个妹子还留在学校里。有时候好事也真是做不得，这李六顺反而把村里头乡里头当成冤大头了，三天两头找村里书记主任要米要油，隔三岔五还去一趟乡政府要钱要补助，气得村里的老文主任大骂他是“拐子”，拐子在俺们这一块是指为人不正派的意思。“六拐子”就这样叫开了。只要上面来了领导，他的脑壳就弯到裤裆里了，像比叫花子还苦三代。

黄甫兴听得直皱眉头。他心里盘算着，先得摸清村子里所有贫困户的情况。这“六拐子”看来不仅是个贫困对象，还可能就是个刺头，贫困“钉子户”。

黄甫兴和村委会干事姜晓在去李六顺家的路上时，天已擦黑。

姜晓说，黄书记你看太阳眼看落山了，是不是干脆明天再去李六顺家算哒。黄甫兴侧脸瞧了她一眼，见她面露难色。黄甫兴便说：“你是不是家里有事呢？要不你先回去，我一个人去也没事。”

他当然不知道姜晓不愿意这个时候去李六顺家的原因。姜晓心里盘算着，李六顺就是一个死“咬筋”，每回去他家，非得和你磨得嘴角起血泡耳朵起茧子，你又不能发脾气，归根到底其实就是三个字，要照顾。姜晓今年春节前就独自上门去了他家一次，那次还是为了他家低保的事，要他填表，结果还是李六顺口述由姜晓代他填写完，代填一下倒是无所谓，可恨的是他提出了一大堆政策无法满足的要求，什么两级政府对弱势群体的关心不够，什么他家的破房子要由村上来重建，什么他的大妹子不读书了要请乡政府安排做事去，等等，听得姜晓脑壳都大了，只好落荒而逃。她气怄了，给贫困户办低保本是好事一桩，换了其他人还会由衷地说上句感谢的话，到了李六顺这里倒像是全世界都亏欠了他的一样。她当时恨得在心里“六拐子”“六拐子”骂了好几遍。

见黄甫兴打定主意了，姜晓也不好明说。

黄甫兴掰着指头说：“今天已经走访了五户贫困户，加上李六顺这一家，正好六户，全村是十三户对象，明天再走一天应该差不多了。”

他转而像在对姜晓说，又像在自言自语：“情况容易摸，关键是下一步怎么走才难。脱贫脱贫，讲起来轻松，担子重千斤。”

李六顺正蹲在地坪中，他平时须臾不离的拐杖横躺在他的脚边，黄甫兴看到他在摆弄着一块石头，不禁好奇地咦了一声，问道：“老李你这是干吗呢？”李六顺正看得起劲，一点也没注意到家里来人了，一抬头，赶紧顺手捡起拐杖站起身来，他的腰竟然条件反射般又弓上了，姜晓用厌烦的目光扫了他一眼，李六顺忙将胸脯挺了挺，露出一口黄牙笑道：“原来是新书记来了啊，贵客，贵客。”姜晓不咸不淡地说：“这是上头新派来的第一书记，专门来看望你的。”李六顺连连点头：“认得了，认得了哩。”

黄甫兴的目光围着地上的那块黄褐色的石头绕了两圈，粗略一看，似乎不见得有啥特别之处，他问道：“你这是在看啥呢？一块石头有么子稀奇古怪的？”

李六顺赔上一副笑脸答道：“没什么稀奇的，俺家后山上的，我搬回来准备放在菜园子门口的。”

“不过，”他说道，“这石头我越看越有点味道呢。”

姜晓抢白他：“你是泥水匠出身当然看得有味。”

李六顺也不理会她话里的讥讽，朝黄甫兴说：“这石头叫作千层石，你看，石头上面有一层一层的纹路，好像雕刻出来的，其实是天然的。”

黄甫兴蹲下身子来，仔细一看，果然是的，而且他看到那些纹路的线条甚是流畅，毫无生硬雕琢的痕迹，讲千层自然有些夸张，但看上去确实是一层一层叠积着，层次亦是分明。

李六顺说：“这石头上面还沾满了黄土，要是清洗净了，这石头更好看，而且还是一层凸一层凹，凹一层凸一层，立体感很强的。”

黄甫兴以往也逛过几次奇石馆，当然晓得石头只要有奇特之处，它就不仅有观赏把玩的价值，而且还有一定的经济价值。一想到这里，他不禁心里一动。

“那赶紧洗了黄土再瞧瞧，这千层石我可是第一次才见到。”他一弯腰把石头抱起来，掂了掂，怕上了二十来斤了，口里说着水在哪里，水在哪里？

李六顺忙扯住他的胳膊，连连说，怎么要书记亲自动手呢？慌里慌张就朝屋子里大声嚷开了：“兰妹子，兰妹子，你快点打桶水出来，听到冇啊？”一面拦住黄甫兴说：“你放下，就在这里洗。”

兰妹子在里头清脆地应了一声“哎”，不一会儿就吃力地提了一木桶水出来。兰妹子是李六顺的大女儿，读初中二年级了，她瘦弱的身体被那一大桶水晃得东歪西倒的。姜晓忙上前去接过手来。

李六顺便和黄甫兴蹲下来，先拿一根枯枝条把沾在石头上的黄土一点点地抠下，再用清水把石头表面又洗又抹地忙乎了一阵，这才还了石头的“庐山真面目”。再细看时，那石头真是变了模样，粗粝的外表显出棱角，一层叠一层的结构看起来浑然天成。黄甫兴真是觉得越看越耐看，不觉流露出着迷的神情来了。他从不同的角度打量着面前的这块石头，觉得它简直就是一座袖珍版的山峰。李六顺不失时机地插话了：“这千层石在茶花村可只有俺家后山才独有的，俺保证其他地方冇得一片。”

姜晓依然以不屑的口吻道：“就你家有又怎么了？当得饭吃，还是当得钱用？”

她看看西边天的晚霞已越发地暗了，便提醒了黄甫兴一句：“书记，天不早了呢。”

黄甫兴哦了一声，把目光从石头上收了回来，说：“老李呀，我们这次是特意来了解一下你家庭情况的，顺便看看你家的实际情况。”这时他开始打量李六顺住的房子，两间土坯房，墙体上土泥剥落，屋顶上肯定也是多时没捡拾过了，瓦槽里、屋脊上长出了杂草，在微微的风中摇曳着。高瑞祥就嘲笑过，六拐子家屋顶的草比他家菜园子里的菜长得好多了。长势茂盛的草现在却在明白无误地昭示着这个家的破败。屋顶上冒出几缕青烟，看来是那个提水的女孩在里面埋锅做晚饭了。

一个瘦骨伶仃的小女孩这时背着个书包低着小脑袋，一脸愁苦地走来了。

李六顺冲她吼道：“你死到哪里去了，还晓得回家来？”一边说着，一边扬起手中的拐杖，小女孩吓得一声尖叫。姜晓一把扯过孩子，也朝李六顺嚷着：“你个死六拐子，只晓得拿细妹子当出气筒啊？”孩子的眼里闪着盈盈泪花，嗫嚅着说，被老师留下做作业。李六顺一听火更大了：“又留校，还读么子，明日就去给老子把学费讨回来算哒。”

李六顺一看到黄甫兴的脸色也难看了，又赶紧自找台阶下，放下扬起的拐杖，叹道：“真是冇得办法咧，人穷气短，这人一背时呢什么事都凑一块来，细伢子也不听话。让书记你看笑话了。”

黄甫兴基本弄明白了，刚才提水出来的是李六顺的大女儿，这个是小的了。眼前这个羸弱的小女孩应该是和自己女儿一般大的年龄，有人说一个人是不能选择自己的出身的，人的命运真是不可捉摸，生在不同的环境里，就可能决定了会有一个完全不同的命运。他爱怜地伸手摸了摸小女孩的头，板起面孔对李六顺说：“老李我得正告你，不要动不动就拿细伢子出气，你穷，穷，再穷，她们有什么错？你这样子下去只会更穷，更难过。”他从包里掏出钱夹子，点出来五张老人头，塞在孩子手里，说：“叔叔没给你买东西来，你自己和姐姐去买点什么吧。”姜晓在一旁嘟囔道：“书记你今天都给了四回钱了，自己哪贴得起呢？”

黄甫兴没理会，只是朝李六顺说：“老李啊，你说人穷气短，我看那人穷要志不穷才好哩。今天不早了，改天我们再好好聊聊吧。”

目送黄甫兴和姜晓渐渐远去的背影，李六顺愣怔了老半天。回过神来一想：噫，不是说来了解情况的吗？怎么没问我半句话就走人了？

黄甫兴召开了第一次村支两委和村里全体党员会议，全村一千二百四十八名村民中本来有二十七名党员，可来村部开会的却只有十二名，一问，回答说年轻的都外出打工了，还有两个在家里，一直身体不好。黄甫兴一看来的十二名党员中几乎都是满头花白的老人家，他不禁在心里暗自摇了摇头。会议还得照样开下去。

主任老文向大家介绍了一番黄甫兴，大大地褒扬了一通，讲黄甫兴三十才出头年轻有为，讲他克服家庭的困难来茶花村是为了让大家脱贫，把黄甫兴听得屁股下面长刺了，他赶紧打断了老文的讲话，说："今天召集党员开会，目的就一个，俗话说'三个臭皮匠顶个诸葛亮'，我们一起来商量怎么帮助困难户脱贫，文主任把我吹上天了，其实我天大的本事也做不到帮茶花村的所有贫困户发家致富，人多力量大，我想脱贫这事嘛非得靠大家一齐来不可，特别是要靠党员们带头支持，大家齐心协力才可能实现目标。所以嘛，不是像文主任讲的那样，说你们要拜托和感谢我，反过来而是我要拜托和感谢你们才行，我是带任务来的啊，上级交给我的任务完不完得成，我还真得靠大家，靠茶花村的父老乡亲。你们说是不是这么回事啊？"

他特地抿了口茶，停顿了一下，借以看看大家的反应。

会场一片沉寂，大家似乎对这样的会议感觉麻木了，他们的表情平静，有几个则闷着头在吧嗒吧嗒地抽水烟筒。他的话像丢进深水潭里的小石子，没能激起一朵水花来，就悄无声息地沉底了。

老文脸面上挂不住了，毕竟黄甫兴是初来乍到，而他土生土长在这里，这样子冷场让他觉得自己好没面子，不由得心里有了些恼怒，便敲了敲桌面，提高了声调道："怎么都哑巴了，平时路上碰到我就扯住不许走，啰里八嗦一个个恨不得把心都掏出来，现在怎么屁都冇得半个了呢？"

"这事呢，都讲了不记得有好多次了呢，"终于人称"汉三老倌"的开口了，"讲了那么多次，开了那么多会，上头也不是冇来过人，可是，都是打空炮，光打雷不下雨有个卵用，还要俺们讲什么呢？”

他开了头，外号“黄叫鸡”的马上接了腔：“就是嘛，一来人就到两三户人家走一趟，送一袋米、一桶油、一个红包，握个手，照个相，摄个影，有时候连人家屋子都不进，屁股也不落座，就一声‘噢嗬’走了。你想想，那一袋米、一桶油吃完了呢？那一个红包用完了呢？还不照样穷吗？俺们不是说那样送钱送粮的不行，问题是不能长久啊。有的户倒好，天天盼着有人来慰问。我‘黄叫鸡’也不怕得罪人，你们看看‘六拐子’不就是那样吗？自己好吃懒做，只想着天上掉烧饼下来，甚至恨不得直接掉到他嘴巴里才更好哩。俺看他就是装的，么子屁跛脚瞎手啊，这样子你书记就是今日送一千明日送一万也满足不了，还动不动就上乡里去闹事，把俺茶花村的脸都丢尽了。哼！”

老文一听有些急了，叱道：“‘黄叫鸡’你别乱叫，书记今天来不是听你发牢骚的，是听意见的，你这样叫一阵有么子用？”

黄甫兴微微一欠身，微笑着说：“我觉得他讲得好，话不好听，但讲到点子上了。我们今天就是要商量怎么样才能从根本上解决问题，这才是问题的关键。”

他对大伙说：“我这两天把茶花村十三户贫困户全跑了一遍，一一摸了摸情况，大致来说他们的贫困是因为病痛造成的，当然还有的是能力差，还有的是思想根源出了岔子，老把希望寄托在别个身上。不管怎么样，他们毕竟现在还是生活得很苦，作为左邻右舍，我相信大家都不愿意看到他们这个样子，作为村支两委，那就更不能睁只眼闭只眼，我这次来村上任第一书记，什么叫第一，精准扶贫就是第一任务。想一想如果把贫困户的问题解决了，其实我们茶花村的很多问题也就一并解决了，贫困户们发家致富了，茶花村也就一并发展了，我琢磨着就是这个道理呢，今天请大家来是开诸葛亮会，我想我们根据各人家的情况发动大家起来给他们想想法子，拉一把，说不定人家就上来了。是不是这个道理啊？”

“黄叫鸡”爽快地说：“你新书记来就一家一户地摸情况，俺看你还像个想做事的，也是个能做事的，你大城市来的见识广，书也读得多，想法也多，你来也是为茶花村好，为茶花村的老百姓好，就别婆婆妈妈的了，你书记有么子想法就摊开来讲算哒，俺们这些七老八十的老倌子也做不了么子诸葛亮，你一句话的事，要俺们干啥都行！”

大家便都附和着，是呀是呀，有什么安排书记就讲好了。

黄甫兴清了清喉咙：“那我就把自己的想法抛出来，叫作抛砖引玉，大家看行不行？我想茶花村的精准扶贫就是围绕‘加减法’做文章，加，就要把力量加到一块儿来，把所有有效的举措加到一块儿来，老黄讲得好，不是给哪一家送点米送点油就能一劳永逸的事，而是要给他们长久地持久地加油发力，减呢？就是把贫困户的困难一点点地化减掉，把贫字一点点地拆减开，最后把贫困问题一一消灭。我们来看‘贫困’这个词，‘贫’字拆开就是‘分贝’，我的理解是把值钱的都分光了，不就成‘贫’了吗，当然现在绝大多数的贫困户不是这样造成的，但联想到刚刚老黄说的，把别人送来的一袋米、一桶油、一个红包吃光了花光了不依然脱不了贫吗？困呢，依我来看，就好像一棵树被死死地封闭起来了，那这棵树还怎么能生长，不见阳光，没有雨水，它就永远没有出头之日，最终只会干枯至死，成为一段没用的烂木头。人不也是这样吗？先头哪位谁说的李六顺的事？”

这时有人插嘴，指着“汉三老倌”说，他姓宋。

黄甫兴点点头：“这位老宋同志讲的李六顺的情况，我看他就是像快成为烂木头的人了。”他接着立即话锋一转：“但是我和他接触了两回，我感觉他其实是个挺能干的人，只是现在牢牢罩住他的框子没有打破，他就被困在中间动弹不得。”

见大家脸上露出疑惑的表情，黄甫兴道：“也许你们认为我对李六顺了解不多、不深，我也不想多讲，但我还是有信心帮他脱贫的，咱们走一步看一步，步步为营，步步走稳。”他趁热打铁道：“现在我们一户一户来帮他们分析分析，看哪一户该怎么样脱贫为好，打个简单的比方就是谁家适合养鸡，谁家适合种菜，谁家又适合喂牛养猪的，应该都能找到一条出路。”

“汉三老倌”一拍大腿，朝黄甫兴翘起了大拇指：“黄书记这么一说，俺觉得才是靠谱。”

“黄叫鸡”说：“你这不是开什么诸葛亮会，你这明明是看病来了嘛。”

黄甫兴笑道：“也可以这样子讲，不过你们都是坐堂的门诊医生，来给精准扶贫把脉开方子。”

大家一听都笑了。

黄甫兴对李六顺家后山的石头感起兴趣来了。

这天，他忙完了手头的事情，独自转悠着又来到了李六顺家。铁将军把门，不知道李六顺又到哪里晃荡去了。

黄甫兴便径直往后山去，绕过一畦菜园，爬上一道坡，就看到一个人正猫着腰在后山上，他定睛一瞧，正是李六顺。黄甫兴便喊了一声：“老李。”李六顺直起身来，忙颠着腿往他这边过来。黄甫兴紧趋几步过去，边走边问：“你这是在这弄啥子呢，石头缝里蹦出来个金元宝吗？”

李六顺揩了一把脸上的汗珠，咧嘴嘿嘿地傻笑几声：“看你讲，俺要是守着的是一座金山，哪还让书记你替俺操那么多心呢。你快莫跟我开国际玩笑了。”

“那你顶着红火大日头的在这里受罪啊？”黄甫兴盯着他问。

李六顺挠了挠头皮，吞吞吐吐地讲：“俺那天看你对这山上的石头感兴趣，不也想来多看看吗，不过真是琢磨不出个名堂来。哎哎，黄书记你给我讲讲看，你觉得这石头有什么看头吗？”

黄甫兴一听，觉得自己对李六顺这人的判断还真是没走眼，这人会琢磨事哩。

他说：“这里的千层石，我自己觉得看起来蛮好看的，所以还想来细细看看。”

李六顺道：“那我带你去看看吧，这满山都是的咧。”

黄甫兴边走边看，后山几乎是光秃秃的一座小山峦，看上去是一座黄土质的山，可一刨开那一层薄薄的土，里面裸露出的即是石头。黄甫兴用脚尖扒拉了几下，果然如李六顺所言。这么浅的土地上怎么也种不出庄稼来，更甭说栽树了。一眼望去，山峁上只是稀稀拉拉地生长着一丛一丛的野草。李六顺道：“只要天一旱，几个大太阳暴晒几天，那草也难得活下去，这后山属于俺家的自留山，可冇得一点用处，石头上长不出一粒谷子来。人家对门山上的自留地还能长上几棵树呢，结点果子，再冇用也能砍回来几担柴。俺这背时鬼摊上块地都尽是邦邦硬硬的石头，黄书记你说俺经得想不啰。”

黄甫兴也不接腔，任他发着牢骚，自己则蹲下来，寻着了一块造型奇特的石头。他兴奋地对李六顺说：“你看这石头像啥？”李六顺左看右看看，摇摇头说：“像个啥，像个石头啊。”

“再看看，再仔细瞧瞧。”

“噫，看上去像头牛犊子，卧在地上。”

黄甫兴伸出指头点着石头说：“正是的，老李你眼光不错嘛。”

得到书记的肯定，李六顺还真有点不习惯，他孩子般地笑了，那笑容里竟然有了一分少有的赧然。

两人兴趣盎然地在后山上转悠了好一阵子，黄甫兴的手机响了，是姜晓打来的，她语气焦急地告诉他，出事了，曾春阳拿着农药瓶子去“黄叫鸡”家寻死路去了，文主任已经赶去，让书记快点来。

曾春阳是村上的另一户贫困户，老实得半天放不出个屁来，胆子小得像他那瘦小的个子，和人说话都不敢大声，四十多了，老婆嫌家穷早些年外出打工就和人跑了，再也没回来过。他家里还有个老娘和一个儿子，平时就靠他在附近做工养家，屋漏偏逢连夜雨，没想到他一次在给人家建房子时，挑了红砖从二楼的脚手架上摔到了地上，把右小腿折断了，事后他说是自己脑壳一晕，骨碌碌就滚下去了。房主人家倒是给他赔了一笔钱，他却舍不得去正规医院治疗，相信隔壁村上老杨家祖传的正骨术，结果又没把骨头接正，几年过去了，那条腿总是不得力，末了还是去县医院重新手术，骨头是接正了，但如医生所言，此后做不得体力活了。

黄甫兴火烧屁股一般赶到“黄叫鸡”家时，看到的一幕是这样的：两个村民正死死地把曾春阳摁在地坪中，他瘦弱的身体好像蕴藏了别人想象不到的力量，双手攥紧了一只瓶子，老文试图抢下来，却被曾春阳抱紧在怀里，想掰开他的双手，竟然难以做到，一个村民被曾春阳左扭右扭弄得火起，骂道：“要死回去死，莫害别个。”“黄叫鸡”这下脸色寡白，好斗的公鸡不战而屈，蔫头蔫脑呆若木鸡，毕竟事情是他自己惹起来的，要是曾春阳真的一口气喝了半瓶农药死在他家里，那他家前世背时了。

黄甫兴紧趋上前抓紧了曾春阳的一条胳膊，还真是感觉到那么瘦小的胳膊里似乎有股强大的抵抗力。他尽量让自己的语气柔和下来，轻轻地对曾春阳说：“老曾你这是真想死啊。”

曾春阳红了眼睛号叫：“我就是要死他屋里。”

黄甫兴道：“你死到别个屋里，他顶多赔点钱把你埋了，好事丑事反正都不过议它个三天，三天过了，可再没人记得你老曾怎么个死的，就当死了条狗扔了埋了，谁记得？可是你那七十多岁的娘老子，还有在读初中眼看要毕业的细伢子，却忘不了你，你娘和你崽会天天想你念你，这都撇开不讲，你死了，哪个来照顾他们？要不把你娘老子喊过来，看她愿意你呷农药不？要是她也同意，我们也不拦阻你了。”

正说着，早有人去把曾春阳的娘喊了过来，老婆婆一把眼泪一把鼻涕地就往儿子身边蹭，嘴里哭道：“你把瓶子给俺，让俺也来呷几口。”

曾春阳颓然地垂下手来，黄甫兴趁机夺过瓶子。

事情的起因竟然就因为“黄叫鸡”的一句话。

黄甫兴和村委商量着给曾家定的脱贫路子是要他家养鸡，因为曾春阳的老娘虽然七十多了，但身体还硬扎，而且老太婆平素就爱养几只鸡，也养得不错。他家屋后有一块荒地，由村里出钱把那里简单地改造一下，搭个棚子，再给他家把鸡苗买好。黄甫兴早已在谋划了，他将根据村里贫困户家的情况，建立一个营销网络，调动社会资源，做好后续的事情。

这本来是个好事呀，曾家老老少少的都挺高兴。这天正好是村里给曾春阳家送去鸡苗的时候，两百只毛茸茸叽叽叫唤的小鸡放进了鸡棚子里，左邻右舍的都来看热闹。这在曾家可是鲜见的喜事哩，从他老婆跑了以后，几乎就没有过这样的热闹景象。黄甫兴还特地请乡里畜牧站的技术员过来辅导辅导曾春阳的养鸡技术。

坏就坏在“黄叫鸡”的那一张嘴上，他本是开玩笑地说：“春阳四啊（曾春阳排行老四，大家都叫他春阳四），养鸡呢你是把好手，可是鸡可要关好啊，别到时候飞到别个屋里生蛋去了，叫作什么鸡飞蛋打，那你不就白累了一场。”

没想到这句话拐了场，触痛了春阳四的那根一直绷紧的神经。村里早就传言他老婆在外面就是做“鸡”去了，后来被人拐跑了，说还和人生了崽。曾春阳这下受了刺激，老实人也突然发作了，非得要找“黄叫鸡”拼命。

一句玩笑话闹出来如此大的动静，甚至差点搭上一条人命，黄甫兴真是没想到，没想到在他心目中民风淳朴的乡村也并不是那么风平浪静。

“汉三老倌”说：“这叫瘦狗子劲大，穷人子气大。”黄甫兴一听，这话和李六顺说的又是相反的意思了，一个气大，另一个气短，够麻烦的，都不省事。

眼看着其他的户都有了着落，除了春阳四家养鸡外，孙长福家养了五只黑山羊，李柏林屋里喂了三只架子猪，桂兰堂客在家里开起了小卖部，陈深根屋里种起了蔬菜，学校食堂还和他订了包销合同……最不济的老光棍汉伏三也由村里出面介绍到了镇上的一个石料场做事，包吃包住还有两千五一个月。这个养鸡，那个喂猪，你养山羊，他开店子，唯独没有李六顺的份，他坐不住了。

他一大早就来到高老二家的门口，要堵住黄甫兴。

黄甫兴早出晚归，在高老二家碰上他可不容易。

有时候李六顺和村民打闲讲，一面真心地为黄甫兴感到不值得，你放着城里面舒舒服服的日子不过，跑到这穷乡僻壤的茶花村来，不是脑壳进水了吗？不仅累得人都瘦了一大圈，还要倒贴进去腰包，他屋里的堂客们不找他舍死才怪呢。这个第一书记真有那么大的吸引力啊？才多大的官啊，真不晓得他图哪一条。一面又真心地为他感动着，这样起早贪黑、没日没夜地操心，光是跑来那些资金就够他受的了，这些年来还真是少见，村主任老文都觉得自己要是不帮着黄甫兴把鼓抬起来使劲敲，他感觉到自己有愧于茶花村主任这个称号了。“黄叫鸡”更是人前人后地讲，连老文都变了个样了，还不是黄书记给带动的啊？高老二听了，臭他：“你这一辈子吃亏就吃在嘴巴子不带爱相，明明想要夸一夸文主任的好，话一出来又变了味，人家听了会稀罕你啊？”“黄叫鸡”想了半天也没弄明白：“俺又哪里讲错了？”

黄甫兴开门一看李六顺站在地坪里，就说：“老李，你这是要来查我的岗吧。”

李六顺忙道：“俺哪敢呢，再说书记最经得起查了，查谁也查不到你头上来。”

黄甫兴不再言语，歪了头只管看着他。

“是这样子的，人家屋里都安排事做了，好家伙，那真正搞得热叽火叽的，可是俺六拐子家呢，还是冷冷清清，火星子都冇看见一点，书记啊，俺可是有意见了，这是厚此薄彼嘛。”

黄甫兴笑着说："怎么，你也晓得坐不住了，你也晓得眼红了吗？"

李六顺耷拉着眼皮："你不是说了嘛，人穷志不能穷。"

黄甫兴道："难得你听进耳了，记得就好，记得就好。"

李六顺急道："光记得有屁用哩，书记你得帮俺找找路子，不然俺可真活得没脸没皮了，他们一个个都有了奔头，俺也不想再那么浪荡下去了，两个妹子在同学面前都直不起腰来，看到俺这做爷的尽翻白眼。"

黄甫兴便说："你自己急了就是好事了，但事情急也急不来，你想一脚就要把乌龟脑壳踩出来那行吗？还真别讲你急，其实我也在替你着急，这些天一直都在琢磨。根据你家里的情况，还有你个人的身体状况，我正好想到了一条路子，不知道行得通不？"

"那你赶紧讲，赶紧讲，你书记想出来的路子一定行得通的。"李六顺有些迫不及待了。

黄甫兴却吞吞吐吐地讲："这路子要是真行得通，那你家还能比他们搞的事见效快得多。"

这一句话更是吊起了李六顺的胃口，他抑制不住心头的兴奋催促着："真的啊？那俺天天给你烧高香去。"

黄甫兴脸色一沉，逗他道："哟，你这是要把我装进神台上去吧。"

李六顺忙辩白："不是这样讲的哩，俺那不是感激你，把你当大恩人吗？"

黄甫兴笑着摆摆手："开玩笑哩，说起来还得打你家后山的主意。"

李六顺的眼里霎时现出了失望："你就莫讲笑话了，后山？那几块石头？未必俺六拐子是端了金饭碗讨米啊？你讲点有用的吧，书记。"他的眼里充满了祈求和期待。

黄甫兴道："我就晓得你不相信，这样子吧，你听我的呢，就回去拿上锄头、撬棍、凿子什么的上后山去，给我刨出几块千层石来，不管大的小的，长的短的，方的圆的，都行，把上面的黄土统统清掉，过几天我回市里面一趟，估计就会有消息。行不行得通当然也不是我讲了算数的，还得等人家开口。听清了吧？”

李六顺半信半疑：“那，那好吧，俺这就回去准备。”

黄甫兴道：“你这拄着拐棍，做得下吗？”

李六顺把胸脯一挺，说：“冇得事，反正是手上功夫，俺就是做泥水匠出身的，不是俺吹牛皮，书记你去方圆十里八里打听打听，俺六拐子那一手泥水活顶呱呱的。”

他把那条瘸腿伸了伸：“这腿嘛虽然不太方便，但不影响手上做事呢。”

黄甫兴便说：“那你估摸着来，别霸蛮把身体搞垮了，划不来。”

黄甫兴和老文把村上的工作做了安排后，带了姜晓专门去了一趟湘江市。

赶上上午八点最早一班去市里的车，中途停靠站多，在县里车站就等了个把钟头，到市里后都十一点半了，黄甫兴说：“干脆到我家吃了饭，我正好回去接了车，有了车到市里转转就方便多了。”老文说：“那怎么好意思去你家麻烦，我们就在外面随随便便填下肚子吧，你回去接个车倒是可以，到时候村里给你报销点油费吧，总不能用你私家车办公家事。”姜晓也说：“是的，这样还差不多。”

黄甫兴道：“别啰里啰嗦的了，回我家搞饭吃去，到自家屋里吃得还放心些，随便弄点吃，我顺路买点菜就可以了。”见他这样坚持，老文和姜晓也不好多讲了。

黄甫兴随即给老婆许勤打电话，问她中午回家吃饭不，许勤接了电话有些奇怪，怎么这个时候回来了呢，黄甫兴就说明了原委。那边愉快地答应马上请个假提前下班回来搞饭招呼客人。黄甫兴脸上堆了笑容，扬了扬手机，得意地对老文说：“怎么样，我家里的这口子还算贤惠吧。”姜晓笑道：“嫂子要不贤惠呢，你这茶花村的书记只怕早跑路了。”

回家一看，老文嘴巴里啧啧个不停，口里讲着："你看你家，收拾得这样干净，住着舒服，你堂客真是能干了。"转而又不无自责地说："到茶花村真是委屈你了，村部也没个像样的房子给你，高老二家可没你家舒服啊。"黄甫兴忙说："莫乱讲哩，高老二家住得也好呀，高老二和玉芳嫂子对我挺关照的。"

许勤先回家在厨房里忙开了，听到客人进屋，赶紧出来，茶几上早已摆开了水果、零食之类吃的东西，她招呼着："别客气，都尝尝吧，就当回了自家屋里，黄甫兴给你们添麻烦了。"

黄甫兴问许勤女儿小倩应该放学回来了，许勤忙说："忘记告诉你了，女儿现在中午不回家吃饭了，就在学校里吃，家里没人接送她，干脆在校吃还省事些。"小倩读小学五年级了，学校离家有五里地远，平时都是黄甫兴开车接送上下学。黄甫兴哦了一声："也好。"许勤补上一句："我特意去她学校看过，中餐伙食还不错，小倩吃得也习惯哩。"

姜晓道："书记不在家，苦了嫂子了。"许勤道："确实有些不习惯，但还转得过来，不讲这些了，你们先喝喝茶，吃点水果，我去搞饭，要不了好久就吃得了。"

借吃饭的时候，黄甫兴和老文、姜晓便商量这一趟的行程，要跑的机关单位，先去市扶贫办，他自己还得去一趟组织部，要专题报告一下他在茶花村的履职情况，然后还得去一下财政局，跑跑扶贫专项经费的事，畜牧局、农科所也得去一趟才行，村里的公章老文随身带了，有关的报告也已准备妥当。黄甫兴叮嘱姜晓："要到这些部门跑的事你可都得一项一项记好了，别落下什么，下次又得专门来。"姜晓一拍身边的文件包，回答道："你就放一万个心吧，我都一五一十地记在本子上了，大大小小三十多个事，一个也错不了。"黄甫兴追问，那些养殖上的问题也记了吧？得请教专家解答的，这些可也是大事。姜晓说，都记下了，养鸡的事，养猪的事，养牛的事，统统都有。

他们这样子边吃边议，听得许勤头都大了，她苦了一张俊秀的脸说：“你们村上这么多事哪，来市里一趟，像总理出国搞访问哩，日程一个接一个，排得满满当当。”

老文笑道：“来一趟真不容易，还不就想尽量多办点事啰。不过弟媳妇你放心，晚上保准把黄书记还给你，还有你女儿。”

黄甫兴一拍大腿：“你不说晚上，我还差点塌了场，晚上我得约我的一个老同学见面。”

怕许勤误会，他赶紧加以说明，就是搞园林公司的那个“罗眼镜”，罗世强，还真有个急事找他。

许勤朝老文双手一摊：“怎么样，没我一点事了吧！”

李六顺听得黄甫兴他们去了市里，一连两天都是上午一趟下午一趟地往高老二家跑，看他们啥时候回来，弄得玉芳都烦了，她没好气地呵斥道：“你这是查书记主任的岗来了还是怎么的啊，再说他们哪个时候回来，俺哪知道，他们又不用向俺报告，更不用经俺批准。告诉你吧六拐子，讲不定他黄书记一去不回了呢？你以为他非得钉在我们茶花村啊？”

一听这话，李六顺倒有些信以为真，忙问：“不会吧，你可是听了书记不回来了吗？不是讲要搞三年吗？”

玉芳一看李六顺那紧张样，倒是哧哧地笑出声来：“都讲你六拐子聪明人，俺这是打乱讲的，你反倒听不出来了。”

李六顺暗地松了口气，却板了脸孔说：“你这鬼堂客们，不晓得就不要造谣。”

在第三天下午近黄昏时，黄甫兴三人终于一脸疲惫地回到茶花村了。

大老远看见黄甫兴的身影，李六顺就一颠一颠地迎上去。玉芳朝他呸了声：“六拐子莫不是中邪了？五迷三道的样范。”

黄甫兴一见到李六顺，不无揶揄地对老文和姜晓道：“瞧瞧人家老李，都跑来迎接我们归来了，看来是等得心急火燎了。”

老文冲李六顺大声说：“六拐子，你这回放心吧，书记没忘了你呢，过两天就会有你的好事上门来。”

李六顺还是将信将疑：“不会撮俺吧？”

黄甫兴在他肩膀上轻轻一拍：“怎么会呢，过两天会有人来看你后山的千层石，行不行，当然还得等他们看了后再说啰。”

姜晓说：“六拐子，书记专门为你的事找了他的同学罗总，罗总马上就会来考察哩，你这下安心睡大觉去吧。”

李六顺忙把头点得如鸡啄米般：“俺放心，怎么不放心呢，书记啊，俺这几天可没闲逛荡了，按你讲的，我挖出了一大堆石头，‘黄叫鸡’‘汉三老倌’他们还嘲笑俺是吃饱了冇事干，这下好了，看到底是哪个吃饱了冇事干。俺先回去了，你们也累死哒，不吵闹你们了。”

他屁颠屁颠地回去了。

两天后，湘江市大地园林工程有限公司的老总罗世强带了公司的工程师霍俊和设计师杨萌风尘仆仆地来到了茶花村。老同学一行如约而至，让黄甫兴十分高兴。

罗世强眉头一皱，毫不客气地对黄甫兴说：“你这书记看来努力不够呢，进村子的路还有好长一段没有硬化，你看我的车子都变得灰不溜秋的了。”

一旁的老文赶紧插话：“书记已经做得很努力了，路也修建了两条新的……”

罗世强朝老文一挤眉眼：“我这老同学讲来还算是头好牛，好牛也得鞭子时不时地抽一抽嘛。哦，对了。”他转脸冲黄甫兴又道：“茶花村喊得好听，我这一路过来怎么没看到一朵茶花啊？”

老文解释道：“以前本来村里还真有一个茶树林子，一色的油茶，每年结的茶籽榨油，真是绿色食品呢，后来不是大炼钢铁给砍了吗？俺们到如今都在感到心痛，一片茶树山哩，几多可惜了。”

黄甫兴笑道：“老同学观察得仔细，容我向你汇报汇报吧，这进村的路呢确实还没完全整修改造好，不是资金没到位吗？这次专门跑了市里的交通公路部门。至于茶花嘛，就看你罗总的了，你大地公司现在做得风生水起，干脆也来支持支持新农村建设吧，功德无量的好事呢。”

罗世强嚷嚷着：“你倒好，一提意见反倒讹上人家了，不急，不急，看看再说。”

他此行的目的当然是黄甫兴向他推荐的千层石，所以他急切地想去看看那些千层石的神秘面孔。

一行人便朝李六顺家的后山赶去。

李六顺早得到消息，手里揣了一包“精白沙”在山脚边候着了。这烟可是他特意花了十块钱买的，自己平时抽的都是不超过两块一包的“相思”。见了客人来到，他便急急要撕开烟盒的包装，黄甫兴一把抢了过来，道：“不用开，罗总不抽烟的。”李六顺双手搓了搓，一副挺对不住人的模样。

霍俊和杨萌早已动起手来，他们从李六顺垒起的石头堆上抬了两块安放在地上，拿出了随身携带的工具，两人围绕着石头左看看右瞧瞧，然后这里敲敲，那边凿凿，霍俊甚至趴到黄土地上将耳朵附在石头上听敲打发出的声音。两人忙得不亦乐乎，罗世强叮嘱道：“这可是黄书记放肆炫耀的一堆宝贝，你俩是专家，可得瞧仔细了。”话毕他抱起双手在一边悠闲地看着。

最紧张的莫过于李六顺了，他眼都不眨紧盯着霍俊和杨萌的一举一动，生怕漏掉了什么。

现场一阵屏声静气，只有霍俊和杨萌偶尔小声地交流几句。

过了大半晌，工程师霍俊和设计师杨萌总算直起腰来，霍俊脸上一副轻松的神情，罗世强一见心里便有底了，他嘴角努了努，道："说说吧，什么情况。"

大家把目光都抬起来聚集到了霍俊身上。

霍俊便和杨萌对视了一眼，说："那我来讲讲吧。"

"这些千层石在我们看来确实有一定的观赏价值。首先来看它的色，就是石头的色泽。你们看，上面有黑色、黄色、黑褐色、黄褐色，还有灰色，多种色泽交混，斑斑块块，色彩比较丰富，有的色块形成了图案，譬如这半块圆的黄褐色的就像半个月亮。为什么奇石有价值呢，反映在色泽上的差异，也成为奇石的价值所在。

"再来讲讲石头的纹理。莫小看石头上的这些纹，可是石头亿万年自然风化的结果，这些千层石我看并不是层石构成的，说穿了就是褶皱深，看上去一层一层的，有些褶皱石纹线条优美，呈现出千姿百态、万千变化，让人看到其中无穷的变幻之乐。

"你们也看到了，我刚才特意用小铁锤敲了敲石头，我听到在敲击后里面发出了声音。发声也是奇石的特性。遗憾的是声音比较混沌，要是还清晰悦耳一些就更好了。

"大体上来讲千层石的质地也还不错，看上去就比较细腻、致密，试了它的硬度也算坚硬。还说一点是，你们把石头叫千层石，我觉得名字起得好，石头也像人一样，它是有灵性的，千层石这个名字，意境深远，含有丰富的意蕴，叫起来也响亮。

"当然一块石头有多大的价值，还要综合很多复杂的因素来衡量，除了我前头讲到的色、声、纹、质、名之外，还有如形、意、座等等。"

霍俊把目光投向杨萌，征询她是不是还要补充。杨萌摇摇头，说："我也没别的意见了，霍工说的就是我们对千层石的一个整体看法。我想强调的是，千层石在湘江市这一带，甚至周边地区还是首次以如此较大规模成群地发现。这也是体现其价值的一点。"

罗世强便说："那你们最终的意见是什么，你们知道我最关心的是啥。”

他最关心的不正是黄甫兴和李六顺他们最在乎的吗？

李六顺恨不得把耳朵揪长了来听。

杨萌一字一句地说：“我们勘察的意见是千层石有一定市场价值，开发出来的话，目前正适用于我们大地园林公司的工程项目，可用于室外室内装饰，也可以用于园林建造，我们现今面临着园林建设材料的更新换代，千层石的出现至少可以缓解这个问题。”

她停顿了一下，又说：“美中不足的是因为地处偏僻，距离较远，加上开发的因素，会增大工程造价和成本。”

罗世强一听，不假思索地一挥手，爽快地说：“这些都没多大事，我们可以再商量详细的开发方案。”

黄甫兴知道，这是罗世强给足了他老同学的情分，不禁由衷地感动，也因此喜出望外。

李六顺终于吃了颗定心丸。他不知道说什么，情急之下，他把手中的拐杖往空中用力一抛，乐呵呵合不拢嘴。

看到拐杖高高地飞起来，又远远落在地上，老文惊奇地对李六顺说：“你怕是高兴得发颠了吧，丢了那根棍子，你还走得成路啊？”

李六顺大声说：“走得，走得，不信俺就走给你看看。”他真的迈开了步子，毕竟突然间丢掉了拄了三年的拐杖，一时不适应，他刚走出两步，身体就往一边歪，黄甫兴忙伸手扶住他，李六顺大笑着说：“看看，书记成了我的拐杖了。”说得大家都笑了。

弄得黄甫兴啼笑皆非，他说：“老李啊，我这拐杖还是靠不住呢，靠得了一时，靠不了一世，最终还得靠你自己做自己的拐杖。”

两个月后，由湘江市大地园林工程有限公司完全注资的千层石开发工程正式启动了，茶花村的第一个村办企业“茶花实业”宣告成立，李六顺也成了股东之一，他被村里委派到工地上参与管理，每天他都泡在后山上，起早贪黑和工人们干得可起劲了。连在镇上石料场做事的伏三也回来了，他说屋门口就有钱赚，何苦跑那么远去呢。李六顺点头说那是那是，金窝银窝不如自己的狗窝，莫说自己的窝现在也是个钱窝了呢，哈哈！

不知他李六顺心里头怎么想的，那根被他丢了的拐杖又被他悄悄地捡了回来藏在了阁楼上，仿佛在珍藏着一段历史，也仿佛在铭记一段不堪回首的往事。

只是他从此再没拄过拐杖了，没了那根拐杖，虽然有些一拐一拐的，他觉得自己走路也没什么不稳当了。在别人看来也是这样认为的。

黄甫兴还为此打趣过他，他讲："老李呀，我看你本来就根本不要拄那根打狗棍子嘛。"他听了脸上讪讪地一笑。

黄甫兴见状，情知自己挖了李六顺的糗底子，赶紧转了话头："你可得好好干他个三五年的，村里和罗总商量好了，石头总有采完的时候，等这千层石开采得差不多了，还要把这片后山栽种上油茶树，不然，这后山坑坑洼洼的也不像个样，等油茶树长起来了，榨油坊什么的又可以办起来，我跟你讲，你李六顺不怕发不了财，茶花村的乡亲们也不怕发不了家致不了富。"

听得李六顺脸上堆满了笑。

哦，还差点忘了一件事，李六顺的堂客菊兰回来了，她这些年其实并没远走高飞，家中两个孩子像两根绳子一直牵扯着她，她躲在外面打工，但始终在暗暗地关心着那个让她痛恨又让她牵挂的家。

| 6 |

风景满山

作者 曹旭东

一

在黑暗中，我听到风在吼叫，还有阵阵寒气，还有雪的声音、树木的声音，还有寂静。我知道它们，我太熟悉它们了。风和寒冷好像特别喜爱黑暗似的，不过我不怕它，我有自己的办法对付它。倒是那些牛羊就难说了，面对这突如其来的大冰雪，它们毫无办法。它们只有靠我们这些会思考的动物来帮助了。问题是怎么帮呢？下山的路已被冰雪全部封锁了。上面的牛羊下不去，下面的人也上不来。大冰雪来这一招是我没想到的，也是山下的人们没想到的。这可怎么办呢？这突如其来的大冰雪与人们开了这么个玩笑。但这玩笑山下的山民开不起啊，这几千头牛羊是我挨家挨户动员他们养起来的啊，是他们脱贫的希望啊。要是这些牛羊就这么死在山上了，那他们的心也就死了。想到这些，我怎么也睡不着了。我向黑暗摸去，打火机摩擦出的火光划破了黑暗，这光就像山民挣脱一直笼罩在他们身上的贫困一样。打火机点亮油灯。我再一次拿起那本被我翻得封面有些破烂的牛羊病防治书。上面说牛羊度过冰雪寒冷季节的最好办法就是给它们每天喝淡盐水。透过稀疏的灯光，我看了看剩下的那十几包盐，突然就有些后悔了，为何不多买些盐呢？

不能等到天亮了，我想，那些牛羊此时还在冰天雪地里呢，得把它们赶上山顶来。想到这个，我又笑了。我想这大冰雪也真有意思，把山腰冻得严严实实，可这山顶呢？却没有一点冰雪。这可真有意思。我这么想着，就穿好了毛衣毛裤，再把儿子带来的羊皮大衣披上。披上大衣，我又想起儿子来。儿子倒是像我，读完书就当兵，做事认真，不含糊，不像他妈，一天到晚，婆婆妈妈的。这一点我倒是感到自豪。

天已经亮起微弱的光，就好像山民们脱贫的光一样，但这不请自来的大冰雪来了。山民们在山下还不知怎么急呢。好在有我茂真在山上。我想到这里，就增加了力量，仿佛不是一个人，而是山下的人们全在这里似的，于是身上热乎乎的。我穿上毛皮鞋，戴上棉帽，拄上拐杖，拍拍老伙计山黄的头。一股寒风像把大刀呼的一声向我头上砍来，我本能地退后将门顶住，想了想，将盾牌一样的黑色大衣领竖起来，猛地冲了出去。

手电光将黑夜劈开一道光的隧道，我沿着这条隧道看到雪花在尽情地飞舞。这些小精灵仿佛在天上待得太久，一旦有机会下来就拼命在大地上戏耍。好在我对这些山道再熟识不过。险要的地方，我用铁拐杖砸两下山道上的冰，直到将那些白色的冰砸出一道道口子，才踏上去。当我找到那些牛羊时天已经大亮。“老伙计们，你们可不能出问题啊。”我看到它们，高兴得喊了一嗓子。牛羊呢，也像盼来救星似的从树林里站了起来。我吆喝着赶着它们向山道上爬去。我只顾着看牛羊，不防脚下一滑，幸亏我眼疾手快，一把抓住身边的一株灌木。我稳住身子慢慢爬了起来说：“别跟我来这一手，我可不怕你，不怕你。”

花了整整大半天时间，牛羊终于成群结队到了没雪的避风林。我将掺了食盐的温水放在它们中间，看着它们慢腾腾地喝水，终于松了口气。我感觉棉帽有些湿了，脱下帽子，一股热气直往上冒。我拿出手机，找到信号好的山头，给谁打呢？我想，还是先给那些平时对我意见大的人打吧，不然他们不放心。想到这些人，我咧开嘴笑了起来。

二

说没就没了，56 只羊、14 头牛、2 匹马，外加我的 3 条狗。这么多的生灵，站在这山坡上，好大一片。怎么说没就没了呢？总得有个说法吧？我这么说道。

“说法，这就是老子的说法。”一个满脸横肉的胖子举起一条双管猎枪，朝着我。乌黑的枪管，发出啪的一声巨响，从双管猎枪里冒出一团火，直向我飞来。我本能地向前扑倒，子弹呼啸而来。我的后背和屁股一阵钻心的痛。我摸了一把，满手的血。我一惊，醒了，原来是梦。

咕——咕——甜甜的鸟叫声，从晨曦中悠悠传来，让我的耳朵特别愉悦。我享受地笑了，张开嘴舒畅地吸了一口清香的空气，好半天才慢慢吐出，感觉全身格外舒畅。

雨后的狮子山空气特别清新，淡淡的林木香随着谷风溢满了房间。

哞——哞——哞——这叫声吸引我看过去。晨光下，那五头水鹿又从茅草丛中钻了出来。它们一边走，头一边前后左右地望着。它们经过我的护林棚，友好地向我打招呼。哞——哞——哞——我也用手做成喇叭状，扒在窗口，友好地模仿鹿叫声回应着这些野生水鹿。

溪谷旁那片茂密的竹林已长出许多竹笋。我想，这些野生水鹿定是奔那些新长出的竹笋而去。我用望远镜慢慢地扫向那片竹林。果然，它们都在竹林里欢快地撕咬着竹笋呢，它们慢慢地用嘴将竹笋卷起，然后连皮吞进嘴里，细细地咬，细细地嚼。

它们吃得太香了，我感叹道。

一头体形较小的水鹿可能吃饱了，跳进那块溪水汇聚的绿色溪塘，悠闲地在塘中慢慢游了起来，溪塘里顿时荡起阵阵波浪涌向岸边的水草和黑黑的泥土。

真会享受。我一边看，一边高兴地嘀咕着，仿佛是自己在溪塘里游一样。

黄昏，山黄突然狂叫起来。一伙人从南边上山来了。是些什么人呢？是登山爱好者来游玩的吗？我这么想着，慢慢近了，是八条汉子，袒胸露背，有的背上雕刻着黑黑的狼，有的手臂文了字，有的扛着猎枪，有的牵着猎狗。来的都是客，尽管我从心里不喜欢这些人，但只要来到我这个观察哨，我就把他们当成客人。我给他们烧火做饭，杀鸡倒酒。他们猜拳行令，喝得面红耳赤。然后有人喊道，明天要去打几头野水鹿，比比谁枪法好，一伙人就兴奋起来。有的说我枪法好，打过十环。有的说你不行，我打过野猪。有的说我打过天上的飞鸟。我听了心里咯噔了一下。心想，今天还看到水鹿在溪塘里游水，说不定此时它们还在溪塘呢？得去给它们报报信，它们才是我的亲人呢。看他们一个个酒醉饭饱上床打起了呼噜。我悄悄起床，轻轻拍拍山黄，出了门。路上我对山黄说，好兄弟，我们去给水鹿兄弟报个信，叫它们快走，有人要害它们呢！山黄仿佛听懂了我的话，摇晃着白色的尾巴，好像在说，主人，你放心，我知道怎么告诉水鹿兄弟们。

月亮像是到太阳那里借来了火，今晚的月亮像团小火球似的，亮堂堂的，照得黑夜看上去像白昼。月色中，狮子山静悄悄的，狮子山仿佛也困了累了，开始沉睡，天地间空旷寂静。在亮堂堂的月光照射下，漆黑的山坡泛着幽暗的亮光。感谢月亮，我心里想，这月亮也好像知道我和山黄的心事，亮堂堂地来给我们照路呢。“走起，老伙子。”

我对山黄说。汪——汪汪——汪——汪汪。山黄有节奏地叫着，仿佛在向大山中的生灵呼喊、警示，仿佛在喊着“危险、快跑，危险、快跑”。山黄甩动它漂亮的白尾巴，一蹦一跳，朝北面山坡走去。

月光下，弯弯曲曲的山路仿佛一条乳白色的溪流，在狮子山周围绕来转去。两边的岩石有的像一头头呆头呆脑的绵羊，有的像雪白的棉花。我和山黄沙沙的脚步声不时惊动着路边的小松鼠和四脚蛇东奔西躲。

银白色的月光洒在我和山黄的身上，斑斑驳驳。山黄好像变成了一条花毛狗。我呢，好像也穿上了现在年轻人流行的袒胸露腹衣裤。

下了一道山坡，前面是一片树林。月光照进树林，时明时暗，时动时静。忽而暗影袭来，眼前一片漆黑，树影变得恍恍惚惚，若有若无。随即又突然一亮，亮过后又是一片黑暗。仿佛月光老人在有意与我捉着迷藏。

树林中，一只只萤火虫，就像一个个小孩，打着小小灯笼，像山林中的小精灵似的窜来窜去。有的在我的头上、身上飘荡，有的在山黄的头上、身上飘来荡去。我顺手抓了一只，看了看那小小的黄灯笼，又想起小时候，爷爷给我做的那只黄灯笼来。爷爷手巧着呢，一根竹子到他手中，用刀剖开，三下五下灯笼就成了形；再用黄纸一糊，将蜡烛放进去，点上火，灯笼就亮了。记得那年农历正月十五晚上，我和爷爷高高兴兴地将灯笼挂在门上，谁知第二天，爷爷就受到批斗，说搞封建迷信。

进入山谷了，月光洒在山谷上，洒在灌木丛上，与潺潺的流水声混在一起，月色如水，恍惚使人分不清哪是月光，哪是水了。

山黄站住了，对着山谷，又像是对着月亮，汪、汪汪，汪、汪汪地叫着，我听到山谷中有了响动，灌木丛在晃动，那是水鹿走了，水鹿朝北走了。山黄一直追着水鹿汪汪地叫喊着，直到将水鹿送出很远，才荡着尾巴回到我身边。

三

整整 30 年了。我对这座山，这些树林，这些生灵，这些山道，再熟悉不过了。熟悉得超过自己的家人。

说那水鹿吧。那天巡山，我正在用望远镜朝山坡下望，哗啦啦，从山上滚下个大东西来，把我吓得往后跳出两米远，细看却是头水鹿。水鹿一动不动，横躺在山道上，仿佛睡着了似的。我想，这水鹿身子大，肯定是走山道时，没站稳，才摔了下来。可现在怎么办呢？水鹿昏睡在山道上，我试探着搬了搬水鹿，一动不动，水鹿的体重远远超过我的体重。我只有坐在水鹿旁等。这是头雄水鹿，深褐色鬃毛，大大的耳朵。头上长出 4 根长长的角，像树杈一样伸向天空。我等了两个多钟头了，水鹿还是一动不动，怎么办呢？我想起水鹿的名称来，水鹿不就是要水吗。我将水壶里的水倒进水鹿嘴里。水鹿的嘴动了动。我笑了，心想这办法有效，就跑到山坡下的小溪边打了一壶水，倒进水鹿嘴里。这下水鹿醒了，像睡了一觉醒来似的，抬抬脚，摇摇尾，爬了起来。临走，还不忘了回头，向我哞了一声，大概是以示感谢吧。

后来我每天巡山，定要经过水鹿常出没的地方。那天傍晚，我巡山归来，走在山道上，突然就想起那些水鹿来了。这些天，天气变化大，有一段时间没看到水鹿了，它们还好吧？我这么想着的时候，就牵着马，带着狗，向那溪塘走去。溪塘在山谷处，是由那些山上的小溪汇聚而成。在山与山之间，这山谷的植被特别茂盛，由于水源的原故，这里是动物们喜爱的地方。但这路特别难走。刚下过暴雨，路特别滑。我记得前些天才用镰刀砍过的小道，现在又长满了灌木丛。我不得不一边找路，一边砍灌木丛。我听着那欢快的流水声愈来愈近了。我心想这些野家伙说不定此时正在水塘里戏水呢。果然，水塘里传来呼哧呼哧的弄水声和哞哞的欢叫声。我站在山坡上，看着几头水鹿的身影，开心地笑了起来。突然，我的笑凝固了，我发现山下的小道上，来了一伙人，这些人有的背着猎枪，有的背着大砍刀。他们要干什么？我来不及细想，迎着那伙人，向山下冲了去。

我喊："站住！你们要干什么？"

那伙人显然是没想到我会这么快出现。他们站在那小道上进也不是，退也不是。走在前面带路的小个子回头向后喊了一声："老大，怎么搞？"那戴着墨镜、走在后边的老大就骂骂咧咧挤到前面来了。那是个高大的胖子，肩上扛着把油光发亮的双筒猎枪。那胖子用他那文着青龙的手臂指着我说："走开，老头，这不关你的事。"

"我是这山上的护林队长，进了这大山，就关我的事。"

"滚开！死老头！听到没有！你要不要命？"胖子一边怒吼，一边将油光发亮的双管猎枪对准我。

我的血一下向脑门涌来。我一把扯开迷彩服，露出瘦骨嶙峋的胸脯，对着胖子喊道："小子，来吧，老子是死过一回的人了，老子在这山上坟墓都找好了，来吧，有种就朝这儿开，老子死了是英雄，你死了算什么？"

胖子原想吓唬吓唬我，全然没想到我会为了几头水鹿不要命。他左右看了看，可能觉得就这么退了，身后兄弟们看着有失脸面吧，可能在想今天如果就这么败在这小老头身上，今后还怎么在道上混。胖子退了一步，将枪口往边上移了移，对着我的杏红马轰地开了一枪。那马长长地嘶鸣了一声，慢慢地倒了下去。

我撕心裂肺地吼道："狗崽子们，有种就冲我来，打我的马算什么英雄！"

那胖子朝我吐了口痰说："死老头，老子犯不着陪你这死老鬼去吃枪子。"说完领着一伙人扬长而去。

四

我的小崽，今天完婚，是大事，都 30 多岁的崽了，终于成家了。这也了却我一块心病。

“你得下山来，参加婚礼，坐上席，团聚团聚。”老伴电话里反复强调。

我去吗？按情理崽结婚该去。但是，我知道，我这一去的结果是什么。我知道，许多人在盯着我。不，是盯着这些山林，盯着山林中的生灵。这些生灵如今就像我身体中的一部分，是我最亲的亲人，这些他们是难以理解的。

一头成年野生水鹿，黑市上，卖价 6 万至 7 万元。这远超过一个山里人一年的收入了。也就是说，只要打上一头水鹿，就足够他们一年的吃喝了。他们这一年，就可以天天打麻将，玩牌了。当然，我知道，不是所有人都会干这种事。多数人，都把这些野生水鹿，当成山神一样看待，这是老辈传下的规矩。但总有人，不守规矩；总有人长着歪心。他们不怕伤天害理，他们时时盯着，在明里暗里惦记着我，惦记着我什么时候离开这片山林。我从他们的眼神知道，那种邪恶的欲望。我知道，他们想赶我走。他们偷羊，偷牛，猎水鹿，砍树木。我阻止。他们恨上了我。杀我的马，杀我的狗，都是冲我来的。那匹可怜的杏红马，曾经是那么温顺，驮着我，像一阵风一样，像大将军一样，在山道上巡视着，守护着这些生灵。可如今，它被射杀了。只一枪，一枪就命中马的脖子。血从马脖子上汩汩地流了出来，像红色的小溪，映红了路边绿绿的小草，鲜血沿着山坡流下去，流下去。马的眼睛睁着，一滴滴泪珠从马的黑眼眶里滚出来。我心痛。我抱住马脖子，眼泪像雨点似的，流在马脖子上。也不知过了多久，我才回过神，在山坡上挖了个坑，将马埋进坑里。

我一边挖一边想起那个黄昏，金黄的阳光，像黄金铺满了山坡。我像往常一样，用望远镜细细地扫视着狮子山。突然，我发现对面的山腰上，升腾起一股黑黑的烟，慢慢弥漫开来。我一惊，再细看，黑烟下，果然有一片红红的火光。我急忙打电话给对面村的村支书。然后，带上工具，骑上马，风驰电掣般往火光处奔去。然而，走了一半，山间升起了雾，一团团白茫茫的雾，将大山和我以及我的杏红马围得严严实实。然而火情刻不容缓。我仿佛身上着了火，感觉到全身火烧火燎地难受，仿佛那火烧的不是山林，而是烧的我自己身上的肉，痛彻心扉。我继续逐赶着马向前。马跑跑停停，突然，马昂起头，嘶鸣着，再也不肯往前。我定睛细看，发现前面已是悬崖，迷雾中一棵崖柏依稀可见。我的汗水湿了全身。

我正在不知所措，传来汪汪的狗吠声。是山黄，山黄围绕我转，用嘴扯我的裤脚，难到山黄会带路？火情刻不容缓啊，但愿这从小就跟随我在山里长大的山黄会在迷雾中带路。我用手拍拍山黄的头。山黄在前走，我牵着马紧跟着山黄，就那么转来转去，竟走出了迷雾，看见了浓烟和火光。我看见村里人正在那里扑火，正在这时，风突然转了向，眼看村民就要被火包围。我急中生智，急忙飞也似的挥舞起镰刀，将灌木丛砍倒，砍出一条防火带，挡住了火的淫威。好险啊，要不是杏红马，我就摔下了山崖。要不是山黄，我就出不了迷雾，救不了这些村民。可这山黄为什么能在迷雾中找到方向呢？我仔细观察，发现山黄走路有个特点，走走停停，然后用鼻子东嗅嗅，西闻闻，不时抬起后腿撒点尿。哦，我明白了，这山黄是在用鼻子记路。这真是特殊的记路方式。

然而山黄也遭遇了毒手。先是那条黑狗，汪汪地叫唤了两声，倒在血泊中，抽搐着，断了气。那条黄狗，就是山黄，被人打断一条后腿。我发现时，山黄躺在草地上，一动不动，只是悲伤地看着我。我抱着山黄，一口气跑了十多里山路找兽医。兽医看着我，摇摇头说，伤口已化脓，没治了。我不甘心。这山黄可是从小就跟随我在山里转。有次采草药，我发现一味难找的药，在草地上摇曳着。我高兴坏了，正准备伸出手去，这时山黄冲上来，冲着草丛，汪汪汪地狂吠。我觉得奇怪，以为这草有毒。正在犹豫间，从草丛里窜出一条蛇，冲着我刷地昂起了头，约有 2 尺高，青铜色的身子，对着我扑了过来。山黄刷地冲了上去对着蛇的尾巴就咬，蛇慌忙掉转头，去咬山黄。山黄追着蛇的尾巴，蛇追着山黄。我想了想，怕蛇伤了山黄，就叫了声："山黄……山黄。"山黄放了蛇，得意扬扬地对我左右摇着尾巴，仿佛在说："主人，你不用怕，有我在呢，我有能力制服这毒家伙。"

想起这事，我就想起了草药，对，用草药治山黄。我先将跌打损伤药捣碎敷在山黄的腿上。然后，我找来药书，在草地上，在树林里，在崖石旁，一处一处地寻找。终于在一块陡崖下，见到了稀少的草药。我将麻绳的一头绑在树上，另一头绑在自己腰上，慢慢下到崖石旁，用镰刀将草药挖出，放进背包里。回来用山泉水熬成药水，再一勺一勺给山黄喂进嘴里。就这样一天，二天，三天，一个星期。山黄终于开始喝米汤了。山黄奇迹般地活了下来。只是活下来的山黄，缺了一条左后腿，变成只有三条腿的狗了。

于是，我和三条腿的山黄，成了山上的一道风景。人们只要见到山黄，就知道我在边上。看到我，就知道边上还有山黄。

别看山黄少了一条腿，它的作用可是其他狗无法代替的。就说水鹿吧，我与水鹿是难以沟通的。水鹿起初见了我和山黄只是躲。后来我悄悄向山黄耳语了几句，大意就是叫山黄去同水鹿交朋友。山黄很快懂了我的意思，它摇晃着尾巴，一步一跳地靠近了水鹿。我也不知道山黄跟水鹿说了啥，反正水鹿改变了对我的态度。它们任凭我靠近，任凭我抚摸，还吃我给的竹笋。从此，我和水鹿成了朋友，水鹿不但不怕我，还会远远地向我打招呼。我虽然听不懂水鹿的语言，但我明白，那哞哞的叫声，是向我示好。

要说对山下放不下心的事，还有许多。比如妻子吧，莫名其妙就得了那怪病，三番五次地叫我下去替她看店子。她说："老头子，老头子，下来吧。我这辈子，再苦再难没求过你。可如今我病了，身子骨不利索了，你下来替我看看店子吧……我不知你待在那山上图个啥，不但没人给钱给粮，连个热乎饭菜都难吃上，还一天到晚担惊受怕的。你看看家里多好啊，冬暖夏凉的，一日三餐有媳妇做好，孙子孙女天天爷爷长爷爷短地念着呢。再说我那小店吧，一个月好歹也能挣个两三千的，比你待在那山上，好许多倍呢。"

说实在的，我不是没想过下山。可我下去了，这山怎么办？那些歪心的人会毁了它的。很快，要不了几个月，这山上的红豆杉、水鹿、猕猴、穿山甲、豹猫统统会被他们弄掉。我常常想：女娲造人时，为何一不留心造出些歪心的人呢？

我想象着儿子婚礼上的热闹场面。亲属们定是都来齐了。老姑婆为了儿子婚事念叨最多，操心也最多。为了给儿子找对象，老姑婆是十里八乡的姑娘介绍了一个又一个，现在终于成了，她老该高兴得合不拢嘴。还有老姑爹，肯定要多喝两杯，他老就爱这一口，只要有酒喝，就开心得笑眯了眼。喝了酒，话就多，各种粗俗的笑话，民歌，不绝于耳。老姑爹会左手端酒杯，右手像音乐家似的，挥舞着节拍。他最喜欢唱的是民间的十八摸，唱的是新人洞房之夜，新郎将新娘从头摸到脚。当然，婚礼上，少不得老姑爹那浑厚的声音唱拜堂歌，那是他的专利，唱的是"祖堂坐世忘金殿，麒麟狮子排两行，堂前吃了交杯酒，吃了婚酒一世双"。还有那入洞房歌："炮竹一响入洞房，洞房一双好鸳鸯，天上日头配月光，地下淑女配才郎，状元好崽生五个，千金小姐生一双。"

只是不知儿子找的媳妇长什么样，是高还是矮，是胖还是瘦？听说是儿子到南方打工找的四川妹，这川妹子听说可精明呢？儿子会被管得服服帖帖吧。唉，这小儿子也该有人管管他，不然总是一年四季到处跑，不归屋。

妻子这些天可忙坏了吧，可真难为她了，这么大的事，里里外外，一个人跑前忙后。她肯定恨死我了，还不知骂了我多少遍呢？也该骂，如果她骂骂能解气，就让她骂吧。她肯定会说，这死老鬼，一天到晚都死到那山上不下来，连崽的婚姻大事都不来，那山上不知有什么妖精迷住了他。她肯定会说，要不是我，这个家早散了。这崽都三十老几了，好不容易娶了媳妇都不下山，这还像人吗？这不知好歹的死老鬼，这鬼迷了心窍的东西。骂吧，骂吧。我在心里说，换了我是女人也会骂。可没办法啊，谁叫我是茂真呢？谁叫我是从部队血与火中滚出来的茂真呢？谁叫这山下有哪么多鬼迷心窍的人打着这大山的主意呢？我知道，我这辈子最对不起的人就是妻子兰沁。在她最困难的时候，在她最需要我的时候，我没有下山。我记得那年春天，她病了，病得很重，是那种最烦人的乳腺癌。我陪她去了趟市医院、省医院。然而，也就是那趟下山，我付出了惨痛的代价。不，是山，是狮子山付出了沉痛的代价。就那么十几天时间，我还请了人，交代了人看山。那棵千年红豆杉就被人砍了。多好的一棵红豆杉啊，三四个人都抱不住。它是那么苍劲挺拔。那枝，那叶，遮天蔽日。那果，那红红的小果子啊，是多么诱人，多么可爱啊。生长了上千年的一棵红豆杉，说没就没了。我双腿一软，跪在树边，手一遍遍地抚摸着那被砍开的红色花纹，眼泪禁不住狂涌而出，洒在红色花纹上。我恨，恨自己没有尽到责。我这一离岗，就付出如此沉重的代价。多好的一棵红豆杉啊，如今只剩下一尺来高的树干了。就像一个人，被砍了头，身子被拖走，只将头扔在路边一样。这可是与我朝夕相处的生灵。它也是有生命的啊。那些水鹿，豹猫，猕猴，山鸡呢，还可跑，可飞，可这红豆杉呢，是站着不动的，它只有静静地承受，要么被人砍伐，要么受人保护。

我常常梦见它们。春天，那棵千年红豆杉又发了许多枝，长了许多叶；秋来，红艳艳的小果子，压弯了枝叶。各式各样的鸟儿成群结队，叽叽喳喳，各自为战，边吃边唠，就像喜欢唠叨的妇人似的，说个没完没了。小猕猴来了，果子狸也不甘落后，它们纷纷爬上树，采摘果实。鸟儿们飞了起来，它们在树的上空盘旋着不愿离开，它们愤怒地抗议着，不时有鸟儿将一块块鸟屎打在那些入侵者头上身上。我看着听着，就笑了起来。

五

说起这山，就跟我的左右手一样，已分不开了。那年我从部队转业，本来是可以留到城里的，但我当年对山薯是有承诺的。月色朦朦，营房外，我和山薯边走边谈。我说，山薯兄弟，大战在即，战场瞬息万变，事事难以预料，咱俩谈谈心愿。

山薯说：“我的心愿啊，争取到战场上立个大功，回去到乡亲们面前荣光荣光。打完仗嘛，也没别的心愿，就喜欢狮子山，就想回家，回到狮子山边上，回到父母身边，唉，父母年纪也大了，回去尽点做儿子的义务。”

我说：“我也一样，对狮子山特别有感情。但枪子不长眼，我们两个不管谁出了事，倒在战场上，另一个都要回狮子山，要把他的父母当成自家的亲生父母养。”

我不能贪图享受，而丢下承诺。我到乡里做了武装部长。我发现儿时的青山绿水正悄然远去，人们无节制地上山砍伐，烧山，打野生动物。我急啊，从小引以为豪的狮子山，将败在我们这一代人手里。特别是看到村人打了水鹿的宰杀现场，我震惊了。那血淋淋的水鹿可是奶奶常说的山神啊。我仿佛听到大山在哭泣，美丽的狮子山在哭泣。我难以入眠，面对皓月星空，对天长问，寻找答案。我仿佛听到山薯在对我说，排长，兄弟，你难到不管大山吗？你难到任凭大山毁灭吗？任凭狮子山远去吗？我思前想后，就像当年对敌人发起冲锋一样，坚定地打了份成立护林队护山的报告。我要保护狮子山，我得留住美丽的狮子山，留住青山绿水，这是我的责任和使命。

要保护狮子山，自然要得罪一些人，这我有心理准备。然而，我没有想到的是，难度远远超过我的想象。

那天，我正在家吃午饭。村人老三，人称驼背老三，驼着背上了门。我说："三叔一起吃饭吧。"驼背老三阴笑着对我说："今天我可不是来吃饭的，我是特地来向部长报告情况。二狗上山砍了两棵树，还打了一头野物，现正在家剖野物。你现在去他家，说不定还可吃上几块野味呢！"

我听了，顿觉一股火从心中腾起，将碗筷一放，说："有这事，走，看看去。"

"唉，吃完饭再去，吃完饭再去，瞧这事弄的，饭都吃不安静。唉，茂真，好点讲，好点讲啊！"娘追出来，站在大门口不放心地扯着喉咙喊。

娘的喊声让我突然想起什么。我警觉地问：

"二狗，是哪个二狗？"

"还有哪个？就是山薯家的二狗啊！"

"山薯家的二狗不是进城打工去了吗？"我一惊，一股凉气从头上升起，仿佛寒冷的冬天突然被人从头浇下一瓢凉水。

"怎么？大部长，不想去了吧！"驼背老三斜着眼用阴冷的眼神看着我。

我回过神来，快步向二狗家走去，远远就看到二狗家门口围了不少人。二狗家前面有棵桃树，此时桃树上正挂着果，我吃过那果子，酸甜酸甜。二狗比我小八九岁，是山薯的小弟。这也就是驼背老三那么急着来找我的缘故吧。

不过此时这些人不是来吃桃子，而是看那桃树下吊着的野物。野物的边上是新砍的一棵菜碗粗的杂树。那野物有着土黄色条纹皮毛。远看像条小狗似的。不过不是狗，耳朵、嘴脸、身子都明显与狗不同。那野物的后腿有血迹，显然是受了伤，用铁夹子夹的。我知道这铁夹子的威力，隐蔽，放在野物常出没的地方，挖个小坑，将铁夹子放在小坑里，外边牵根线。野物只要经过触到线，铁夹子立马就会弹出来。这只野物就是触到了线，被夹到了后脚，不然二狗是很难在大山里抓到它的。

“这是什么野物？”我问围观的人。

“是头獐子。”驼背老三抢着答。

“獐子。獐子可是国家保护动物。二狗！你必须把獐子和树交出来，再接受处罚。”

二狗正在磨刀石上霍霍地磨着刀。他磨几下，就用手试试刀的锋利程度。

二狗听到我的话，放下正磨着的刀，跳了起来，气冲冲地冲我吼：“老子从小在这狮子山长大，祖祖辈辈都住在这狮子山下，这狮子山也有老子一份。老子打几只野物，砍几棵野树，关你茂真卵事。你有公家饭吃，但你茂真今天之所以有公家饭吃，还不是俺哥当年救了你，否则倒下的就是你茂真。你吃了公家饭，冒卵事，管天管地，还管到老子进山打猎砍树了，老子不屌你，你能把老子怎么的！”

唉，这可是山薯的亲弟啊。我知道，自己下狠手会伤了他，会伤了亲情友情，但如果不伤他，则会伤了狮子山。我知道，许多人都在盯着我看，那眼神像箭似的射向我，看我这武装部长敢不敢动真格的，看我是否敢开这个刀。当然，他们都希望我能对二狗网开一面。他们知道只要网开了这一面，就会有两面、三面。我读懂了大伙的眼神。

我没有退路，没有选择。我只能严惩二狗。我知道结果是我得承受二狗家的恨，承受的是亲情的撕裂。而这种恨的结果是对狮子山的爱。在爱和恨面前，我没有选择。但愿二狗有天能理解。当然，也许二狗永远不会原凉我。但如果山薯在的话，他也会支持我这么做的。想到山薯，我的心仿佛被人用针刺了一下。

二狗被公安带走拘留了，还罚了款，獐子和树自然被没收。二狗娘气得头上冒烟跑到我家门口跳起脚骂了大半天，那骂声把门口的几只鸡都吓跑了。母亲走进后院，一个人对着院子里的灰墙叹气，仿佛灰墙能理解她的委屈似的。

六

不过这事，也让我陷入了深深的沉思。千百年来，狮子山一直是山下百姓的衣食父母，所谓“靠山吃山，靠水吃水”，山下百姓日子本来就过得紧，可如今我又领头把山封了，他们又怎么会不怨恨呢？

得想个办法。可又有什么办法呢？这里除了山还是山。为这事，我一连好几天没睡好。迷迷糊糊中，我又看到二狗娘拍着大腿站在青石板路上骂，她的嘴中仿佛在朝外喷火，村民们从后推着那一团团火朝我冲来。我一惊，醒了。窗外传来咩的一声羊叫。这山上怎么会有羊呢？我急忙拉开门朝外看，只见三头黄黄的有着长长的角的野山羊消失在山道上。我望着野山羊消失的影子，忽然拍了一下脑门笑了。

看着牛羊在山上悠悠地吃着青草，我的眼里仿佛出现了成群的牛羊，它们形成狮子山一道道独特的风景。然而烦心事来了。先是羊一头一头倒下了，我看着吐着白泡倒下的羊，一时不知如何是好。接着牛又出了问题，山下的果树也长虫了。怎么这么多从没想过的闹心事接二连三地出现呢。我沉默了，看着油灯投去的一道闷闷的微光，觉得灾难就像这无边的黑暗一样，而我个人就如这油灯的微光。但是微光再弱它也能穿透黑暗，微光一多，就可形成一串串灯火，照亮一片黑暗。

我托进城的儿子买养牛养羊和种果树的书。儿子在电话里笑我，老爹你要重新上学读书吗？

我每天巡山归来，就在油灯下一本一本翻着牛、羊、果树病防治的书，一边读一边在小本子上记着各类防治知识。如今我搞清了饲养牛羊要注意的疾病防治方法及果树长了什么虫该用什么药治。

山上的牛羊渐渐一头一头多了起来，然而我还是高兴不起来。我一个人的牛羊多了又有多少用呢？如果家家户户都养这么多牛羊，都到山下种起果树那该多美啊。

我将养牛羊，种果树的知识心得整理出来，叫儿子打印成册，带着村支书家家户户发小册子。

我沿着青石板路，来到二狗家。二狗家的门开着，一束阳光斜洒在二狗家阴暗潮湿、凹凸不平的泥地上。我看着阳光和阴暗空荡的房子，若有所思地对着房间喊："二狗兄弟在吗！二狗兄弟在吗！"声音在阴暗而潮湿的房间里回转着。二狗从声音里冒了出来，见到是我好像笑也是要钱买似的，立刻收回笑容，眼睛一横："你这忘恩负义的东西又来干什么？难道我又打野物了？"我感觉我的笑在阳光下迟疑了一下，随后又荡了开来，说："二狗兄弟，上次的事是哥对不住你，但你也知道，哥是吃公家饭的人，如果处罚对你网开一面，那哥还怎么管大伙，还怎么保护这狮子山？我想就是你哥山薯在，他也会支持这么做的。"停了停，我又说："算了，过去的事也别说了。哥这次是来帮你的。"

二狗听到帮字，低下的头立刻抬了起来，昏暗的眼睛里闪出一丝光来，说："帮我，怎么帮？"

"是这样，哥想让你跟着我学养牛羊、种果树。"

“这个啊。”二狗迟疑了一下说，“俺一没本钱，二没技术！”

“没技术不怕，哥可以教你。没本钱，你先到我那儿去牵些牛羊，待你配种成功，牛羊成群再还不迟。至于果树嘛，我给你买些。你先种上一两亩，以后你再去扩大规模。”

七

奶奶是逢年过节都要烧香摆果拜山神的。奶奶的脑袋里装满了水鹿、猕猴、豹猫的故事。炎炎夏日，奶奶会慢慢地拖张竹椅，坐在皂角树下。我坐在奶奶对面。奶奶右手打着蒲扇，左手打着手势。奶奶一讲故事，山薯和村里的许多小伙伴都会过来听。

奶奶说：“从前啊，有头好大好大的鬃毛大水鹿，它的角好长好长好漂亮呢。有天，大水鹿啊，带领几头小水鹿正在溪塘边戏水。这时被一只大老虎发现了。老虎正好又饥又渴，见了水鹿可高兴了。老虎大吼了一声，吼得地动山摇，将树上的树叶震落不少，箭一般向水鹿扑了过去。这水鹿呢胆小，一般见了老虎都会逃跑。但那天大水鹿带了小水鹿啊，它要跑了，小水鹿准被老虎吃掉。所以，大水鹿不但没跑，反而掉转头，冲着老虎迎了上去。那老虎见大水鹿冲上来了，张开血盆大口就向大水鹿扑来，大水鹿呢，也不服软，就用长长的鹿角向老虎顶去。就这样，一来二去，几个回合，老虎到底凶猛些，大水鹿还是落了下风，脖子上受了伤。”

奶奶讲到这里，会要喝水或上趟厕所。大水鹿到底怎么样了呢？我和山薯以及小伙伴们都很着急。

奶奶说：“正在紧要关头，村里一个穷青年在山上砍柴。这穷青年家里是穷得吃了上顿没下顿，还有一个七十多岁的老娘，全靠青年卖柴供养，青年三十老几了也没个姑娘肯嫁给他。这年青人穷是穷，但人善良，只要见到人有困难，自己再难也要帮。叫花子往他门前过，自己就是没吃饭，也要先给叫花子吃。这穷青年恰好看到老虎与水鹿打斗。青年急忙取下背上的弩弓和竹箭，用力拉开弓箭对着老虎射去。一箭正好射中老虎眼睛。老虎受了重伤，大吼一声，朝山那边跑了。年青人见老虎跑了，也不追。他见大水鹿脖子上受了伤，直流血，就近扯了些草药，放在口里咬碎，敷在大水鹿的伤口上，再将身上的衣服脱下，给大水鹿脖子扎好，拍了拍大水鹿脖子就走了。过了十天半月，年青人在山里砍柴又遇见了大水鹿和小水鹿。大水鹿见了年青人可高兴了，又是叫，又是扯年青人的衣服，硬要拖着年青人走。年青人无奈，只好跟着大水鹿往山上走。走啊走，大水鹿一直将年青人带到一个非常隐蔽的山洞里，山洞里面竟有许多光灿灿的金银珠宝。发了财的年青人不忘帮助穷人。他给许多穷人送钱送粮，给村里村外修路架桥，穷人都把他当活菩萨敬。

“村里也有奸猾的人，看年青人突然发了财，就拖着年青人喝酒。醉酒的年青人迷糊中说出了财宝的秘密。于是奸猾的人欣喜若狂，天天到山里转悠。终于看到了水鹿，就跟踪水鹿走啊走啊，却走进了沼泽地再没有回来。他的两个兄弟为了报复，带着弓箭和砍刀进山找水鹿。他们终于找到了水鹿，于是一前一后前后包围夹攻，哥哥和弟弟同时看见水鹿，同时举起弓箭射去，谁知，哥哥射中的是弟弟，弟弟射中的却是哥哥。”

奶奶的故事总是没完没了，过了几天我又央求奶奶讲故事。奶奶说:“从前这山里啊，还有个鬼崽子，不学好，一天到晚背着把火枪和砍刀在山里转来转去，打山里的各种生灵。有一天啊，鬼崽子一枪就打中了一头好大的水鹿。鬼崽子高兴得手舞足蹈。他剖了水鹿的皮自己披上，砍了水鹿的角戴在头上，又升起山火，烤了水鹿的肉吃了。鬼崽子吃饱喝足，在山上美美地睡着了。谁知，一觉醒来，鬼崽子披在身上的水鹿皮，竟贴在身上脱不下来了，戴在头上的水鹿角，也长在了头上。鬼崽子变成山牛了。从此，鬼崽子变的水鹿见了人就躲，它害怕被人打杀。这就是报应啊。”奶奶末了，总要叹口气，来上一句报应收场。

奶奶后来走了，但她的故事一直伴我成长。我一直忘不了她的故事。后来，我又将她的故事加工后讲给人听，讲给那些想偷猎水鹿的人听。

那是个傍晚，红色的阳光，像孩子的画笔，淡淡地绘满了山峦。那个人就沿着山坡上来了。他的肩上背了把枪，一把亮堂堂的双管猎枪；腰里还挎了把刀，一把弯刀；背上还背了个双肩包。那人戴了顶帽子，仿军用帽子。那人走得很急，往山上走一段又摘下帽子来扇扇风。那人的头上光光的，什么也没长。

我的眉头开始皱了起来。那人肩上的那把亮堂堂的双管猎枪让我的心情沉重了。阳光下，那把双管猎枪闪着乌黑的光，那光仿佛是一把长长的刀向我刺来。

我想了想，开始有了主意。我主动迎上前去说：“老弟，一路辛苦，进屋喝杯茶吧。”

那人将我从头到脚仔仔细细打量一番，确信没有危险后，跟我进了屋。我抓了一小把自种的高山云雾茶放进陶瓷杯里，倒进开水，黑黑的茶叶在杯中翻腾着。那人吹了吹茶叶，喝了一口，连说：“好茶、好茶，醇正。”

我说：“不嫌没菜，就到这里喝杯土酒吧。”

那人说：“你我萍水相逢，老哥如此好客，真是三生有幸，今晚就和老哥扯两杯。”

我到地里扯了一大把小菜，又杀了只自养的公鸡，炒了两个热气腾腾的菜，一人一大杯自酿的红薯酒。那人喝着酒，吃着菜，连说：“好酒、好菜、好茶。”那人喝了一大杯红薯酒，已有了些醉意，说：“不瞒你老哥，我这次进山，就是先来探探，好叫一帮哥们来打些野物卖几个钱。听说这山上有大水鹿，这野物可是好宝贝。在那边……”他用右手食指指了指南边说：“一头大水鹿能卖上个六七万。当然，我们不会忘记老哥你的好处。”那人一边说着话，一边从黑色的双肩包中掏出两沓钱，放在我面前说：“老哥你不用担任何风险，只要睁只眼，闭只眼就行，出了事与你无关，傻子都知道，这么大座山，你一个人，怎么管得住。”

于是，我和他一边喝酒，一边给他讲奶奶讲的故事。

“照老哥这个说法，这山上的野物打不得？”

“打不得，一定打不得。”我说，“那下边村子的一个后生崽，就因为打杀了一头跑下山的野生小水鹿被判了几年，现在还在吃牢饭呢，你看是不是同这故事一样，现世报。”

我和他一边说着话，一边喝着酒。这时外边哗哗啦啦地下起了雨。雨夹着风，或大或小，将屋顶打得啪啪直响。我想，这时候那些水鹿该到半山腰的溪谷里戏水了。

那人说：“同你老哥说句实话，吃牢饭我倒不怕，不瞒老哥你说，我就是去年从牢里出来的。这年月弄不到这个，”他说着用右手掌拍了拍钱，“还不如吃牢饭呢。像我们这一没文化，二没特长的人，就不该到这世界来。”那人说着说着，眼睛就湿润了。

我看了看他的脸，眼睛、耳朵都红了。我知道他喝高了。我打来热水给他洗脸洗脚，带他到房间睡。

八

风和雨越来越大，仿佛要将山和房顶撕裂似的。我对那人说起那个雨夜，我和战友潜伏到敌人阵地。那暴雨将我们一身淋得透湿。雨水从军帽、军衣上一个劲地往下掉。我擦了把脸上的雨水，看了看寂静的敌方阵地，耐心地等待着黎明的总攻。

“我所在的连担任主攻任务。二班班长山薯是和我一起穿开裆裤长大的老兵，本来要退伍了，但他写了三份请战书，其中一份还是用血写的，非要打完这一仗才退。山薯在我的三排，我们排负责右侧进攻。这边山势陡峭，林木茂密，易守难攻。

“我军炮击震耳欲聋，仿佛要将那积蓄了一夜的雨水清除掉。我一跃而起，率领三排冲了上去，用手中的冲锋枪狠狠向敌人扫去。

“山薯比我还快，一个箭步冲在前面。别看山薯个子不高，但机智灵活，还是个练家子。一个端着冲锋枪的敌人见我军从天而降，惊呼着向山薯扑了过来。山薯机灵地一滚，嘟嘟嘟，手中的枪响了，只听那家伙一声惨叫，捂着肚子，摇晃几下，倒了。

“山薯带领二班继续冲在前面。子弹、手榴弹像狂风暴雨，呼呼从头顶刮过。我们时冲时伏，搜索前进，敌人坚固的防御阵地也一个个被我们炸开。

“这时我突然发现左前边的山薯耳边涌出了鲜红的血。我跑过去一把拉住山薯说：山薯你头负伤了，立即给我撤下去包扎，二班长暂时由副班长小王接替。

“山薯一把拉住我的衣袖说：排长，你就让我留在班里吧，轻伤不下火线嘛。

“不行，你的伤不轻。我说。

“兄弟，算我求求你了，看在咱们一起长大的分上，你就给我这个机会吧。

“我看山薯眼神里透出了血红色的光，态度坚决，想了想，拿出急救包给他包扎上。一转身，山薯又端着枪冲了上去。

“战斗很快结束，敌人死的死，逃的逃。我们开始打扫战场。然而，此时谁也没想到，从一棵大树的洞里悄悄伸出一挺机枪，黑黑的枪口像死神一样对准我们。这时，站在后边的山薯发现了机枪，他一个箭步冲上来按倒了我。我伏在地上，对着树洞里的敌人扫了一阵，又掏出两颗手榴弹甩进树洞。大树被炸开了，藏在树洞的两个敌人也炸得飞了出来。然而，山薯却受了重伤，他被藏在树洞的机枪击中，胸部几颗弹眼在流着红红的血。当我给山薯包扎时，山薯已不行了，山薯抓着我的手，艰难地说了几个字：兄弟——替我——回家。

“我和战友们的呼喊，唤不回山薯的生命。我回来了，而山薯永远留在了边境线上。我只能带回的是山薯生前穿过的军衣、军帽和一张我和山薯在部队的合影。我把军衣、军帽和照片交给了山薯的父母。山薯的母亲见了照片，一边用满是老茧的手抚摸着，一边就哭晕了过去。

“我跪在山薯的父母面前说：爸、妈，山薯走了，有我在，以后我就是你们的亲儿子，有我吃的，就少不了你们的。

“从部队转业时，我已是连指导员。本来可以选择留在城里，但我耳边时时响起山薯的话。记得那是参战前一个月明星稀的夜，我们在营房外散步。我问：山薯，打完仗，转业准备做什么？山薯不假思索地回答，回家，与狮子山为伴。茂真你呢？我想了想说，我也一样，对大山有感情。”

我对那人说：“如果山薯在，我就不孤单了，我们两个老兵，守在这狮子山口，天天巡巡山，喝喝酒，多美啊。”

我将那张我和山薯站在营房门口合影的黑白照片从箱子里拿出来，给那人看。我说：“山薯的父母百年后，我又将这张照片从山薯的哥哥手里要了回来。山薯的父母在时，我每月都要送钱、送粮。山薯的哥哥不肯要，为此常常争得面红耳赤。山里人就这样，认死理。”我对那人说这话时笑了。

“要说我这辈子最后悔的事吧，”我对那人说，“就是对山薯的小弟太狠了，伤了他啊。但我不伤他不行啊！不伤他就得伤狮子山啊！还有就是在前线对山薯太软了，有了一点点私心，反害了他，如果当初我坚决强令他退下去治伤，他就不会牺牲在那边了。”我说这话时，狠狠拍了下自己脑门。

九

那人说：“大哥，吃了茶，喝了酒，吃了鸡，又听了这么多感动人的故事。我从小到大，还是第一次被一个人感动，那就是大哥你。大哥，听了这么多，我也说说我的事吧。我叫钟铁山，敲钟的钟，打铁的铁，大山的山。钟铁山这名字是后来改的，我小名叫钟小山。后来，长大了些，觉得小山、小山，老叫人欺负，就改了名。我的家就在山那边，童年也还蛮幸福的，有妈疼。记得6岁那年，妈突然得了急病，睡到床上起不来了。我到矿上把爸喊来，爸将妈送到镇医院，妈就不行了。我一下子没了妈，就好像没有魂似的。但真正的苦日子在后头。第二年，爸有了后妈，过两年我又有了弟弟。我爸在矿山，要到周末才回家。记得那时刚上一年级，放学回家，就要干许多活，什么洗衣、做饭、做农活，仿佛做不完的事。稍稍慢了就挨骂，做错一点，就挨打。刚开始后妈是用手打脸，后来就用棍子打，记得最多一周打了5次。有次放学，天突然下雨，全身淋湿。到家后，后妈说我贪玩，玩湿了。我说没玩，是雨淋湿的。后妈就顺手拿起夹煤火的火钳，将我从头到脚一顿乱打。她一边打，还一边骂我亲妈。说那死鬼，生了这么个化生子，来磨人，不如早点死了算了，死了好跟你那死鬼妈埋在一起。你看看。”铁山将手上的伤痕给我看，“打得多狠啊。我爸回来，她就会添油加醋地把事乱说一通。我爸老实，只听她的，从不说什么。就这么过了几年，仇恨的种子，像这春天的毒草似的，渐渐在我心里发了芽。记得那年刚上初中。我那弟弟刚上小学，总喜欢在后妈面前打我的小报告。见后妈打我，他就站在一旁，拍着手哈哈大笑。

放学回家的路上，要经过一条小河。我突然就有了一个念头，把弟弟推下河去，从此，就没人告我的状了，同时又报复了后妈。我为这个想法兴奋不已。我想象着后妈失去亲儿子悲痛欲绝的样子，就高兴得睡不着了。我假装对弟弟好，带他到小河边捉蜻蜓，抓蚱蜢。然后，乘他不注意，猛地一推，他就连人带书包滚下了河。我见计划得逞，立马就跑回去向后妈报告。我看到她慌慌张张地向小河边跑去，就在后面开心得直笑。然而，我们跑到小河边，弟弟却没死，只是摔伤了头。见了后妈，他一边抹鼻涕，一边号啕大哭，一边用手指着我。我知道这回惹祸了，惹大祸了，我不敢停留，拔腿就往学校跑。从此，再不敢回家。

“我不回家，在外面流浪，结识了社会上的小混混。他们给我钱，给我买吃的玩的，然后叫我去偷。记得第一次是偷一个老头的钱，那老头在集市上卖油条。我的同伙装作买油条。我呢，乘他分散注意力，将他刚收的钱夹走了。老头失了钱，跳起脚在那儿骂，骂着骂着就大哭起来。我开始心还有些软，但有了第一次，就有第二次。我就这样一步一步走向了犯罪。

“后来，我的心越来越硬，越来越狠，硬得就跟这铁一样，狠得同狼一般，动不动和人打架，用刀子砍人。这么长的刀。”他用手比画着，“我追着人砍，人见了我就怕，就有人服，也有了小弟，就帮人打架，帮人讨债，帮人整人，帮人抵事。不瞒你说，这是个秘密，我没跟人透露过，要不是遇见你老哥，我就将秘密烂在心里。就说我上次坐牢，吃牢饭吧，也是假的。当然，也不能说是假的，坐牢是真的，只是这案子是假的，也不能说是假的。你瞧我这脑子有点乱。不，案子也是真的，只不过案件中的当事人有出入。说白了也就是案件的主犯不是我，我是代人受过。就是上次进山的那胖子。他有后台，又有钱，有权有势。说好了让我顶替，给好处。据我所知，他犯过许多事。小事没人敢动他，大事就找人顶替。我就是那顶替者。就说上次吧，他强奸了一个女大学生，说是帮人找工作，上了几天班，就强奸了她。他本想出了钱就可摆平，谁知女大学生告到上边去了。他这回可花了大价钱了。

“说实话，大哥。那牢房，我是常客。进进出出，同狱警都搞熟了。要不是在这大山里遇到你老哥，我这辈子算是白活了。我遇到的，看到的，都是黑暗。但你老哥，改变了我。世上还真有不为名，不图利，像你老哥这样的人。这也就是你说的那个灵魂追求吧。人与人，确实不一样，有人千方百计算计人，而你老哥则千方百计帮人。我算是开眼了。我本想，我这一辈子算完了，但遇到你老哥，我就好像突然在黑暗中看到了光明。光明和黑暗其实就是一念之差，就是心灵那扇门是开还是关。以前我的门，一直是关的，被我的后娘，被那些社会黑暗关着。是你老哥，用你的光，照亮了我。让我感受到什么是光明，什么是黑暗。

“但是大哥，我跟你说，我也不是天生就是坏人，也不是想变坏，只不过有些事就像走路似的，走着走着就走岔了路。”

我喝了口酒说：“铁山兄弟，你今天认我这大哥，就证明你不坏，你有善心。有句话叫：走错了路记得回头。人生谁敢保证不走错路呢？谁又敢保证他的路就一定是正确的呢？但差异是有些人不明白走错了。还有些人是明白错了，但一条道走到黑，就是不回头。”

“大哥，这么说吧，没遇到你以前，我没想过要回头。但从昨天遇到你开始，想了，还真想了。但怎么回呢？回得了吗？能回吗？”

“当然能回啦，你还年轻，身体又好，有的是力气。只要肯干，有的是路走。”

“那好，大哥。我听你的，你就给小弟指条路吧。”铁山将手在桌上兴奋地拍了下。

“路就在这里。”我指了指我坐的地方。

“在这里？大哥，你是说要我和你一起来护山？大哥，你看得起我，可我，我……”铁山一紧张就有些结巴了。

“哈……哈……”我忍不住大笑了起来，“你待在这大山里吃得消吗，再说，你还得成家立业呢，怎能跟我老头子待在大山里！”

“那大哥的意思是？”铁山张大了嘴，不敢往下说。

“大哥的意思是靠这大山，发家致富。”我笑笑说。

“靠这大山，大哥不是不让我动这山上的生灵吗？”

“这么说吧，野生的当然不能动，但咱可自己养啊。养牛，养羊，种果树。这大山富饶着呢，有的是好草，这漫山遍野的青草，可营养呢，养什么都行。”

“可我不懂养殖技术啊？”

“不懂，我教你。不是吹牛，这大山里的养殖户都是我教出来的。我是这大山里最早最久的养殖户。”

“可是我没有资金？”

“没资金，不要紧，你可以先到我这里牵些牛，牵些羊去，待你以后牛羊满山了再还。”

铁山走了，牵了我的牛羊走了。我看着他走。铁山一边走，一边回头，眼睛红红的，闪着光。我目送着他和我的牛羊，一直到了山那边，渐渐小了，还在看，用望远镜看。

我从此又多了牵挂，牵挂铁山，牵挂我的牛羊。

十

我站在海拔 1900 米的山峰上，望着那一朵朵飘浮的云彩，望着那一望无际的山峦，望着那郁郁葱葱的森林，望着那成群的牛羊，望着成片成片的果树林，脸上浮现出满意的笑容。

春去春又来，又是一年过去了。这年春天，山上的映山红开得特别艳丽。我吸了口花香，然后慢慢地吐出，仿佛沉醉在花的酒海里。一转眼就七十多了，整整在这大山里待了三十多个年头了。老了，腰腿不如从前了，不服老不行。我站在狮子山的顶峰放眼望去，一座座高山大峰，几乎全被绿树包敷着。这些树绿得是那么深，那么厚，那么浓，将大山装扮得青青壮壮，气象清新，看上去，大山是越来越年轻了。以我老去的时光，换来大山的青春，这个买卖值，我想。这些大山，我算来读了一万多天了，从荒山读成青翠，再读成丰厚的美丽华章。如今接替我的年轻人也来了，按道理该交卷了，我还等什么呢？接替我的年轻人问我。儿子也问。我不语。我每天照旧清晨巡山，照旧拿着望远镜望，只是往南望的时间长些。这天，我的电话响了。我以为是儿子又催我下山了。我看了看，是个陌生号码。我喂了一声，电话那头却是个熟悉的大嗓门："喂——大哥，大哥，你还记得我吗？我是铁山啊！你给我的牛和羊都好，还下了崽子。乡里又让我到信用社贷了款，购了更多的牛羊。如今啊，我的牛羊已形成产业品牌了。什么？大哥你看不见。好，兄弟我叫大家伙都把牛羊赶到山岗上去，你站在山顶上好好看看吧，大哥！"

"好！好！好！我站在山顶上去。"我一边说着，一边往山顶上跑。我站在那块突出的灰色大石头上，将望远镜向山那边望去。"看到了，看到了，我喊。"

那边大声说："那大些的是一群群灰色的牛，那小些的是羊，有白色的羊，还有黑色的山羊。它们向山岗走来了。山岗上有草，在果树的包围下，还有草坪。一片片牛羊在山岗上悠闲地吃着草。对了，旁边还有座三层楼的松木房子，是我办的'森林人家'，一楼是吃饭的酒店，二楼三楼是住宿的客房，冬暖夏凉，生意可好了。大哥，你有空来住一两宿吧，咱哥俩一边叙叙旧，一边喝上两杯我做的米酒……"

"要得！要得！好！好！太好了！"我兴奋地喊着。我再将望远镜向远方移去，白云下边，是隐隐约约的城市，一栋栋楼房矗立起来。我看到了青山、白云、绿水、牛羊、果树、楼房。我脸上仿佛写满了骄傲，是啊，值、值，就凭这座山这辈子值了。

二

中短篇报告文学

| 1 |

牛角山的春天

作者 谭仲池

雨后牛角山，茶园碧如玉

盛夏，湘西的雨一连下了几天。湘西古丈县牛角山村，那些坐落在山腰和沟谷溪岸的古老苗寨的房屋，在烟霞般朦胧的雨雾里时隐时现，唯有夯吾溪哗哗的水声打破了山野的宁静。车子爬上盘山的柏油公路，打开车窗，用手触摸天空飘下的水雾，心便感觉异常清爽，仿佛置身春天的怀抱，正在呼吸和感受生命的纵情绽放。

我是慕名到这里采访山村巨变的奇迹，寻找春天走进牛角山的足迹。

2019 年 3 月，我在央视人物专栏《底气》里，听到了牛角山村党总支书记龙献文讲述自己带领村民脱贫攻坚致富的故事，他的形象深深地印进了我的脑海。我想去牛角山村亲身感受他的为民情怀、奋斗精神，感受这里的山水乡愁和民族情谊。

雨后的阳光明媚滋润，连空气也变得柔软清新。一下车，龙献文就热情地领我们去看牛角山的茶园。站在山顶，重重叠叠、如棋如格、错落有致的茶园，像一块块碧玉镶嵌在绿茸茸的山峦，在太阳照射下闪耀着翠绿的光芒，随山势铺展延伸。龙献文摘下两片嫩绿的茶叶对我们说：“2014 年，我参加在澳大利亚举办的中华文化节暨茶博会，带的就是这山顶茶园产的‘黛勾黛丫’（苗语：阿哥阿妹），这是我取的茶叶品牌名。我想让牛角山的‘阿哥阿妹’，带着我们村全体村民的绿色梦想和美好向往，走遍全世界。”

我们参观了新建的能生产 200 吨茶叶的加工厂，大开眼界。在这里，我感知到种茶、采茶、制茶人的平凡与伟大，看到了珍贵的感情、透明的匠心、有价值的智慧和放射人性光辉的制茶艺术。

在来牛角山的车上，县政协向主席对我讲了牛角山村种茶的辛酸和曲折探索过程——

大山深处的庄严承诺

2009 年 7 月 21 日深夜，牛角山村苗寨民房突然燃起大火，只几个小时就烧毁了 31 栋民房。受灾村民跪在地上伤心地哭喊。龙献文含着泪对大家说：“我是共产党员，是村上的党总支书记，你们放心，我一定帮助大家重建房子，还要带领大家脱贫致富。我若做不到，死也不瞑目！”

就在这天夜晚，龙献文找来从部队复员回来的村支部副书记龙启国商量灾后重建。沐着清淡的月辉，他俩久久地站在被烧毁的房屋前，闻着从风里飘来的焦土味，沉思细语。不知不觉，他们身后来了许多党员、村干部、村民。龙献文转过身来，用坚定的语气说：“我和启国商量，从明天开始，全村党员和村干部带头抗灾救灾，做到五统一：统一规划，统一施工，统一贷款，统一安排生活，统一组织发展生产。年底时，受灾户一定要住进新房！”

这是大山深处一个基层党组织对受灾村民的庄严承诺。

重建三十几栋房子，谈何容易！一边救灾一边发展生产，出路在哪里？龙献文遇到了他没有想到的困难和困惑。

最难的是筹集资金。牛角山村原本就是特困村，村上无力筹助分文。尽管各级政府都拨来救灾款，可傍着岩层建房造价高，资金缺口大。龙献文除自己带头捐款两万元外，东奔西跑请求各方捐助，磨破嘴皮筹得了210万元。重建房屋的164个日日夜夜，他每天只睡三四个小时，嗓子哑了，吐出的痰带着血丝，乡亲们劝他休息，他总是说："我扛得住。"

就这样，党员个个上阵，村民一齐跟上，五个多月时间，一排排整齐宽敞、具有苗族特色的新楼房耸立在了牛角山的怀抱，受灾的村民全部住进新房。从此村上大人小孩都亲切地叫龙献文"龙三哥"。这个称呼不胫而走，在牛角山、默戎镇，在古丈县、湘西州流传。这是村民们用心里的那杆秤称出的称呼。

种茶，走一村一品产业发展之路

牛角山村党支部支委石秀姐说："重建住房的那些日子里，龙三哥就在心里规划种茶的蓝图。这是龙三哥经过反复思考后拿出的主张。他多次找支委商量沟通，要大家支持他。我说：你说干，我就跟你干。"

龙三哥是个爱学习、敢想敢干的苗家汉子，发动村民种茶是有来由的。他告诉我，牛角山海拔800至1200米，位于北纬28 ~ 30度，山高林密，溪涧纵横，云雾缭绕，土壤富含磷硒，很适合种茶。他从资料中得知，古丈种茶历史悠久，唐时属溪州，唐代杜佑《通典》记载："溪州等地均有茶芽入贡。"古丈河西白鹤湾出土的古文物中，有大量战国时期的茶具。可以断定，古丈是湘西最早的茶叶产地之一。可当他提出牛角山要走一村一品产业发展之路，把种茶这个龙头舞起来时，大家都怔住了，七嘴八舌地说：这茶村上早就没人种了，价格卖不起，销路打不开，没有资金，不懂制茶技术，还不如种玉米、水稻靠得住。

看大家犹豫，龙三哥一字一句地说："你们不种，我一个人种。"第二天，他就带着一家人上了山岗，将灌木丛生、荒芜已久的山坡开垦出来种茶，而且一种就是50亩。看着龙三哥一个人干起来，龙启国领着支委动了起来。村支部成员带头种茶，村上的积极分子也一个个跟着干了起来。一年后，村上成立了牛角山茶业专业合作社，以农户土地、资金、劳力入股的方式发展茶叶产业。

行船频遇当头浪，遇难不退好收成

不料2010年冬天湘西地区发生严重的冰灾，厚厚的冰层压倒、冻死了一片片茶树。龙三哥日夜带领村民冒着严寒补苗。不少种茶的村民动摇了，有人风言风语："我早说种茶靠不住。"更有村上帮助补苗的户主竟然晚上悄悄扯掉了树苗。龙三哥含泪无言，仰天长叹。

知夫莫若妻。龙献文的妻子张新凤小他三岁，1986年他们在一次赶边边场时相识，龙献文对新凤一见钟情，婚后新凤全力支持龙三哥的工作。为了当好三哥发展茶叶产业的得力助手，新凤自己外出拜师学种茶、制茶、泡茶。她操持家务节衣缩食，精打细算，家里办的小卖店、加油站和原来办企业赚的钱，都积蓄起来支持三哥的工作。近10年来，龙三哥从新凤手里拿出投入村办企业的资金达1400多万元，一分利息都不要。张新凤常对村民说："只要村集体办得好，他什么都舍得。"现在三哥遇到难关了，她知道三哥需要她，便主动办起了"妇女之家"，组织妇女种茶、采茶，参加村里的各种活动，还动员妇女回家做男人的工作，把心思放到种茶上来；对缺资金的农户，她主动借钱给他们，还买茶苗送到有的农户家门口。

在龙三哥夫妇和村支委、党员们带头种茶的榜样力量感召下，村民们种茶的热情又一次被点燃。

正当种茶产业在艰难中重振生机时，谁料到2013年又遇旱灾，龙献文再一次陷入极度焦虑中，日夜苦思怎样战胜旱灾，终于从冬天栽树用塑料袋补充营养液的方法中得到启示，想出用塑料袋装水打孔，挂在茶苗上补水的妙计。他买回几万个塑料袋，发动家家户户男女老少一齐出动，将塑料袋灌满水挂在茶树上。在炎炎烈日烘烤下枯萎的茶树，驮着装满清水的白色塑料袋，一两天后竟昂起了头，被晒得干枯的茶树恢复了生命活力！

旱灾抗住了，虫灾又逼近。看着爬满茶树吞噬嫩绿茶叶的毛虫，村民们心如刀绞，再次把目光投向了龙三哥。龙三哥相信，只要发挥好党组织的战斗堡垒作用，充分发动群众，就一定能战胜任何灾害。他反复叮嘱大家：为了保护好生态有机茶，绝不能打农药灭虫，只能用手捉虫。妻子张新凤二话没说，主动带领姐妹们戴着口罩和长手套，把茶树上的虫子一条一条捉下来……

成功总是赐予能遇艰难而不退却的人。这一年，全村茶叶获得了好收成！

精准扶贫吹春风，整村脱贫奔小康

2013年11月3日，习近平总书记来到湘西十八洞村，做出了精准扶贫的重要指示，如同春风迅速吹遍三湘四水、神州大地，更温暖着与十八洞村相隔只几十公里的牛角山村村民的心。

龙三哥当即带领村支委去十八洞村学习，回到村里商量如何尽快把种茶产业做大做强做优。龙献文知道，要把产业做大，关键是要开拓茶叶市场，创出自己的品牌。次年春天新茶做出来后，龙三哥带着妻子、女儿和村上的姑娘小伙四处参加各类茶展，到企业到城市宣传、推销牛角山的茶叶。这期间发生的每一个故事都十分感人。有次去参加深圳茶展，龙三哥肩扛一箱茶叶坐火车，进展厅，摆好产品，挂好宣传海报，然后去酒店房间梳洗一番，穿上苗族服装，站在展台前热情地对参观的顾客说："我叫龙献文，是湘西古丈县牛角山村的党总支书记，全国人大代表，我给你们送村上种植的高山云雾生态有机茶来了……"这个深山农村党总支书记的行为，感动了大家，他的展台前，常常出现排队争相购买茶叶的情景。

茶叶创出了品牌，有了广阔的市场，村民们看到了希望，全村 313 户都加入了茶叶专业合作社，新开发茶园 7500 公顷。

听说牛角山村脱贫致富的事迹后，2016 年 12 月 1 日，省委书记杜家毫亲自到牛角山村讲党课，充分肯定他们取得的成绩，勉励牛角山村党组织充分发挥好战斗堡垒作用，带领全村村民一心一意奔向全面小康。这进一步激发了党员和村民们的斗志。这年全村人均纯收入 9700 元。

当年 12 月 12 日，龙献文庄严地向村民们宣布："从今天起，牛角山村整村脱贫，从此我们要挺起腰杆奔小康！"听到龙三哥铿锵的话语，全村男女老少回报以雷鸣般的掌声，都流出了喜悦和激动的热泪。

产业立村道路广，精神富足日子甜

村民大会一散，龙三哥沿着靠近夯吾溪的街道，朝正在修建的茶叶展览大厅走去。小街的两边摆满了湘西各乡镇山民带来的农副产品和苗绣、苗药、银饰。看着眼前五光十色、琳琅满目的产品，端详脚下街道的青石板闪着温润的光泽，映衬着楼阁的光影弯曲地伸向深巷，他的心又开始寻思：山上变成了金山银山，山脚又该怎样呢？

这一夜龙三哥未能入睡。他从书架上抽出自己最爱读的家乡作家沈从文的书翻读起来，耳边仿佛传来沈从文讲的湘西话："这种好歌手，通常必然还是个在本村本乡出力得用的好人……他或她的天才，在当地所起的作用，是使得彼此情感流注，生命丰富润泽，更加鼓舞人热爱生活和工作。"（沈从文《湘西苗族的艺术》）龙三哥激动地望着山寨如繁星闪烁的灯光、天空银亮的星光、溪水里晃动的楼阁倒影，驰骋着自己的奇妙遐想。他知道，生活富足了，必须精神富足才能行稳致远。他心上闪过一道亮光，决心通过开辟乡村旅游，弘扬民族文化，传递时代风尚，淳化民风民俗。

在龙献文和大家的努力下，村里的旅游火了。近年来，每天都有三四千人来牛角山夯吾苗寨旅游，为村里带来上亿元的年收入。产业立村的道路越走越广，村民的日子越过越甜，2017 年村民人均收入达 13618 元。牛角山村还带动了周边山村 5000 农户种茶；牛角山片区 4000 多公顷白茶开发项目，也于 2018 年 7 月 7 日正式启动。

背着牛角山茶叶走进人民大会堂

2018 年全国两会召开，当选为第十三届全国人大代表的龙献文背着牛角山的茶叶，唱着《挑担茶叶上北京》走进了人民大会堂，成为中央媒体争相报道的亮点人物。龙献文全心全意为村民办事，带领村民脱贫致富奔小康，牛角山村获得了全国"一村一品"示范村、"国家农民合作示范社"光荣称号，龙献文获得了第六届"全国民族团结进步先进个人""全国农业劳动模范"等荣誉。2018 年 3 月 12 日，李克强总理在人民大会堂接见了龙献文，并与他亲切握手、交谈……

随同我采访牛角山村的一位年轻电影编剧对龙献文说："龙三哥，我想把你的事迹搬上银幕，让全国人民都认识你。"龙三哥听了只是憨厚地笑着。他明白肩上的担子依然很重，他说："现在脱贫了，走进全面小康了，可我最担心的是返贫。"我握住他的手说："只要初心不改，一切都会如你所愿。"

龙三哥，我知道，春天会永远在你心里的。

| 2 |

暖村·生长

作者 周月桂

在花垣县十八洞村，仿佛看到千千万万个村庄的过去与现在、变化与生长。

——题记

【引】

湘西莲台山，终年云遮雾罩，山高林密，很多地方人迹罕至。

夜郎十八洞就隐藏在莲台山庞大的山体中，这是一个大型岩溶洞穴，洞内有十八叉洞，洞洞相连，有巨大的洞室、奔涌的暗河和形状各异的石笋、石幔、流石坝……

莲台山多云雾天，冬长夏短，迟亮早黑。建在高山褶皱里的花垣县十八洞村梨子寨，隐身于云雾之中，如同汪洋中的小岛。

山高雾冷，这里的秋天比别处要来得早。很长一段时间，寨子里只剩下老人，带着幼小的孙辈留守村庄。缺少了青壮的村寨不再生长，年深月久的木屋呈现凋敝的黑色。

五年前的秋天，“精准扶贫”理念首次在这里提出，开启了全国精准扶贫、精准脱贫的高质量减贫进程，许许多多的“十八洞村”改变了自己的命运。

古老的苗寨赶上了急速行驶的时代列车，十八洞村用三年时间，把积年的贫困甩在了身后。带着对幸福生活的追求，人们修通了村道，扫净了蛛网，种下了猕猴桃，养起了蜜蜂，开起了农家乐。新苗歌唱了起来，新的生活方式、新的渴望、新的人在蓬勃生长，热气腾腾的新生活开始了。

2018 年，又一个秋天到来的时候，我们来到十八洞村。秋天的雨水寒冷干净，打湿了石板路，家家户户屋内生着一团柴火。从夜雨中踏进梨子寨杨东仕老人的家，柴火的热气只往人面上扑来，迅速烤干了身上的湿气，红薯煨在火塘里，腊肉在燃烧的松枝上方“滋滋”冒油。

杨家的木头房子干燥吸湿，新换的被子雪白温暖，接下来的几天，以梨子寨这个温暖的民房为中心，我们拜访了十八洞村里的老人、青壮年人和孩子，在每一家的火塘边，把一身烤得暖暖融融，就着火，聊聊他们被改写的命运和正在展开的新生活。

龙冬姐的甘酿

一大早，我们借住的杨家主妇龙冬姐便起床了。她细细地梳头，编好辫子，插上簪子，最后缠上又高又大的青布头帕。

她穿戴整齐了，是一个清清爽爽体体面面的 72 岁苗族大婶，半旧的青色圆领大襟短衣和宽脚裤，盘肩、袖口、裤脚有少许绣花，浑身上下没有首饰。穿戴完毕便开始洗漱洒扫，将住宿客人的被子洗得雪白雪白。寨子里到处在施工，屋前的石板路有工人路过便会留下泥印，龙冬姐一遍又一遍不厌其烦地冲洗。

一切清洗妥当，龙冬姐便安坐在自家酒铺前，等着游客上门。一切都干干净净的，让她心里特别愉悦。

梨子寨干净舒适的生活，是这几年才有的。丈夫杨东仕是梨子寨第一个“读书出去”的人，在排碧学校任教多年，一家人因此住到了镇上。2004 年杨东仕退休，人人尊称他为“杨老师”，杨家是当地的体面人家。

杨东仕说起从前梨子寨的苦：“粮食倒不愁吃，我们这有梯田，但就是只有吃的，没有钱，不敢害病，不敢求享受。”村民主要的经济收入，除外出打工外，就是卖木材。

杨家是“好人家”，却也好不到哪里去。木房子是 1983 年修建的，年久失修，破败不堪。出门便是泥泞，厕所是旱厕，爱干净的龙冬姐每次回梨子寨都会觉得不便。

直到这几年，村子的道路硬化了，厕所改好了，电网改好了，山泉水引进来了……寨子里的生活环境比镇上还好。杨东仕把木房子重新用桐油漆过，卧房改成了四间民宿，又把正厅让给侄子杨超文开农家乐，另外建了个酒铺。每日人来人往，欢笑盈庭，老房子似乎新生了。侄子的“幸福人家”农家乐生意红火，杨超文三年换了三台车，从小三轮车换成大三轮车最后变成了红色的本田小汽车。

龙冬姐汉语说得不是很流利，但这不妨碍她守着一个酒铺，经营一家民宿，赚取一份不菲的收入。这个安静的家庭主妇心里，获得了极大的价值感。

大酒缸里装的是家酿的猕猴桃酒、桃花酒、糯米酒、苞谷烧……她取了猕猴桃酒邀我们共饮，酒精度低，甜度高，这微醺的感觉，对一个勤劳本分的主妇来说，是陌生而甜美的。生活在向十八洞村的老人展示更多甜美。

杨姐的苗歌

10 月 14 日，梨子寨的第一缕炊烟从“杨姐饭庄”的屋顶上升起。这天，杨姐家要竖新屋，在老房子旁建一座吊脚楼。

按当地民俗，结亲要晴、立屋要淋，这天寒雨如雾，正是主家建房的吉日良辰。前来帮忙的邻居陆续聚齐在杨姐家的大火塘旁，等待主家丰盛的早餐。

厨房内烟火缭绕，杨姐在一口硕大的铁锅前双手持铲，把一锅腊肉炒得虎虎生风。

杨姐是寨子里最有人缘的主妇，还是远近有名的苗歌好手。她其实不姓杨，她姓龙，叫龙拔二，丈夫姓杨，叫杨秀富，家里开了一个农家乐餐厅，叫“杨姐饭庄”（后改为“爱在拉萨”），大家便称呼她杨姐了。她是饭庄掌锅的大师傅，也无疑是这个家庭的主心骨。

杨姐 62 岁了，细眉毛，长眼睛，脸部线条流畅，仍旧辨认得出昔日清秀苗女的轮廓。苗女大多能歌善舞，杨姐从小跟着母亲和姐姐唱苗歌。最爱的是放牛的时候在山上起高腔，歌声穿云破雾，是艰辛童年里最轻盈的时刻。

成年后，生活越过越沉重，苗歌渐渐就不大唱了。40 多岁的时候，丈夫生病，四个孩子和稻田要照顾，她常常一个人下到山脚犁田、耕地、打谷子……这样的日子里，杨姐的歌声沉寂了。

孩子们慢慢长大，纷纷外出上学或打工，杨姐守着老房子，等来了精准扶贫的工作队。多年来几乎停止建设的寨子，开始每天都有新变化，游客一天比一天多，杨姐的心活动了。她把在外打工的女儿女婿叫回家，在自己屋里开起了农家乐饭庄，堂屋摆了四张桌子，两边火炕上各摆两桌，杨姐的好厨艺让饭庄每日都宾客盈门。一家人团团圆圆，热热闹闹。最小的儿子杨永华，从华东师大本科毕业后，远赴西藏支教，那是一家人也是全寨人的骄傲。

有一天，晒着秋日的阳光，择着菜，她觉得胸中有什么盈盈欲出，那些好久不见的苗歌就在这时候流泻出来。

从那以后，杨姐的苗歌就常常在梨子寨响起，村里不少年轻人来跟她学苗歌。闲的时候，杨姐还会编新苗歌，路修好了，编一个；农家乐开张了，编一个，歌词大多是“我们冷暖有人知”“太阳出来心里暖”“欢迎来到十八洞”……即使你听不懂苗语，也听得出温暖明亮的调子。

梨子寨还新修了一架“八人秋”，“竖秋千,八人坐，谁转上面就唱歌”，秋日金色的山野，高大的秋千架上，青年男女款款对歌，衣袂飘飘。

等杨姐得空的时候，我央她唱支老苗歌。

“老苗歌都是谈情说爱的，你们不要笑。”杨姐看向丈夫。

杨秀富始终安静地陪坐在一旁，在柴火边半闭着眼，像在打瞌睡，又像在静听。

杨姐的苗歌响了起来，歌声随烟火升腾，是飘渺过去的回音，也是幸福的当下生长出来的欢歌。

老支书的村道

老人是村庄的底色，他们更熟悉土地，更加勤劳本分。

清早的时候，杨五玉在家门前的晒谷坪上猛力刷牙，满口白沫翻飞，“噗”的一声喷出大口水珠，气势不凡。

这个退伍老兵、老村支书，1949年出生，常年保持着早起的习惯，身材清瘦健朗，衣服整整齐齐，家里三亩地，全由他亲自操劳，又在扶贫队的帮助下开了一个小卖部，卖点日用品，价格公道。

有天我们去找他买牙刷牙膏，他正坐在火边瞌睡。下雨天，木屋里很昏暗，他也不开灯。见我们来了，才摸索着扯亮了电灯。待我们告辞出来，他便立刻关了灯。

勤俭节约，吃苦耐劳，是这位老人多年的习惯。

十八洞村原来的进村道路，便是杨五玉带着全村人一锄头一锄头“挖”出来的。

建在半坡上的苗族山寨，因大山阻隔而贫穷闭塞，到20世纪90年代，十八洞村还没有一条可以通车的公路，村口距最近的国道有5公里。当地的顺口溜说：“梨子寨穷，梨子寨苦，肩挑背驮磨破皮，养头肥猪卖不出。”

杨五玉是当时的村支书，他把五公里长的线路，细分到每家每户，把难度最大的路段留给了自己。那是1998年的夏天，炎炎烈日下，家家户户、老老小小都到了路上。

那时候没有挖机铲车，修路只能靠大家用锄头挖。三年时间，农忙时大家干农活，农闲时各自从家里吃饭后去义务修路，不论严冬酷暑，终于从半山腰上辟出了一条通车的村道。

村道通车那天，苗鼓欢天喜地地打起来，拖拉机“突突”开进寨子，杨五玉像卸下了千斤重担，无比畅快。

54岁那年，杨五玉从村支书的位置上退下来，这条村道，是他留下的最为骄傲的“政绩”。遗憾的是，这条两米多宽的村道，并没有改变全村人穷苦的命运。

直到2014年，随着各类建设的兴起，狭窄的村道已经不合时宜了。扶贫工作队决定重修通村公路，村民们让地的让地、投工的投工，在工程机械的大刀阔斧下，一条八米宽的柏油路修好了，还全程安装了防护栏。

大道好行车，这两年，村里好多人家都买了汽车，杨五玉的二儿子也买了台面包车，既运货也载人，很方便。

“还是机器厉害，比我们当年那路强多了。”杨五玉在路上溜达的时候，又失落又骄傲——那路的底子是全村人挖的，大家都不会忘记。

杨再康的珍宝

孩子是生命的延续与希望，每一个小生命的到来，都温暖了一家人，点亮了一片天空。

星期一的早上，三岁半的莎莎被杨再康用皮卡车送去花垣县城上幼儿园，但她又哭又闹，硬是跟着皮卡车又回了梨子寨。

回到家，奶奶正在洗锅做饭，用一块绣花的黑色长巾把一岁多的小孙子绑在背上，孩子看到姐姐回来很快乐。

“佬佬，下来玩。”莎莎跟他招手，湘西土话里，把弟弟称作“佬佬”。莎莎央求奶奶把“佬佬”放下来，和“佬佬”一人抱着一只小土狗，从屋前走到屋后。

杨再康忙碌之际，看到此情此景，即刻有了淌下热泪的冲动。

杨再康家在“杨姐饭庄”的后面，地势高，屋旁有一棵大梨树，据称是迁入此处的祖先所植，也是梨子寨名字的由来，颇有占据梨子寨中心位置的气势。

杨再康也是这个村里的中坚，个子不高但身板扎实，五官端正，苗歌唱得好，是个踏实的苗汉子，只是生在梨子寨，穷得读不起书，父亲去世得早，他只能外出务工。2016 年，跟很多青壮年一样，看到村里发生的变化，再康决定留在梨子寨创业。此时他已经42岁，漂泊半生，尚未成家，家中只有老母亲，守着空房子。

老房子一经收拾，便焕然一新，“再康农家乐”开张了。再康为人勤劳本分，农家乐生意很不错，比在外面打工收入还要高。经人介绍，他认识了现在的妻子，从此有了一个正正经经、稳稳当当的家。

妻子嫁到梨子寨时，带来了莎莎，再康视其如珠如宝，疼爱有加。隔了一年，妻子给再康添了一个儿子。

有了孩子，生活更添了动力。再康起早贪黑，农家乐经营得红红火火。莲台山里油茶树多，他又琢磨着新建一个茶油榨油坊，让游客们体验苗家原生态的榨油方式。

如今，莎莎已经三岁多，儿子走路也很稳了，两个孩子亲亲热热，将一个家每天都闹得热气腾腾。

妻子娘家在县城，就回到县城去上班，顺便带莎莎在县城上幼儿园。可莎莎周末一回梨子寨便不愿走了，她就喜欢天天赖在爸爸身边。

星期二的早上，再康再次送莎莎去上幼儿园。然而这一次又没送成，莎莎有的是办法对付爸爸。

龙建梅的邀请

很长一段时间，婚姻于十八洞的光棍而言，几乎只要是个女的愿意嫁进来就行，至于长相性格脾气，基本可以忽略不计，生个一男半女，这桩婚姻便算是大功告成了。

杨远章和龙建梅不这么想。两人自由恋爱成功，一起生活三年多了，在村里是惹人注目的一对，穿着相对比较讲究，感情非常好，每天都成双成对地出入。两人年纪都在 40 岁上下了，却一直没有办结婚酒，也没有生小孩。

他们觉得结婚这个形式并不重要，孩子也从来不是生活唯一的目的，两个人各有各的爱好。杨远章是一个奇石爱好者，龙建梅则是一个音乐爱好者。房子前坪，杨远章用石头布置了一个有水有山的大盆景，颇为别致。他们家没办农家乐，把房子租了出去，也卖点零食土特产，还入股了村里的猕猴桃种植基地，每年都有固定的分红收入。

龙建梅在寨子里的存在感比杨远章更强，她身材丰满，声音甜美，穿一双跟很高的松糕鞋，化浓妆，假睫毛接得又密又长，总之这个人是喜欢浓墨重彩的。因为她说话富有表现力，很多记者采访都会找到她，她因此上了很多次电视。

十八洞村有意发展民俗旅游，让村里的年轻人都学打苗鼓唱苗歌，龙建梅是这些人中的活跃分子。她原本是镇上的音乐教师，现在就在梨子寨教大家唱歌，虽然做这些并没有收入，她仍旧很乐意。

她的另一个身份是十八洞村猕猴桃的形象代言人，身穿苗服出现在海报上，也是她特别骄傲的事情。猕猴桃树长在距村 30 公里的道二乡，是大山中难得的一块平地，这块“借鸡生蛋”的飞地，当初不被村民看好，现在却真的有了收成。

苗寨人淳朴好客，而龙建梅是最为热情的一个。很多次，她邀请路过的学生去家里喝茶、吃饭，并不收钱，她就是喜欢交朋友，跟他们分享自己被电视台采访的视频和照片。

“锦鸡飞过彩云崖，歇住羽翎落山寨，远方的朋友，远方的客，请到我们苗寨来……”这首改编的歌曲，龙建梅唱得情真意切。她住到十八洞村，是因为这里有爱人，有摄像机，有她唱歌的舞台。她希望有更多的人来十八洞村，人多起来，才有更多的机会。

龙先兰的月亮

这个秋天，莲台山的五倍子花和野菊花开得特别多，都是极好的蜜源。十八洞村竹子寨的龙先兰得空时去查看蜂箱，晶莹的黄褐色蜂蜜已经不少了，但他不急着取，根据前辈的经验，立冬后再收蜂蜜，味道更佳且更宜保存。

这几天龙先兰在给自家的老房子盖楼板，来了一帮邻居帮忙，晚上家里开了两桌饭，摆了酒。妻子吴满金和一群媳妇围着柴火闲谈，不时看一眼在吃饭的龙先兰，提醒他少喝酒。

火光映照下，吴满金脸如满月，她是照亮龙先兰的那轮月亮。

孤儿龙先兰因为心无所依，一度过着极为“荒唐”的生活，东家西家地蹭饭，喝醉了就睡在路边。

成年后，龙先兰便出去打工，直到十八洞村第一任扶贫工作队队长龙秀林把他找回来，跟他谈心，支持他到农校培训，认他做弟弟，过年时带他回家里一起过年，还给了他压岁钱。

龙秀林让龙先兰感受到了巨大的温暖与支持，骨子里，先兰是个感恩又聪明的孩子，一经引导，便自己想到了养蜂这条路，认认真真地干了起来。

满金看上他什么呢，她自己也说不清楚。她第一次见龙先兰时，龙先兰还没有脱贫，也许是因为他长得高大帅气，也许是因为同情他的身世，也许是看到他的聪明勤奋，又或者并没有什么具体原因，只是两个正当好年华的青年男女自然而然的化学反应。

满金进了龙先兰的家，将他的生活照亮。有她在，先兰不酗酒了，还在龙秀林的引导下成立了养蜂合作社，成了村里的致富带头人。

村里有十来户农户跟着龙先兰一起养蜂，26 岁的龙金彪就是其中一个。今年开春，龙金彪主动向龙先兰拜师学艺，成功养了 28 箱蜜蜂，每箱蜜蜂可取 4 至 5 公斤蜂蜜，原生态的十八洞蜂蜜每公斤卖 300 元，可以赚到 4 万元左右。龙金彪觉得这个师傅真拜对了。

满金长相喜庆又大方热情，在村民中也很有人缘，被大家选为村妇女主任。现在，两人已经有 200 多个蜂箱，还在县城买了新房。

秋天的十八洞村，到处开满娇媚的野棉花，先兰和满金一起去山上检查蜂箱，相依相偎，有说有笑，最好的日子不过如此。

施六金的焦虑

对幸福生活的渴望，是人类前进的动力，也给人带来了焦虑。

44 岁的施六金无疑是梨子寨的“名人”“网红”。今年中秋节，他的婚礼可是来了数十家媒体记者。

施六金家很好找，进寨子第二家就是，家里还贴着大红的喜字，装饰着各色彩带。不过，自从婚姻大事被各界高度关注以后，他似乎对各路到访者有些不耐烦了。

施六金身材壮实，满面红光，嗓门粗大。这天他穿了套新西装，新理了发，晚餐的饭桌上有鸡、有鱼、有腊肉，他喝了点酒，就着烧旺的柴火，谈兴大发。

他说自己吃过很多苦。因父亲患病，家庭负担沉重，初中没毕业就弃学打工，那时他是一个懂事的淳朴少年。

在外 20 多年，他去过广东、广西、越南等地，长了见识，长了心眼，只是一直没找到老婆。

2014 年，施六金回到花垣县，在一个矿山打工，一边留心看村里有没有什么好机会。此时的十八洞村正是需要青壮年建设的时候，扶贫工作队到处寻找在外打工的十八洞村青壮年，邀请大家回村就业创业。

施六金反反复复在心里盘算过，在外面打工看起来赚得多，回来却有回来的好，照顾老母亲，娶妻生子，都是大事要事。

虽然初中没毕业，他却是个能干人，回到寨子也算干得风生水起，成了村民组长，当了旅游解说员，开农家乐，酿苞谷烧，种猕猴桃，后来又开始在家附近的十八洞村山泉水厂上班。今年更是娶了漂亮媳妇，日子好上加好、锦上添花。

好日子滋长了施六金的信心和野心，他走得很快，也常常有些焦虑，他想要过更好的生活，不满足于小富即安。

可能是因为事情太多，打理得不够仔细，他的农家乐没有别人的生意好。水厂的工作稳定轻松，不过收入比不上在外面打工。村里很多人买了小轿车，他也想买，只是还没拿到驾照，手上的钱暂时也不够。

“我今年一定要做件大事。”喝着酒，他突然激动起来。

又说：“这是商业机密，现在还不能说，你们到时候都会知道的。”

施六金停下筷子，想着发财的路子，一时有些出神了。

他的新婚妻子为他添酒夹菜，母亲在一旁往火塘添柴，木屋内气氛温馨，这让他的焦虑渐渐融化，又高高兴兴喝起酒来。

孩子们的未来

在十八洞村，遇到的孩子都大大方方地和你聊天，普通话比祖辈和父辈都要好很多，经常充当着小翻译的角色。他们比祖辈有更大的自由、更宽广的未来。

十八洞村的孩子，一二年级在十八洞小学上学，到了三年级就要去排碧学校，路途遥远，需要寄宿在学校。上学不容易，这些孩子却格外聪颖勤奋，凡有孩子的家庭，墙壁上都贴满各类奖状。

进梨子寨的第一家是杨远朝家，正是周末，杨家三个孩子都在屋子里，老大杨婉蓉在窗边写作业，墙上贴满了“三好学生”“优秀班干部”的奖状，两个小点的孩子在门槛边玩。

旅游大巴就停在她家门前的停车场，窗外游客一拨又一拨，声浪盈耳。

但是杨婉蓉不嫌吵，她喜欢现在的寨子。

现在的寨子干净。以前爸爸给她买的新鞋子，她都不愿意在寨子里穿，因为嫌地太脏了，现在寨子干干净净的多好。

现在的寨子让爸爸回家了。家里房子的正屋租给了邮政公司，每年有 5 万元租金，杨远朝也就结束了在外地的打工生涯，每天可以接送孩子上下学，也给孩子改作业。杨远朝的妻子就在停车场旁边的长廊下摆了一个摊，卖酱菜米豆腐和一些竹编的小篮小筐。

有爸爸妈妈在家，婉蓉小小的心满足了，她一贯好学，如今更加勤奋，是学校的模范生，是寨子里孩子们的小榜样。她心里认定，将来是一定要读书出去的，外面的世界那么大，她要去看看，她有信心可以做到。

隆苗的想法跟杨婉蓉不一样，她也是排碧学校的学生，她觉得将来就在家里也很好，她喜欢在家里做苗绣。

隆苗家在十八洞村飞虫寨，奶奶石顺莲对隆苗寄予厚望。石顺莲是十八洞村老村支书，卸任后在大家的推举下，成为十八洞苗绣合作社的负责人，带着五十多个妇女绣苗绣。

石顺莲觉得隆苗在苗绣上悟性很高，盼着隆苗接她的班。隆苗也算不负所望，不到 13 岁便可以独立完成绣件了，卖出过好几幅作品。

这个小小的“绣娘”，手指细长，笑眼弯弯，握着一把彩色绣线，在手里绕来绕去地把玩。她细细地介绍苗绣，图案有日月星辰、虫鱼鸟兽、花草树木，而绣法有平绣、锁绣、牵绣、捆绣、搓绣……暗色底布上缀着彩色绣花，像暗夜里的焰火，既古朴又绚丽，让她无比着迷。

不过，关于长大是不是要接奶奶的班，隆苗并不是特别确定。事实上，她也不想太快长大。她的未来像手中那把绣线，五彩斑斓，有无限可能。隆苗的语文书里有一篇课文——《通往广场的路不止一条》，寨子通往世界的路也多着呢，她不着急。

【后记】

在十八洞村，各类建设一直没有停顿，修路、治理地质灾害、修下水道、更换电缆线，再加上前来旅游的、调研的，各色人等，每天将村子搅得沸沸扬扬。村民也全员出动，在村口摆了长摊卖特产，农家乐里从早到晚忙着炒菜。只有周末放假在家的孩子无所事事，提着长棍假枪呼啸而过，笑声点亮了苗寨的天空。

尘埃与曙光升腾，万物肆意生长，村庄被推动着、被鼓舞着疾行，由闭塞而开放，由孱弱而强壮，展开更为辽阔的未来。

夜晚，当游客与施工队伍都消失后，十八洞村就还原了山村本色，没有灯火，没有车声，秋虫唧唧，寨子沉沉睡去，发出安宁的呼吸声。从山谷深处涌来的清风，在寨子里回旋激荡，新的故事还将持续发生。

| 3 |

且看今日十八洞村

作者 杨丹

远山如黛，青峰妩媚，笑意盈盈。

2 月 6 日，农历正月初二。立春后的第三天，艳阳高照，碧空万里，春节期间难得的一个好天气。当结束一天的十八洞走访，驱车踏上归程时，我心中是满满当当的兴奋和感动，忘不了那山，那水，那一张张灿烂的笑脸……

不打“洋工”当支书

花垣县十八洞村平均海拔 700 米，属高山岩溶地貌，为纯苗族居住区，辖梨子、当戎、飞虫、竹子 4 个自然寨，6 个村民小组，共 239 户 946 人，人均耕地 0.83 亩，是一个典型的苗族聚居贫困村。

老村部位于 4 个寨子的交会处，现已改建成既有民族风格又兼具现代感的游客中心。新村部在犁子寨的入口处，村部左前偏下方，新修了一个停车场。这天人多车多，我粗略统计了一下车牌，有湘、苏、粤、贵、皖、渝等10多个省市的。

村支书龙书伍中等身材，朴实憨厚，身穿一件红色的冲锋服，热情地和我握手。这是个有故事的人，来之前就听说了他放弃在阿联酋迪拜打“洋工”的高收入，返乡创业并于2017年1月当选了村支书。

20世纪80年代，龙书伍曾到吉首上过高中，属于当地少有的文化人。高中毕业后，在村里当过会计，后来到浙江打工，再后来，出国打起了“洋工”，每年收入有15万元，是他现在当村支书收入的5倍。

“收入的差距还是蛮大的，你当初是怎么想的？”我单刀直入地发问。

他遥指着前方的那条路说道:“我到吉首读书时，那时不通大路，走的全是山路。这条路的前身是一条岩头泥巴垒起的村级路。那是1998年到2001年我当村干部时，和村民们一起一铲子一锄头挖出来的。当时我一年才挣500块钱，不得已，为了生计出去打工。现在十八洞迎来了发展的春天，我想将外面学到的理念和技术带回来建设家乡。”

“原先在厂里打工钱虽然多，但人像个机械，只管做事。现在回到家乡，脑壳要想事，责任也大，每天有做不完的事，但人很充实，有成就感幸福感归属感。”

幸福人家真幸福

从新村部出来，我顺着人群往梨子寨方向步行。一路上，人流如织，坪坝里，有卖油粑粑、灯盏窝的，有烤火腿肠、玉米棒的，有拉琴唱戏的，欢笑声不绝于耳。

75 岁的退休教师杨东仕和老伴龙冬姐正坐在自家的幸福人家酒坊里，向前来买酒的几个外地游客介绍着自己的糯米酒和苞谷烧。酒坊用苗家的蓝色印花布作主体装饰，极具民族特色。

这个地方原来是杨家放杂物的茅房，后来改建成了酒坊。酒坊对面是正屋，大门两侧挂着一副红底金字的对联：共产党领导福泽万代，习主席握手温暖人心。横批：幸福人家。

对联的由来有一个故事。2013 年 11 月 3 日习近平总书记来十八洞村视察那天，习总书记一行正由下往上走，碰上准备出门的杨东仕。杨东仕认出了习总书记，不敢相信，一下子呆住了。习总书记主动走上前，和杨东仕握了手，并亲切交谈。

晚上，杨东仕激动得辗转反侧，无法入眠，第二天一早，就写下了这副对联。

幸福的又何止杨老师一家？据龙书伍介绍，梨子寨共有 28 户人家，开了 10 家农家乐。

“今年游客多，生意好，寨子里比花垣街上还热闹。”“爱在拉萨”饭庄主人杨秀富忙得很开心。

“感谢党，感谢习总书记！”80 多岁的施成付老人穿着蓝色加绒棉衣，头戴鸭舌帽，兜里揣着一个智能手机，正在村里四处转悠。提到如今的日子，他笑得合不拢嘴，脱口而出的是心中最真切的感恩。

施成付家住在梨子寨的最高处，风光好，视野开阔。当初穷得“上个厕所还要打把伞”“开座谈会家里凑不齐 5 条凳子”，现在厨厕改造一新，屋前坪的泥巴地铺上了青石板，并取了个名字叫做“感恩坪”。儿子和媳妇开了一个“巧媳妇”农家乐，一年收入保守估计也有二三十万元。

脱贫又脱单

在村里，施六金和龙先兰可谓一对“难兄难弟”。因为贫困，三四十岁还打单身。如今，两人相继脱贫又脱单。

施六金的家在梨子寨山脚下，父亲去世了，他和老母亲相依为命。在“村民思想道德星级评比”中，施六金一开始被评为两星。他感到脸上挂不住，当天晚上就将“牌牌”扯下来了。

在村支部和扶贫队的帮助下，施六金搞农家乐卖酒，又参加了村里的猕猴桃产业开发。去年，他如愿当上了新郎，门上也换成了“四星牌牌”。紧挨着老屋，一栋两层楼的新房已拔地而起。虽然还没有完工，墙没砌砖没封，但屋架子已全搭好，瓦也盖好了，比旧屋又高又大又气派。

“新屋建好后，准备扩大农家乐的规模。”施六金语气中抑制不住兴奋和憧憬。

走出梨子寨，穿过一条约 800 米新修的石道长廊，就来到了竹子寨。贫困孤儿龙先兰就住在这里，村里开展“五兴”互助基层治理新模式，他和村支书龙书伍结成互助对子。龙书伍帮助他贷款 5 万元养殖蜜蜂。从 4 箱、14 箱，一直到 100 箱。龙先兰的甜蜜事业越做越大，不仅致富了，还娶了个漂亮媳妇，日子过得比蜜还甜。

妈妈回家了

贫困曾像一把枷锁，锁住了村民的笑容和希望。65 岁的老村支书石顺莲是由外寨嫁过来的，对当初的苦日子记忆犹新。

“我是 1976 年嫁来的，当年 11 月大姑子生了个儿子，坐月子时连红糖水都没得吃。”

石顺莲勤劳善良能干，是当地有名的女能人。年轻时学过接生技术，当过村妇女主任。几年前，年纪大了，卸任了村支书，依然闲不下来。她在家里成立苗绣合作社，搞苗绣培训，带领留守妇女在家门口创业，让寨里的苗族妇女赚钱理家两不误，受到了村民们的欢迎。

石顺莲的家在飞虫寨。飞虫寨傍山而建，寨子入口处就是老村部。她将家里与堂屋并排的 3 间房布置成苗绣工坊，走进她的家，就像走进苗绣展厅。地上铺着复合木地板，墙上挂着苗绣的介绍，最右边的房间陈列着各种苗绣制品，有提包、衣服、鞋垫、抱枕、花边等等，种类丰富，琳琅满目。

“我们一共有 54 个绣娘，8 个是非遗传承人，与全国 4 家单位签订了合作协议，长期供货。一般人均每个月可以赚个一两千块钱，碰到有大订单的时候，手脚快的可以拿到三四千。现在，许多妇女都不出去打工了，就在家里绣东西赚钱。小孩子们最高兴，开心地讲‘妈妈回家了！’”

除了苗绣，其他产业也在积极发展中。2018 年 9 月 4 日，204 户村民以土地入股的方式成立了十八洞农旅农民专业合作社，因地制宜确定了劳务经济、特色种植、特色养殖、苗绣、乡村旅游 5 大产业，形成产业扶贫合力，实现了从“输血”到“造血”的根本转变。全村人均收入由 2013 年的 1668 元，增长到 2018 年的 12128 元。

人心不再“贫困”了

大年初二这天，花垣县双龙镇镇长麻辉煌也来到了村里。十八洞村属双龙镇管辖，麻辉煌对十八洞村的情况了如指掌。

麻辉煌个子敦实，浓眉大眼，动作利索，是个典型的苗家汉子。他操着浓重的苗族口音说："昨天来十八洞村参观的人实在太多了，估计有 2 万多人，堵车，支书龙书伍带着人疏导交通，大家一直忙到晚上 6 点多才回家。今天，我担心他们忙不过来，专门过来看一下。"

"十八洞村变化太大了，不仅脱贫致富了，生活也越来越方便。现在村里开通了 e 路通，实现了'村民办事不出村，最多只跑一次路'的目标。在村部就可以将'生老病死'等相关事务办好，比如准生证、老年证、医药费报销已能就近网上办理，下一步还可以办理身份证，大大降低办事成本，村民们拍手叫好。"

变化的不只是外在，精准扶贫还激发出了村民们走出贫困的志向和内生动力，"投入有限、民力无穷、自力更生、建设家园"的十八洞精神成为村民的精神食粮，由"要我富"转为"我要富"，人心不再"贫困"了。

不忘初心，方得始终。作为全国精准扶贫首倡地，十八洞村演绎的正是共产党人不忘初心的故事。

| 4 |

翻过神仙岭

作者 桂爱广

一

今年的天气有些异常，春插才接近尾声，空气就显得格外闷热，太阳也火辣辣的了。

在通往井上村的山间小路上，扶贫队长张金强和两名工作队员在柏家乡党委书记李锋的陪同下，冒着正午的太阳，手提肩扛着行李，汗流浃背艰难前行。

刚才在乡政府听了井上村的基本情况介绍，扶贫队长张金强心里就咯噔了几下。在来之前，组织找他谈话时，简单介绍了井上村的情况，虽说了村里的困难，但没有说得这么严重。穷点苦点累点不怕，远点闭塞点没关系。严重的问题是支部不健全，组织涣散，边界矛盾突出，械斗频繁。尤其井上村位于大山深处，是全县唯一不通乡村公路的村，困难超出了他的想象。

这次驻村走得太突然，家里还撂下一摊子事没处理：妻子吕美娥上星期在市中心医院检查出宫颈癌，还没来得及陪她去省肿瘤医院确诊；乡下父亲胃病又犯了，说好星期六回去接他到市医院住院检查；儿子张小齐马上升高中会考，成绩一般般，情绪也不稳定，这段时间每晚辅导他到深夜，昨天打电话给前妻，希望她这段时间照顾儿子，但前妻已组建新的家庭，即将临产了；小女儿还在读小学，平时上学、放学都是他去接送……原以为每个星期回去一趟，工作家庭兼顾，这么远的山路，这么复杂特殊的贫困村，看来这个想法要泡汤了。想起三年脱贫的目标，张金强的心里像爬山的双腿一样沉甸甸。

已接连翻了两座山，大家脚下越来越沉。第一次从城里下来的三名扶贫队员，体力遇到了极大的挑战。刚翻完第一座山时，后盾单位市园林局年纪轻轻的综合科副科长刘太全，已体力难支了，提出休息一会。

李锋在出发前就预料到了这一点，从乡政府到井上村要翻过三座山，即使中速行走都需要五个小时，如果中途休息几次，天黑前就到不了村，吃住安排也会没有着落。中午吃完工作餐，李锋几乎是不近人情地没让他们休息一会，便冒着正午的太阳出发了。一路上也没跟扶贫队的同志搭讪。爬山说话，既消耗精力又会放慢速度，他只闷着头在前面带路。当刘太全第一次提出休息，他既没答应也没拒绝，只是转身主动为刘太全扛了一袋行李。在山区工作多年，经验告诉他，对于初次爬山的人来说，还不到三分之一就开始休息，越休息越疲乏，后段的山路更难坚持下去。刘太全见李锋为自己提了行李，也不好意思再提出休息，只好继续跟着大家往前走。三名扶贫队员体力最好的要算后盾单位市党史办的王海，身材高大，精力充沛，去年从武警部队副团转业，今年初才正式上班，还没任命职务，大伙戏称他为“团长”。他从乡政府出发时就帮队长张金强扛了一半的行李。由于顶着烈日爬山，加之大半年没系统锻炼，爬完第二座山，王海也开始气喘吁吁了。

下到第二座山底，走到一阴凉处，李锋见三人体力严重透支，便招呼三人休息一会。刘太全听到“休息”二字，腿一下就软了，丢下行李，四肢摊开躺在了草地上。张金强的精神也一下松弛下来，一屁股坐在一块石板上，从包里拿出毛巾擦脸上、头上的汗水。王海见旁边有条潺潺流淌的小溪，溪水清澈，便过去洗了把脸，还把身子伏在溪边喝了几口水，完了连说三个“爽”字。

李锋从自己的包里拿出四个苹果，用溪水洗干净后，每人分发一个。大家毫不客气，接过苹果就往口里塞。刘太全坐在草地上边吃边问李锋：“李书记，这里离井上村还有多远？”

李锋指着对面的山说：“翻过这座神仙岭就到了。”

刘太全疑惑地问：“神仙岭？真来过神仙？怕是神仙迷路了吧。”

李锋笑了笑，说：“别看井上村闭塞，里面是世外桃源呢。三个自然村为井上村、井下村、龙母寺村，至今还保留五百多栋明清时期的古民居。依水傍山，一条小河擦村而过。井上村段的河中心有一条细长的绿洲，把小河犁成了两瓣，取名鸳鸯河，一个很美的名字。村后就是前面这座绵延起伏的神仙岭，一半是奇形怪状的石头、石洞、石柱，一半是茂密的树林。传说这神仙岭的石头还是孙悟空造出来的呢。”

“唉！要是当年孙悟空不造石山，给井上村修出一条通往外界的平坦大路来该多好啊！”刘太全叹息道。

“神仙不修，国家修，到明年这个时候，我们脚下就是一条省道的路基了。只可惜与井上村还隔座神仙岭。”李锋略显遗憾地回答。

张金强虽然默不作声，但一直仔细地听着他们的对话。特别是李锋对井上村自然景观的描述，让他的心情比之前舒畅多了。

突然，李锋的手机响了。屏幕上显示是井上村文书欧阳春的来电。李锋按下接听键，对方传来了急促的声音：“李书记，请乡里赶快派人来，大事不好，又要打架了！”

“是村里内部人打架还是与桐子坪村？”李锋瞬间神情高度紧张地问。

“与桐子坪村，双方已聚集了上百人。再不派人来制止，一旦打起来就难收场了。”

“好，你先劝阻他们，我已到马蹄坳，翻过神仙岭就到了。欧阳春你听好了，千万千万不能让双方打起来！”李锋来不及挂断电话，拎起包，一边往前跑一边回头对他们说：“大家快跑，井上村又要发生械斗了。”

其实张金强三人在李锋接听电话时就听出了端倪，各自早已背好了行李。见李锋边说边跑，也没问缘由，拔腿跟着李锋向前跑了起来。

桐子坪村是邻省的一个大村，虽然也是大深山里的贫困村，只因村里出了位副省长，沾了不少光。劈山打隧洞修通了乡村公路，家家户户用上了自来水。村民狐假虎威，经常在边界小题大做挑起事端。这些年来每次械斗吃亏的都是井上村，因械斗致残的村民已达九人。

当他们四人上气不接下气赶到现场，械斗已经接近尾声。桐子坪村的村民见对方乡党委书记和驻村扶贫队员赶了过来，一五大三粗、年约三十出头的男子一声吆喝，近百手持锄头、扁担、棍棒的村民纷纷撤回村里去了。井上村三位受重伤的村民躺在地上痛苦呻吟，十几位鼻青脸肿受轻伤的村民围住李锋诉说被打经过，有两名妇女将用手机拍下的视频放给李锋看，要求李锋为他们主持公道，现场一片嘈杂、混乱。

“报警了没有？赶快将受伤村民送医院作伤情鉴定、住院治疗。”张金强问身旁村民。

“报警有什么用？今天抓进去明天放出来。反过来向我们索要误工费，有理变成没理的了。”

“住院？谁出医药费？他们陪医药费？异想天开吧！”

“伤情鉴定？有什么用？那是白出冤枉钱！”

“这么晚了，跋山涉水抬到乡医院，明天天亮还到不了。就是赶到了，乡医院那医术水平还不如村里的刘水师哩。”

…………

村民一下围住张金强七嘴八舌，本来是顺理成章的处理程序，反倒成了自找苦吃，听得他一头雾水。

李锋分开人群，把张金强拉到一旁，将他亲自参加处理几次械斗的难处向张金强和盘托出：每次械斗明明是桐子坪村民先动手伤人，调查时村民都不承认动过手。大家心里都明白为首的是副省长的亲侄儿刁启保，也就是刚才吆喝撤走的小伙子，出了名的横行周边村子的混混。当地政府和公安机关碍于副省长的面子，都拿他没办法。村里多次向上级汇报，他们也有顾虑，一是怕影响两省之间的关系；二是怕激发边界矛盾，扩大影响，都是息事宁人的想法。以致现在井上村的村民每次挨了打的都自认倒霉，花些小钱，让村里的刘水师治疗……

“李书记，别说了，我听明白了。这样吧，既然我们扶贫队今天进驻了井上村，这件事就让我们扶贫队来出面处理。处理不好，出了问题，责任由我个人承担。处理好了，算是给井上村村民办的第一件实事。”张金强听着心中仿佛有股火苗蹿上蹿下，便打断李锋的话。

李锋思忖了一下，说：“好吧，有什么困难我们乡党委、政府全力支持。”

张金强把刘太全和王海叫过来商量，由王海向公安机关报案、拨打 120 急救电话并配合村计生专干组织村民，护送重伤人员经过桐子坪村到邻省的县医院作伤情鉴定、住院治疗，住院费从带来的三万元扶贫资金中垫付。刘太全配合老支书高俊胜将轻伤人员护送到村卫生室包扎处理，自己和村文书欧阳春对发生械斗的起因、过程进行实事求是的调查。同时，将村民拍摄的现场视频，全部转发到了自己的手机上。

张金强清晰的思路、周到的安排、果断的处置措施，令李锋在心里暗暗佩服。

二

张金强这两天通过到两个村调查了解后，已胸有成竹。这次械斗是桐子坪村有组织的聚众挑衅、斗殴事件。由于这些年桐子坪村仗着副省长的权势，拉大旗作虎皮，把井上村当成了他们任意宰割的羔羊，给井上村的村民造成了极大的心理阴影。从视频中也可以看出，井上村的村民以防卫为主，在自己家门口被动挨打。而桐子坪村的村民毫无顾忌，下手狠毒，不计后果。这次械斗起因，也简直太荒谬。

那天下午，井上村的欧阳洪插完秧苗从水田里上来，因用力过猛，田埂湿滑，脚跟没站稳，整个人仰天倒进了水田里。头上、脸上、身上全是泥巴。他知道前面桐子坪村有口废弃的水井，便去洗掉全身的泥巴。他先将衣裤脱下洗干净，在洗脸、洗头时，开始用一只手掌往井里舀水，另一只手洗。洗着洗着嫌太慢，见四周没人，反正短裤衩也湿透了，索性跳入水井中，长长地吸了一口气，将头没入水里洗。恰在这时，桐子坪村有个妇女路过，发现井上村有个男人光着身子，在桐子坪村称为“仙井”的水井里洗澡，像见了鬼似的疯跑回村里，告诉村民们。

有人马上打电话给刁启保，他首先想到去年清明节省长伯伯回来扫墓，专程到“仙井”去看了看，并叮嘱村干部说：“现在全村家家户户安装了自来水，不用到‘仙井’挑井水了。但是，我们的祖祖辈辈都是喝‘仙井’水长大的。‘仙井’对我们是有恩的，我们对‘仙井’也是有感情的。虽然废弃了，你们还是要继续爱护好、保护好，经常来掏掏井，清洗干净。这是桐子坪村的一道风水，别糟蹋了。”

伯伯的话犹在耳边，现在井上村的人竟敢光着屁股在“仙井”里洗澡，糟蹋“仙井”，败坏村里的风水，这是桐子坪村的奇耻大辱。于是一声吆喝，上百人手拿锄头、扁担、棍棒，气势汹汹到井上村讨说法。

为了弄个究竟，张金强让村文书欧阳春陪他特意去看了所谓的“仙井”。

“仙井”在桐子坪村老虎岭下的一处低洼处，长方形，深一米五左右，四周用条石砌筑，泉水从井底汩汩流出，清澈见底，井沿开一小口，一泓泉水从小口流到洗菜池，再从洗菜池流到下面的稻田里。离桐子坪村大约一公里，离井上村一点五公里。据欧阳春介绍，“仙井”的由来也只是个传说罢了。

张金强在从“仙井”回井上村村委会的路上，接到了王海的电话。三名重伤人员中欧阳旺盛被打断了一根右肋骨；欧阳春平左手骨折，右手中指骨折；高俊秋右脚踝骨折。县中医院伤情鉴定报告全部为轻微伤。王海认为明显是重伤轻鉴，多次与医院交涉无果。昨天在县中医院见到刁启保从院长办公室出来，一副趾高气扬的样子。三人才住了两天院，三万块钱已花光，医院催缴住院费，称明天再不续交钱，就要下逐客令，停药办出院手续。

这大大出乎张金强的预料，觉得自己还是小觑了对手。刚刚还想通过法律程序，现在看来，即便打赢官司也难执行。何况诉讼程序复杂，没得一年半载都不会有结果。最要紧的是躺在医院三名重伤人员的医药费怎么办？照这么下去，没得十万八万出不了院。村里没有一分钱集体资金，没钱垫付。让伤者家里拿钱？他们都是贫困户，哪能拿出这么一大笔钱？况且是自己做的决定送医院治疗。自己才来两天，村里的情况还没摸底，到哪去筹钱呢？挂断电话，张金强就傻眼了。

他回到村委会，坐在办公桌前发呆，满脑子里就装满了一个字——钱！

就在这时，手机“叮”地响了一声，他拿起看了一眼，原来有人在微信朋友圈里转发了一条寻人启事：一个四岁男孩跟奶奶在菜场买菜，当奶奶称好一条鱼，付完钱，孙子就不见了。微信中还附了男孩的照片，让大家见到这个小男孩与家人联系。

张金强突然来了灵感，何不将这件事编条帖子发到网站，引起媒体的关注呢？

他已没了退路，只能孤注一掷了！很快一条帖子编好了。标题为："刁启保聚众械斗，逍遥法外，谁给了他这么大的胆！！他的后台到底有多硬！！！"文字与视频连发了几个网站。他觉得还不过瘾，为保险起见，索性一不做二不休，又发了朋友圈。刚发完，手机没电了，屏幕上显示30秒后自动关机。

正在这时，老支部书记高俊胜亲自到村委会来邀请张金强去家里吃晚饭。已吃了两天方便面，他连句推辞的话都没说，爽快答应，叫上刘太全就随高俊胜去了。

高俊胜家是一幢单进四合院，北面三间正房，中间是敞开式的堂屋，一张大圆桌上已摆放好了碗筷。高俊胜把他们带进堂屋，为两人各沏了一杯茶，又端出一大碗花生和一小碗红亮的西瓜籽放到桌上，说了几句"用茶""失陪"之类的客套话，就进灶房忙去了。

张金强和刘太全在堂屋刚坐了一会，村文书欧阳春提着一个大酒坛进来了。张金强起身在四合院内转了转。院内虽不大，但设计考究，坐北朝南，中轴线左右对称，南北主房呼应，东西三间厢房遥望。全部建筑为砖木结构，雕梁画栋，飞檐翘角，斗拱彩画。在院内绿树映衬下，显得格外庄重典雅。只因年代久远，有多处明显是近些年修补过的，无论是墙体还是木结构，由于修缮技术粗糙，工艺简单，给整座古色古香的四合院留下了难以弥补的缺陷。

不一会，蒸菜、炒菜陆续上桌，香味四处弥漫。高俊胜招呼大家用餐，欧阳春把并排放在桌上的小碗全部倒满了酒。

"老支书，我们有纪律，这酒……"张金强有些难为情地说。

“张队长放心，我知道你们的规矩，不能用公款喝酒，工作日不准喝酒。为什么今天才请你们到家里吃饭？一不是公款，二不是工作日，今天是星期六，休息日，不违反纪律。”高俊胜端着一碗酒递给张金强。

经老支部书记提醒，张金强才记起今天是星期六，得赶快给父亲打个电话解释，只能下星期接他到市里看病了。想起自己手机已自动关机，便从手提包里拿出充电器插上电源，才回到桌边同大家端碗畅饮起来。

由于是第一次到老支部书记家里做客，刚开始都是礼节性的相互敬酒、吃菜，酒桌气氛比较拘谨。酒过三巡，大家话语开始多了起来。

“张队长，不瞒你说，刚开始听说市里给村里派扶贫队，我心里想，来干什么？县里过去也派过两批扶贫队，都是摸摸底，转一圈，造了份贫困户名单就走了。市里的扶贫队还不是来做做样子？不如不来，懒得接待。喃，你们那天刚进村就遇上械斗。过去谁敢说报警？受了伤谁去住过医院？你那天的气场，是条汉子！来，我敬你一碗！”老支书高俊胜端起酒一饮而尽。

喝酒是张金强的软肋，刚才相互敬酒时虽每次喝一大口，但已喝下了两小碗，头都有些晕了。望着老支书那信任又期待的目光，张金强借着酒劲，鼓足勇气对老支书说：“就凭老书记对我的信任，这碗酒我喝了，也向老书记表个态，械斗处理我会负责到底，三年脱贫计划不完成，我主动辞去科长职务！”说完，“咕咚咕咚”几口，脖子一仰，碗底朝天。

老支书听了也很感动，拍着胸脯对张金强说：“张队长，我代表井上村感谢扶贫队。有你这句话，我这把老骨头随时听你使唤！”

张金强一口喝下那碗压酒后，明显露出了醉意。当村文书欧阳春再敬他酒时，刘太全赶忙出面劝阻。张金强反而愿意接受，说一是感谢欧阳春这两天配合扶贫队做了不少工作，二是希望他今后多支持扶贫队的工作。欧阳春本来见老支书敬了张金强一碗酒，张队长已脸红脖子粗了，他不想乘人之危，只想礼节性地提出来，只要张队长推辞他不会强求。没想到张队长是性情中人，宁愿伤身体，不愿伤感情，让他很受感动。他给自己倒了满满一碗酒，只给张队长倒了小半碗。他端着酒走到张队长跟前，动情地说："张队长，虽然我们才接触短短两天，但你的为人让我打心眼儿里佩服。我欧阳春没别的能力，上传下达，跑腿干活你尽管吩咐。总之，你发话，我落实。"说完，喝得干脆利落。

张金强喝完那小半碗酒，去上了趟茅厕，因吹了夜风，酒劲发作更快了，几乎是摇摇晃晃走回来的。刚落座一会儿，还没说上几句话，脑袋就耷拉了。

三

天已放亮，张金强还在深睡之中，村文书欧阳春边敲门边扯开嗓子急促地喊："张队长，张队长，快起床，乡里来电话，让你赶快到县委去一趟。"

张金强脑袋还有点沉，揉着惺忪的睡眼打开门，有点责怪地问欧阳春："什么事？这么急！天还没大亮，我还没睡够呢。"

欧阳春进门就问："张队长，你昨晚把械斗的事捅到网站上去了？"

"是啊，怎么了？"

"昨晚你手机没电一直关机，在老支书家醉成一团烂泥，把你送回来就呼呼睡了，你什么时候发的？你装醉的？"

"没有啊，傍晚发的。刚发完，手机就自动关机，然后就去老支书家吃饭了。”

“嗨！还真是你发到网上去的。昨晚不到十二点，乡里开始给我打电话，让我叫你开机。我说这深更半夜急什么，等天亮再说不行啊？他们说市里县里领导要找你，还说你捅了个大娄子，昨晚把械斗的事直接发到网站上去了。我就更加不信了，我说你们肯定弄错了，张队长手机没电早关机了，让他们重新核实。刚说完，我手机也自动关机了，就睡着了。”

张金强连忙打开手机，“咚咚咚……”一下跳出一百多条来电提示短信。

张金强昨晚醉得比较深，被刘太全和欧阳春左右搀扶着送回到村委会宿舍，和着衣便呼呼大睡。而昨晚几个网站几乎炸了锅，他的跟帖几百万条。幸好昨晚手机没电自动关机，要不然一夜不得安宁。

张金强查看跟帖，精神大振。

“乡村恶霸不除，天理难容！”

“法治社会，岂容村霸横行！”

“后台权贵，不能凌驾于法律之上！”

“打蛇打七寸，除村霸，更要揪出后台！”

“不能让边界之地成为法律的盲区！”

…………

张金强要的就是这种效果！

他先拨通了林局长的电话，还没开口，被林局长劈头盖脑地训斥了一顿：目无组织纪律，不向局里汇报，不向县委汇报，直接发往网站。省委主要领导亲自过问时，县委、市委什么情况都没掌握，一问三不知，弄得十分被动。县里已建议市里撤掉你的扶贫队长，让局里另外选派扶贫队长。手机又关机，作为一名老科长，这么没有大局意识！

张金强只是默默地听着，等林局长发泄完，他才将事情的来龙去脉向局长做了详细汇报，包括过去发生械斗的处理情况及造成的后果。刚开始林局长还不断插话，甚至批评他。到后来，不时蹦出“做得对”“是的”“做得好”“我支持你”。

挂断电话，张金强刚刚松了一口气，王海的电话就打进来了：“张队长，出了什么情况？怎么电话一直占线？是不是也接到了威胁电话？我都快急死了！刚才接到一个电话，让我赶快删帖，否则看管好自己的双腿双手。删什么帖啊？”

“王海，你先别急，赶快报案，注意人身安全，后面的事情我来处理。”张金强连忙安慰王海。他没料到刁启保还敢这么嚣张，竟然威胁王海，简直是狗急跳墙，丧心病狂了。

张金强觉得事态发展得没有预期的好，邻省那边不仅不见动静，王海还遭到了人身威胁，怎么办？他坐在床边冥思苦想，半晌，还没理出个头绪来。

这时，王海的电话又打了进来，张金强生怕王海又有什么意外，赶快按下接听键，只听王海兴奋地说：“张队长，我刚打电话报警，对方听说我叫王海，马上告诉我说，刁启保已去公安局自首了！县公安局专门为这次械斗事件成立了专案组，还说那边的镇党委书记、镇长被县委撤职了。会派人去医院调查，还会派人到井上村调查，怕你担心我，赶快打电话来告诉你，放心，我没事了。”

张金强这才长长地吁了一口气。

谁都没有料到，这场械斗的处理结果，完全达到了预期目的。

据传，还是邻省副省长让刁启保主动到县公安局投案自首的，还给当地主要负责人打电话，特别强调了八个字：“不讲情面，依法处理。”最后，桐子坪村有九人被刑事拘留，五人被判缓刑，刁启保被判处五年有期徒刑。井上村受伤住院的三人医药费全部由对方承担，还赔偿每人误工费、护理费、生活费等各一万元。在张金强的争取下，对方对井上村在过去械斗中的伤残人员也进行了补偿。两村签订了友好协议，成立了联合调纠委员会。

转眼两个月过去了。在张金强的极力争取下，县、乡党委从实际情况出发，对井上村支部书记候选人破了例。老支部书记高俊胜再次出马，当选村支部书记。年富力强的欧阳春当选村主任。两委班子健全后，井上村的扶贫工作自此拉开了大幕。

四

通过两个月入户调查，以及对井上村村容村貌、自然环境的实地勘查，扶贫队不仅拿出了详细的精准帮扶计划，还摸底核查出了符合建档立卡的贫困户。当第一榜二百六十五户贫困户名单张榜公布时，井上村又一次掀起了轩然大波。没上榜的村民争当贫困户、举报已上榜的贫困户、对贫困户名单提出异议的……一时间，张金强的办公室成了信访接待室。

在龙母寺小组欧朝阳的院子里，欧朝阳媳妇刘翠花和隔壁住户张菊花、李梅花、王惠君四个女人，围在院里的大理石圆桌上，正在你一言，我一语。

“高青山家去年已得到照顾，吃了低保。这次又当上贫困户，享受这个优惠政策，那个优惠政策，过年过节还有慰问金，难道好事他家都得了？”李梅花愤愤不平地说。

“这还用说？支部书记高俊胜是他亲叔叔，俗话说：肥水不流外人田。”王惠君立马接上话茬。

“这宣传手册上明明写了不准优亲厚友，我们去扶贫队告他。”张菊花拿起扶贫手册，狠狠砸在石桌上。

“菊花，张队长跟你是老乡，又是家门，让他给咱们也加上去。

我们当上贫困户就不告，当不上，往死里告。”王惠君年轻些，头脑灵活，自以为给张菊花出了好主意。

“你以为我蠢？他来我家摸底时我就说了，他使劲摇头，说不行呢。”张菊花摇着头，边说边模仿张队长当时的动作。

“你请他到家里来喝过酒没有？”李梅花焦急地问。

“那倒没有。”张菊花摇了摇头。

“我说你是死脑壳，你还真是死脑壳吧。捉只跳蚤还要吐上唾沫，你以为他是你亲舅老爷哩。赶明儿请他喝一顿，我们一起来陪酒。”李梅花边说边用右手食指在张菊花的头上戳了一下。

常言道：三个女人一台戏。这四个女人凑在一起，哪有不唱台戏的理？最后达成了一致的意见，由张菊花邀请张队长到她家吃饭喝酒，其余三人作陪。

此刻，井上村的欧阳力家两口子吵得不可开交，差点出了命案。欧阳力婚后接连生了三个女儿。他盼儿心切，夫妻俩到沿海一橡胶厂打工，东躲西藏偷偷生下个儿子。孩子刚生时夫妻俩皆大欢喜，渐渐地发现孩子不会笑，头不是偏左边，就是偏右边。到医院去检查，结果一出来，夫妻俩傻眼了——脑瘫。究其原因，医生主要说了两点：一是夫妻高龄生育；二是在橡胶厂打工时吸了有毒有害物质。为了这株传宗接代的独苗，夫妻俩举债送儿到北上广医遍了，却收效甚微，孩子今年十岁了还没叫过一声爸妈。现如今家徒四壁，负债十几万，穷得丁当响。本来这次想蹭上贫困户，因超计划生育，又从名单上抹掉了！妻子卢美英接受不了这个打击，一股脑儿将气撒到了欧阳力身上，在家寻死觅活，还闹着要跟欧阳力离婚，不要这个家了。欧阳力是井上村大家公认的老实人、闷葫芦。他也想不出什么招来，见妻子闹着要离婚，索性自己也不要命了，从床底下摸出一瓶“敌敌畏”，拧开瓶盖就喝，幸亏只喝了两口，被卢美英看见抢夺了下来。村民马上报告扶贫队，等张金强和王海赶过去，欧阳力躺在床上，嘴角开始冒白泡了。卢美英守在床边哭哭啼啼，甚是可怜。

“哭有什么用！还不赶快送医院！等死啊！”张金强见了，斥责着卢美英。

“张队长，家里实在没钱了，求求你们救救他吧，他要是有个三长两短，这个家就垮了。”卢美英扑通一声，双腿脆在张金强面前。

张金强来不及扶起卢美英，让王海赶紧拨打邻县120急救电话。他从裤袋摸出钱夹，将钱全部拿出来塞到卢美英手里，才将她扶起来。高俊胜和欧阳春这时也急匆匆赶了过来，张金强吩咐欧阳春组织围观的村民拆下门板，放到床沿，将欧阳力从床上移到门板上，几人合力抬着门板往桐子坪方向快速跑去。

幸亏送医及时，欧阳力总算捡回了一条命。

五

张菊花这两天有事没事地往村委会跑，每次都要跟张金强拉上几句话。今天上午又来到村委会，见张金强办公室挤满了村民，闹哄哄的，便在窗外向张金强招手，示意他出来一下。张金强也想出去透口气，便从办公室里出来了。

张菊花将嘴贴近张金强耳边，悄悄地说：“你妹夫昨天晚上在神仙岭的石洞里抓了只竹根鼠，他让我来请你到家里吃晚饭。”

张金强想了想，这两天这么多村民来反映问题，是真是假他心里也没底。扶贫队初来乍到，更多的是依靠村支两委。高俊胜和欧阳春在这次入户摸底工作中还是很认真负责的，毕竟他们对井上村家家户户的情况了如指掌。在确定建档立卡贫困户的名单时，政策依据充分，坚持原则，只要符合条件，都列入了贫困户名单。像欧阳力这种超计划生育的困难户还有十几户，怎么能碰政策的红线呢？至于村民反映的其他情况还有待核实。张菊花不是贫困户，又是老乡加家门，还与自己称兄道妹了，应该会站在公正的立场说话。尤其龙母寺小组反映的问题最多，今天又是周末，不如答应到她家吃顿饭，顺便了解些真实情况，便点头同意了。

龙母寺在井上村的三个自然村中人口最多，古民居规模最大，保护得最好，地理位置最独特。前人为防匪盗，在入村口建有一个五层六边形大古堡，既是瞭望台、烽火台，又是防御工事，每层墙上设有瞭望孔、枪炮孔，可谓一夫当关万夫莫开。村中有体现忠孝仁义的敬义堂，为福、禄、寿三进布局，前后三十六级台阶，气势磅礴；有体现学风鼎盛时的进士牌楼，为十二柱五楼台梁式构造，仍保存着飞檐斗拱和三层屋顶，彰显该村曾出了一名状元、五名进士的辉煌历史；有体现民俗文化的雕龙画凤古戏台，虽然年代久远，风光不再，但仍能让人感觉出曾经散发过浓郁厚重的文化气息。至今，龙母寺村还传承着游乡、耍大刀、竹棍舞、傩戏、唱大戏等非物质文化遗产。

不知不觉张金强和王海、刘太全到了张菊花的后院旁。还隔着十几米远，便闻到了从院内飘出诱人的菜香味，还有几个中年妇女嘻嘻哈哈的说笑声。张菊花女儿已出嫁，儿子还未娶媳妇，张金强以为走错了方向，又仔细看了看周边环境，确定没错才推开虚掩的院门。只见院内空坪中间摆着一个大圆桌，已上了几碗菜，冒着腾腾热气。高俊胜和欧阳春已坐到桌边了，他心里顿时有些不爽。本来是想做个暗访，听些实话、真话。当着高俊胜和欧阳春的面，张菊花还敢讲实话么？但转而一想，张菊花能请上扶贫队三人吃饭觉得很有面子了，请支部书记和村主任作陪也就理所当然了。何况，暗访只是你的一厢情愿，张菊花怎么知道，她就当请你吃餐饭而已。张金强心态一下又转变了过来。

高俊胜和欧阳春见张队长他们来了，连忙从座位上站了起来。四个女人见了张队长都是一脸的灿烂，刘翠花、李梅花、王惠君还依次上前与他们握手。这对三名扶贫队员来说，早已习惯了。但三个女人平时可能鲜有这个礼仪，为显客气才主动握手的。要么双手捏锄头一样，紧紧抓住他们的右手，要么一只手去握手，另一只手抓到了他们的手臂上。或许是激动，或许是激动加紧张，距离没把握准，她们的敏感部位都贴到他们的胸脯上了。本来天气炎热，互相穿得单薄，感觉就更明显，弄得张金强他们有些不自在。

这顿饭菜很丰盛，荤的有鸡、鸭、鱼、肉、竹根鼠，素的有萝卜、茄子、青菜加醋黄瓜，四个女人加张菊花丈夫欧阳刚足足忙了半天。饭桌上起初的气氛融洽，四个女人争着敬酒、夹菜，张金强都有点应付不过来。随后，他才意识到这是一场“鸿门宴”。

几杯酒下肚，张菊花便向高俊胜提出，将她家纳为贫困户。高俊胜一时犯了难。贫困户这顶帽子，不能说给就能给的，条条框框要符合要求，还有几千双眼睛盯着。但他又不知张队长是否已默认了，他们是老乡又是家门，今天还带着扶贫队队员到她家来吃饭，让他有些摸不着头脑。毕竟是老支书了，他既不表态同意，也不好当着张队长的面拒绝，便支支吾吾地说：“只要扶贫队认可，我没什么意见。”轻松一脚，便把球踢给了张金强。

张金强为了给张菊花留个台阶下，笑着说：“你张菊花这么想当贫困户，就不怕欧阳刚在丈母娘面前交不了差？养个闺女，成了贫困户？”

张菊花没听出张金强话中有话，还以为张金强松口了，连忙说：“不会、不会，我哥哥这次当上了贫困户，我娘可高兴哩。”

其他三位女人以为张菊花心想事成了，便纷纷提出给她们家也评上贫困户。这时，不仅高俊胜脸色越来越难看，张金强更是坐不住了，草草地吃了几口饭，以晚上扶贫队要开会为由，恨不得打飞脚离开了。

六

吕美娥左等右等，等不回丈夫陪她去省肿瘤医院确诊，便让妹妹请了两天假，陪自己去了一趟省肿瘤医院。诊断结果比市中心医院的诊断要理想多了——原位宫颈癌，一种暂时不会危及生命的癌症。多天来压在吕美娥心中的石头终于落地了，但医生建议尽快做手术。吕美娥也没征求张金强的意见，当天就办了住院手续。

井上村整体精准扶贫计划已批了下来。建档立卡贫困户第一榜二百六十五户，根据村民的反映，经过反复核查，从第一榜名单中清出了三户，增加了八户，第三榜公示期也已结束。

张金强这才打电话给妻子吕美娥，说明天回家陪她去省城。当妻子告诉她已在省肿瘤医院住院，明天做手术时，张金强心里像打翻了个五味瓶，一时哽咽了。第二天张金强从邻县坐高铁到市里，又转高铁到省城，直到中午才赶到省肿瘤医院。吕美娥已做完手术，脸色惨白地躺在病床上，正打着点滴。张金强不知说什么好，望着脸色惨白的妻子，眼泪刷的一下就来了。吕美娥看着蓬头散发、又瘦又黑的丈夫，衣袖上还有几处泥污都没擦干净，十分心疼，两滴眼泪不由自主地从眼角流了出来。

张金强以为妻子生气了，连忙从衣袋里掏出一包皱皱巴巴的纸巾，给妻子擦拭眼泪。吕美娥从被子里伸出另一只手来，从张金强拿着纸巾的手中，抓起纸巾又给张金强擦拭眼泪。

张金强这才问了一句：“疼不疼？生气了？”

吕美娥将手伸向张金强，摇了摇头。张金强握着妻子的手，坐到了枕头边。

“村里的事忙完了？”吕美娥轻声问。

“不说村里的事，还有三年呢，不急。你想吃什么？我去给你买。”

“什么都不想吃，就想让你在身边陪陪我，说说话。”

“好，我陪你。”

“小齐中考考完了，他说没考好，可能进不了一中。你得想想办法，找找关系。”

“算了吧，找关系也没用。我个小小科长，别人不会给面子的。”

“他妈妈在市财政局，有实权。你跟她说说，让她出出面呢？”

正在这时，张金强手机响了，他看了来电显示是刘太全打来的，便按了拒接。

“你怎么不接电话？”吕美娥把头靠到了张金强的大腿上问。

“骚扰电话。”张金强撒了个谎。

妻子住院做手术，他没跟任何人说。打电话跟局长请假，也只是说老家有急事回去处理一下。他临走时跟刘太全简单交代了几个工作，让他将昨天晚上自己写的几份报告送到县发改委、县交通局、县水利局去，为井上村修机耕道、水渠立项和争取资金安排。安排王海回市里落实三个单位的扶贫资金。支书高俊胜和村主任欧阳春去做井下村几位村民的工作，修建村文化广场要拆掉那几位村民早已废弃的烤烟房，只要资金到位，马上开工。可能是刘太全在县里遇到了什么困难，向他请示。

“她妈也是不愿求别人的性格，我试试吧。”张金强又接上话题。

“中考结束后，小齐成天泡在游戏厅，你要打电话劝劝他。我说多了他容易反感，以为我这个后妈故意刁难他。”

“嗯。”

不一会，刘太全的电话又打进来了。张金强又要去按拒接键，吕美娥瞟了一眼，显示刘太全来电，便把头从张金强的大腿上移到枕头上，说：“到病房外面去接吧。”

张金强走出病房，刚接通，刘太全的声音就传了过来：“张队长，发改委那边不同意立项，说井上村年初没报计划。县交通局、县水利局说要发改委下了同意立项批复，他们才能列入计划。”

“这怎么行，这两年井上村村支两委不健全，已经耽搁了。再等明年报计划，三年怎么脱贫？不行，月底前必须动工！”张金强急得在走廊上粗门大嗓。一名年轻护士过来提醒他说话小声点，这是医院。张金强立刻意识到了，便下到楼梯间去了。

“张队长，这些我都解释过，他们听不进去，坚持先报计划，我实在没有办法。”刘太全在电话里无奈地说。

“好吧，等我回来再说。你去县农商行联系贫困户小额贷款的事，越快越好。”张金强挂断电话，马上回到了病房。

“刚才在电话里跟刘太全吵架了？声音那么大，整栋楼都震动了。”吕美娥嗔怪地说。

“没什么，刘太全办事还是嫩了点。你刚做了手术，休息一会吧。”张金强坐到床头，又将妻子的手攥在自己的手心里。

吕美娥闭目养神一会儿，就发出了轻微的鼾声。

吕美娥这一觉睡得很香，直到傍晚才醒过来。当她睁开眼，正看到张金强提着一个大号保温桶进来。

“燕窝银耳莲子羹来啰，吃喽。”张金强见妻子刚醒来，便把保温桶举得高高的。

“搞什么鬼？这医院哪来的什么燕窝银耳莲子羹？”吕美娥闻到香甜味，慢慢坐了起来。

“出了医院大门往左拐一条街，再往右拐条街，然后直走一条街，中华老字号和记煲汤店最拿手的一道羹，色、香、味，包你满意。”张金强边说边为妻子舀了一小碗。

“美娥姐，你丈夫对你真好！”旁边床位的女病人向吕美娥投来了羡慕的目光。

“别急，这个房间只要穿了病号服的，人人有份。”张金强说着，走到两位女病人的床头柜上取来碗，为她们各舀了一碗。

两位女病人感动地连说：谢谢！一锅燕窝银耳莲子羹，让同病房的三个女病人心里暖融融的。

当天晚上，由市纪委、市扶贫办组成的联合督查组，抽查市直单位扶贫队员住村情况。张金强因长途跋涉，十分疲惫，将手机调到静音状态，便早早地睡了。督查人员拨打了十几次张金强的手机都无人接听，最后又关机了。督查人员打到市住建局林局长那里，林局长便按张金强请假时说的，向督查人员证明打电话请过假，回老家办事了。而张金强的手机定位显示在省城。督查组连夜提出意见，张金强把扶贫工作当儿戏，是典型的欺骗领导和组织，建议对张金强进行调查，严肃追责。

七

张金强早晨醒来后，一直忙着为妻子洗漱，准备早餐。妻子刚吃完，一位女教授带着十来位医生、护士、实习生过来查病房，随后特意嘱咐张金强等会到医生办公室去一趟。

有什么问题不能当着妻子的面说呢？难道病情很严重？听到主治医生让他单独去医生办公室，张金强心里一下也紧张起来。

“让你去医生办公室，难道我的病很严重？”医生们刚出病房，妻子担心地问张金强。

“别担心，没事的。”张金强安慰着妻子。

“有什么问题怎么不当着你我的面说呢？是不是宫颈癌晚期了？癌细胞转移了？等会医生跟你说了什么，你要跟我说实话。”吕美娥脸色明显阴沉了下来。

“嗯。我这就去找她。”张金强在妻子面前虽然显得镇静，但心里还是七上八下，一边应着妻子，一边出了病房，到医生办公室等待主治医生。

坐在医生办公室里，张金强一直心神不定。脑袋里一会想到妻子的病况到底会怎样，一会想到井上村精准扶贫措施如何落实，直到上午十点钟了，主治医生才查完病房，回到医生办公室。

主管医生开门见山地对他说："你妻子的手术很成功，问题不大，过几天就可以出院了。但原位癌是个养心病，注意保养，让她保持好的心情。做了这个手术，千万不能感染，要讲究卫生。你要尽量克制自己，夫妻少同房，同房也要戴好避孕套。"最后两句话说得张金强脸都红了。

当张金强回到病房，看到妻子急切的眼神，连忙说："不用担心了，医生说手术很成功，过几天可以出院了。"

而吕美娥以为丈夫还在骗她，问："就说这些？还神神秘秘让你去医生办公室？"

张金强将嘴巴贴到妻子耳边，轻声说："特别交代要我克制自己，以后夫妻之间少同房，同房动作不能粗暴，还要戴好避孕套。"

这才把吕美娥逗乐了。

张金强突然觉得大半天了都没接到一个电话，从床头柜上拿起手机一看，才发现手机已自动关机，连忙从包里拿出充电器接上电源后，就提着保温桶为妻子准备中餐去了。

市联合督查组上午又给张金强打了几次电话，还是关机，认为性质极其恶劣，便做出了对张金强停职检查的决定，并交办市住建局纪检组全面调查，严厉问责。

当张金强提着保温桶回到病房，吕美娥躺在床上不停地流眼泪。张金强连忙放下保温桶，问："美娥，伤口又疼了？我去叫医生来看看。"

吕美娥摇了摇头，说："你快回去吧，市里对你做出了停职检查，让你马上回去配合调查。你到底犯了什么事？有这么严重？"

"开什么玩笑？我能犯什么事，尽说胡话。"张金强一脸茫然。

"你老婆刚才接了个电话，接完就哭了。"旁边的女病人搭腔道。

原来张金强出去给妻子准备中餐，吕美娥躺在床上闲着没事，就将张金强正在充电的手机开机了。手机里一下冒出几十个来电提醒，她还没来得及细看，手机又响了，她刚按下接听键，对方就劈头盖脑地训斥开了："张金强，你是什么态度，跟组织玩失踪是吧？组织对你已做出停职检查决定。希望你马上回来配合组织调查。"

"喂，同志，你好！张金强不在，我是他妻子，请问他犯了什么错误？"吕美娥的心一下像掉进了冰窟窿。

"张金强不在？要么不开机，开机了人又不在？他是故意不接电话，想回避是吧？你转告他，赶快回市里配合组织调查，否则，后果自负！"对方明显更生气了。

张金强从昨天到现在，离开井上村才二十多个小时，怎么就被停职检查？到底犯了什么错误？经济上的还是生活作风上的问题？吕美娥百思不得其解，便躺在病床上泪水直流。

张金强听了也丈二和尚摸不着头。刚想调出电话号码回拨过去，王海的电话打进来了，王海劈头就问："张队长，你说实话，你现在到底在哪里？"

"王海，出什么事了？我在省城。"张金强压低声音接听电话。

"你不是说回老家一趟，怎么又去省城了？昨晚上和今天上午怎么又关机呢？嗨！你闯祸了！"

"不就是来省城一趟嘛，闯什么祸！关机是手机没电了。"

"跟我说实话，你去省城办什么事？不会是去省城旅游吧？"

"井上村那么一摊子扶贫的事还没办，我有闲心来省城旅游？你想象力也太丰富了吧？"

"我就跟你直说了吧，昨天晚上市联合督查组抽查扶贫队员住村情况，我们井上村三名队员都没住村。你说请假回老家，手机定位又在省城，说你欺骗组织，对你已做出停职检查的决定。你赶快回来配合组织调查。"

王海的电话终于解开了他们夫妻的谜团。

“你回去吧，不然误会越来越深。”吕美娥劝张金强。

张金强摇了摇头。

他原本不想让单位和同事知道妻子患癌住院做手术，怕大家前往医院探望，不符合纪律要求。尤其自己身为法规科长，在处罚违法违规建筑项目时有绝对的话语权。如果消息传了出去，建筑老板、房地产开发商知道了，纷纷往医院跑如何是好？没想到一个善意的谎言，给自己惹来了这么大的麻烦。

如果马上回去配合组织调查，妻子昨天才做了手术，上下床都得有人搀扶，身边无人照顾，是万万不行的。省城举目无亲，妻妹刚回又叫她赶过来，也得到明天。但市里催得紧，不马上赶回去，又怕组织误以为对抗组织的调查。

正在张金强左右为难之际，忽然想起市纪委书记前不久说的一句话：要为敢于担当者担当，为敢于负责者负责。便萌生了先给市纪委书记发条短信，做个详细说明。

编发完短信，张金强还将妻子的住院通知单、手术通知单、病理记录全部拍了照片，发了条彩信。

不到十分钟，市纪委书记回了信息：请代我向你妻子表示慰问！如情况属实，先安心陪护好你妻子，回来后速向组织说明。

张金强连忙递给妻子看，吕美娥看完，夫妻俩这才露出了笑容。

八

井上村不通公路，建筑材料车辆运不进来，只能从鸳鸯河通过船只运到河边，而从河边往村里修条简易公路，需要占用部分农田。恰巧沿途都是刘翠花、张菊花、李梅花、王惠君四户的田土，四个女人上次申请贫困户没达到目的，还搭上了一桌丰盛的酒席，赔了夫人又折兵。这次无论村干部和扶贫队员怎么做工作，四个女人都装聋卖傻，毫无商量余地。

产业扶贫征求意见表，发到贫困户手中已有半个多月了，超过上交时期也已有几天，还没有一户贫困户上交意见表。表上所列家庭式养牛场、养羊场、养猪场、沃柑种植、油茶种植、药材种植等项目都是扶贫队同村支两委，根据井上村山多田少的地理环境反复研究，精心制定的。通过入户了解，原来贫困户们担心井上村不通公路，无论养殖、种植都需要专业的技术指导，如果遇上病虫害，竹篮打水一场空，还背上五万元贷款，虽说无息，本金怎么还？就算养殖、种植成功了，村里只有几条小渔船，怎么运出去？因此没有贫困户愿意冒这个风险。

贫困户的后顾之忧不无道理，也是现实问题。

村活动室内灯火通明，张金强连夜主持召开村支两委和扶贫队员会议，研究对策。村干部中出现了两种不同意见，一些村干部主张先修通与桐子坪村对接的村级公路。通过上次械斗后，两村已化干戈为玉帛，结成了友好村。两月一次的联席会议已开了两次，气氛友好热烈。只要井上村提出来，估计桐子坪村不会有大的阻力。打通了出村的通道，既可加快井上村基础设施建设，又解决了农副产品的输出问题，贫困户看到了希望，产业扶贫项目落地问题就会迎刃而解。

一些村干部则认为这个意见好是好，但实施起来困难也会不少。首先要占用桐子坪村的部分田土，田土怎么补偿？需要县、市、省层层审批同意。此外，在桐子坪村辖内有一条小水港子，现存一座古老的三孔石板桥，要让车辆能通行，必须修座小型公路桥梁。跨外省修桥，县里能否同意立项？等论证、立项、审批、施工这个过程走完，要到猴年马月才能完成？三年脱贫目标怎么实现？

会议一时间陷入了僵局。

高俊胜一直听着他们的发言，也觉得他们的意见都有道理，但三年脱贫的目标刻不容缓。他清了清嗓子，说道：“我认为当务之急是消除贫困户的顾虑，产业扶贫工作才能顺利推进。顾虑主要在两方面，一是专家的问题，请求县委、县政府和县扶贫办从县畜牧水产局、县农业部门各抽调一名专业干部充实到驻村扶贫工作队，解决病虫害的后顾之忧。二是出村通道的问题，无论是养殖还是种植，都要一年以后才能见效，这就给了我们打通村道的空间。对接桐子坪村是一条跨省出口，可以考虑。另外，神仙岭后面不是有一条省级公路经过么？上个月就举行了开工典礼，明年上半年路基就会修到神仙岭后面的山脚下。神仙岭虽然半边是石头山，但石头山里全是大小不一的石洞，最深的有三百多米。我翻看了与贫困户结对帮扶的名册，市住建局下属有个勘探院，张队长能否请他们来勘探一下，如果从大石洞里往山那边打隧洞，不就是两百米左右的黄土山么？就是不打隧洞，井上村三千多口人，一年还掀开不了半边黄土山？”

高俊胜支书的一席话，激起了与会人员的极大兴趣。张金强也在心里暗生佩服：姜还是老的辣啊！他立即表态：“请求县委、县政府调派专业干部，我尽快去落实。石头山的勘探工作稍微缓一缓，也由我负责落实。”

高俊胜的情绪也越来越高涨，继续说道：“当然，这还是纸上谈兵，贫困户不会信服。农村有句谚语：姐姐做鞋，妹妹看样。我建议不搞单打独斗，贫困户没那么大的胆量，也不敢冒那么大的风险。由村干部带头，每名村干部组织几十户贫困户成立一个家庭养殖场、种植产业园。村干部只入股，不分红，村干部要敢于吃亏，才佩得上共产党员、村干部的称号。”

王海从座位上站起，带头鼓掌。他激动地说：“我也入一股，不分红。亏损全算我的！”

刘太全也不甘落后，马上表态：“我也算一个！”

两名扶贫工作队员的表态，更是一呼百应，会议意见高度一致。

井上村二百六十户贫困户获知消息后，仅仅一天时间，全部上交了征求意见表，一场产业扶贫的攻坚战徐徐拉开了序幕。

产业扶贫的大幕已经拉开，而从鸳鸯河边修建简易公路的事还悬而未决，成了张金强的一块心病。村里马上“双抢”，这是谈补偿条件的最佳时期。“双抢”过后，是施工的黄金时间段。张金强考虑到高俊胜年龄大了，怕四个女人不给面子，让他当众太难堪，便和欧阳春去找刘翠花、张菊花、李梅花、王惠君做工作，谈补偿。

毫无悬念，张金强果然在四个女人那里碰了一鼻子灰。他和欧阳春又去鸳鸯河边实地转了一圈。

刚回到井上村，便听说龙母寺的刘翠花从屋顶摔了下来。张金强连口水都没喝，叫上王海赶了过去。

刘翠花的丈夫和儿子在广东打工，女儿早已出嫁，家里只有她和年迈的婆婆。前天下了场大阵雨，古居屋顶有两处漏水，打发完张金强，刘翠花便爬上屋顶修补。谁知一脚没踩稳，从屋顶摔了下来。

张金强和王海进到院内，刘翠花已被抬到后院里的一块长条石板上，身上只穿着一条花短裤和一件白色内衣，刘水师在给她腰和腿上敷草药。右太阳穴被戳了个小洞，还在流血。刘翠花不停地呻吟，头上直冒汗珠子。

“刘水师，怎么不先止血？”张金强见了连忙问刘水师。

刘水师端起旁边还冒着热气的半碗开水，用右手食指试了试水温，然后用食指在水面上比划比划，嘴里还念念有词。突然，他喝了一口温开水，对着流血的伤口喷去。谁知血没止住，还流得更急了。张金强连忙掏出一块白手帕，折叠几下，堵住伤口。一手拨开刘水师，对着王海喊道：“赶快送医院！”王海在围观村民的帮助下，取下一扇门板，将刘翠花移上门板，四人各抬一个角，飞快地往桐子坪方向跑去。

凑巧桐子坪村有位突发病人，提前呼叫了120，张金强他们刚到桐子坪村，救护车就到了。一路上，刘翠花休克了两次，幸好在救护车上，被医生、护士全力配合才抢救了过来。这一切把主动随张金强去医院的王惠君吓得半死。

当刘翠花从手术室出来已是晚上十一点钟了。张金强让王惠君伏在病床边先睡，自己守着还在昏迷中的刘翠花。

“张队长，还是你先睡会，刘翠花是女同志，我守着方便些。”王惠君坚持让张金强休息。

“正因为她是女同志，现处在昏迷之中，只要观察有什么不良反应和看着打点滴就行了。明天白天她醒过来了，要上个厕所什么的，你就方便些了，还是你先睡，我明天上午再休息。”

王惠君觉得张金强言之有理，便不再坚持。平时在农村都早睡早起，现在已折腾到了深夜，伏在病床边一会儿，王惠君就进入睡梦中。

第二天，张金强扎扎实实睡了一个上午。当他提着水果再次来到病房，刘翠花的丈夫、女儿、女婿已赶了过来。

“张队长，我刘翠花太对不住你了。昨天的事情惠君妹妹都跟我说了，感谢你的救命之恩。上午我和惠君妹妹已商量好，赶快回去修路吧，也不要任何补偿。我的家人都来了，你和惠君妹妹趁早回去吧。谢谢你了！”刘翠花说完，还伸出手来跟张金强握手。张金强走拢过去，用双手紧紧握住刘翠花的手，动情地说：“谢谢！谢谢你们的大力支持！祝你早日康复！”

九

从县里派来的两名专业扶贫队员已经到位，分别为省农大水果栽培专业毕业、今年三十六岁的王师杰和今年二十三岁、畜牧兽医专业的女高才生冯琳娜，不仅年轻，模样俊俏，还懂专业。她父亲八十年代初从省农大畜牧专业毕业，在省畜牧研究所专门从事菜牛良种改造，八年前辞职回老家办了一个中型家庭养牛农场，牛肉全部销往北京市场，供不应求。她在父亲的家庭养牛农场实习半年，得到了父亲的真传。他们两人的到来，不仅带来了技术，还带来了信息和政策，让井上村的产业扶贫工作如虎添翼。

在冯琳娜父亲的指导下，离井上村两里地的神仙岭山脚下，几十户贫困户挨着石洞修建了几个简易大棚，拉通了电。从神仙岭上用竹竿接来了山泉水，修了蓄水池。贫困户放牛守牛的生活设施虽简陋，也能凑合。通过从她父亲的家庭农场和外省买回的第一批六百头菜牛，白天散落在神仙岭上悠然自得地吃草，晚上就关在几个石洞里，刮风下雨都不用担心。

养牛场建成之后，在县畜牧兽医水产局的指导下，村民在神仙岭下的一口大山塘旁边，建起了两纵两横四排长长的猪舍，红砖墙，石棉瓦，达到了一个中型养猪场的规模。养牛场一次性购进了五千头小猪仔，还与温氏集团签订了生猪供销合同。

张金强见鸳鸯河中间那狭长的绿洲上虽已深秋，还野菜、青草遍地，便组织二十几户贫困户在绿洲上养了五百多只黑山羊。

眼见着猪、牛、羊在一天天长大，又一个新的难题摆到了张金强的面前。进入冬季，不能只喂苞谷、糠饼，还要购进草料等饲料。鸳鸯河将进入枯水季节，连小运输船都不能通航，连接外界的运输通道已迫在眉睫。高俊胜支书的两个方案都有可行之处，打通与桐子坪的连接线距离最短，工程量最少，见效最快。但要在桐子坪村辖区修一座小型桥梁，虽然近在咫尺，却是跨省的项目，就算能立项，时间跨度也会很长。况且两村过去积怨较深，现在表面上化干戈为玉帛，是迫于舆论的压力。毕竟副省长的侄儿进了班房，他们心里还是有股怨气的，今后如果再出现点碰擦，他们堵桥封路，也是有可能的。当务之急，按高俊胜支书提出的第二方案，对神仙岭的半边石头山进行地质勘探，等勘探结果出来后再权衡定夺。

张金强决定回局里汇报，请求派局下属单位勘探院尽快勘探，也顺便看看妻子。自妻子从省城回到家，自己澄清问题后，他没多待一天又回到了井上村。

当张金强回到家，已是晚上八点钟了。妻子和妻妹在客厅看电视，女儿在房间做作业，儿子最后还是按分数被市七中录取，在学校住校。张金强跟妻子打招呼，妻子“嗯”了一声，盯着电视看都没看他一眼。

妻妹问了声：“姐夫回来啦，吃过饭没有？”

“还没吃，想回到家来吃点家的味道。”张金强诙谐地说，想调节一下气氛。

妻妹从沙发上起身，想去厨房为张金强煮碗面条，吕美娥一把拉住妹妹，虽没吱声，心中怨气不言而喻。

张金强只好自己去厨房煮面条吃。他不怪妻子冷淡和冷漠，自己的确不是一个称职的丈夫、爸爸。

张金强为了弥补对家人感情上的亏欠，天刚亮他就去菜场买菜，早、中、晚三餐亲自下厨。中午也没休息，把家里的床单、被褥全部洗了。

吃完晚饭，洗刷完碗筷，便陪妻子到滨江广场散步，打算等晚九点钟儿子下了晚自习，将儿子接回家父子好好谈谈心。

虽时至深秋，狭长的广场上仍人头攒动，音乐轰鸣。有跳广场舞的，有跳健身操的，有跳交谊舞的，有打太极拳的，有跳溜溜球操的……更多的人和张金强夫妻一样，沿着滨江小道散步，不时有慢跑的市民擦身而过。

此时，井上村养猪场一片混乱。从下午开始，陆续发现有几十头生猪趴在猪圈里呼吸困难，村干部和扶贫队员全部赶到了养猪场。在全体扶贫队员的配合下，冯琳娜忙着对生猪注射药物，并紧急向县畜牧兽医水产局报告，请求调派人员和药物支援。高俊胜和欧阳春按照冯琳娜的安排，带领其他村干部和几十户贫困户，清洁猪圈、给猪场消毒。

“冯局长，这生猪得的什么病？来得这么突然？”刘太全问冯琳娜。

“从症状判断，是腹泻病。”冯琳娜一边注射，一边回答。

“上午还好好的，怎么就腹泻了？什么原因呢？”王海百思不得其解地问。

“原因很多，环境卫生不好，消毒不到位；昼夜温差大，降低了猪群的抵抗力；还有饲料品质差，品种单一。这些都可能导致病源微生物乘虚而入，诱发腹泻病。”冯琳娜很专业地回答道。

“平时消过毒，饲料也是正规品牌，怎么这么多生猪患腹泻病了？”

“唉，这些贫困户们处处想着节约成本。我经常发现他们消毒药水比例不当，还偷偷喂他们从山上、菜地里割来的猪草。我说过多次，他们就是听不进去。”冯琳娜叹着气，无可奈何地说道。

因预防药物储备量不够，注射一千多头生猪后，药物已全部用完。到傍晚，已有一百多头生猪躺在地上，四肢强烈抽搐，不时从鼻、口中流出泡沫样血样物。不一会儿，十几头生猪，肛门外翻，一命呜呼。贫困户们将死猪从猪舍里抬出来，个个心痛不已。

“高支书，要报告张队长么？”欧阳春问高俊胜。

“报告他有用么？张队长难得回家一趟，让他双休日陪陪家人吧。我在这里守着，你快去路上接县畜牧兽医水产局的同志，让他们赶紧点，他们早一分钟到，猪场就多一分希望。”高俊胜向欧阳春挥了挥手，示意他赶快去接县畜牧兽医水产局的同志。

欧阳春放下手中的工具，拿起一把手电筒，快速地向神仙岭上跑去。

发病的生猪越来越多，死猪都已超过了两百头。贫困户们的心理承受能力达到了极限，几位女村民开始偷偷掉眼泪。

冯琳娜吩咐王海带贫困户们到神仙岭下，挖个大坑，撒些石灰，把死猪埋掉。

冯琳娜话音刚落，特困户高俊山冲到冯琳娜面前：“埋了？全糟蹋掉？”

“这全是病死猪，当然要全部埋掉，还要消毒处理。”冯琳娜肯定地回答。

“村里哪年不病死几头猪？我们都吃了也没事。这么多死猪，做成小腊肉、香肠，卖些钱减少损失不好么？你怕死，不让你吃，我们吃！”高俊山说着，扛起一头死猪就往村里走。

“回来！这病死猪，绝对不能吃！吃了会死人的！”冯琳娜冲高俊山一声断喝。

高俊山把肩上的死猪往地上一丢，折回来，冲到冯琳娜面前，吼道：“你个丫头片子懂什么！猪场的损失让你赔！”

“对。让她赔！让她赔……”几十个贫困户一下围着冯琳娜，嚷嚷闹闹起来。

这时，有人在猪舍里喊道：“不好了，又死了一大片。”

大家一股脑又拥向猪圈，看到几十头生猪死在猪舍里，贫困户们更加控制不住了，纷纷嚷着：

“退股！退股！”

“我们强烈要求退股！”

“我们要找张队长。”

…………

张金强正拉着妻子的手在滨江小道上散着步，手机铃声响了，来电显示是自己的结对帮扶对象高俊山。张金强摁下接听键，高俊山带着哭腔的声音传了过来：“张队长，我要求退股。猪全没了，唔……”

“什么？你再说一遍？”

“养猪场的猪发瘟了，已死了几百头，唔……还没控制住，我们要求退股。唔……”

“不好了，井上村出大事了，我现在就赶回去。老婆，对不起，你自己慢慢回家吧。”张金强挂断电话，丢下妻子掉头就跑。

十

养猪场的这场瘟疫损失惨重，死了一千多头生猪，受到感染治好的有近两千头。要不是县畜牧兽医水产局的同志带着药品和消毒液及时赶到，损失会更大，这给了贫困户们极大的打击。

但出乎意料的是，这个省里审批同意的示范性养猪场，由省里统一投了生猪病死险，全部损失将由保险公司赔付，给了贫困户们极大的安慰。十几户坚决要求退股的贫困户，得知这个消息，也不再坚持退股了，猪瘟风波总算平息了下来。

神仙岭的勘探报告出来了，张金强看了数据，激动得半夜没合眼。勘探结果显示：半边石山部分，除了养牛场旁边几个被填了小半洞风沙泥土的山洞外，还有大小山洞五十多个，最大的高二十多米，宽五十多米，纵深近一百米，可容纳上千人。最小的也有二十多平方米。因历经多朝多代风雨的侵蚀，洞里填埋了厚厚的土壤，洞口灌木遮掩，不易被人发现。尤其有一高和宽达十多米的石洞往里延伸进去达三百多米，越过神仙岭山脊近一百米，离神仙岭那边的省级公路路基，只相隔一百五十多米。遗憾的是洞尾狭窄，石壁坚厚。

在神仙岭山脊上还发现了一个近万平方米的古石堡，四周全是一丈多高的石墙，南北石墙边建有两个“石鼻大哥”瞭望台，登至石壁上，可一览外面全景，保存较为完整。东南西北有四个结实、隐秘的石门，石门上的一块石碑上刻有文字，因年代久远，风雨洗刷模糊不清，但落款清晰，为明洪武十年。石堡中间还有多个石槽、石凳。石堡内外有几十株上千年的古银杏树，树叶金黄，风景绝佳。据推测，过去井上村常遭匪患，古村前是第一道防御，古村口是第二道防御，这神仙岭上的石堡是躲避匪患的最后一道防御。因神仙岭上古树参天，过去上山的小路早已被树木、荆棘封死，不易被人发现。要不是这次请勘探院来勘探，这么好的旅游景点和银杏拍摄基地，将永远藏在深山人未识了。

村机耕道、水渠、广场都在按部就班、紧锣密鼓地施工。中标单位赶在鸳鸯河枯水前备足了建设材料。张金强安排刘太全、王海和村干部分组具体负责项目施工的质量和进度。贫困户家中的男劳力都分配安排到工地。村里成立的保洁队安排困难户中的老少病残妇村民。井上村暂时没有了任何内外矛盾，张金强腾出精力，请市交通局道路设计院对穿洞出村公路进行施工设计，又请来局下属单位规划设计院的几位专家对井上村制定近期、中期、远期乡村旅游规划。井上村保存完好的明清古民居群、神仙岭上的古石堡、千年银杏林、传统非物质文化遗产等都是宝贵的旅游资源。

十一

一场多年罕见的鹅毛大雪，把井上村装扮得银装素裹，分外妖娆。村里大人们窝在家里，围着火炉烤火。孩子们不惧寒冷，在雪地里滚雪球，堆雪人，打雪仗，一双小手被冻得通红通红，还玩得津津有味，不亦乐乎。

村活动室里，村支两委围绕打通出村公路的专题会议正在进行。

“等，是没时间了。现在是雨雪天气，大伙儿下不了地，干不了活。先组织村里劳力，清除洞内的淤土。尾洞的石头打风钻，用大锤凿，也要凿穿！”高俊胜斩钉截铁地说。

“高支书的意见确实很好。组织全部劳力清除洞内的淤土，明天就可开工。但尾洞的石头不爆破，靠手工凿还是行不通的。场地太窄，有劲使不上。”欧阳春的说法也有道理。

“爆破不错，是个又快又好的办法。因要使用雷管、炸药，必须是具有资质和安全许可证的专业公司。”王海提出了一个现实的问题。

“我有个建议不知当讲不当讲？”村文书欧阳涛谨慎地问。

“没关系，这是会议，有什么想法都可以说。”张金强鼓励欧阳涛。

“前些年，桐子坪村为了发展集体经济，成立了建筑队，资质齐全。桐子坪修通村公路时，还全程参与了打隧洞。能否借用他们的资质或者让他们承包，价格肯定比请大公司便宜，还可以改善两村的关系。”欧阳涛边说边看与会者的脸色。

“不行！怎么能让他们赚我们的钱？”

“他们欺负我们这么多年，还讨好他们？”

“这不是在桐子坪村面前，跌了我们井上村的矮子么？”

“讨米都不去桐子坪！怎么出这种馊主意！”

欧阳涛话音刚落，遭到其他几名村干部坚决反对。

“我不这么认为，反而觉得这个思路很好。俗话说：冤家宜解不宜结。只要报价合理，也是两村关系正常化的催化剂。现在桐子坪村是井上村紧急情况下，唯一的出村通道。我们村已有好几次将危重病人通过桐子坪送往医院，最近将猪、牛饲料及果树苗通过车辆运到桐子坪，再人工运到村里，他们也没有刁难过。”刘太全马上替欧阳涛解围。

正在这时，高俊胜的手机响了。村民报告，高俊山家的一间房子被大雪压垮了！幸好高俊山带着两个儿女在屋外玩雪，只有他的妻子被埋在废墟里面。

会议立即中断，与会人员踏着厚厚的白雪，一路奔跑赶往高俊山家。

当大家赶到高俊山家时，一双傻儿女疯狂地将碎砖瓦砾往旁边扔，双手都划开了口子，鲜血直流。

张金强观察一下后，是房屋的后半部分垮塌。见一根横梁边有个小洞，便让人拿来一根碗口粗的杉树，利用杠杆的力学原理，寻找到一个支点后，将杉树最粗的一头放在横梁下面。在张金强的指挥下，七八个人在杉树的尾部慢慢往下压，横梁被慢慢向上抬了起来，瓦片和白雪哗哗啦啦往下掉。高俊山急着要钻进去，被张金强一把拉住了："老高，别急！你不能进去，先用根短树撑住。"

高俊胜连忙抽出一根窗户过梁，支撑在横梁下。欧阳涛拿着手电，将半个身子探了进去，用手电在里面边照边呼叫："王满姣，王满姣。"

当手电照到衣柜边时，里面发出了一声"啊"的尖叫。王满姣蜷缩在衣柜的侧边，见到手电光，"啊，啊，啊"拼命地往外爬，无奈前面全被横七竖八的树木、断板挡着，怎么也爬不出来。听到王满姣的尖叫声，说明王满姣还活着，大家心里都松了口气。

张金强一边安排人看住高俊山和他的儿女，避免他们冲动，造成二次伤害，一边安排人小心翼翼地掀开王满姣头顶位置的瓦砾。王满姣因受了惊吓，神经受到了刺激，在里面一直"哇哇"大叫。

大家费了好一阵工夫，终于将王满姣拉了出来。村医给她检查了全身，只是脸部、脚上受了几处擦伤，头顶上被碎瓦砾砸出了两处肿块，村医随即对她进行了包扎处理。

高俊胜在自己的四合院腾出两间房，临时安置高俊山一家。一场惊心动魄的房屋垮塌抢险事故圆满结束。

会议第二天继续进行。通过高俊胜、张金强在会上反复权衡利弊，最后决定请桐子坪村的建筑工程队进行爆破施工，井上村负责组织村民搬运土石方。同时，会上还做出了两项决定：确定了十八户贫困户向县扶贫办申请异地搬迁；确定了井上村申报国家历史文化名村、中国传统村落。

十二

这场鹅毛大雪，还在飘飘洒洒下个不停，但丝毫没有阻挡住井上村加快脱贫的步伐。

张金强和高俊胜、欧阳春，冒着大雪来到桐子坪村。村支部书记兼村建筑工程公司总经理匡明显得知二位的来意后，很是诧异。

在得到张金强的肯定回答后，匡明显一通电话，将村主任兼村建筑工程公司副总经理匡研及总工程师、技术总监、项目负责人，全部通知到村委会开会。临了，还特意打电话让村秘书赶紧买条老狗宰了，要招待井上村的客人。秘书以为听错了，不仅自己从小到大，就是从爷爷、父亲嘴里，还未听说过桐子坪村的人与井上村的人同桌吃过饭，现在竟然要买条老狗招待井上村的人？还称他们是客人？

"这事你要用心给我办好了。'一狗三吃'，狗肉可要炖烂了。"匡明显以不容置疑的语气说完，就挂了电话。

匡明显将他们三人带到村委会的二楼小会议室。两台立式空调开了一会儿，整个会议室就有了暖意。

匡研几人随后都到了。匡明显逐一做了介绍后，先播放了一部公司的宣传片。从公司成立到近几年的主要施工项目，包括爆破、打隧洞、修路、建桥都做了详细介绍，公司的技术实力和机械设备情况也一目了然。

"张队长、高支书、欧阳主任，说实话，我们虽然只相隔几里地，过去因各种原因，老死不相往来，我们公司的情况你们也很陌生。但我们所有证件齐全，保证向你们负责。"匡明显一脸诚恳地说道。

"今天我们过来，也是诚心诚意邀请你们去做这个工程的，村支两委也开会研究同意了的，这个请你放心。”张金强当着大家的面，也开门见山地说道。

“匡支书，你们也知道的，我们井上村还没有通村公路，祖祖辈辈窝在穷山沟里，隔山如隔世。过去连想都不敢想，这次搭帮驻村扶贫队请来队伍，对神仙岭进行勘探，找到了一条捷径。只是井上村太穷，没有集体经济，全靠上级拨款，村里拿不出配套资金，还要仰仗你们高抬贵手。”高俊胜也是实话实说。

“这个没问题，好商量，好商量。施工方案做了没有？”匡明显问道。

“施工方案，施工图都有了。”张金强从包里将一叠图纸拿出来递给匡明显。

接着，大家围绕图纸，就施工细节、预算等问题进行了讨论。

“按照工程造价作的预算，你们是难以承受的。我提个建议，再听听大家的意见。神仙岭隧洞尽管地质条件好，但石洞尾端爆破量大。先不说还有一百五十多米的黄土隧洞工程和路面硬化。我知道井上村十分贫困，承受不了这么大的资金量，必须要削减预算。像前期工作，石洞里的淤土这不需要爆破，也不需要技术，你们组织村里劳力清除。我们公司只负责石头爆破，爆破的石头也由你们负责运出洞外，这样就大大减少了预算，你们认为如何？”

“好！太好了！”高俊胜听了十分激动。

“高支书，现在不是叫神仙岭隧洞么？我建议改为‘井桐隧洞’好么？”张金强也不知用什么语言来表达感激之情，问高俊胜。

“好！好！”高俊胜和欧阳春异口同声地回答。

不知不觉到了吃中饭的时间，高俊胜准备起身告辞，下午再接着过来商谈，签订合同。

这时，桐子坪村秘书推开会议室的门，探进半个身子，说：“匡支书，可以开餐了。”

“匡支书，我们先回去吃饭，下午过来再谈合同的事吧。”高俊胜从椅子上站了起来，欲离开。

“老高，你这就见外了。这么大雪天，你们送工程上门，让我感动不已。今天你我两人带头，破了两村人不同桌吃饭的规矩！我特意安排宰了条老狗，姜酒都煮好了，让你老高暖暖身子。‘一狗三吃’，喝酒去！”匡明显不容分说，定要留他们吃中饭。

这回轮到高俊胜诧异了，在井上村和桐子坪村有个习俗，主家宰狗待客，是最高的礼遇了！“一狗三吃”，更是高看一等，厚爱一层了！

见高俊胜有些犹豫的样子，张金强拉了一下高俊胜，说：“高支书，恭敬不如从命，客随主便吧。”

“好，好。”高俊胜连忙回应道。

这顿饭虽然菜品单调，狗肉宴：两大碗腌辣椒炒狗杂，两碗狗肉扣，另加一大锅白萝卜炖狗肉火锅。喝着既去寒又暖胃的姜酒，尽管室外寒冷刺骨，但大家推杯换盏，心里暖融融的。仿佛过去两村的恩恩怨怨，早已烟消云散。

酒过三巡，匡明显端起酒杯，执意要敬公司其他几位一杯酒，把大家都弄得有点糊涂了。

只见匡明显端着酒杯，说：“几位兄弟，拜托大家给我这个法人代表一个面子，表个硬态。井上村石洞爆破工程，就按成本价，不赚他们一分钱！现在大雪天，工程队闲着也是闲着。行不行？”

“行！干了！”大伙情绪一下高涨起来。

高俊胜被感动得眼眶泛起泪花。

当张金强三人揣着合同，走在返回井上村的半路上，高俊胜接到了村秘书的电话，高俊山的傻儿子在龙母寺欧阳小平孙子的满月宴上砸场子。三人听了不由加快了脚步。

原来欧阳小平添了孙子，一家人十分高兴，在村祠堂大摆宴席庆祝。请了龙母寺的父老乡亲每家每户，喝孙子的满月酒。高俊山因妻子王满姣在房屋倒塌时精神受到了刺激，情绪很不稳定，加之又借住在高俊胜家里，怕生出事端，便让傻儿子代他赴满月宴。又怕傻儿子傻乎乎地在喜宴上说不吉利的话，便千叮咛、万嘱咐傻儿子在喜宴上不要说任何话，只管吃饭吃菜就行了。

傻儿子向父亲保证不乱说一句话后，就高高兴兴赴满月宴了。宴席上也确实做到没说任何话。因是满月宴，习俗较多，所有礼仪完成，差不多近两个小时才结束。傻儿子只是闷头吃喝，也不跟别人讲一句话。别人跟他打招呼，他也是傻笑一下。他觉得酒足饭饱了，坐在那里又没说过一句话，实在闷得慌，便起身先离开了。

在雪地上走了二十多米远，不知何故，又折回来了。直接走到欧阳小平旁边，撅着头，说："欧阳伯伯，我今天在酒宴上没说过一句话，对吧？"

"是的。没听见你说了什么话，怎么啦？"欧阳小平被问得莫名其妙。

"那丑话说在前头，以后你孙子死了，就不要怪我今天说过蠢话就行了。"大着嗓门说完，扭头就走。

大家听了，顿时都蒙了。好好的满月宴上，咒他孙子去死，太晦气了！欧阳小平更是气得两手发抖。欧阳小平儿子抓起桌上一只碗向着刚出祠堂门的傻儿子后背砸了过去。见有人在身后打他，傻儿子不管三七二十一，转身连续抓起地上的雪和泥土没有目的地向祠堂里撒去，大家到处躲避，几乎桌上所有的菜碗都抛进了泥土，整个祠堂里乱成一团麻。

后来众人将他绑在了祠堂的石柱上，欧阳小平儿子还要去揍傻子，被大家左劝右劝才劝住。村秘书只好给高俊胜打电话，让他赶快过来处理。

当张金强他们赶到时，傻子还被绑在石柱上。高俊山已经赶了过来，跪在祠堂前的雪地里，替儿子谢罪。

对一个傻子来说，说了句傻话，又怎么处理呢？

张金强和高俊胜只能反复安慰欧阳小平全家，不要跟傻子一般见识，当他放了个狗屁。

高俊胜训斥了傻子一番，接着又训斥跪在地上的高俊山，为何不好好管教傻儿子，还让他来吃宴席。

欧阳小平全家见傻子绑也绑了，高俊山跪着替儿子谢了罪，也算挽回了面子。扶贫队长和村支书也出面主持了公道，和一个傻子再纠缠下去也没有太大的意义，便同意让高俊山把傻儿子领回去了。

十三

神仙岭外的省级公路的路基，铺设进度在加快，大约两个月内能延伸到神仙岭下。井上村组织精壮劳力清除石洞里的淤土，因洞中还夹杂有大量的巨石，工期比预期的两个月，又延长了一个多月。

高俊胜不顾七十多岁的高龄，一直奋战在清淤队伍中。在清除尾端的淤土时，因劳动强度大，严重缺氧，高俊胜倒在石洞里，休克了过去。送到医院抢救了一天一夜才醒过来。后来在病床上还昏厥过几次，高俊胜担心过不了这道坎，给老伴都留下了遗书，全村人都为他捏了把汗。幸好，最后还是挺了过来。

眼见着养牛场的菜牛，养猪场几千头肥猪，在一天天长大。果园里的果树也开满了花，即将挂果。井桐隧道的贯通，成了当务之急。张金强这段时间硬是五加二，白加黑连轴转。熬夜写报告，修改方案……到县、市发改委，交通局送报告，找领导汇报……上下足足跑了三个月，终于将井桐隧道的所有手续全部批了下来。但还差几十万的资金缺口，又让他犯了难。

扶贫队进驻井上村才刚刚一年时间，县委、县政府，市直各部门对井上村无论从项目扶持还是资金支持的力度都是空前的。只要出村道路打通，县里就为村里安装六十万伏的光伏发电项目，作为村集体经济收入。选址都已确定，放在养猪场旁边的山坡上。井上村第一批十八户异地搬迁户的指标，一户都没核减，在春季雨水来临之前，两排新房已封顶。张金强实在不好意思再提过分要求，怪也只能怪井上村过去村支两委组织不健全，工作不力，历史欠账太多。

桐子坪村建筑工程公司已做好了进洞爆破的准备工作。井桐隧道的工程从意向合同，通过邀请招标的形式，以最低工程造价也与他们签订了正式合同。虽然爆破资金有了保障，但隧道资金的缺口能否让他们先垫资呢？张金强暂时还开不了这个口，等石洞爆破完成后再说吧，只能走一步看一步了。巧妇难为无米之炊，张金强终于体会到了这句话的无奈。

其实，井桐隧道资金缺口有人自愿捐资，但被村里的五保户，人称“老顽固”的欧阳金龙给拒绝了！

这欧阳金龙名字取得大气，猜测他父母为他取名时，祈盼他长大成为一条有出息的金龙，荣华富贵，光宗耀祖。可事与愿违，他从小到大性格孤僻、固执，与村里人老死不相往来。用村里人的话说，他是万事不求人的人。今年已六十五岁，身体时常出些毛病，还是光棍一人，平时靠低保和捡些破烂卖钱维持生计。祖辈留下的一间正房，一间伙房，到处都有修补的痕迹。房梁已歪斜，用根大树撑着。前两年村里将他列为危房改造对象上报，无偿为他在村外修建两居室，他坚决不同意。

今年春节期间，在深圳打拼多年，已有上亿资产的外甥，到井上村来给他拜年。看到他家徒四壁，房屋摇摇欲坠，便提出为他修栋新房。欧阳金龙不但拒绝还出口伤人，对外甥说：“你不就是有钱么？想充神气？借你穷舅舅出名？我不上你的当！”

毕竟这么多年，外甥也知道他的脾气，不跟他计较。听村里人说要修出村公路，便主动找到高俊胜，承诺为村里修路捐款一百万元。欧阳金龙知道后，追去当众将外甥又臭骂了一通。有些话骂得更加不堪入耳，气得外甥一拍屁股就走了。

春节过后，高俊胜将这事告诉了张金强。张金强摇了摇头，叹息道："都说人是高级动物，有些动物的智商并不比某些人差。"

石洞爆破进行了三天，张金强最怕出现安全事故，整天守在工地现场。两台旧式大鼓风机往洞尾送风，鼓风机、风钻发出的轰鸣声，让整个石洞内震耳欲聋。

正在这节骨眼上，张金强的儿子张小齐在学校从单杠上摔了下来，造成右腿粉碎性骨折。上午九点开始，学校老师给他打来了十几个电话，他在石洞内没听见，直到十一点，他要出洞方便才看到有十几个未接电话。

他当即打电话给前妻，前妻未满周岁的小孩患手足口疫正在市中心医院住院治疗。妻子吕美娥又在省城医院复查。等张金强赶到市中医院，已是夜晚八点多了，儿子张小齐右腿已做了手术，打了石膏板，躺在病床上。两位穿着校服的同学分别站在病床两边，在擦儿子头上的汗水。儿子紧咬牙关，表情痛苦。见父亲走到床边，儿子眼泪一下涌了出来。

"辛苦同学了，我来照顾，你们回去吧。"张金强对两位同学说。

"你是？"一位同学问。

"我是小齐爸爸。"

"他妈妈呢？你怎么才来呀？张小齐麻药醒了，疼得全身都湿透了。你怎么空着手呢？换洗衣服拿来了没有？"另一位同学劈头盖脑地问。

"医生开了止痛药没有？"张金强问。

"开了止痛药，张小齐怕吃了止痛药，影响记忆力，坚持不吃药。"

一位同学从床头柜上拿起止痛药递给张金强。

“小齐，来吃一粒药，吃少量的没关系。”边说边将一粒止痛药放进儿子嘴里，又端起口杯让他喝了口温开水，把药送了下去。

“你们吃了晚饭没有？”张金强问两位同学。

“他们一直守着我，还没吃饭。”张小齐说完，又咬紧牙关。

“再辛苦你们一会，我去给你们打饭。”张金强便出去了。

等张金强提着四人的盒饭回来，也许是止痛药发挥了药效，三位同学正在病床边有说有笑。

在医院照顾了张小齐三天，实在放心不下井上村，张金强天天给前妻打电话，做工作，前妻终于同意将患手足口疫的幼儿转院到市中医院，兼顾陪护儿子。

半个月后，张金强突然接到全国五家大型旅游有限责任公司的电话，他们要求到井上村来考察。起初，张金强莫名其妙，井上村连路都没修通，他们是怎么知道井上村的？又是怎么知道自己的电话号码的呢？

原来张金强在陪护儿子的三天里，除了给儿子弄吃的，基本闲着无事。便在儿子的手提电脑上，以井上村旅游资源为题材，写了篇散文《井上村：新时代的世外桃源》，抱着试试看的心态，通过邮箱投给了《中国旅游报》副刊。投去没几天，竟刊登出来了，引起了全国五家大型旅游有限责任公司的强烈关注。

就在五家公司先后考察期间，井上村申报的“国家历史文化名村”“中国传统村落”都得到了批准。这两块金字招牌，对五家公司更有吸引了。

不到一个月，五家公司都向井上村递交了合作开发意向书和旅游实施开发策划书。北京宏旺旅游有限责任公司是一家上市公司，它的合作条件和策划方案中的主要条款特别吸人眼球：第一期投资三亿元人民币。村民以古民居、土地入股。将井上村全部稻田以每年每亩一千元置换，划分四大片，分别种植油菜、油葵、花卉、太空莲。种植管理人员全部吸纳井上村村民，实行按劳取酬。神仙岭最大的石洞，改造装修成非物质文化遗产表演大厅，安装世界一流的音响、灯光设备，演员全部吸纳井上村的村民，工资报酬另付。将神仙岭三十多个小石洞，全部改建成客房，供游客居住。对古民居、古城堡进行修缮。合同签订期限五十年。同时，为修建井桐隧道捐款一百万元。待神仙岭外的省级公路正式通车，井桐隧洞打通及路面硬化后，签订正式合同。

第二期投资两亿元人民币，在桐子坪村的鸳鸯河大湾区修建大型水上乐园，开发鸡冠山旅游区。

当消息传开，不仅井上村沸腾了，桐子坪村也是奔走相告。桐子坪村建筑工程公司更是加班加点，大大加快了工程进度。

十四

去年底，井上村遇上一场罕见的鹅毛大雪，村里人都说瑞雪兆丰年。但今年春季又有些反常，雨量比往年偏小。没想到，“双抢”完成后，接连下起了大暴雨，已历时三天三夜还没有停歇的迹象。

鸳鸯河的水位已接近历史警戒线，离河中心绿洲上的羊圈不足两米高了。这时，高俊胜接到乡政府通知，上游桃川水电站十小时后放闸泄洪，让下游村组做好防洪防汛和财物转移工作。

张金强连忙召集村支两委召开紧急会议，组织养羊户调集村里五只小渔船，将绿洲上的几百头羊，紧急转移到井桐隧洞内。

河水湍急，没有动力的小渔船，根本不听使唤，一个大浪打来，渔船左摆右晃，向下游冲出几十米，险象环生。

羊群转移被迫停了下来。张金强请求乡党委书记李锋速派大中型动力船只支援。

直到中午时分，一艘中型柴油动力船，开足马力，“突、突、突”冒着浓浓的黑烟从下游开了过来。船刚靠岸，几十个贫困户争先恐后跳了上去，去绿洲上赶羊群。

天公作美，大雨打了个盹，停歇了下来。张金强亲自坐镇，两小时后转移了大半羊群。

真是屋漏偏遭连夜雨，井桐隧洞的护坡经不住多天大雨的浸透，滑坡了！

张金强只好带着欧阳春下船赶过去，让村文书欧阳涛继续组织转移羊群。而高俊胜不顾年老体弱，执意要亲自上船指挥。

“高支书，雨越下越大，你年纪大了，船上太危险。你在岸上指挥转送，船上的事交给欧阳涛。”张金强极力劝阻高俊胜。

“都什么时候了！你们快去组织滑坡抢险！不用担心我这把老骨头。”高俊胜说着，爬上了船。

“欧阳春，你留在这边指挥。劝高支书下来，我一个人去那边处理。”张金强对欧阳春说道。

“高支书都上船了，劝不下来的了。张队长，走吧，你先去滑坡现场。我去桐子坪村，请他们建筑工程公司派技术人员过来协助我们。”

张金强觉得也有道理，回头向船上的高俊胜喊道：“高支书，注意安全！”

“知道了，快去吧！你们也要注意安全！”

当最后一只羊装上船，鸳鸯河水已漫进了羊圈。高俊胜让几十个贫困户在绿洲上等着，先将羊运过去，再来接他们一趟。几个女村民见雨越下越大，又电闪雷鸣，不听高俊胜的劝阻，纷纷往船上爬。其他人见了，也跟着往上爬，最后全都挤上了船。

高俊胜只好让船手慢慢开，自己站到甲板上指挥几十位村民在甲板的两边平衡站立，让羊群在中间。

当船离岸边还有三十多米时，一道闪电拖着长长的尾巴从船头闪过，接着一个炸雷“啪”的一声，像是在船甲板上炸开。羊群受到了惊吓，到处乱窜，有两只羊从甲板上跳到了鸳鸯河里。贫困户欧阳波见了连忙脱掉鞋子，想跳进河里把羊抱上来。高俊胜一个箭步冲过去，要拉住他。结果欧阳波被拉住了，自己失去重心，一头栽进了鸳鸯河。只挣扎了几下，一个漩涡将他转了进去，再也没了踪影。

船上几十人顿时乱了方寸，都朝着右边拥过来，呼喊着高俊胜的名字。船失去重心，突然往右倾斜，幸好船已接近岸边，大家都安全上岸。

直到第三天清早，高俊胜的尸体才浮了出来，离落水的地方不足百米，村里人说：“他连死了也舍不得离开井上村啊！”

按照井上村的习俗，高俊胜的遗体不能进入高氏祠堂，只好在村文化广场上搭建灵堂。村里白发苍苍的王奶奶，让几个儿孙将自己那副已上好大红油漆的上等棺材，抬到了灵堂。

高俊胜的家人将高俊胜的墓穴，选在神仙岭对着井上村的半山腰上，为的是让高俊胜能清楚地看见井上村走上脱贫致富的道路。

追悼会冒雨进行。张金强主持追悼大会，乡党委书记李锋致悼词。村文化广场上挤满了前来参加追悼大会的村民，大家都沉浸在悲痛之中。

追悼会结束，随着张金强一声高呼：“出殡！”抬杠的八个精壮青年同时蹲下身子，却怎么也直不起身来。棺材像是生了根，硬是纹丝不动。临时加了八个精壮青年，十六条汉子齐呼“起！”还是一动不动。

“莫不是钩住了地上的什么东西？先移动一下。”有人在旁边提醒道。

十六条汉子稍一用力，棺材被移动了一下。汉子们信心倍增，又齐声高呼：“起！”棺材仍像一块巨大的卧石，一动不动。再移，再动。一位抬杠的青年动情地说：“兄弟们，就是移，我们也要把老支书移上神仙岭。”他的话音刚落，十六条汉子憋足劲往前移，这下连移都移不动了！

前来参加追悼会的村民噗的一声，全跪在地上，面向棺材磕头、作揖。任凭大家怎样虔诚，棺材还是纹丝不动。

“我们还没脱贫，老支书放心不下，罢葬了！”

“老支书对井上村的村民感情太深，舍不得离开我们啊！”

…………

村民们跪在地上一边抽泣，一边议论。

就在大家一筹莫展时，高俊胜的老伴从屋里出来，颤颤巍巍地从衣袋里摸出上次高俊胜在医院里写的遗书，递给欧阳春。欧阳春扫了一眼，几乎是吼叫道：“按老支书的遗愿，起！去火葬场！”

十六条汉子再次同声喊：“起！”棺材魔术般地离开了地面，一行长长的送葬队伍缓慢地向井桐隧道走去。

雨，突然停了。太阳拨开云层，洒下道道霞光。不知什么时候，井上村与神仙岭之间，竟架起了一弯七色彩虹……

| 5 |

凤凰飞回客溪村

作者 龚盛辉

邵阳市洞口县渣坪乡客溪村，传说是王母娘娘遗落在雪峰山腹地的一颗明珠。这里山围着山，水绕着水，树木牵着树木，森林连着森林，墨绿葱翠，仿佛一片汪洋大海，而散落在山坡上、溪流旁的一栋栋民居，则是盛开在波涛丛中的七彩浪花。

客溪村山美、水美、人更美。村里有一座房子，被大家称为“凤楼”。其实，它只是一间坐落在山坡上的极普通的木板房，人们之所以称之为“凤”，是因为居住在这间木板房的祖孙三代女人个个貌美如花，且青出于蓝胜于蓝，一代更比一代靓。她们的花容月貌让人心生艳羡，她们的爱情故事更是耐人寻味。大凤、二凤、小凤三代美女，用她们的爱情故事，生动地演绎了社会进步、时代发展和这片土地的沧桑变迁。

“峒子”女子嫁进了客溪村

大凤原本不是山里姑娘，而是让山里姑娘“另眼相看”的峒子（山外平地）女子，而且还是家里的“幺妹”，自幼在父母疼爱、兄姐呵护中长大，十七八岁时，出落得如花似玉，登门求亲者如云，让大凤挑得眼花缭乱。

这时，三年困难时期来临了，村村寨寨、家家户户都为食物发愁，被饥饿折磨得面黄肌瘦。大凤一家人都面带菜色，形容枯槁，这种情况下，谁还顾得上婚恋爱情。

突然有一天，一个媒婆带着一个小伙子又慕名来求亲。小伙子不仅仪表堂堂、体格健壮，压根没有一丝儿忍饥挨饿的样子，还带来了野猪肉、鸡和鸡蛋等彩礼。这小伙子就是客溪村人。在那个饥荒年代，客溪村这样的深山村落，由于村民居住分散，难以组织集体生产、集体食堂，因此当山外的人们出集体工，吃集体食堂，忍受着饿肚子煎熬时，他们依然生活在自给自足的“世外桃源”里。

要在过去，像这样的山里小伙，大凤也许连瞧都不会瞧一眼。但这天，她刚看了小伙一眼，就点头同意了。不为别的，她就为小伙子那当时难得的健壮体魄，为当时他家还能拿出让大家垂涎三尺的猪肉、鸡肉和鸡蛋作聘礼。

一家人美美饱餐一顿后的第十天，大凤这位峒子上的“村花”，便撑着一把小花伞嫁进了深山里的客溪村。从此，大凤不仅自己能吃饱穿暖，面黄肌瘦的她渐渐养成窈窕美少妇，还能时不时给娘家送去一些山上的野味、艾叶粑粑等食品，让娘家人解馋饱肚，这让邻里们羡慕不已。

二凤选择了外面的世界

大凤嫁到客溪村的第二年，有了女儿二凤。由于生活温饱，加上优良遗传基因，三年困难时期出生的山里姑娘二凤，自幼身体健康，性格开朗，心智聪慧，长大后比母亲大凤更加容貌姣好、楚楚动人。稍有遗憾的是，由于山里教学条件落后，从小学到中学成绩一路拔尖的二凤，高考时竟以三分之差名落孙山，不得不踏上南下广州的列车，加入了打工族行列。

二凤虽是打工妹，可她那窈窕的身姿、秀丽的容貌，足以战胜一切偏见，无论在哪儿都能赢得比别人更多的回头率。二凤的追逐者如云，其中既有家乡的同学，也有单位的同事。

二凤陷入极度矛盾之中。她心里知道，虽然打工在外，但心依然留在养育她成长的那片土地上，她很想选择一名家乡小伙作为自己的另一半。可她又不能对多姿多彩的都市生活视而不见，不能对外边世界与故土家园的巨大落差无动于衷。正是这个缘故，二凤在众多追求者的疯狂追逐中，始终保持着矜持。

那年春节前，二凤和往常一样回家过年，当她在普通列车上颠簸两天一宿，然后又在长途客车上摇晃一整天，终于踏上那条通向客溪村的山区小道时，天公突然下起大雪，结果十几公里山路，二凤走了整整一天，途中还摔了一跤，险些掉进山谷里，一回家就发起了高烧。

高烧退后，她心中爱的天平开始倾向那个家住广州市郊的同事。就这样，中学同学们心中的维纳斯二凤，飞出了客溪村，飞出了雪峰山。

小凤又飞回了客溪村

几年后，在广州市郊一栋别致的四层别墅里，小凤带着一声嘹亮的啼哭，降临在这个多彩的世界。小凤从小就是个人见人爱的小天使，美中不足的是，体质不像母亲那么强健，夏天一吹空调就发烧，城里空气污染严重，又让她患上了气管炎。无奈之际，二凤只好把小凤送回冬暖夏凉、空气新鲜的客溪村，交给外婆大凤。令人称奇的是，回到客溪村三个月后，小凤的气管炎奇迹般痊愈了，体质一天天强壮起来。

九岁那年，母亲担心深山落后的教学条件耽误孩子学业，把小凤从客溪村接回了广州。

长大后的小凤，成为从“凤楼”走出的第一个大学生、第一个人民教师。

2019 年五一长假期间，恰逢外婆大凤 80 诞辰。小凤随母亲从广州回乡祝寿。寿宴上，一位中等个头、体格健壮、谈吐大方、举止文气的年轻小伙，让小凤一见便心头突突乱跳。而小伙子一眼望见她，心里也像揣了只兔子，蹦得直发慌。此后几天，两人天天一块儿爬山、散步。长假快结束时，小伙子大胆向小凤表白了心中的爱慕。面对故乡小伙的激情追逐，小凤和母亲当年一样选择了矜持。

小伙子是客溪同乡，不仅性格开朗，体魄伟岸，是个典型的客溪汉子，而且有理想、有志向，为了建设家乡，他从名牌大学毕业后返回洞口当了一名村官。

小凤矜持，是因为她和母亲一样，对故乡与都市的落差不能完全做到视而不见、无动于衷。

但小伙子的追逐，并未因小凤的矜持而止步，继续对她“穷追猛打”，不仅每天一个电话，而且在 2019 年国庆长假前，向她发出了邀请：“小凤，你回家乡看看吧，家乡变化太大了。”

她说：“我才回来几个月，变化能有多大喽。”

他说：“你离开家乡不久，省里的现代投资股份有限公司就派来了扶贫工作队。客溪村的变化，你一看准会吓一跳！”

凤再次回到故乡，这里的变化果真把她吓了一跳。几个月前，还收不到手机信号的村民，现在坐在家里就能用手机、看卫视了，让恍若隔世的村民们一下子融入了现代生活。那条泥泞山路已经变成了宽敞的盘山水泥路，轿车、农用车甚至大卡车可以直接开到家门前了。她曾经读过书的几个月前还破旧不堪、教学设施不全的村小学，不仅建起了食堂、图书室、篮球场、洗手间，还用上了现代化多媒体教学设施……

小伙子说："省里公司领导对脱贫工作非常重视，几个月就下拨了近 600 万扶贫资金。扶贫工作队更是给力，把村民们的事当作自己的事来干。"

几个月的沧桑巨变，让小凤看到了故乡的生机、希望和未来。

"嫁给我吧，小凤。"小伙子轻轻拉着她的纤手，单膝跪下，"让我们一道为家乡建设出力，我给乡亲们当村官，你给孩子们当老师。"

小凤轻轻点了点头，一朵红霞飞过她那粉嫩的脸庞……

| 6 |

油溪桥村振兴之路

作者 袁杰伟

湖南省新化县吉庆镇油溪桥村，曾经是一个名不见经传的村。十年前，村里没有一寸硬化公路，只有 4.5 万元的村级集体负债，以及一顶省级特困村的帽子。

近十年来，只因换了一名叫作彭育晚的村支书，村里便发生了巨大的变化。全村村民纯收入从 2007 年的不足 800 元，提高到现在的 1 万余元，村集体收入逐年翻倍增长，最高时可达每天 2 万元。

我在思考这么几个问题：一个村支书与一个村到底有多大的关系？在责任田被承包了三十多年之后，农民已经享有充分自由，青壮年农民离乡离土，外出打工、创业，创下数不清的“外汇”，建起一栋栋别墅。农村老家对于他们来说，只是一个本乡本土的概念，只是春节团圆时必回的地方，至于村级政权、村集体经济，到底在他们心目中有多重的分量？村集体经济对这些农民已经几乎没有影响，村级政权对那些不犯法的农民也几乎没有影响力，那些在外面赚了钱的农民，回到村里就是老大，村政权和村干部对他们没有任何影响力。

在这样一种情形之下，一个村支书对农民到底能有多大的号召力？他能改变村民什么？如果能够改变，他又是通过什么样的方式改变的？一个农村的支部真的还能像改革开放以前那样有权威、凝聚力、号召力、影响力？

在这样一种情形之下，一个村支书、一个村级政权到底能有多大的作用？建设新农村是不是一句空话？靠什么来建设新农村？建设什么样的新农村？

我曾经在新化县曹家镇参观过一个新农村样板村，农民把土地全部流转给一个村里在外地打工赚了钱的男子，这个男子通过流转的办法圈占了村民的全部土地，然后办厂，办种植、养殖，农民事实上失去了土地，沦为给这个“资本家”打工的工人。媒体报道说，农民可以在家门口当工人，这就是新农村。但我感觉，在资本的圈占下，农民失去土地当工人，这是一件非常危险的事，其实质倒退到了私有制，只是打着“流转”“承包”等幌子罢了。

还有一个更重要的问题：如果一个村支书真的能够对一个村有巨大的改变，那么，他要付出那么多的智慧和汗水，要吃那么大的苦，他的精神动力到底来自哪里？来自经济效益，还是来自其他什么？著名作家何建明把华西村的村支书吴仁宝称为伟人，吴仁宝带领华西村走集体化道路，以集体的名义与市场化的外界接轨，走出了一条致富之路。吴仁宝的付出绝不是为了利益，而是有一种更为崇高的境界和奋斗目标。但这样村庄里的伟人毕竟是凤毛麟角、独一无二的，也是不可复制的。要不，吴仁宝也不会成为著名作家笔下的伟人。

如果一个村支书能够靠个人的魅力和智慧引领一个村子致富，这种经验有没有可复制之处？如果不可复制，它还具不具备典型价值？我毫不隐讳地认为，湖南省新化县吉庆镇油溪桥村村支书彭育晚属于个人魅力与智慧型，其带领村民致富的方法亦有可借鉴处。

彭育晚其人

彭育晚是土生土长的新化县吉庆镇油溪桥村人，生于1974年6月。1993年高中毕业后，没有考上大学的彭育晚决定去当兵。这年12月下旬，正值全国纪念毛主席100周年诞辰之际，彭育晚参了军，被分配在解放军某部21军61师。在部队训练的主要技术就是射击40火箭筒，这种炮很贵啊，打一炮需要480元成本。彭育晚舍不得打，日里夜里一个劲地琢磨如何才能打得中，对炮弹进行反复研究。很快他成了专类尖子，当了班长，当他带领全班参加全营的射击比武时，全班的命中率达到百分之百。不久，他带领全班参加军区的达标射击比武，又是百分之百地命中。这创造了整个军区的射击奇迹。在部队四年，他立了四次功，1997年退伍。

退伍之后的彭育晚来到南宁，走上了经商的道路，与妻子一起，在药材、保健品等行业干得风生水起。

临乱上任

吉庆镇的领导对彭育晚的情况很熟悉，这个年轻人参过军，入了党，立过功，肯钻研，有见识，有能力。村里就是需要这样的致富带头人啊。镇领导几次打电话给彭育晚，要他回村当支书，带领全村共同致富。彭育晚陷入了沉思。彭育晚还是很有家乡情结的，每年的春节都要回村里过，每次回来都要慰问左邻右舍，村里的油溪河漂流公司邀请他加盟时，他也毫不犹豫地入了股，到了旺季还回来参加经营管理。可谓离土不离乡。当村支书肯定不如做生意赚钱，但赚钱并不一定是最有意义的。彭育晚对妻子说："油溪桥村是生我养我的地方，我打算回报那块土地五年时间，为生活在那块土地上的人们做点事。"妻子表示理解。

2007年的春节，彭育晚照例是在油溪桥村过的，他打算春节期间去跟镇领导交换一下思想。没想到正月初一的下午，时任镇党委书记的杨力勤就找到他了，把他请到自己的办公室，泡上两杯茶，慢慢地侃了起来。杨力勤真诚地说："育晚啊，干基层工作也是很有味的呢！干得好，比赚钱、比当大官还有味些。油溪桥村现在需要你啊，要你这样的人才能带领大家搞好家乡建设，把村子里搞活。现在村里矛盾多，什么建设都没有搞，很多村都把路修到户了，你们村还一寸公路都没有修。你把这村支书这副担子挑起来，把村里一千多人的命运挑起来，好好干一番事业，相信你会找到另一种幸福感、成就感。"

整整一个下午，两人越谈越热火，越谈越有感觉。彭育晚深深感到一种信任的温暖，村里一千多号人，镇党委把我挑选出来当支书，这不就是千里挑一？这是多大的信任！我是这个村的，是这方水土养育了我，担这个责也是有义务的。一份担当的力量从心头油然而生。同时，他也深深感到这是党组织对他的一种考验，关键还看自己到底能不能担负起这份信任，能不能干好这个岗位。

彭育晚站了起来，真诚地说："杨书记，这副担子我挑了！请相信，我只会为党委政府增光，决不添乱！"

两双手紧紧地握在了一起！

这个时候，村支部还没有正式换届，但鉴于村支两委矛盾重重的现状，镇党委决定让彭育晚先临时接任，再走程序。

让自己白干

第一次开户主大会的时候，文书按照惯例拿着一份会议津贴补助表请彭育晚签字。彭育晚一看，是每人五元的会议津贴。鼓育晚说：“从现在开始，全部取消。以后开会，不再发会议津贴！”

会场里顿时有人悄悄议论起来：“开会耽误了时间，这是正当劳动报酬呀！”“这是多年的老规矩了，怎么连这个也要变呢？”“你支书是做生意赚了钱，不在乎这点小钱，可我们在乎呀！”

虽然声音很小，彭育晚还是听到了。他想，今天这堂课是不上不行了。

彭育晚真诚地说：“各位乡亲，领津贴发工资，那是打工的人干的事，是帮别人做事才领的。我们是给自己做事，哪有要钱的道理？你帮自己家里插田要钱吗？你帮自家挑水要钱吗？你找谁要去？如果说要钱，那董存瑞舍身炸碉堡为的什么？为了钱吗？如果为了钱，我给你一百万、一千万，你会把自己炸掉吗？乡亲们，给自己做事是无价的！要钱我们就是自己看不起自己，掉价了！把自己看成廉价的打工仔了！如果大家这点小利都舍不得放弃，都抱着一种打工的心态，那谁来给我们自己做事？村里还怎么发展？谁来请我们开会？谁来给我们发开会的钱？”

是啊，理想无价、信念无价。如果大家都为了三五几十元钱，将自己沦为廉价的劳动力，怎么会不造就一群短视的、精神的侏儒？一切向钱看，没有为家乡、为集体奉献的精神，怎么可能让家乡有一个好的面貌？钻到钱眼里去了的人，绝对是精神的乞丐，只会一事无成的。村集体的钱是要村民自己赚了才有的，还没赚钱就要分钱，是不合理呀。

会场顿时鸦雀无声，继而大家都不断点头，认为彭支书说得对。

这个道理完全被彭育晚说“死”了，半点回旋的余地也没有。有的人因极度佩服这个道理，竟忍不住笑了，眼泪都笑了出来！

彭育晚慷慨激昂地说：“如果大家都同意从今以后开会不发钱，那就请大家鼓掌通过！”

会场顿时响起热烈的掌声！

长期以来，一开会发钱，一做事就要钱的陈规陋俗，在这个会上戛然而止。

从那时起十年来，油溪桥村大大小小的会议开了一千多次，没有发过一分钱的会议津贴。

开会不发钱，节约的不仅仅是钱，它引领了一种无私奉献的风气，让那种先谈价后干活、举手之劳也要钱的风气戛然而止。一种风气的形成是花小钱买不来的，要大家集体赞成，共同践行才能形成的。好的风气是无价的。

彭育晚当村支书，也从来不拿职务津贴。

“只有让自己白干，老百姓才愿意一起干。如果发津贴，一个村支书一年拿十万算高了吧？十年也就一百万，这一百万与村里的发展相比又算得了什么？村里的发展才是真正无价的。十年来，油溪桥村创造的价值是多少？这是无法用金钱来衡量的。我个人在精神上的收获，也远远不是一百万元的金钱所能够衡量的。”彭育晚真诚地说。

我相信他没有唱高调。

要发展集体经济，村里要共同发展，不仅仅是开会不要钱，还要出工不要钱。出工当然就大家要出义务工。村里规定，党员干部每年要比普通村民多出十个义务工。

有一个问题：村支书要不要出义务工？

有人说，支书要管全盘，工作忙，当然不要出。

彭育晚知道这是奉承话，他若真的不出义务工，他知道，村干部的十个义务工，全体村民的义务工是带动不起来的，村支书说话是没有号召力的。

彭育晚理直气壮地说：“我当然也多出十个义务工，一个也不少！只是我多年没从事过体力劳动，我出钱请人帮我做义务工！”

每到出义务工时，村民们看到，彭育晚花200元一天请一个当地能干的农民帮他做义务工，样样功夫都做得十分扎实。于是，村里党员干部带头出义务工，村民们也都积极地出义务工。村里的公益事业再不愁没人出工做事了。更谈不上花钱请人打工。

彭育晚的“算盘”打得很“精”：我多出这十个义务工，两百元一天，十个工两千元，带动了全村几千个义务工！我这两千元划得来啊！假如我不出这十个义务工，全村的义务工是带不起来的！村看村，户看户，社员看干部。当头的一定要当好榜样，扎扎实实做足功夫，别人才肯跟着来的！如果我不付出这十个义务工，什么都会没有！

笔者不得不佩服彭育晚的聪明和“精明”，很多单位的群众为什么带不起来？不是群众懒，就在于摊到“一把手”头上的义务时，以种种理由为“一把手”开脱责任，群众当面很服，背地里是不服的，内心里是不服的。彭育晚聪明就聪明在能打通一把手责任的最后一个毫米。看似吃了亏，实际上得了大“好处”。但这“好处”是大家的好处，没有完全彻底的责任心，没有对这片土地赤诚的大爱，他能玩出这些聪明又精明的手段来么？这样的“精明”，村民们哪个又不服气？

村支书是撑不开的土船，农民也最讲实际。唱高调，讲官话是没人听的。笔者也一直纳闷彭育晚怎么带这个头，怎么下这个命令。这样带头，我是服了，这种方法极具操作性，在任何单位，一把手能如此带头，别人能不跟着来吗？

林权改革

俗话说，新官上任三把火。

可这火也不那么好烧的。烧得不好会引火烧身。有的官员，烧了三把火之后就没了下文，就像程咬金的三板斧。这只能说是做秀。

那这三把火到底是烧还是不烧呢？当然要烧，村民都盼着新官上任有新起色，不烧岂不是辜负了大家期望？

彭育晚上任后真正意义上的第一把火，是村里的林权改革。

说到林权改革，首先就要说到村里的林权现状。

自从 20 世纪 80 年代，村里实行联产承包制以后，山林也实现了承包。但那是什么样的承包呢？当时实行的都是"模糊承包"办法。都是以"坳""涝""坑""塝""洼""原""边""包""沟""脉"等模糊地名划界，根本就没有清晰的界线。村民砍了一棵树，你说是你的，我说是我的。为了砍树，村里纠纷不断。为了防止别人砍自己的树，有的村民不惜睡到山上去。即使睡在村子里，晚上也是尖起耳朵听山里有没有什么动静，一旦听到有人砍树，就从床上爬起来拿起手电筒往山里跑，争吵就在晚上展开。只要砍树，就会吵架。在各家承包林的搭界处，只有砍伐，没有新栽。而且强肉弱食，家里力量强大的，砍到别人的林界上去了。

2008 年，湖南省推进集体林权制度改革，省里要求村里进行林权改革。

彭育晚下定决心，借政策的春风，排掉埋在山林里的"地雷"。

首先是把模糊的产权变为清晰的产权，这也是至为关键的一步。怎么清晰？茫茫山林，要界定林权，谈何容易？村干部天天翻山越岭，清理山林。有多少地方是人迹罕至。到了山上，被蛇咬、被蜂叮的事时有发生，有一个村支部委员还从悬崖上掉下来，落下了终身残疾。

彭育晚迎着困难上。他带领全体村干部翻山越岭、进组入户，成功归纳出“凭、听、察、看、摸、查、调、确”八字方针，采取“工作分类、任务分流、矛盾分解”等形式开展工作。对板块面积的分布和形成进行了调研调整，对插花地、自留地和“三难管”地采取查、判、量等方法重新立界确权。埋桩为界，将林权明确到点、线。也就是明确到哪一棵树是哪家的，林权就像存在银行的钞票一样几角几分都明晰。

为了搞准数字，仅打印的资料修改就达到两百次以上。打字员苦笑着说：“简直搞出了神经病。”

油溪桥村在全省率先完成了林改任务，成功排除了隐埋在山林里的“地雷”，为以后的植树造林打下了良好的基础。

同时，这项改革还为全省的林改积累了经验。为此，湖南省林改现场会在油溪桥村召开。时任林业厅长邓三龙给予高度评价：“油溪桥村的林改是全省的一面旗帜。”不久，这项改革也成为全国村级林改的模范，受到林业部专家的肯定。新化县为彭育晚记了三等功。

林权改革工作的成功，让全体村民的凝聚力起来了，一个新的强有力的村领导班子形象在村民心中树立起来了。同时，也为油溪桥村干事创业营造了一个良好的外部环境。

统一用水

毛主席说，水利是农业的命脉。

新中国成立以后，农村修了很多水库、山塘、灌溉水渠，用水由政府统一调配，油溪河上游的车田江水库便是这样一座大型水库。

车田江水库位于油溪河的上游，油溪河是资江在新化县的第二大支流，以溪水清亮如油而得名。由于水量丰富、落差大，20 世纪 70 年代，在其上游修筑了车田江水库及其配套工程，包括吉庆镇在内的新化县河东 6 个乡镇的农田水利灌溉问题主要也是有赖于此，中游修建了五座梯级电站，其灌溉和发电作用已得到充分利用。

联产承包后，农田用水出现了许多问题。农民不管储水的事了，作为农民的个体也管不了。山塘是无法归私的，只要有水，肯定大家都要来用。于是，在丰水季节，只看到溪水白哗哗地流入水库，又从水库奔流到大溪，大溪流到河里，最后百川归海。农田里的水，最多一个月就全干了。

这是第一怪：丰水季节不储水。

一到干旱季节，就出现守水、抢水、强抽水、偷水、为水打破脑壳的现象。

八十年代以前修的车田江水库等大型水利工程，由于有水利部门的专门管理，丰水季节还是储了水的。到了干旱季节后，就会从大型水库放出水来灌溉农田。

但水经过之处，到处截留、抢水，稍远一点的地方为了放到水，村民只好轮流到分水口去守水，到了规定时间，就把水放到自己村里来。

水放到自己村里之后就存在一个再分配的问题。由于水流通的渠道不畅通，村民顾私不顾公，争水、抢水、偷水之事便时有发生，农民为了水，争得不可开交。打架闹事，打破头的事便经常发生。有些农户自己办了排灌机，直接从公家的水塘水库里抽水，那些没有办排灌设备的，就只好干瞪眼。更有些没有公德心的农民，将排灌机架到公共的水井里，把水井抽干，等井水满了再抽。村民饮用水、洗衣服用水成了问题，于是又要发生矛盾。

每逢干旱季节，村民为了水的问题，不知要吵多少事，邻里的和气伤了，甚至仇了，还是有很多田亩得不到灌溉。

彭育晚成年之后对这些事耳闻目睹，可谓痛心疾首。现在当了村支书，他下决心要解决这个问题。

如何解决？

一些人就说要加大投入购买抽水设备，建大型的储水塔。彭育晚反对无限制地加大投入，认为管理比投入更重要。关键是把有限的资源管理好，用到恰当处。况且也没有谁来投入这么多钱，向上面伸手不可能，让私人出钱更不可能。如果不管理好，即使投入了，建了大水塔也是白搭。彭育晚决定村里成立用水协会统一管水，村里的山塘、水库由村里统一管理，首先由村民出义务工进行整修，砌好堤坝，清理淤泥。在丰水季节储好水，在干旱季节，由用水协会统一调配水，有计划地公平放水，用水像用油一样节约，确保每一丘水稻田都能得到灌溉。换一句话说，就是把水当成了公共资源，统一管理、维护、调配，这样，投入很少，效果很好，起到了四两拨千斤的作用。油溪桥村成为湖南全省的用水模范。

把成本降到最低

靠山吃山，靠水吃水。

彭育晚认识到，利用油溪河沿岸的水田，发展稻田养鱼是对油溪河水资源在灌溉、发电之外的又一种有效利用，是发挥其经济价值的有效途径。这是第三次靠水吃水。

彭育晚决定利用油溪河发展稻田养鱼。发展稻田养鱼，田不要成本，水不要成本，唯一的成本是鱼苗。

鱼苗从哪里来？是否也可以不要成本？

是的，鱼苗也可以不要成本。

每到农历二月涨桃花水的时候，村干部带头出义务工，砍一些松树枝沉到油溪河里，一晚上之后，清早到河里把那些松树枝提起来，就有许许多多的“墨水”（新化土话，小鱼苗的意思，因为小得就像星星点点的墨水而得名）沾在竹枝竹叶上。村干部把这些“墨水”放到河边的田里，“墨水”经过十多二十天的养殖成为小鱼苗后，免费发给村民，由村民放到自己的责任田里去养。

这种田鱼，绿色环保，营养价值高，最受市场欢迎。

稻田养鱼就这样发展起来了。

彭育晚并不满足，他想把稻田养田的经济效益实现最大化。

怎么最大化？

养甲鱼。

甲鱼才值钱啊。只是以前从来没有人养过，为什么？甲鱼苗贵，大家没有养殖经验，甲鱼娇贵、难养。

彭育晚认为，这些都是可以解决的。

甲鱼不也是鱼吗？要降低成本总是有办法的。

彭育晚想出了办法。

甲鱼还是很小的鱼苗的时候是不贵的，市场上只要 3 块钱 1 条。但是，这样的甲鱼苗放到田里是养不活的，甲鱼很娇贵，需要专业技术人员才能养得好。

这样至少解决了一个问题，3 块钱解决了原始成本。然后是学经验。这个好办，政府举办了免费培训班，只要选派村民村干部去学习就可以了。

解决了鱼苗和经验问题，村里砌了几个甲鱼池，然后安排村干部养这些 3 元钱一条买来的甲鱼苗。一年之后，等这些甲鱼长到 8 两至 1 斤左右，甲鱼成活就容易了，就像人长到十六七岁以后，能抵御许多自然的风险一样。

如果到市场上买这种 8 两至 1 斤的甲鱼苗，价格在一百元左右。彭育晚用 3 元钱的原始成本解决了成本问题。

一亩田可放 300 只甲鱼，如果到市场上去买，成本就要 9 万元。

彭育晚用 900 元解决了 9 万元的成本问题，因为村干部的义务工是不计成本的。

这时候，村里还是把这些甲鱼免费发给村民，由村民放到自己的责任田里去养。这些甲鱼十有九活。一条甲鱼养到四五斤、七八斤，按市场价 100 多块钱一斤，按内部价也是 80 元一斤，一亩田可创收 4.2 万。去掉成活率等成本，就去一半，一亩田最低也有 2 万元的毛收入。

一亩稻田的甲鱼产值可以达到 2 万元。村里一共有 500 亩水稻田。村民仅靠这一项，就足以脱贫致富。用 900 元一亩的成本做成了一个甲鱼产业，村民的利益实现了最大化。村民们得了这么大的实惠，怎么会不支持村里的工作？

项目成功了，工作推动了。彭育晚认为，用金钱、用小恩小惠是收买不了人心的，只有用智慧给老百姓带来实惠，才能凝聚人心，才能持续发展。老百姓靠村里致富了，你何愁他义务工不出？何愁物品不捐？

对于搞村里的基础设施建设，油溪桥村的理念是只要能用自己的劳力、自己的办法解决的问题，绝不花钱。

村里要修山头田间的小路，河里的小石头用完了，彭育晚便打起了城里的“主意”。城里那些大理石石材加工厂废弃的石材“垃圾”，在他眼里却是“宝贝”，加工厂全部免费送给他。有了材料，彭育晚又把村民召集起来，人人动手，义务出工出力。于是，全村 11 公里的小路硬化，在极俭极低的费用下，一条一条地很快完成了。

村里修灌溉项目，他号召全体村民投工投劳，握紧锤子自己干，就地取材，租用施工设备。在管道沟挖掘施工中，由专业技术人员指导，村组干部带组长、组长带群众，自己动手，仅花费了 3000 元购买钻机，就完成了 16 万元的管道沟挖掘施工项目，整个水源建设项目节约资金达 60 余万元。

这“绝不花钱”的硬气，正是村组干部带领村民对村里的事任劳任怨与无私奉献的写照。

彭育晚说，只有人穷志不穷还不够，还要人穷智不穷，才能彻底改变村里的贫困面貌。

把风险降到最低

种植果林是搞好农村经济的通用做法。有些村，看到市场上奈李价格高，便一窝蜂地种植奈李。看到杨梅好卖，又全部种上杨梅。可是，大家都跟风时，造成市场供过于求，价格下降，果贱伤农。而且，大面积种植，对技术和风险防控的要求特别高，稍有不慎，果农可能遇到歉收或其它的灭顶之灾。

油溪桥村也搞种植，是怎么搞的呢？首先是不流转土地，土地是谁家的还是谁家的。

油溪桥村也搞市场化运作，与公司合作。怎么搞呢？

土地归农户，但是由村里统一规划，果树苗木由村里统一采购。公司又怎么向油溪桥村提供果木呢？彭育晚很“精”，他不搞一次性付款。他有他的“算盘”：果木要几年后才能挂果，一是一次性支付成本太高，先付个“首付”，分几年“按揭”，挂果后再付清才是合理的；二是担心一次性全部支付了钱之后，这些果树苗有假或质量不好，不能挂果，风险太大。采取“按揭”方法，果农与苗木供应商共担风险，是合情合理的。

具体办法是：第一年，让果木公司免费提供苗木，第二年，苗木长势良好，支付 20% 的金额，第三年，支付 30%。到了第五年，挂果之后，再支付余下的 50%。这样，极大地降低了村里的风险，减轻了村民的压力。借苗木公司的鸡，生了村里果木产业的蛋。

油溪桥村第二个降低风险的做法是：不搞大面积种植，不搞一村一品，而是搞一村多品。土地还是村民的，没有流转，村民愿意种什么，由村民自己选择，村支两委再进行统筹安排。搞一村多品，桃树、梨树、李树、橘树、柚树、枣树、枇杷树、杨梅树等等各种一片，这叫错开自然风险，遇到暴雨季节或寒冷季节，受到损失也是部分受损，不会全部受损，不会全部血本无归。比如，正好是采杨梅的季节，如果遇到连续几天大雨，杨梅就会全部烂在山里。但因实行一村多品，其他果树就不会受这种损失，损失的只是杨梅。这叫丢了芝麻，还有西瓜。全部丰收，也不致果贱伤农。

一村多品的开发，也错开了劳动力需求的高峰。不至于某个季节需要大量劳动力，而某个季节劳动力闲置。一年四季，村民都有活干。

一村多品的开发，使得果树对肥料的需求没有高峰期，而是均分于四季。村民不必购买化肥，因为家肥是慢慢产生的，施家肥就足够供应果树的肥料之需。这不但节约了成本，而且规避了土地因连年使用化肥，土壤异化变质的风险。

一村多品开发让村里一年四季飘果香，销售没有任何压力。万一遇到某果品销售不力，全村人自己消化也不成问题。

一村多品开发还有一个最大的好处，就是可以促进乡村旅游，游客来到村里，四季都有水果可供采摘。游客到果木地采摘水果的价格，远远高于水果的市场售价，这又为村民创造了很好的市场价值。

建设文明乡风举措之一：村干部捡烟头比赛

物质文明有了，更重要的是精神文明，对于乡村来说，也就是乡风文明。

建设文明乡风，首先是搞好卫生。一个人的穿着代表了一个人的精神面貌，一个单位的卫生状况代表了一个单位的精神面貌。卫生是最难搞的。垃圾是个千斤担，靠个人的力量，任何人都担不起。

彭育晚为村里的卫生制定了三个原则：垃圾不出户，不出院，不出村。垃圾只要出了门就变成了村里的。这样，让家家户户管好自己的卫生，这个大问题也就变得不是问题了。八年来，油溪桥村没有一车垃圾送到外面去。村里形成了人人捡垃圾的风气，捡垃圾的人绝不是丢垃圾的人。

彭育晚说，这里面最关键的是要去掉村民的依赖思想，明确搞好自家卫生都是村民自家的责任。这就是处理好一个人和一百个人的关系。一个人捡垃圾，一百个人丢垃圾，是不可能保持好卫生的。在城里，有些素质低的人边吃零食边丢垃圾，清洁工前去劝说，他还要蛮横不讲理地说：你就是干这个的，我不丢垃圾你不就失业了吗？如果不明确自己的责任，如果村里请了保洁员，村里也可能发生这种事。无限的服务是一种纵容。没有责任的社会还是一个什么社会？

彭育晚自己就是一个最清楚自己责任的人。当村支书十年，从不给镇里添麻烦、提条件。镇里开会布置任务，他只埋头记笔记，回去后想尽千方百计落实，然后给镇领导一个又一个惊喜。他就这样带动了镇里一项又一项工作的开展。吉庆镇十年被评为十次十佳强镇，彭育晚功不可没。镇领导曾真诚地说：发一百个红头文件，不如你这个典型的作用。一任又一任镇领导从吉庆镇离任后到了新的岗位，他们都记得油溪桥村，都宣传油溪桥村，都惦记着油溪桥村，或者回来看一看、走一走，这都是对油溪桥村的支持和鼓励。有的领导升迁之后在更高的层面关心油溪桥村的发展。可见，一个敢于负责任的人，一个努力自强的人，能够得道多助。

彭育晚说，小恩小惠并不能收买人心。如果你怀有私心，你就是给了他钱，给了他很多好处，他还是要骂你的娘。只有怀着一颗公心，事业才能越走越远。物质上的关心他并不羡慕，看重的是领导常回来看看。没给物质也是关心，牵挂才是真关心。彭育晚用感恩的心积累起来的人缘，成了村里发展的强大后劲。

为建设文明乡风，彭育晚找到了个突破口：让村干部捡烟头。这既是告诉村民，村里连烟头都不能丢，其他垃圾更不能丢。村干部捡烟头，村民还好意思乱丢烟头、乱扔垃圾？这是村干部用行动示范，而不是用语言唱高调。

村干部带头捡，各组干部交叉捡，看哪个组的烟头捡得多，烟头捡完了，组与组之间的卫生评比结果自然出来了。更关键的是，效果出来了。村民们不再乱扔烟头，不再乱扔垃圾。人人捡烟头，个个都是保洁员。

建设文明乡风举措之二：禁鞭炮

“禁一百年鞭炮，留一双眼睛！”这是彭育晚掷地有声的话。

2015 年 3 月，彭育晚从媒体看到了与新化比邻的涟源市发生的一桩惨案：一个九岁的贫困家庭的小男孩负责清理铁桶里的鞭炮屑，不巧，被扫进铁桶的未燃鞭炮此时被烟火燃爆，小孩被炸瞎了双眼。彭育晚痛心疾首：谁对小孩子的未来负责？谁对小孩的一生负责？发生这样的事，村干部没有责任吗？村民难道还麻木不仁吗？放炮人的人性在哪里？村干部的责任在哪里？村干部连村民的眼睛都保护不了，还管什么？还不反省？还不吸取这个痛？还不警示？这样的事，小孩身边的人不管，难道还要天管地管？

彭育晚在全村户主大会上一连串的问话，让全体村民警醒！他痛心疾首地说：为了留住一个小孩的双眼，村里禁一百年的鞭炮都值得！人家九岁小孩是困难之人，为了去搞村里的卫生，结果被炸瞎了双眼！这样的事村干部不管好，村干部不是间接的杀手又是什么？村民今天赚钱，明天就大肆放炮，穷就穷在做法，这样的人受贫穷难道不是活该？放炮败坏了村风，相互攀比、嫉妒、排斥，看谁放得多就谁赢。亲不要亲好，邻不要邻安，谁都希望对方背时、倒霉，邻里感情极不融洽。把放炮的钱用来帮助邻里，帮助困难的人，去回报感恩的人，那是多么有益的事，在人家困难、需要帮助的时候，给人家一点帮助，人家会记你一辈子，感恩你一辈子，感情是无价的。一百元建立起来的恩情关系，是一百万建立的利益关系所不能比的。你买十块钱的肉去看望一个老人，一千块钱可以买一百次，帮助别人，这种美德是会传下去的，让子孙后代关系好，受尊重，播下友好的种子，以后就会生根发芽成材结果。关心别人帮助别人，代代相传代代相帮，多么美好。辛辛苦苦赚来的钱，何必变成烟、变成灰呢？为什么现在死了人没人哭了？是人太自私了，是人际关系太差了。彭育晚又讲了村里几个身边的感恩的故事，让村民深刻地领会到帮人无价。

一番发自内心的激愤演说，村民们都点头称是。

然后，村里明令禁炮，不管是红白喜事，还是清明祭祖，或者是过年过节，一律禁止！

我在想，燃放鞭炮可是“传统”，是“民俗”，又不违法。传统的势力是最大的势力，要改变起来何其难哉？村民又不是端你的碗服你的管的职工，村民享有法律以内的自由，他放鞭炮不违法，你村支两委管得着、禁得了？他放了你又能拿他怎么样？

油溪桥村还真是禁了鞭炮！

我第一次去油溪桥村采访时是四月中旬，清明刚过不久。村民告诉我，今年油溪桥村清明挂青没有一户燃放鞭炮。只是附近村开鞭炮店的老板大骂彭育晚是个“隔财鬼”。

建设文明乡风举措之三：禁用尿不湿

油溪桥村的第二禁，就是禁止用尿不湿，禁止用一次性塑料袋、一次性饭盒、一次性筷子。尿不湿烧不燃，埋到土里又不能降解，产生的垃圾无法处理。村里每生一个小孩，半年内要用一千多元钱的尿不湿，这对环境造成多大的损害？村里规定，一律用毛巾代替尿不湿，村里对有新生儿的家庭，凡不用尿不湿的，一次性补贴 500 元。把请保洁员的钱补给了村民。不用请专职的保洁员了，村民得了实惠。不用尿不湿，还保护了婴儿的皮肤，节约了钱，又保护了环境。

建设文明乡风举措之四：禁止赌博

村里第三禁，是禁赌。赌博是与收入成正比的。如果赌博，任何事业都无法发展。一个人赌博，可以把祖业输掉，把房子输掉，把老婆输掉。

为了禁赌，村里把二代以来有赌博史的家庭进行了一个统计摸底，结果发现不外乎三种情况：一是无家可归的，二是妻离子散的，三是贫困户。

真是不看不知道，一看吓一跳。

彭育晚一天晚上去查赌博，一个村民毫不客气地挖苦彭育晚说：你有什么资格禁赌？你以前不也是个赌棍吗？

彭育晚坦然说：我以前是赌博，那是我走错了路。我就是因为赌博，三次考上公务员都没有通过政审。你们难道还想走我的老路？难道想要一错错到底吗？

那个村民无言以对。

不久，村里召开第一次禁赌动员大会，所有户主参加。会场上悬挂着醒目的标语：传播正义良知，守住祖孙净土。会场设立赌博区和不赌博区。结果所有的人都坐到了不赌博区。彭育晚一番激情演讲之后，村里宣布了几条措施：一是建立户主台账，凡是家庭成员参与赌博的，发现一起登记一起。今后村民家里婚丧嫁娶，有来村里调查户主家庭情况的，先查看台账，如实相告。二是建立党员连户包干，跟踪摸准情况，做本人及相关人员工作，引导、支持外围人员同步进行，结队帮扶。三是对于有赌博行为的农户，取消其低保等各项福利待遇。四是被认定为不合格农户，停办其证明、介绍信等一切事务，录入黑名单。

国有国法，村有村规。这种土洋结合、中西结合的办法，完全把赌博之风刹住了。

油溪桥村这“三禁”，谁都知道很好，利国利民。关键是，你禁得了吗？你有这么大的“执法”力量吗？如果村民违反了规定，你去罚款，罚得了吗？你去抓人，有这个权力吗？没有，你怎么禁？岂不是一句空话？

“三禁”的执行，彭育晚还有一个重要办法，他的办法通俗点说类似于古代的“连坐”。具体说来就是：村民违了规，罚村干部的款，不罚村民的款。

这真是有点怪啊。

可是，这还真的行之有效。

村干部是分片包干到户，实行“责任制”的。

有一年清明祭祖，全村人都没有放鞭炮，但有一个钉子户就是不信邪，买鞭炮到山上放了。

当天，村里公示牌公布，广播里广播，随后户主大会上又正式宣布，对包干的村干部罚款 200 元。

那个钉子户成了村民眼中的“钉子”，终于不好意思了，主动跑到包干的那个村干部家里，诚恳地说：“领导，真不好意思，我放鞭炮，让你罚了款。下次不会了，过年我也不放了，娶亲我也不放了，尿不湿、一次性的塑料袋我也都不用了。”村干部紧紧握着村民的手说：“都是乡里乡亲，你能够支持我的工作，我向你鞠躬。”

有些村民违了禁，包干的村干部被罚了款，上门做工作时，村民答应得好好的。第二次又违禁，村干部再次上门时，村民不好意思，躲得远远的，以后再也不违禁了。很少有需要第三次上门的。

乡里乡亲，乡亲们毕竟是纯朴的。谁也不愿自己犯事，让别人替他受过。这叫利用乡里乡情，乡里乡亲管卫生。

村民乱丢了垃圾，本已知错。然而自己没被罚，看到村干部受过，被罚了款，村民还好意思有下次？人心都是肉长的。

如果直接罚村民，是怎么也管不住的，你不可能时时守着村民，就算时时守着，也会有村民顶着干。

只罚村干部，利用乡亲乡情的力量，让村民自觉遵守。

村干部在村里检查工作，都是戴着红袖章，亮明身份，明确责任。一个个红袖章，就像一面面鲜红的旗帜，在村子里流动着。红袖章传播着正能量，传播着正义的力量。

发展乡村旅游

油溪桥村的林权改革完成后，村里又出台一条禁令：禁止砍树！村民不服，有的说：林权改革也搞完了，树是我自己的，怎么不能砍？彭育晚反问道：树是你自己的，田是谁留给你的？村民说：田是祖宗留的。彭育晚说：没错！那你为什么不把田也毁了，不用施肥，搞几年田就坏了，你还可以省了施肥的钱！村民无言以对。彭育晚说：祖宗为我们留田，我们要为子孙后代留树。有了青山，才能有绿水，有了绿水青山，我们才能发展乡村旅游，才能有金山银山。

村民服了。但同学不服。彭育晚一次参加同学聚会，同学们听说他要在油溪桥村蓄树，发展乡村旅游，都说：简直是个疯子。彭育晚说：十年不砍，二十年不砍，五十年不砍，油溪桥村就可以变成第二个大熊山。说我是疯子没关系，只要不说我是傻子就可以了。

十年后的今天，油溪桥村已经满山披绿，被评为国家三 A 级景区。

发展乡村旅游，还要用好水资源。村里规定，河里的鱼不准打。不但不准打鱼，还要在河里放鱼，放养团鱼（甲鱼）。团鱼不是随波逐流的鱼，是上游下游到处游走的鱼。放养了也不会随水流到资江去。团鱼长大了，任游人来村里钓鱼。油溪桥村有团鱼钓，这迅速成了一个有趣的新闻传遍了城里。城里人纷纷跑到油溪桥村来钓团鱼。村里规定，团鱼只能钓，不能用电动工具打。城里人其实钓不了几条团鱼，但钓到了乐趣。村里几乎没花什么成本，却搞活了旅游，让城里人快快乐乐地掏了腰包。

发展乡村旅游，当然要搞农家乐。搞农家乐是贫困户脱贫致富的好机会。但投资一两万元对于贫困家庭来说也是笔大钱。而且农家乐一多，竞争也大，风险相应增大。

为了让有能力办农家乐的村民办好农家乐，村里成立专门的农家乐公司。所有的农家乐由村里统一投入，桌椅板凳碗筷由公司配备，食材由村里统一采购，农家乐需要什么食材，只需要微信群里发一条信息，几分钟内就可以配送到位。农家乐需要做的就是做好加工和服务。这样一来，村民无需任何投入，不担任何风险就可以办农家乐，而且保证了食材的来源，不准农家乐私自杀猪，防止病死猪肉上餐桌。这不但控制了食材的价格，确保农家乐不宰客，而且将利润控制在合理的范围。公司还对每一个农家乐的卫生、服务等进行综合考核，每个月培训一次厨艺，确保了农家乐服务的质量。目前，油溪桥村已设有 12 家农家乐，家家都生意红火，游客高峰季节还人满为患。

有人说彭育晚这人很“精”。彭育晚说，再穷不能穷智慧，如果智慧穷了，就真的穷了。花钱买不到人心，用智慧才能换人心，才能持续发展。有了绿水青山才有金山银山的道理到今天已变为看得见摸得着的现实。

未来的油溪桥村既是一个自然村，也是一个旅游景区。既是一个超大的农庄，也是一个大公司。所有村民既是员工，也是公司的股东。这是彭育晚为油溪桥村规划的未来。

结束语

油溪桥村没有像华西村那样走“集体资本主义”道路，没有像小岗村那样走“单干”之路，也没有像塘约村那样走“土地流转，互助合作”之路，油溪桥村的土地是谁承包的还是归谁承包。它最大的特点在于村干部、村民出义务工为集体做事，厘清了林权，却又“收回”了林权，“收回”了用水权，却又归还了水；用最低的原始成本搞活了果木种植、稻田鱼和甲鱼养殖，搞活了乡村旅游，让山、水、田等自然资源发挥了最大的效益。在村干部的带领下，建设起了文明乡风，禁了垃圾出村出院，禁了鞭炮燃放，禁了尿不湿等白色垃圾，用最低的成本修起了乡村道路。

油溪桥村的振兴之路，具有乡村“原生态”特色。其关键核心在于发挥了村党支部模范带头作用。只是由于篇幅的限制，油溪桥村的党建工作，我只能另文表述。

三

散　文

| 1 |

青山里之秋

作者 谭谈

深秋的那个下午，我来到青山里时，稻海正翻起金色的波浪，鸡鸟正唱着欢快的歌儿，山林也摇曳着身子跳着最优美的舞姿。宽阔洁净的马路，一排排或二层或三层或四层的漂亮楼房，宽敞而又设施完备的“青山里文艺广场”……眼前的一切让我惊奇。更让我欣喜的是，村里百姓脸上真诚而幸福的笑容，像山上的橘子一样甜。

青山里因为青山而得名，她所在的村原来叫青名村，现在已经和同心村合并成石珠岭村。石珠岭村是我家乡涟源市七星街镇下辖的一个行政村，虽然这一带矿产资源丰富，自然地理环境优越，但在我的印象中，青山里一直地处偏僻，交通落后，并无特别之处。然而，青山里随着时代在变迁，而我的记忆还是那么久远。经历了春天的播种，夏天的耕耘，青山里开始了秋天的收获。

夏望东便是青山里变化的见证者之一。五十出头的望东刚从北京回来，他在北京大兴开了家公司，效益也不错，但随着年龄的增大，故乡在他心中越来越浓。只要有空，他就往故乡跑，看老母亲，看故乡日新月异的变化。和望东行走在青山里，望东手舞足蹈的样子告诉我，他对故乡变化的惊奇，他对故乡变化的豪情。望东告诉我，近年来，青山里一带的变化，自然离不开国家好的政策，离不开老百姓自强不息的奋斗精神，但也离不开一些爱心人士对青山里的关心，特别是从青山里走出的夏金辉。

夏金辉我熟，或许因为老乡的缘故。记不起是哪年认识的，只感觉他是我的老朋友了。金辉个子不高，但十分精干，是个有情怀有思想的人。望东说，他与金辉年岁相当，是小时候一起光屁股长大的伙伴，后来金辉去当兵，还上过战场，从部队转业后在省直单位工作，干得有声有色。虽然金辉一直在外当兵和工作，但有着极其浓厚的家乡情结。对于他来说，家乡的一山一水、一草一木，甚至是每一块石头，都有一种说不出的亲切感。与其他人一样，随着年岁的增长，他对家乡的牵挂越深，在时常感念父老乡亲的同时，也更希望通过自己的微薄力量为家乡的发展添砖加瓦作些贡献。于是从 2008 年开始，金辉就开始发动青山里的能人和走出去的有识之士，关注家乡建设，并从治理青山里的山塘开始……

我倒觉得金辉更是一个美丽乡村建设的探索者和实践者。虽然以前的青山里地处偏僻，交通落后，但因为百姓的勤劳，以及地理位置的逐渐凸显，这里并不算贫困村，当然也算不上很富有。走出贫困后，山村该如何发展？该如何真正过上幸福的小康生活？金辉觉得，首当其冲的就是要让老百姓精神上富有起来。

村里的现实证实了金辉的判断。望东告诉我，以前青山里人心涣散，因为一家的鸡吃了另一家的菜，就会骂娘打架，闹得不可开交。青山上也是阴森森的，晚上更是一团漆黑，谁也不敢出来，村民哪有娱乐活动。当时青山里青壮年出去打工，大多挣不了高工资。为什么？没文化，也没技术，干不好，也干不长。为此，金辉开始琢磨起来。思来想去，他决定动员身边的好友，组织乡亲邻里，共同建设一个属于青山里的文艺广场，不仅仅是青山里的广场，而是青山里里里外外人的广场。虽然有个别村民思想认识不到位持反对意见，但金辉的想法还是得到了绝大多数村民，特别是一些爱心人士的大力支持，有支持经费的，有支持物资的，有支持人力的，还有精神鼓励的。金辉觉得，不光要有文艺广场，营造良好的文化氛围，还要解决农民的就业问题，他又决定在广场边上建农民工创业培训中心。金辉想通过文艺广场引导农民的文化和文化生活的走向，不仅要让他们富起来，更要让他们乐起来！

一番精心筹备后，2015 年 8 月，青山里农民工创业培训中心暨文艺广场开工，一年零四个月后竣工。这其中有艰辛，也有矛盾，但更多的是村民和爱心人士的热情与汗水。步入文艺广场，首先映入我眼帘的是普希金的《假如生活欺骗了你》、赵朴初的《宽心谣》……文化墙上既提醒村民“心术不可得罪于天地，言行要留好样与儿孙”，也提示青少年“少年不经勤学苦，老来方悔读书迟”，这些是书法名家专为青山里文艺广场书写并刻上墙的。文化广场，植入了文化，显示了文化，体现了文化。还有农民工创业培训中心、图书阅览室、健身娱乐区、戏台游览区等区域……如果在城市，这些不足为奇，但在远离城市的山村，就显得尤为珍贵了。我想，文艺广场的竣工开放，无疑传递了家乡新农村建设的精神之美与形象之美，寄托了无数爱心人士的美好情怀和殷切希望，必将引领青山里及附近的村民，走进一个魅力乡村的人文深处，去感知一种健康向上的精神脉动。望东欣喜地告诉我，文艺广场的开放，道路亮化后，青山里人心齐了，能量正了，哪家有什么事，村上有什么事，只要一声喊，都义务帮助，出钱出力，拧成一股绳了。山上山下，现在白天晚上都有人去了，散步的，健身的，唱歌的，跳舞的，热热闹闹。外出打工的青壮年，不仅回家方便了，也更自信了，攒的钱也更多了。

我想，展现在我眼前的，应该就是金辉所追求的美丽乡村吧！

但金辉还有更大的打算。望东把我拉到青山里前边的水库边说，金辉已经开始与大家商量了，想让青山里有青山绿水，给子孙后代留下真正的金山银山。我有点疑惑，如何留？望东先是指着不远处的青山笑着说，把后面的青山保护好，也建设好，建成公园，让青山不改。接着望东又指着跟前的水库说，这是石珠岭水库，我们要把水库周边环境治理好，把淤泥清干，再在周边修一条环形林荫道，让绿水长流。

我与望东漫步在青山里时，实际上金辉也从省城长沙回到了青山里。只是他太忙，忙着与村干部商量村里的发展之事，没时间与我交流。

明年，或者后年大后年的秋天，青山里又将会是怎样的一番景象呢？望着青山，我遐想着。

| 2 |

藏在深山里的那片绿

作者 梁瑞郴

微雨，山溪水声訇然，沿曲曲折折山径，便将你引到了妙音寺。在山下时，云雾飘飘荡荡，把山峦涂抹得隐隐约约，就有些亦仙亦凡的景象。

20 多年前，新邵友人曾陪我来白云岩，沿溪攀行，蜿蜒曲折后突见一平旷之地，一庙宇凸现眼前，墙垣斑驳浸渍，苔痕点点，显现年深月久。山寺虽小，却梵音袅袅，香火旺盛。僧尼告知，南宋年间宝鉴和尚云游至此，见山有奇景，便披荆斩棘，穷数年之功修建此寺，宝鉴后坐化如斯。据此推断，庙宇已有近 800 年历史。

那日大暑，我们走得大汗淋漓，寺中僧尼，甚为热情，端上各种素果山珍招待，又捧上清茶一壶，以碗盏斟上，未饮便觉一股清香袭人，引颈一碗便觉腹内燥退，而后细啜慢品，更觉甘冽如泉，香远溢清。禁不住叫了一声，好茶！

僧尼告知，此茶为山中野生，每年春芽时，僧人便于深山中采撷。他们只采供一年享用的便停止，然后自制，收藏，供年内自享与招待客人。此茶叶阔形似桂花树叶，自然发出丁香之芳香，故名之桂丁，是湘茶上品，明万历年因其妙华而列入贡茶，民国后停止岁贡，桂丁一度隐形于江湖，只有山寺中，仍年复一年，以古法自制，未有间断。

岁月不居，人事皆非，20多年过去，记忆已经非常模糊，就连桂丁茶也有些让我淡忘了。当20多年后这个春天，我冒着斜风微雨重上白云岩，在记忆的天幕中寻觅旧时星星点点时，才知道新邵县有一对夫妇，正在默默地寻找历史记忆，续接中断近百年的宝庆桂丁的历史遗存。

微雨斜风中，我们驻足于白云岩山腰，周志梅杜邵龙夫妇指着远处的山峦说，野生桂丁就藏匿于这片深山之中。因为野生，它散落于沟壑崖坡之中，采摘极为困难，最精壮的劳力，一天也不能采摘一斤绿叶。白云岩、白水洞一带，山秀林深，溪流纵横，朝露晚霭，云腾雾绕，为天然氧吧，林木吸纳天地之精华，繁盛荣华，给桂丁提供了优良生长环境，又因山深林密，人迹罕至，人为干扰极少，自然天成，野趣横生，健硕而美仑。但它藏于深山，隐姓埋名百年，要将它请出崇山峻岭，重现昔日光彩，谈何容易？夫妇二人均未侍弄过茶叶，但一次与桂丁茶的偶然邂逅，让他们义无反顾投身其间。在与他们的交谈中，我感受到这对夫妇对宝庆桂丁的前世今生有深入了解，尤其谈及产业化，谈及产业扶贫脱贫，谈及振兴乡村时，他们都有明晰的构想。

这对夫妇对产业扶贫有更深入的思考。农村脱贫，尤其是山区脱贫，是一项长期而艰巨的工作。即使脱贫了，如果缺乏稳定的产业支撑，也同样可能返贫。正因为有家乡情结，周志梅决心找到一项既有广泛市场前景，又可帮助乡亲们脱贫、止贫的产业。仅两年多时间，在著名茶学专家刘仲华教授的帮助指导下，桂丁茶已重见天日，大获业界赞誉，已列入新邵县五大产业之一。

风歇雨停，山雾散去，白云岩起伏奔涌的山峦浓绿流动，寂静的山林怀抱散落的桂丁。那一枝一叶，曾经终老山林；那溢远的清香，曾经洒落林泉；如今，它将物尽其用，正逢其时。

| 3 |

他们，或薄凉的尘埃

作者 周伟

在那片生生不息正在行进着的土地上，他们和他们的故事，经月流年，亘古恒新，庄稼轮茬，苍翠更迭。

我在下派赖梅村驻村扶贫的近一年时间里，常常感到手足无措、乏力，心有戚焉，爱忧悲愁俱来。

是的，面对如亲人的乡民，我多想拥抱你的贫寒，握住你的薄凉，安抚你的沧桑，燃烧你的梦想。

每个夜晚，在路上走着，看得见的、看不见的，都在竞相盛开，光芒蔓延。

每天清晨，走在路上，望春风，尘埃与太阳一同冉冉升起，看田野的画廊，看生活的春光，看生命的盛宴，为幸福而歌。

一

按照扶贫工作的要求，我是去给他弟弟照相、签字、摁手印的，没想到回来的时候脑海里全是哥哥的影子。影子里的哥哥，不苟言笑，太普通，没有多少独特和亮闪的地方，就如乡村中随处可见的水，不显山露水，不喧嚣狂浪，平平静静，清清亮亮。

其实，这是一对再寻常不过的兄弟，与千千万万家的兄弟一样。再说，哥哥照顾弟弟、帮衬弟弟，在乡村，在中国，也是天经地义的事情。当然，也正是千万个这样普普通通的哥哥，构成了中国式的亲情与伦理、担当和传承。

暖暖的阳光下，我的脑海里依然是哥哥的影子。影子越拉越长，在清新的田野上，在青翠的远山中，他始终少言少语，劳作不息，不停不歇，无怨无悔。他在大地上的静默，给了我无限的思索和感叹。

哥哥龙跃海，76 岁了，依然健康硬朗，只不过显得有些精瘦，但让人明显感觉到他还是个好把式，衣服也穿得整齐干练。大伙都不叫他的本名，叫他龙老大。他排行老大，自然可以叫龙老大。但我感觉得出，大伙叫他龙老大时，明显多了一份尊重。龙老大就龙老大，他也只是微微地笑应一下，不说话，依旧不声不响，去干他田里地里屋里干不完的活。龙老大话说得少，但他斩钉截铁地说，只要有他在，就不能让弟弟没水喝！

龙老大一直没有离开弟弟，没有离开这里吃饭的老屋场，没有离开这里的山，没有离开这里的水。他显然是喜欢水的，他的名字也是好水的：龙跃海。这几年的扶贫工作，工作队和村里也是把水放在重要的位置，新建的五里冲水库，那流出来的何止是水，简直就是油，是蜜，是金子……他带着弟弟及全家，把四亩多水田全做了水稻制种，长势喜人，不仅有耕地地力补贴，还有国家的杂交制种补贴。他这个做哥哥的，带起弟弟一家干得很得劲，有奔头。

弟弟龙跃钟，今年 72 岁了，在哥哥的照料下，衣服也穿得干净整洁，不细看是看不出他智商低下的。我们问他什么，都是要他哥哥在一旁帮衬，他才有所反应。原来，他是弱智，做些田里地里屋里的基本农活，都要在哥哥的带领示范下，才能基本完成。

弟弟喊哥哥，喊得不利索，缓缓地，轻轻地，甚至还有些结巴："可、可，可、可……"我突然发现，把"哥哥"两个字拆开来，不就是"可、可，可、可"吗？

弟弟三十多岁时，还一直讨不上老婆。娘临死前，一直不肯落气，要他这个做哥哥的答应：弟弟讨到老婆，照顾弟弟。答应不答应，都在一念之间，容不了多想，哥哥不由得不答应。哥哥点了头，落下了泪，娘紧紧地抓住两个儿子的手，笑了，不再留下牵挂。

这个时候，我想到了我自己，我也是一个哥哥。我的弟弟，也是如他的弟弟一样，患脑膜炎后遗症，是个弱智。父母也多次跟我喋喋不休地说到弟弟，说到要给弟弟找一个女人成一个家。不等父亲说完，我就打断父母继续说下去。我说，你们年纪也大了，在县城里，我一个人工作，老婆又下岗了，儿子还在读书，现在只养他一个，到时娶回来又要养两个，我一个人如何奈得何？父母见我这样说，也就默不作声了。但他们后来间或说起这个事，总是长长地叹气。父母的叹气，总让我躲避不及，心里有所愧对。

三十六岁那年，龙老大终于为弟弟娶回了一房亲，尽管这个女人有病，疯疯傻傻，却有一个大屁股，接连生下两个儿子，奶水又特别多，为弟弟接起了后。一下子，哥哥感觉到什么都是新鲜的，什么都是阳光的，什么都是有收获的……

哥哥打算等弟弟的两个儿子长大了，他就回城。哥哥的儿子在县城有六个门面的五层大楼，开着大酒店，开着大超市，做着活溜的生意。儿子的生意越做越大，做到贵州，做到重庆，资产有几千万。儿子在县城偌大的楼房里只有自己的老母亲一个人孤单地住着，父亲要承担做哥哥的责任，一直住在娘的老屋里，照顾着弟弟和弟弟的一家。做生意的儿子跟父亲讲母亲的年纪大了，要父亲回到城里去。父亲对儿子说，我是你父亲，但我还是一个哥哥！

弟弟的两个儿子长大后，尽管不如过早离世的娘疯疯傻傻，却也有些不正常，智力低下，读书不进，做工也只能做些简单机械的工作。一家大小，都要他这个做哥哥的、做大伯的里里外外操持着。家里没一个女人也真的不行，做大伯的又下大力气帮侄儿娶回了一房亲。这侄儿媳尽管是个残疾，究竟还能在家缝缝补补，做点家务，后来又生下一个侄孙子。做大伯的，现在最焦心的是小侄儿也已经三十二岁了，却一直没娶回来一房亲。

起早摸黑，风里雨里，歇不得半刻，容不得半点灰心。除他之外，家里有五口人，承包了 4.72 亩责任田，5 亩责任山，0.2 亩责任土，他带着一家子做了制种产业，地里种了黄瓜，家里养了鸡鸭。农闲时，他还带着弟弟和侄儿打打零工。这两年，他又把大侄儿交给儿子，说，你也是哥哥，带着他，吃喝拉撒都要管；做哥哥的，就要有哥哥的样子！儿子懂得父亲，二话没说，带着堂弟去了大城市，不能饿着不能冻着不能晒着也不能累着，放在身边，就在公司看看门，搞搞卫生，做做样子，其实悠闲得很，工资却开得不低。

我们要龙跃海的弟弟在《扶贫手册》上签字盖章，弟弟不会写字，只能请哥哥代替。哥哥说，还是弟弟摁手印吧。弟弟摁手印之前，先看哥哥。哥哥点一下头，他就摁一个手印，点一下头，他又摁一个手印。帮扶措施、帮扶成效、结对帮扶，每一栏，他哥哥都看得认真，看得仔细。这个做哥哥的，最后说了一句：你们也不容易！国家也不容易！末了，他又问了一句：是不是要给脱贫了？这个做哥哥的显然是火眼金睛，早已洞悉我们的真实来意，让他们签字、盖章、摁手印，就是要他们承认这些帮扶措施、帮扶成效和他们现在的收入，然后脱贫退出。

我不敢多说什么，既不承认也不否认，拍了拍做哥哥的肩膀，轻轻地说，真正彻底脱贫，还得靠你这个做哥哥的！然后，我慌忙地逃离出来。回到车上，大腿上一拍，我跟村支书说，糟了，忘记给他弟弟照相了！村支书满不在乎，你不是照了他哥哥的相吗？他弟弟和他一个模子，没问题！

我再也无话，听凭村支书一个人说个不停，然后再去下一户扶贫对象家里……

第二次再去的时候，是陪镇政府的人去的，弟弟龙跃钟新修的房子是异地搬迁安置的，因为政策要求经常变化，已经来回搞了两三次了。这次去的时候，村支书说他真不好意思再说了。几个镇干部说，也没有办法，不按新的要求，检查就过不了关。按照政策，新修的房子，平顶上要盖瓦，政府按每平方米120元给予补助。

我们一行见着哥哥和弟弟时，他们俩正在老屋的牛栏屋里出牛粪，弟弟站在哥哥的身后，哥哥下大力气出一把牛粪，弟弟就跟着在哥哥后面打扫一下，牛粪一把叠着一把，慢慢地垒起来，垒得圆圆的、尖尖的，像草垛、像柴火、像谷堆。当哥哥把最后一把牛粪垒向高处时，头顶上烈烈的夏日也败下阵来，哥哥的脸上有一线珍珠吧嗒吧嗒落在地上，地上此时也被弟弟打扫干净。哥哥和弟弟都满意地直起腰来，两人都光着上身，干瘦的身材肋骨凸现。村支书还是第一个开口，对哥哥说，我真不好意思跟你说了，你又太好讲话了。镇干部赶忙跟上，说了屋的事，说了盖瓦的事，说了政策的事，说了检查的事。哥哥真的好说话，说，那也绝不能让你们为难！边说边带着我们向异地搬迁新修的平顶水泥屋走去，一步一步踏上楼顶，由着镇干部提整改要求。末了，哥哥说，盖一半的瓦好不好？留一半，双抢时用来晒谷。哥哥提出的要求，合情合理，也不过分。村支书和我们几个驻村干部都不好再说半句，只有几个镇干部或说不好看或说检查恐过不了关。讨论来讨论去，最后确定盖三分之二的瓦面，三分之一的空坪用来晒谷。

这时，村支书和我从屋顶上下来，一边缓缓地下楼梯，一边自言自语地说，真是太好讲话了，如果农村都是这样的人，那就什么事情都好办了！走近他们的老屋时，村支书一下子眼睛生亮起来，他说：看，那树上的枣子！老屋的院坪前有两棵枣树，长得太高，叉开的枝丫都罩在老屋屋顶的瓦面上，有一树一树的大红枣子。枣子一颗颗长得饱满，有鸡蛋大，熟了，红了，仍然挂在枝梢，很是耀眼和骄傲。

村支书仿佛回到童年，一跳一跳，很利索地上了树。两棵枣树，兄弟般地并排而立，互相照应着。我抬头仰望，高大的枣树，枝繁叶茂，红红的枣子，像小灯笼似的在微风中轻轻摇曳。村支书用力地拍打着，枣子滚满了一地。他站在高处，我站在低处，一上一下地配合着，捡拾着。

回来的路上，我吃了一颗又一颗枣子，真是好吃，鲜嫩爽口，又脆又甜，不像市面上枣子那样催熟，催红，催甜。这里，一切都是那样的本真，一切都还是从前那样的美丽和温暖。

二

赖显增，一个人，只有四十多岁，无残无疾，半傻不傻，在贫困户中是一个特例。房子没有通水、通电，也没有改造。驻村工作队和村支两委做了不少工作，仍然没有效果。严格意义上来说，是他自己不肯通水、通电，也不肯改造危房。

工作队员王霞说第一次去看他时，他趴在自家屋前水田下面的水渠里洗手，双手使劲压低往水渠中伸，腰身拉长得又平又直。王霞说隔老远看，真像一条黄狗一样埋头在水渠里喝水。

说起用水的事，村里原来没有统一规划的自来水，都是几户十几户人家几十户人家分别搞的自来水，最早搞的只要每个人头摊上两百块，就能接上白花花的自来水。接到赖显增屋门口，他不舍得出那两百块，还说了让人很气愤的话：太不像话！在农村连喝水都要钱，真的是太不像话！我不接就不相信会渴死！他起先还到别人家的自来水龙头下接过水，慢慢地遭了人家的白眼，就再也不去了。除了做饭的用水是去村里井水里打，其他的用水都是趴在水渠里用，就连洗脸洗衣也是如此。

除了我们工作队和村干部做工作，也有村子里其他的人，包括村邻熟人也在做工作。最初只要两百元，现在也不过千把元。他一听，大为光火，说我两百元都不接，难道还要接一千元的吗？我又不是傻子。我若是接了，我就是傻到家了。他看着劝他的人，发出了得意的笑，好像他看穿了来人的把戏！我们一个个只得苦笑着，说你先接了再说。我们说，那就不要你出钱，免费帮你接上总行了吧！他更是哈哈大笑，说天下哪有免费的午餐？世上哪有这样的好事？没等我们回过神来，他大笑而去。

他家的危房改造是早已列入计划的，却迟迟没有落到实处。第一批危房改造，当时政府补助一万零七百元。赖显增的房子改造好，大约得一万八千元左右，也就是自己添个六七千元。他一屁股坐在他家的大门口，死活不肯，说就是他卖了血也凑不起这么一大笔数目。这次，我们又去找他，说今年危房改造可以最高补助到两万元，不要他自己再掏钱，放心改造。但他却一万个不相信，说政府的钱哪会一会儿一万一会儿两万，分明是骗他的，不可能的。到时，房子改造完成，又要他自己拿钱的。我们三个工作队员异口同声地说，就算差个几千块钱，我们三个人一起帮你承担分摊。他说，你们为何无缘无故要替我承担，世上哪有这样的好事！他说，莫要三番五次来找我，我自己的事我自己做主。

后来，我听村里人说，赖显增父母死得早，两兄弟都是奶奶带大的。他奶奶是个硬棒的人，再苦再难，也硬撑着。赖显增也跟他奶奶一样，从不欠人家的情分，穷也穷得硬棒，饿也饿得精光。

我有一次去找赖显增说事，说政府的情，是不要还的。他久久地看着我，似信非信。

中秋节前，我们工作队给贫困户去送月饼和糖果。去了几次，都没有碰到赖显增。邻居们说，他是个夜游神，你们难得找到他，最好跟他电话约好。约了几次，终于约好。他家门前有一处高高的路灯，照得四周白昼一般。赖显增在电线杆子后边，我们把礼物送给他，他却不肯要，他说为什么要送礼物给他？是不是又要做工作？是不是又要他签字？是不是又要拍照？是不是还要报道？我们把礼物递到他手上，他却随手放在电线杆子下。塑料袋里的礼物，委屈地蜷缩在一团。

我们忙说，不做工作，不拍照，不报道，也不要签字，就是来看看你，没有其他意思，要过节了，给你送盒月饼和两包糖。邻居们也劝，他才勉强拿着，放在门边，然后迅速拿起一个探照灯，套在头上，逃似的离开大家。邻居说，他呀，就是这儿看看，那儿看看，满村子里游荡，没有哪个人晓得他的心思。自从他那个傻弟弟走丢以后，他变得更古怪了。他说他的弟弟总有一天会回来的。但是大家没有点破他，他的傻弟弟都走丢十多年了，肯定早死在外边了。

村主任说，他多次要赖显增去他的葡萄园里做一些简单的力气活，他却这儿看看那儿看看，不肯做，不屑做。他隔三差五地打一些零工，又不肯下大力气，做也做得虎头蛇尾。人家打零工最低都是一百多一天，他做的零工一般只给到六十到八十元。就是这样的零工，他也不是经常做，三天晒网，两天打鱼，想做就做，不想做了，立马走人。

他最喜欢做的是香火工，就是哪户人家老（死）了人，他不用人去请他，自己跑去烧纸钱点香烛，出殡的时候撒纸钱。这样的时候，有吃有喝，迎来送往，爆竹震天，敲敲打打，哭哭喊喊，唱唱闹闹……他就昼夜不睡，忙上忙下，显得他是多么的重要和突出，他的脸上堆满了欢快的笑容和忙碌的喜悦。他逢人就说，当大事，要办得像样，办得闹热，办得隆重……

从赖显增家出来的那晚，我无由地做梦了，梦见黄狗喝水。怎么就梦见的是黄狗喝水呢？或许，是那天工作队员王霞对赖显增喝水时的形容，已深陷我的脑海里。

梦见黄狗喝水喻示着什么呢？无聊中，在网上搜索了一下，周公解梦这样解释：梦见黄狗喝水，这两天有许多事情等待处理，让你有些精神压力，有些难题还挺棘手的，面对这些挑战有点难以招架，一波接着一波，加上同伴们又自顾不暇，让你感受到孤立无援，信心受创，此时应要慢条斯理地去迎战，运用先前体验的调节方式，来化解身心压力，来重整乱局。

我还真有点相信周公解梦，来到这里驻村帮扶，自己感到是多么的力不从心，也感觉农村出身的自己对农村是多么的不熟悉。

赖显增的事，工作队三个人都放在心上，和村支两委商量，向镇里主要领导反映，终于大家统一了意见，一定得把这个问题解决了，不然村里今年无法脱贫摘帽！我们商量着由谁去做赖显增的工作，打消他的疑虑。商量来商量去，只有妇联主任和他相对熟悉点。

那天，天大晴，突然就下起雨来，妇联主任忙急急地往家里赶。边走就边打赖显增的电话，要他帮忙一起去收一下晒谷坪里的谷。收完谷，妇联主任就留了他在家里吃饭，我们工作队员也在妇联主任家里寄餐。那天，在餐桌上我就跟他聊起来，他不看我，也不看大家，一碗饭吃得飞快，然后就放下碗准备走人。我赶忙要他表态，说镇里村里不要他出钱，只要他表一个态。他笑笑说，哪有这样的好事？但显然，他没有拒绝。

第二天，镇长来了。我们就陪着他去了赖显增家，镇长拉着他的手要他表态，并且和他合了影。镇长说，有视频和照片为证，不能反悔，明天开工！赖显增呵呵笑着，大家也呵呵笑着。

开了工，七七八八算下来，要一万八千元才能搞好。镇政府说最多只能算到一万六千元，我们工作队三个人一合计，剩下的两千元三个人自己承担算了。镇里、村里说，哪能由你们个人承担呢，镇里全部解决。

全部解决了。水、电、厨房和厕所的问题，都一并解决了，我们大家长长地出了一口大气。

那天晚上，夜很深，很黑，赖显增来到妇联主任的家里，头上套了一个探照灯。他看见我们工作队三个人在妇联主任家里烤火，说着白话，他说给我们去树上摘几个柚子吃。我们正要阻拦，他却一个黑影般消失了。没几分钟，他又回来了，用外衣包了五个柚子，呵呵笑着。

我说，这么黑的夜，这么高的树，他这个赖显增怎么一下子就摘下来五个柚子了？妇联主任说，显增是个夜猫子呢。

赖显增摘的柚子，是迟熟的，个不大，我们吃着，有些酸，也有些甜。他呵呵笑着，问我们甜不甜？

妇联主任笑着说，显增说甜就甜，说酸就酸。妇联主任不经意的话，我觉着却有几分深意。

我们都笑，赖显增又呵呵笑着。

三

大伙都说，唐云花是个心气高的人。

她很少与大伙来往，也不屑与大伙打成一片。刚嫁过来，她和丈夫两个人同出同进，田里地里，山上山下，屋前屋后，忙得尽兴、温馨。那时，家里也搞得小红火，还砌了红砖房子，屋的正面还贴了白瓷砖。

村子里的人大多是砌的木架子屋，就有很多人妒羡她，说这小两口是在摆脸子，做给大伙看。大伙又说唐云花，一个农村女人，把自己打扮得花一样，她屋里的那位把她当宝一般。她自己呢，还真以为自个儿浮在云端上，还不是和我们一样，田里土里，山前山后，和着泥巴过日子。

于是，唐云花这户搞来搞去，终是没能评上贫困户，只定了个边缘户。

慢慢地，生了孩子，一儿一女，家里就稍稍有些紧巴了。特别是女儿，竟有些精神恍惚，不正常。唐云花急在心里，就带了女儿去了深圳。她一心想着把女儿的病治好，住了一个多月，实在没有钱再住下去了。唐云花说她心痛的也不是钱，心痛的是女儿的病不见好，吃了药，一下子胖到了二百多斤。她搂着浮肿发胖的女儿，眼泪止不住地牵线线流。深夜里，她一个人跑到空旷的广场上大哭了一场，风雨交加，电闪雷鸣。她的哭，是哭自己的钱不够，哭女儿的病没有起色，哭自己的命苦……

哭完，她擦干眼泪，又去厂里出工，把女儿锁在厂部的宿舍里。下了班，她风急火燎，急匆匆地往宿舍里赶，怕女儿饿了，怕女儿尿了，怕女儿摔了，怕女儿哭了，也怕女儿闯祸了。女儿的病愈来愈重，常常就在厂部的宿舍里哭着笑着闹着，唱着跳着叫着，有时见东西就摔，见衣服就撕，见人就骂，还常常把人家女工花花绿绿的裤衩套在自己的头上……没有办法，唐云花只得带着女儿回家。

女儿的病时好时坏，唐云花在田里干着农活，就要时不时牵挂到家里。她仿佛练就了一身本事，眼睛能看到几里外的女儿，耳朵能听到几里外女儿的声音……常常在田里地里忙得正起劲的时候，她忽然发疯似的往家里跑，一边跑一边说：不好，女儿有事了！好在，她总能够及时赶到。也怪，女儿见到了娘，常常就不哭不闹，不跳不叫了。

她也真是命苦，去年她的儿子不知哪根神经搭错了，在高速路上私拆测速仪，被公安拘留了。后来，村委会出面讲情做保，她的儿子才被放了回来。

她是个好强的人，也是个肯下力的女汉子。她说她和老公就是拼出老命来，也要撑起这个家！她和老公起早摸黑，种了四十亩水田。女儿的病不能不管，一年要到县里的精神病医院住三四次，花的钱不是一个小数目。不料，不久丈夫突患食道癌去世了。丈夫死了不久，有好心人看她这个家里确实难撑，就介绍一个离了婚的男人，尽管没有扯证，却也里里外外多了一个帮衬，唐云花的心里也平静了些。

可好景不长，偏偏今年前两个月她家里又横生出了一场车祸。她的男人骑着一辆摩托，和一辆私人的小车撞上了。尽管大部分责任是那辆小车司机的，但她男人却因没有办理摩托车驾驶证，也要承担一部分责任。唐云花跑上跑下，顾前顾后，忙里忙外。她说，再难再苦，也是我的命，男人就是瘫了，断不能甩手不管，也要养起来！

那天我看见她左手上有一个好大的伤疤，肿得透亮，还流出了脓。她有些艰难地拖着右腿，说前两天在田埂上摔伤了。我问她男人和女儿的事，她却跟我说，田里要收谷子了，何得了？这个节骨眼上，何得了！我说，赶紧请人吧，可不能把谷子烂在田里。她说，嗯啊，要不然，一年的心血和收成就打了水漂了。她看起来很心痛，脸上瞬间难成了一块焦躁的土地。

她说，请人得付工资呀，这四十亩水稻收割下来，没有八千元是万万不行的！又说，真是毫无办法，你们工作队能不能帮帮忙？我说，你马上打一个报告，村委会签字盖章后送到镇政府民政办去，多少能批一点，你这边该请的人马上请，一点儿不能耽搁，一点儿不能含糊。

第二天，唐云花又来到我们工作队的驻地，说昨天去了镇政府，没有找到书记和镇长，民政办主任也休了假，交给了一位工作人员。她担心地说，怕是也没有多少用处呢。我们宽了宽她的心，说，我们也去说说，等一等，多少是有点用处的。现在，最紧要的是赶快把谷子收回来！

她点点头，不时地说：唉，我这个命，真是气死人！看得出，她是个好强的人，心有不甘。我再扫了她身上一眼，发现她尽管这么艰难，一身的打扮还是不邋遢，衣着穿戴，整洁好看。

我说，你这个情况，手上、腿上都有伤，也下不了大力，还是要靠儿子多出点力……没等我说完，她又说起儿子，说儿子也不容易，晚上要去县城里上夜班，白天还要赶回田里地里帮忙。又说儿子的心情也低落得很，在浙江打工的儿媳和他刚刚办了离婚。

过了一阵，唐云花看着窗外，说了一句没由头的话：明年，真的不想种田了！瞬间，又把抛出的话生生地扯了回来：唉，不种田，又能做什么？我不知道，她是在问我，还是在问她自己。我实在没有想到什么好法子，能立马打消她的悲叹和痛苦。我赶紧避开了她的目光，去看屋前大片黄熟的稻田，心里甚觉过意不去。过了一阵，她又喁喁地说：实实在在的，也只有田了——田，是四口人，是我们四口人的命根子呀……

我看着她，想起她犯浑的儿子、疯疯颠颠的女儿和瘫在医院的男人，特别艰难的一家四口，心里不由得深深地刺痛了一下。我再次避开她的目光，放眼望去，屋前大片肥沃的田地，遍地黄熟，热浪翻滚，风过处，五谷飘香，稻谷笑弯了腰，甚是喜人。远处，旷野大地上有几个小得像蚂蚁的人影在忙碌着，生动着……在炫目的阳光映照下，一个个挥汗如雨，汗水晶亮，风一吹，立马风干成生命的盐和不涸的希望。

唐云花下楼去了，一步一瘸，走进黄灿灿的生命图腾里。看着她远去的背影，我的心里很不是个滋味。此时，有一线阳光直直地射向我，灼痛了我的眼。

有好长一阵，没见到唐云花，每回经过她家，只见大门紧闭，我的心里好像丢了什么似的。我总忘不了这个叫唐云花的女人，忘不了她的眼神。

有几次在村部向村干部问起她，村主任说在县城里碰到过她。村主任说她向他羞涩地借过两回钱，说自己的男人还在医院躺着，说自己的女儿也在医院躺着，花钱流水一般，手心里实在生不出钱来。

我更关心的，是她种的四十亩水稻制种。听村主任说，好在镇政府解决了一些工钱，请人终于收了回来，没有烂在田里。村主任还说，她家今年也获得了不少的种田补助和奖励，还享受了大病补贴，情况会慢慢地好起来。

更有好消息传来，说她家的情况不用评，有可能直接由边缘户转为贫困户，将会得到政府更多的帮扶和补贴。我替她高兴，告诉她。她却不喜不惊地说：我就不相信，自己一辈子就是个苦菜花的命！

我看着她，看着她脚下肥沃的土地和生生不息的庄稼，看着她风风火火不服输不信命的样子。我想，再薄的命，毕竟在乡村还有肥沃深厚的土地，平凡却深埋力量。有土，终会有希望；不信命，就会在土地里开出花。有道是，天地氤氲，万物化醇，万物化生。

我离开驻村已有半年有余，却不时想起村子的人和物，是那样的清晰、真切和生动。他们的故事，令人心痛却不悲观，坚韧地默默地活着是他们的本色。就是泪流干了，头也不回，心也不死。他们总是认定：生活的希望，生活的美好，总在前方；路还长，天总会亮的。

在我眼里，总出现那么一幕：太阳仍是每日早早地升起，那个叫唐云花的女人衣着穿戴整洁得体，红红绿绿，云花开放。她的头上，还自然地夹了一个向日葵的花夹，迎着阳光，甚是亮眼。

她依旧日日迎着太阳出工，缓缓地，一步一步，往山腰上的水田里走去。定睛一看，太阳下的生命，草疯长，云花开，路伸展……

四

那天，我和村支书等人上门，见大门紧闭，喊了几声没人应声。有人说，老人在对面的石桥上歇凉。我们走过去，还没开口，就受了这个老人一顿怒火。村支书却不恼，随他发泄完，然后跟在他的身后从石桥上走过。老人一身黑衣打扮，干瘦如柴，眼睛深陷了下去，看样子视力很受影响，拄着一根拐杖，滴滴啵啵、滴滴啵啵地一路响个不停。

村支书说，老人发这么大的怒火，其实是有缘由的。他其实是个硬气的人，从不向镇里、村里“伸手”，再苦再难，也不叫苦，也不喊难，就是不给他评贫困户，他也不会提意见，更不会去镇里县里上访。但是有一个事，他却发了很大的火，当年纳入贫困户，可以不是整户登记贫困户。原来的村主任考虑到他的儿子还能出外打一点工，就给他家登记时，只登记了两人。这一来，曾令友就认为大不吉利，把他家人口减少到两人，会出大问题的。没想到，一年后他的老婆去世了。

许多年后，曾令友一直固执地认为，是因为村里登记时少登记了一口人，才导致他老婆不幸去世。所以，自此以后，他一直对镇、村干部和工作队意见很大，经常不配合，一说起人口就大动肝火，满腔仇恨。

他家的老木屋，现在歪歪斜斜的，破旧不堪，符合危房改造，但他仍然坚决不同意，说，我家的老屋是祖上留下来的，而且是村里有名望的老木匠精心打造的。老屋修好后，老木匠私下里一本正经地跟他说，这老木房是断断动不得的！他相信老木匠的话：老屋的风水不能动，一动就会不吉利，会出事。

但是，村里这一处危房不改造，将会影响到贫困村的退出，也会影响到全镇的脱贫检查，当然更会影响到贫困县的退出。这样，就显得特别恼火。镇危改办主任、扶贫办主任、副镇长、副书记、镇长、书记，几次三番登门，都做不动工作。曾令友双眼半睁半闭，一根拐杖横在门槛上，谁也不敢跨过半步。

后来，还是村支书拍了胸脯，想出了办法。他做动了曾令友儿子的工作，并且拍胸脯说危房改造不要他儿子补一分钱，政策解决后的不足部分概由县里、镇里、村里承担。然后，就不动声色地要他儿子接了他父亲去了县城医院好好地检查检查，多住几天院。这边，就在老屋旁边下基脚砌屋，加班加点。待曾令友回来时，老屋没拆，新屋也砌得差不多了，粉墙盖瓦刷地安装好门窗，大功告成。

赶在检查前，县里镇里要求贫困户个个必须要搬进新居拆掉老屋。曾令友起先是坚决不肯把床搬进去，要搬只把锅碗瓢盆搬进去，他说自己的正屋还是老屋，这新砌的屋最多算个拖屋、厨房和厕所。于是，镇里领导下了死命令，不管好说歹说，无论是来软的还是来硬的，反正一句话：抬也要抬进去！新屋里必须要有床，要见人，要有烟火味和幸福喜庆的模样。

光是幸福喜庆的样子还好办，买些新的床上用品，贴上春联就是。最关键的还是老屋的问题，怎么做工作都是枉然。最后，村支书出面向镇里求情，说暂缓拆掉曾令友的老屋。他还很响地拍了胸脯，保证在检查之前让曾令友先住进新屋，再谋后计。

那天我去杨梅树村找贫困户一个一个签字，软磨硬泡，十九户我签了十八户。我告诉村支书，还有一户没签字。村支书说，他知道不签字的是哪一户，交给他去办。我再同村支书一起去的时候，曾令友看也不看我们，在老屋正中烧着火，一同烤着火的还有龙跃海那弱智的弟弟龙跃中。两个老人烤着火，不说话，不理人，唯有柴火独自烧得很旺。村支书蹭下身子贴到曾令友身前，问曾令友到底什么时候搬？他理也不理，不出声，连哼一句半句都没有，双眼半睁半闭，只有柴火旁若无人旺旺地烧着。

村支书黑青着脸不说话，临走时说了一句：我想，你还是搬了的好！你眼睛看不见，总有一天会把你家的老木屋烧个干净了事。搬到新屋里，水泥墙砖是断断燃不起来的。

村支书说完就走，这时我看见曾令友半睁半闭的双眼忽又睁开一线缝，一线光亮划过。

果然，第二天，曾令友搬进了新居。搬进新居的他，就在床边的水泥地上旺旺地烧起柴火取暖，屋内窗明几净。

那几天，雪下得紧，大家都空闲下来了，扯的扯闲话，打的打牌，无事可干的就盘团火烤着取暖。村支书请假去了珠海他自己办的工厂，我们工作队也好不容易休元旦节假回了邵阳。雪越下越猛，地上铺了厚厚的一层雪，足有十多厘米，厚的地方近二十厘米，路上行人稀少。高速路上封了车，冰天雪地，寒风刺骨，仿佛另一个世界。

在这样的时刻，我知道村里肯定更冷了。那晚，不知什么原因，我整晚都睡不着，心里有种预感，仿佛会有什么事情发生。现在看起来，一切都是巧合，一切都是天数，一切都是劫数。

第二天，就有消息说曾令友在新居烤火起了火，把床上的被子衣服都烧了，好在人没有伤亡。村主任、秘书、妇联主任和镇里领导，踏着厚厚的积雪背着被子、衣物，带着米、油、食品走在通往曾令友家里的路上……

此时，我们工作队和村支书却被冰雪阻隔，不能前去探望，心里甚是愧疚和不安。特别令人痛楚的是秘书发在微信群里的照片，曾令友双眼紧闭，我知道从此后紧闭的还有他的内心。

后来，他天天坐在老屋门口，双眼紧闭。每一次走过，我的内心便痛楚一回。

曾令友的老屋还在，他那深陷的眼眶里，我看不到底。在乡村，有很多看不见和看得见的空洞洞深陷的洞穴，令人迷惑和不解。也许，打开一处洞穴，更重要的是澄清一些疑团，启智乡民的心灵。

好在，现在大家对扶贫有了更清醒的认识：扶贫先扶志，扶贫必扶智。

五

说起赵秀平、赵秀池两弟兄，大家都说真是无法言说。

待我第一次见到他们，心里就像扎了一根针似的，生生地刺痛，想拔又拔不出来。

那天我们去他们家送慰问品，没联系上他们两兄弟，听村子里的人说他们在打谷子，有一个从小和赵秀池是同学的年轻人自告奋勇地带我们去找。高高的机耕路下面有一丘不大的弯弯水田，水田已被毁得不成样子，因为机耕路边常年掏沙，沙水和泥浆都倾泻到机耕路下他们的水田里。田里不仅被占去三分之一，而且满田都是泥沙，水黄汤汤的，田不像田，禾不像禾，收割不像收割的样子，像是打了一场败仗，丢盔弃甲，惨不忍睹。

喊了几声，只见有应声，却不见人。稻田在机耕路下面，起码有三丈多深。我们走到机耕路边边上，俯下身子去寻找田里的人，终于看到有三个人在田里忙活。由于隔得太远，人影太小，在水田中央，像三株稗草，孤零零的，无助而又迷茫。陪我们来的那个年轻小伙说，看，那就是赵秀池，他的小学同学。他大喊：赵秀池，赵秀池，你还认得我吗？我是你的同学。这个年轻小伙几多兴奋，却不见赵秀池答应，明显地又有几分失落。此时，赵秀池并不在水田中央割稻子，他一个人在水田边上的泥水里玩耍，一只脚扫过来扫过去，在抹平了的湿湿的泥土上用脚在写字，写了又抹去，再写，再抹，不厌其烦，重复，单调，无趣。他的哥哥正在打谷机上机械地打着谷子，他的大伯母正弯腰默默地在割着稻子，没有人去管他。他仿佛玩在兴头上，一脸的笑，却生硬无趣。

陪我们来的年轻人又喊：赵秀平，赵秀平，你快上来，工作队来看你了！也许是打谷机的声响盖过年轻人的喊声。年轻人下到山坡边边上，双手握成喇叭状，再喊，喊得更急促，更大声。这时，赵秀平好似应了一声，从田中央一脚高一脚低地上了田塍，肩上扛了一大蛇皮袋谷子缓缓地爬上了坡，来到我们身边，一脸笑，身上、腿上、手上都是泥浆，他肩上的谷子仍然在肩，他一只手抓得紧紧的，像抓住自己的命根子一样。我们把过节礼物送给他，他示意我们把礼物放在路边草丛中，仍旧扛了谷子往前走。我们生怕他忘记了，他笑笑，说不要紧，过一下还要再来田里。

这时的赵秀池也已经不在水田中央了，看见哥哥往上爬，他也扛了一蛇皮袋谷子缓缓地爬上了坡。看见我们，像不认得他的同学似的，只是远远地站着，一脸傻笑，怪怪的。陪我们来的年轻人上前去拍了拍他的肩，问还认识他吗，说我们小学是同学呢，还坐过一桌的。

赵秀池仍然不说话，只是傻傻地笑，笑容里空洞洞的，没有一点儿内容，像天空中白白的阳光，呆滞无物。

后来，我知道，赵秀池是村里那个时候唯一考上大学的年轻人，在城里放飞梦想。不想，却陷入了一个传销团伙，被软禁，被洗脑，被打傻，解救出来就成了这个样子，呆若木鸡。他的生活和天空也完全变样，成了一池死水。

好在村里给赵秀平、赵秀池两弟兄办理了兜底保障手续。但是，父母早过世了，大伯母也已经七十多岁了，哥哥赵秀平四十多岁了，弟弟赵秀池也已三十多岁了，家里没一个女人不行。照这样的情况，兄弟俩不可能娶上女人，尽管有安置房，回到家总是冷冰冰的，没有欢声笑语，没有热饭热菜，没有温暖。漫漫长夜里，山里不知心月事，谁晓两个心上秋？

白日里，在山里坐着，在泥里摸爬，在水里玩耍，赵秀池似无喜无忧，仿佛回到了童年。大家经过他的旁边，点点头，又摇摇头，唏嘘不已。

我在想，世上事，尽心知，有些事是兜不了底的。譬如：婚姻、温暖和尊严；譬如：时光、梦想和远方等等。

六

第一眼见到他，好一个标致的男人！他就是刘业雄，搞了异地搬迁，不久前住上了新房，家里整整齐齐的，看起来还不错。我们入户时，他正在做饭，砧板上的红辣椒切得工工整整，红亮红亮。应声出来，他配合着我们签字、填表，字写得干净利索，又快又好，一身上下也清爽整洁。

村支书介绍，刘业雄修的新房，一半自己住，一半嫂子住。兄长过世了，嫂子去了县城里打工。但他还是锁了东厢房，虽然兄长走了，嫂子随时回来还是住原来的房间。有人告诉他，说嫂子可能在县城里有人了。他说，不管有人没人，嫂子终归是嫂子，一旦回来，总得有住的地方。村子里的人都说，这个刘业雄是个有情有义的人。

我抬头打量刘业雄，看了他签的字，觉得这人应该是有些文化的，怎么就窝在家里呢？也许村支书早已看出了我的疑惑，他说：唉，刘业雄还不是由于讨了一个患精神病的女人，又生了一个患精神病的儿子。就这样，他一辈子守着熬着，从来没动过再娶妻生儿的想法。好多好多好心的人或上门或托人，甚至人家姑娘主动跑来，刘业雄从不动心，一律婉拒。

村支书说，他是走不出来，打不开心结。

我知道，一个人面对每个白天黑夜，刘业雄是在自己的心里打了个死结。

走在路上，我在想，其实解死结的方法，不能着急，仔细找源头，慢慢解就可以了。一定得找刘业雄好好地谈谈心，让他慢慢地走出来，走进新的生活和自由的天空。

突然，我发现了一个现实的问题：现在的帮扶，大多注重于经济上、生活上的，而往往忽略精神层面上的引导和帮扶……

也许，这种帮扶更为重要。也许，那些看不见的帮扶更应该被我们关注。

从刘业雄家里出来，镇党委书记在贫困户赖显宏家里现场办公，要我们马上赶过去。赖显宏，一个八十多岁的老人。他走起路来，缓慢无神，像往前挪，也像往后移，又是青光眼，很多东西都不看见。据村干部说，原来这个家有 3 个人，老婆邓里娥 2016 年去世，女儿赖玲 2017 年外嫁了，一年到头很少回来过。

这样，赖显宏的家一下子就显得冷冷清清，常常好几天都见不着烟火味。

新修的一间平房，是政府去年帮助改厨改厕的。平房正中架了一个鼎罐，底下有烧尽的冰凉的柴灰，厕所里没有水，窗子也没有装，空荡荡的。平房的地面上有捡来的柴火，平房外面有一个废弃的水泵瘫在那里。老人说水泵用坏了，现在都是担水做饭，提水冲厕所。我问，那怎么不装自来水呢？他说，自己原本有个小水泵，可以抽水的，却没用多久，也坏了。坏了就坏了，自己能提就提点水，反正一个人每天也用不了多少水。末了，他又唉声叹气拍了拍自己拖着的一双腿，说这双腿也太不争气，走起路来就一摇三晃的。

我们一起来的人马上异口同声地说，给你把水装上，钱不要你管。大家又一起走进平房里，村支书说，厕所里装一个水龙头，厨房外面装一个水龙头，厕所的窗户也给装上。估算一下，也就是一千多元，村里给你出了。村支书边说边就拿出电话，和做工的师傅联系上，要求他们这两天马上就上门搞熨帖了，耽搁不得，越快越好。

赖显宏送我们出门时，他还特意用力地握了我的手一下，我能感觉到他的感谢之情和心里想要说的话。不过，他望了望我，终是没有说话，有些阴郁，有些担心。

走在路上，我又在想，赖显宏尽管当今眼目上的事算是解决了，但是他孤单单的一个人，不知还有多少难题在等着他……

我想起奶奶生前说过的话：头痛医头，脚痛医脚，总归不是个好办法。

我在想，乡村的痛，没有切肤的体验，又有谁会去真正地思考？没有真正的思考，是难以找到治病的良策和治本的药方。尤其，现在的乡村还有很多的死结，不是一下子就能解开的。但慢慢地解，仔细地找源头，用心地去解，总是可以解开的！

朝远处看，我好像看到有一个人拄了双拐，艰难地从田里一瘸一瘸地走上来了，越来越近，越来越清晰……田野一片青翠，风过稻花黄。

霎时，我的眼睛湿润了。

七

走在路上，我到底还是忍不住，问村支书的微信名为何叫“狂拾叁阁”？村支书嘿嘿笑着，要我猜猜看，我说都猜了三个月了，硬是猜不到一星半点。

他又嘿嘿笑着，说，三个月，也就不远了。哦，难道是三年？就是三年我也猜不出啊！我定定地看着村支书，一脸疑问。

村支书姓刘，是一个致富带头人，原本常年在外办厂，主要生产塑料跑道等文体材料，生意做得活，家产上千万。有个老娘住在村里，他是个孝顺的儿子，一个月要回来一次看娘，待不上一两天，又要火急火燎地往珠海的厂子里赶。

去年换届，一时半会儿，村里找不到一个合适的村支书。有人向镇党委书记推荐他这个能人，一个电话把他叫回来，镇党委书记当面问他愿不愿意带领大伙脱贫奔小康？他心潮澎湃，一口应承下来，不久就上任了。

有人告诉我，刘书记的爹早年也当过村里的支书，也是一个能干事的人，只是没干几年就过世了，没能带着大家走出苦日子。

硬着头皮上，刘书记说干就干，立马就干，狂干实干。他在心里对自己说，狂干三年（一届三年），实干三年！于是，选上的当晚他就给自己的微信名改为“狂拾叁阁”。

明白底里，原本谐音，原来如此！

我大呼：“狂拾叁阁”，狂实三年，狂实三年好！

他说，村里这几年，村支两委班子换得勤快，搞得不像样，得好好地拾掇拾掇，狂拾三年，狂实三年！他相信自己，也相信大伙。他是一个不怕难的狠角色，狂干实干是他的法宝。这么多年，他在外面打拼，一个人拾掇得真是不错！

他说，他回到村里，做的第一件事就是对贫困户的精准识别。他说，他不能保证百分之百的精准，起码要有百分之九十以上。乡里乡亲的，都喜欢讲情义，讲势力，讲脸面……他就自己一个人唱黑脸，有些村干部的亲戚投票评上了，他也不通融，一次两次三次去做工作，硬是把不符合条件的人劝退了。村主任的哥哥，就是这种情况。他做通了村主任的工作，终于也做通了村主任哥哥的工作。大伙都说，这个村支书绝不是说说看的，较劲较真得很。

第二件事是修通村组公路。没钱也要修，欠账也要修。他说，路不能不修，修路不能等，欠账慢慢还。他说，路是天大的事，路是长远的事，路是致富的翅膀。有了路，各人都能走出自己的一方天地。第三件事是管起村里的钱，开源节流，抠门得很。不该用的坚决不用，能少用的就少用，一分钱当做两分钱用。村干部和扶贫干部加班是常有的事，从来不发加班费，就是吃个盒饭也舍不得。不过，他隔三差五掏自己口袋请大伙的客，却是一点儿不吝啬，大方得很。第四件事就是大力发展村里的产业，把一家家种植、养殖合作社办得风生水起，红红火火。村里那些养鸡养牛的、种葡萄种猕猴桃的、栽种茶叶油茶的……都一个个风风火火，脸上流光。

还有第五件第六件第七件事……一下子数也数不过来。去年村里整体脱贫出列，脱贫 27 户 109 人，事情繁杂，一件事接着一件事，他不能不在场，不能不带着大家一起狂干实干，他就顾不上自己厂子里的事。把厂子里的事交给了自己的侄儿，但侄儿毕竟手生，隔三差五一定得要他回厂里坐镇，不然震不住。

他当上村支书，厂子就有些照看不上，生意免不了有些下滑。

他最烦的是总有几个人老爱往网上捅他，说些无中生有的事，诋毁他。还有一些人暗中走动串联，想要把他扳下来。他说自己行得正坐得稳，随他们上蹿下跳。要横要狠的，他也不怕，有一次他把自己右手的四个指头砸得鲜血直流，那人终是落荒而逃。

他也不唯上，造假作伪的事，形式主义的事，他敢顶着干，撤职也不怕。

他在班子里也很强势，总喜欢自己一个人拿主见，有点个人主义和英雄主义。我是第一书记，就对他说，还是要注意，强班子，带队伍，注重团结，体现民主，要发挥大家的积极性，“弹好钢琴”，拨动全村人……尽管他听着既没赞成也没反对，但我知道他是听到心里去了。

有一阵，刘书记脾气有些急躁，脸色不好看。

有一次，走在路上，我问他：后不后悔？他说：男子汉，没有后悔的事！

他说，干一届村支书，付出多少也是值得的。再说，付出了，也是收获了。当然，为乡里乡亲付出，付出多少，都是应该的。

我说，“狂拾叁阎”，你真的只狂干实干三年？

他有些踌躇地说，是的，原来是这样打算的。

我又问：你在乎大家对你的评价吗？

他拍了拍胸脯说：大伙的评价，当然重要；不过，凭良心做事更重要！

我看着他，他也看着我，我看到他眼睛里的真诚和委屈。

然后，两人默默地走着。过了好一阵，他才说：一直想找个能信任能干事能带着大伙奔前程的人来接手。

搞完乡村脱贫，还有乡村振兴呢！他像是回答我，更像是自言自语。

我说，是呀，这个人不好找呀。“没有金刚钻，揽不了瓷器活。”

我继续说，不光是村支书难找，承接乡村的下一代也是各奔东西，这是一个亟待解决的难题。

他没有回答我，陷入沉思。

他一口深一口地吸着香烟，望着大山深处，面朝初升的太阳。

烟雾袅袅中，黎明的霞光从山峦中静静地浮出来，从微白、淡紫、浅蓝，瞬间幻化成橙红、橘红。

我们往梅树山上走去，四野青翠欲滴，春色愈来愈深了。

八

我们去赖必培家，给他带了年画、挂历、星书和通书，还带了几本关于乡村振兴的新书。有人说他是个文化人，他更喜欢和在意这些东西。我问，他怎么也是贫困户？村妇联主任说，他的人缘关系好，加上他们两个老人年纪也比较大，还在田里地里操劳，于是大家一评就把他评成了贫困户。乡里乡亲的，大伙当面都说当评，一个组总要评一户，不评赖必培评谁呢？

赖必培是一个老高中生，逢人一脸笑。谁家有个红白喜事，都要请他去写字，写对联，作祭文，掌事。他一到，字一写，要喜气喜气马上到来，要悲痛悲痛的气氛也会立马弥漫开了。

进门，院坪里的晒谷坪竹席上有花生、红辣椒、甜玉米，赖必培笑着出来相迎。他喊我们在晒席上随便拿花生和玉米，我们也不客气，自己去拿，开心地吃着。村妇联主任还把门边的甜甘蔗拿过来，一人一长节，要我们工作队的人尝尝鲜，说别看是毛甘蔗，甜得要命。赖必培赶忙作证，是甜，但要小心，割着你们的嫩嘴巴，我可不负责呢。我们忙捂着嘴巴笑，吃得更开心。大伙吃了花生，吃了玉米，吃了甜甘蔗，气氛更好。然后，就说正事，就说根据上面的政策，易地搬迁这房子，平顶上还要盖上瓦，验收合格后按每平方米 120 元结算到位。

赖必培就笑，那敢情好，政府真是好，想得细，想得全，想得周到，怕老百姓冻着、饿着、晒着、热着，怕吃水不安全，怕住房不安全，怕义务教育不到位，一个都不能少……真是想得要多周全就有多周全！

在堂屋里，我看见有两副红红的对联：仁义堂中无限乐，芝兰室内有余香；修新屋搭帮共产党，建华厦感谢习主席。对联又宽又长，字写得遒劲有力。赖必培站在一旁，笑着自谦地说：涂鸦，献丑！

再去看他家的厨房，冰箱、抽油烟机、饮水机等一应俱全，还有新式的厨房组柜和省柴灶。卫生间里，是吉利牌的全自动洗衣机，悬挂式的洗浴池和浴镜，还有抽水马桶，四壁都贴了壁立瓷砖，崭崭新。

快八十岁的赖必培，在家里的只有一个老伴，他的儿子媳妇孙儿孙女都在外面打工。他和老伴在家里，种田耕地，田里地里，也不闲着。晚上的时候，他喜欢去村里的图书室借书看，尤其对关于乡村和农俗文化的书特别爱好。

静下来的时候，爱看书的赖必培对乡村的前世今生，还有未来，不免有些忧思。忧思归忧思，可是没有几个人愿意听他的大道理。碰上了，大伙都说忙，或者远远地看到他就躲开了。尤其是村子里的年轻人常年在外，一年到头难逮着几个人听他说道。

这样，他就常常一个人在村里头自言自语：人嘛，光有吃有穿、有车有房，没有文化，还不是一具皮囊！一个地方再怎么富裕，如果不讲礼仪，不讲情义，不讲诚信，不讲信仰，不讲善心，不讲传承，没有文化，终将成为一团散沙，终将成为一团乱象……社会主义新农村，绝对不是这样的！

每次，我听到赖必培老人自言自语，总在不远不近处停下脚步。

村子里有红白喜事时，大伙才记起赖必培。这时，他的一手好字派上用场，礼仪上的事也都是他在主持，事无巨细，都安排得井井有条，妥妥当当。

可是，他最焦心的是白喜事。村里的年轻人大多出去打工了，每逢村里有人过世，村里头连抬棺材上山的劳动力都没有几个，要去外面请人，工钱开得天价一般。他急得直跺脚，遥望无边的青山，青山无语。

一到春节，村子里家家户户的大门上都贴了他手写的春联，龙飞蛇舞，句雕风月。红火火的日子，春光无边。这个时候，是他最高兴也是他大显身手的时刻。他写的春联，有“江山千古秀，祖国万年春”，有“新路新房新景象，新风新貌新农村”，有“党重三农铺就小康路，民勤四季敲开富裕门”，有“家和万事皆兴旺，人勤五谷全丰登”，有“耕为立命之本，读是修身之策”，等等。每一家春联，他从不重样。都是同一个福字，却有百十种写法；都是喜庆的春联，却各是各家的喜庆。大伙都赞说赖必培老先生，一个个竖起大拇指。

他最幸福的时刻，是踱着方步，到一户一户门前去检阅，去欣赏。他抚着山羊小白胡子，看一眼，点一下头，再看一眼，又点一下头，整个村庄都仿佛装在他的心中。

心中的喜，心中的忧郁，心中的幸福，心中的悲愁，心中的希望，心中的思索……霎时间，一切都在青山绿水间飞扬。

| 4 |

回乡记

作者 黄孝纪

标签，我的还乡理由

我决定腊月二十七回一趟乡下。

这几天来，我就像一只连续挨了几鞭子的陀螺，忙得团团转，兴奋又疲乏。腊月二十三，我早上八点从义乌坐上高铁，六个小时到达郴州。之后，坐市内公交，转城际班车，接着又换县城公交。最终，在我家附近步步高超市前的公交站台，车门洞开，我从过于饱胀的车胃里被呕吐了出来，连同我的拖箱和行包。掏手机一看，已近下午五点。腊月二十四，小年。腊月二十五、二十六,一家人上街购物。

往年，我差不多也是这个时候去乡下。自从父母去世后，若无特别的事情，一年里，我只在两个特别的日子去一趟。清明节，我带着妻儿去给二老扫墓，当天即回。除夕前，我再去一趟，或者带着家小，或者就我独自去，也是当天就匆匆返回。目的是看看新村那栋一年四季空着的房子，打扫一下庭院，在二老的遗像前摆几个供果，鞠个躬，默祷几句，烧几片纸，燃三炷香，点一对蜡烛，放一挂爆竹，在大门上贴上福字和春联。这其实纯粹成了一种仪式，只具有象征的意味。不过，正因为有了这种仪式，我才依然与这片乡土有了联系，才有了还乡的理由。父母的坟墓和这栋常年空置的房屋，就是我在这片日渐疏远和陌生的土地上，还能自称村里人的两条标签。

这次去乡下，还有一个目的。

我的二堂兄三节，六十岁，刚符合了一名五保户的年龄要求，享受了五保户的待遇。这一年，政府在全县范围内排查农村危房和住房特困户，他在榜上，择地建了一栋面积不超过40平方米的平房，经政府部门验收后，可领取财政专项补助。国庆节那天，他住进了新居。当时，他曾电话告知我。我说，我要等除夕前回乡下，才能去当面向他祝贺。早两天，他又打我电话，说政府的这笔补助款还没下来，都快过年了，托我向县里问问，言语里满含了焦急。我电话找人，了解到他这种类型，每户补助款有两万五千元，刚刚由县财政一并下拨到乡镇民政办，便叫他带身份证和银行卡去领取。第二天大早，他赶到了乡政府，拿到了这笔款。支付了建房开支，略有剩余，他非常开心，说等我来了，要好好喝几杯。

班车从县城出发，四十分钟后，到达高亭乡与洋塘乡的交叉路口，我下车。往年回村，都要从这里转乘私人出租面包车，或者直接坐出租摩托车。不过，这次路口空地上不见等客的面包车，倒是停着一辆崭新的公交车，车门开着，不断有人提着行李上去。一问，果然是去洋塘乡的通乡公交，价格2元，自动投币。这种情况在浙江十分寻常，家乡也有了，心中一喜。

公交行驶在通乡水泥路上，平稳，中速。车上挤满了人和年货，言语嘈杂，脸上溢满兴奋和笑容。窗外群山逶迤，不时有田野村庄和流水，从前方奔来，又匆匆退去。5公里的路程很快到了，我在洋塘乡政府旁下了车。据说，这里已经开通了通村公交，但趟次少，不知要等到何时。一招手，对面一辆出租摩托车冲了过来，去八公分新村，

10 元。

通村水泥路上，摩托车极速狂奔，上坡下坡转弯抹角，似乎也没有放缓的意思。我提醒师傅慢一点注意安全，右手探向屁股后面握紧冰冷的车架。沿途的松树和桉树又高密了不少，路边一晃而过的村舍，都是装修漂亮的小洋房，天气晴和，清新，幽静。

在新村的十字路口，我让摩托停下，付了车资。

我的新村我的家

上了坡，第一眼看到家门口，我的心一沉，顿时有了悲怆之感。

通村水泥路从八公分新村前蜿蜒而过，往南通向沙窝村和羊乌村。我家建在新村的前排，北面的第一户，处在十字路口的东南角。东北角是孝里家四层的气派小楼，底层办了百货店，门口宽阔的水泥空地上，停有几部摩托车，年轻人在此抽烟打桌球。他的屋后，以前是一片旱土，退耕还林时种上的松树，现已成高大的乔木，郁郁苍苍。西南角是牛氏塘自然村，一个只有二十几户人家的小村，住着黄、王、雷、刘等杂姓，我的大姐嫁在那里。昔日是一条石板街铺，两旁是吊脚木楼，有缝衣铺、打铁铺、杂货铺、供销社，是往来商旅必经之地，歇息投宿的地方。如今，石板街和吊脚楼已毫无踪影，全然是一色的两三层高的漂亮小楼。西北角是村完全小学，近几年校园一再扩容，改建了教学楼，新建了宿舍楼，扩大了运动场，四周建了围墙，更名为明德小学。

新村原是一座独立的小山包。中国第一条高速铁路——武广高铁修建的时候，路线恰好南北贯穿八公分旧村，有 160 多户需搬迁，这才挖了这座山包，易地建了新村。新村统一规划，坐东朝西，单家独户，全是林立的漂亮小楼，村内水泥道路纵横交错，村部办公楼，休闲广场，绿化亮化，一应俱全，成了远近闻名的新农村建设示范点。山包高度降低了不少，大致平整，略带斜坡，但整体地势依然突兀周边。从十字路口到我家，抄近路，不走村前中央的进村大道，就要爬一道植了草皮树木砌了台阶的斜坡。

近乡情怯，心中小有激动。明知家里大门紧闭，没有人在那里候我，还是迫不及待登上了台阶。快步走近家门口，眼前的一幕，让我心头一紧。门廊下堆积着或干或湿的鸡粪、鸟粪、老鼠屎，一大片，肮脏不堪。檐口不断渗水滴水，水泥地上洇湿成细流。这与整体上干净整洁的村容太不协调了。我的这栋房子，是新村里最寒碜的，只建了一层。别人家的房子，都是两层三层或者四层，装修考究。

掏出钥匙，打开双开的不锈钢大门，一股潮湿的气味扑了过来。神台上父母的彩色相框最先映入我的眼帘，他们目光温柔、平静，似乎满含期待。这房屋的平面布置是我当年设计的，限于规定的用地开间和进深，我在正中央设计了一个 2 米多宽的小厅，进厅的左手是两间卧室，右手是客厅和厨房。从客厅一角穿过厅后的通道，就是卫生间和楼梯间，出一道小门，进入后院。

我扫视了一下房间，简陋的陈设一切如旧。地上，床上，柜子上，沙发上，窗户上，木门上，灶台上，炊具上，餐具上，洗漱池，触目所及，满是厚厚的灰尘。这栋房屋，我们一家只在建成的当年，按照村里的风俗，选了日子，来这里进火住了三天，之后常年累月空置着，一晃已过七八个年头。

后院的两棵石榴树已经高过楼面，两棵琵琶树也差不多快与围墙平齐，一株手臂粗的葡萄藤沿着围墙铺开枝蔓。院子的水泥地上，那一眼圆形的小水池里，积满了枯黄发黑的残叶。这些果木，我一年里与它们相遇两次，从未看到它们开花结果。它们被锁在寂静的庭院里生长，从幼苗到盛年。也不知道，要什么时候，我才能与它们长久相伴。

屋外有人叫我，是二堂兄的声音。我走出门。二堂兄气色很好，脸上泛着红光。他说特地来看我到了没有，已准备了几个菜，只等下锅。

山村新迹象

村前的路旁建了一个垃圾亭，两堵墙，一个人字坡顶，贴了仿琉璃瓦瓷砖，一人多高，看起来像个神龛。里面放了几个硕大的橡胶圆桶，黑色的，绿色的，或深或浅，全装了生活垃圾。这是新村指定倾倒地，有垃圾车不定时来乡间收集清运。

庭院里的落叶，灰尘，修砍的枝条，刨除的杂草，以及敬父母祖先灶王爷燃过的纸烛的灰烬，鞭炮的碎屑，足足清扫了几竹筛。隔壁邻居满文哥嫂一再盛情招呼："孝纪啊，到屋里来喝茶。"

满文哥客厅十分亮堂，雪白的墙，光洁的地面瓷砖，石膏吊顶，水晶吊灯，冰箱，壁挂液晶电视，酒柜，真皮沙发，方桌式电烤火灶，城市家庭拥有的，一应俱全。我洗了手，在门口换了拖鞋进来。此时，围桌坐了几个中年人，有我认识的村人，也有不相识的邻村人，喝着茶，吃着点心，谈兴正浓，我一一递烟。

他们的话题正围绕着野味展开。说现在山上的茅草树木厚了，已经有了很多兔子野鸡，村里某人昨天上山抓了三只竹鼠，100 元一斤，被从广东打工开车回来的几个年轻人买走了。又说邻村前几天有人套了一只鹿，有 40 斤重。一只獐甚至下到河边饮水，被人发现，跑了。

"真有这么多野东西？"我好奇地问。

"是的。真的很多了。"满文哥也这么说。

看来，当村人大多进城务工，山林也得到了一定程度的修复。童年里这些耳熟能详的野物又回来了。

二堂兄催促吃饭，邀在座的同去，满文哥爽快应承。

我回到家，拿了行包，在神台前望了望父母，他们态度详蔼，眼含眷恋。我关上大门，银光发亮的不锈钢门两侧，是鲜红的春联，门楣贴着横批，门中央是大福字，已然喜庆的过年景象。

二堂兄住在旧村，与新村相距一公里，中间是田野与小河，一条水泥路连通新旧，两旁满植香樟。在靠近小河的一处坡地，一间公共厕所尚未完工。满文哥说，村里以前的旧茅厕都挖掉推平了，现在差不多家家户户都用上了自来水，有了卫生间，茅厕也没什么用了，又难看。

桥边的河岸上，印着深深的履带痕迹，有挖土机或推土机来过。曲折的堤岸裸露黄土，加宽了不少。靠新村这边的大片田野，新翻垦过，原先交错的阡陌全然不见，成了一整片，宛如北方的平野。我十分疑惑，忙问这是怎么回事？满文哥说，现在乡里在我们村搞土地流转试点，这些土地已经流转给外面的公司，由他们支付租金，负责农业项目的投资。想想这么多年来，昔日肥沃的水田，早已荒芜成杂草丛生的旱地，能够流转出去有人耕耘，也是一件好事。何况土地改良了，田园美化了，别人也抬不走。“明年还要扩大规模。”满文哥指着河对岸那片广阔的田野说。

一个女人的抉择

德主打来电话，他说他也到村里来了，在他叔叔家，刚听村里人说，看到我回来了。

德主是我大姐的大儿子，我的大外甥，年纪只比我小四岁。我大姐有两个儿子，两人如今都在广州工作，不同的是，老大在广州郊区的乡镇做粉刷工，偶尔也做做小包工头，老二在广州大学当老师。他们两兄弟均在永兴县城买了房子，孩子放在永兴县城上学，我大姐给他们带孩子。老家这栋兄弟两人共有的两层楼的老瓦房任由空着，风吹雨淋。早几天，德主也是刚从广州回来。

德主说，他来村里是为了还他叔叔400元钱。“丙之老婆死了，村里年轻人每人捐200元。”

“丙之老婆不是离家出走了吗？”我有些不解。

去年夏天，天气已经很炎热。我大姐在闲谈时曾跟我说，她村里丙之老婆平禾离家出走了，村人找了好几天，找不到。电视台特来采访报道了，也没结果。

丙之是牛氏塘自然村的人，实际与八公分新村差不多紧挨着，相隔就几十百把米。他姓雷，是家中长子，比我大10多岁。他才50多岁，已是头发花白。

他年轻时一直单身，40多岁才讨了老婆平禾。平禾比他小10多岁，是离婚后带着一个10岁的儿子嫁过来的。丙之结婚后，生了一个儿子，已经七八岁了。

平禾离家出走，缘于患有糖尿病。治疗很多年了，花光了家里的积蓄，大儿子也辍学去了广东做工。她的身体状况一直没有改善，还添了些其他的病。平禾不想连累家庭，苦了两个儿子，一天早上，她起床没吃早饭，就走了，什么东西都没有带，身上也没有一分钱。丙之是在去年霜降摘油茶的时候，才发现他老婆。丙之的油茶山在红花村的瓜皮丘，离家4里路。平禾躺在一棵油茶树下。

这个二十几户人家的杂姓小村发起募捐，年轻人每人捐200元，给丙之安葬老婆。丙之做了十几桌酒席，把他老婆平禾重新安葬在他们自家油茶岭上。

这件事让村子周边的人感叹了很久。

我听后，也是心情沉重。

旧时光的留守者

我的二堂兄三节已在新屋门口迎候，他红光满面，堆着笑容。

2006 年，我们这座一直偏安一隅、有六百多年历史、近千人口的村庄，突然与中国最现代化的高速铁路联系在了一起，从此改变了它的版图和命运。之后的两年里，村庄一分为四：160 多户搬迁到了河对面的新村；剩下的房屋和人家形成了三个相隔一定距离的独立组团——村南和村北两个组团是 20 世纪八九十年代以来兴建的红砖平顶房，两三层高，如今都已瓷砖装修；村中央是 9 栋仅存的青砖黑瓦明清老宅，其中包括我出生的祖屋。

围绕着这几栋老宅子，如今是四户五保户，他们像四个门神，各守一方。东面是仁和哥和他 90 岁的老母，西面是单身汉如喜叔，南面是陆陆哥老两口，北面是单身汉我二堂兄三节。我二堂兄最年轻，刚过了 60 不久。在今年全县农村危房改建和无房户建房资助中，他们四户都是受益人。我二堂兄以前一直与大堂兄住一起，属于无房户，他的建房补助略高。四户五保户都建了规定面积 40 平方米内的小平房，只有仁和哥母子，因新房尚未粉刷，仍住老宅子。

二堂兄这栋小巧的平房让我眼前一亮。淡黄色的外墙砖，铝合金玻璃窗，不锈钢大门，门口铺了水泥，干净整洁。他说，建房这块地，是花了四千元买了平德家的空宅地。以前，这旁边曾是一大片废弃的猪栏厕所，全部推平，显得十分空旷。二堂兄甚至还种了几棵小树，用废砖头围了一个小菜园，种上了葱蒜青菜。

屋里的设计可谓周全，一厅两室一厨一卫，一律贴了地面砖，四壁及天花顶刷过白色涂料，光线充足。客厅放了一张方形饭桌，进门一角摆了两张仿皮短沙发，每张坐一人正好，两人略挤。对门墙上挂着毛主席画像，下面的矮柜立着一台小彩电，一尊观音菩萨瓷塑。间墙正中贴着大幅现任中央政治局常委全家福彩绘，个个春风满面。次卧室立一组新买的深色衣柜，主卧置一床一桌，桌上靠墙斜立着他本人的彩照相框，神情饱满。二堂兄对现今的生活充满了感念和满足之情。

桌上已经摆好了酒杯碗筷，桌边放了几条红色塑料高方凳，四个大菜，全用大不锈钢碗装得满满的，有炒牛肉、炒猪肚子、水煮草鱼和酸辣大肠。来客中还有平光哥，他承包了这间房屋的设计和施工。如喜叔、陆陆哥、仁和哥也先后来了。闻得出来，酒是家乡的红薯烧酒。

二堂兄是村庄最早去广东打工的人，几十年来，他一直在广州郊区的乡村辗转，砌砖粉刷。他爱胡吃海喝，厮混逍遥，除了落得一把年纪一身赘肉，两手空空。近年来，在广州做工的村人嫌他年纪大，手脚慢，已不愿与他为伍。他只得打道回府，在村庄周边偶尔做点泥水活，换一些工钱。他今天做的这几个下酒菜，口味倒是不赖。

闲谈的话题，自然扯到了五保户的待遇上。目前的政策，五保户每个月各项补助加总有差不多 300 元。按仁和哥的话："买米买油的钱还是够的。要吃好一点，有个病痛，还是要靠平常挣点。"

他们当中，最困难的当属仁和哥，他有瘫痪在床的老母，几十年来，他因此困守家中。往年在插田之余，还用电瓶打打泥鳅鱼虾，或者上山抓蛇，谋一笔收入。现在水田荒芜成了旱地，小河也缩成小溪，哪还有鱼虾泥鳅？我问他平时怎么挣钱？他说，就靠种烤烟的一季，给村人做点零工，挖地，莳苗，摘烟，烤烟，60 元一天。

陆陆哥是四人当中年纪最大的，快 70 了，他高度近视，双眼如缝。中年的时候，他走南闯北，浪荡为生，懂得一点草药方子。快 60 年头上才找了个老伴，终于在那间黑咕隆咚的祖屋里安顿下来。我不知道这些年来，他以何谋生。他的那点草药方子，据说偶尔也还有人上门问询。

相比而言，如喜叔挣的是活钱。他是地仙，建房选日子，老人去世择地，都离不开他。四人当中，他挣钱的路数活泛，因此吃得最好，穿着整齐，看起来也最显年轻。

席间，仁和哥几次起身离开，他不放心床上的老母。这餐酒饭吃了一个多小时，我们也一一起身准备回家。

四个饱经沧桑的老男人，他们一齐在老宅边站立，向我挥手致意。晴好的阳光下，老宅寂静空荡。他们将继续与旧时光相守，或长，或短。

| 5 |

山野耆老话盛世

作者 陈瑶

前些年，晓世的命运

姚家屋场坐落在湘鄂交界处一座大山的褶皱里，自清中期建村庄以来就开始了唱戏的历史，我因为研究湘北地方剧种，所以常去姚家走访。今年政府在镇上建成了一批房子集中安置无房贫困户，我在微信群里看到一栋栋白墙翘檐江南风格的安置房，小区绿化及设施同城里的小区没有任何区别，又听说姚家晓世他爹分了一套房，心情非常激动，于是决定立即启程去看看。

晓世唱过戏，20世纪80年代末，姚家的戏班子里，数他扮相最好，唱得最好。有人描述给我听，《空城计》里，晓世扮演诸葛亮，坐在那里弹琴，等司马懿退了兵，他的额头上也真的在滴汗。不幸的是，因为长期压力大身体日益虚弱，几年前他自杀了。当时我正巧在姚家。他家还住在不知道是清朝哪个年间建的老房子里，老房子一半拆掉建了一栋三层小楼，另一半住着晓世一家。房间是泥地，墙砖上生了白硝和青苔。那是个初冬的雨天，堂屋里有天井，雨纷纷地从天窗飘进来，地面到处滑溜溜湿答答的，阴冷潮湿。一口黑漆薄棺材靠墙停放在破败的堂屋里，灵前照片都没有一张，只有几件折叠着的廉价化纤面料旧衣搁在灵桌上，想必就是他生前的全部财产了。也没见个亲戚来奔丧，只有晓世八九十岁的老父老母，坐在灶房里嗡嗡地哭，说没想到他会走这条路，几天前他还说一定要把老父老母送上山的。

这一二十年来姚家屋场越来越冷清，青壮年外出谋生，孩子们在外求学，村子里只剩下留守的老人。老人们都说晓世好，大事小事喊他帮忙，随喊随到。“晓世，帮我去看一下田里的水哪。”他一点都不推迟，说“好咧，婶子”。谁家要换个灯泡，喊他“晓世，帮我换个灯泡哪”，他随即就来帮换个灯泡。奈何人想争气命不争气，他父母年事高，父亲腿残一辈子做不了事。一个弟弟在外打工时结了婚生了两个孩子，打工有一阵没一阵，挣的那点钱维持日常生计都不容易。晓世打工挣的钱，上要养老爹老娘，下要帮衬着养两个侄子，无暇自顾。村里别人家陆陆续续盖了楼房，只有他家还住在祖上留下来的两间破房子里，这样的条件，自然也没有能力娶妻。

适度的穷困可以磨砺人的意志，而穷困到长期无法获得一丝生的乐趣的滋养，穷困就会一点点耗损他的肉体摧毁他生的意志。一个善良的人，非自身原因，无论怎么努力也摆脱不了穷困的厄运，以至最终被毁灭，是让人悲悯的。

晓世的父母：“幸亏有政府！感谢政府操了心！”

这次政府扶贫解决了晓世老父母的住房问题，让我在去镇上的中巴车上，生出许多感慨。姚家隶属湘北临湘市，在研究当地地方戏的过程中，我尽可能地去了解不同朝代不同时段当地百姓的生活。元末的连年战火，湖南生灵涂炭扫室尽空，才有了明初扯来江西填湖广的大移民，明洪武年间临湘登记在册的只有 2.1 万多人。明初，户籍管理相当严格，因为与朝廷税赋有关，所以这个数字应该与实际数相符。清康熙十八年

（1679），临湘境内在册人数 1.5 万人不到。康熙五十一年（1712），皇帝下诏实行“滋生人丁，永不加赋”的政策，至嘉庆二十一年（1816），临湘境内人口发展到近 37 万人。这一百年间，正是百姓安居乐业的康乾盛世，民房建筑雕栏画栋，百姓载歌载舞，地方戏剧也得到了长足发展。因为人丁增长，就必须开荒拓土建新家园，姚家就是这一时期从平原的县城附近迁到这大山里来的。上天有好生之德，我想正是康乾时期“永不加赋”的政策很好地体现了这一点，才有了南北无乞丐的康乾盛世。这几年，全国上下开展的扶贫攻坚战，党和政府对广大贫困户人口的帮扶也切切实实落到了实处，这种以民生为重的重大举措正是一个伟大时代的表征！

中巴车上一个 60 多岁的农民说：“如今的政策是真好呀，不要你上交一点什么，还有东西给你。我们村一个傻瓜单身佬，只看何处放鞭炮，何处放炮老了人，就何处吃，吃到送上山为止。这次政府的安置房分了一套 30 多平方米的给他。贫困户有低保五保，没房子住的分房子，虽然没有分什么给我，但是帮扶了贫困户，乡里乡亲，他们生活有保障，我看着也高兴。习爹爹来了，我硬是要杀一只鸡给他吃。”

车内的人都笑起来。在这里的乡下，杀鸡待客是最真诚最隆重的招待。

镇上的集中安置房共 7 栋 84 套，大小不同户型，墙上嵌着“建设工程永久性质量责任铭牌”。我找到晓世他爹家，他爹癸亥年生人，95 岁了，成日里就坐在椅子上低头打盹。他妈 80 多岁，身体还健旺，一直呵呵地笑着。新居有宽敞的大阳台，四间睡房都挂了落地窗帘，新做了柜子，阳台上晒着小干鱼。老太太的小儿子现在在四川酿酒，儿媳妇在家照顾两个孙子上学，服侍两个老人。我说这个房子好。老太太一迭声地说：“这个房子好！幸亏有政府！感谢政府操了心！”

今天的姚家屋场

我接着又去姚家屋场。这几年，当地村民大都新建了小楼买了私家车，仓廪足而后知礼仪，人们日益重孝道讲礼仪，自觉规范自己的行为，我是如此清晰地感受到我们伟大祖国一个美好时代的到来！400多人的姚家屋场，几乎都是新建的二层或三层小楼。零星三四栋旧平房差不多也都捯饬一新，刷了墙换了瓦铺了地板，木大门还新刷了油漆。晓世家的老房子已经垮塌了，垮塌也意味着对屋漏无干处生活的埋葬，如今他老父老母的居所已经是风雨不动安如山了。村支书介绍，姚家屋场这次集中安置无房贫困户 6 户，这几户人家要么因病致贫，要么鳏寡孤独，要么失去了劳动力。分散安置贫困户 4 户，分散安置即政府扶持大部分钱自己建房。修缮老房子的，政府一律补贴 8000 元。四爹九十高龄了，老两口还住在老房子里，这天也请了人用水泥整修阶基。

他们的评判最准确最具权威性

阳光里，这些山野老人用他们的亲身经历品评着不同的时代。自古以来，千千万万的他们是一切政令成功或失败的承受者和付出者，所以他们最具发言权，他们的评判往往才是最准确最具权威性的。80 岁的菊娭毑也来了，她家只有她和一个智障女儿，是村里的五保户。菊娭毑身体健康，平时种点菜。她满脸是笑，说如今是真好，每年五保的钱吃穿用度足够了，医疗费又全免，希望政策永远这么好下去。

四爹九十高龄了，见证了九十年的中国历史，在村里德高望重。他年少时读过十几年私塾，一笔字写得跟字帖一样好，村里谁家有红白喜事都请他主持。他说："如今的日子才叫好日子，有吃有穿有用又自由。只是好日子来了我的日子不多了。"

保爹说："如今是盛世。您老身体健旺，一定会长寿百岁的。"

被预祝长寿百岁的四爹嘿嘿两声，算是笑纳了。他说："历史上三大盛世：汉武、开元、康乾。如今老有所养，幼有所育，病有所医，住有所居，这就是盛世。我很幸运，赶上了这个盛世。"

| 6 |

如山的守望

作者 尹清怡

安溪村穷，八山一水一分田的穷。石子圪垯的地里总是稀稀拉拉地歪着几排玉米，常年泛着青黄的色。白水河水越来越细，在孩子们唱的歌谣里逐渐变成了白水溪。顺着水流的方向，山一座连着一座，在老人们的眼里如同逶迤的牛群。

农闲的时光总是大把要打发的，上了年岁的老人们散坐在屋前脚地上乐此不疲地扯起老日子的故事，六十多岁的老支书总是闷声不响，好像总在琢磨着啥事，却并不妨碍他成为话题中心人物。扯到几十年前，老支书——那时还是个城里下乡的知识青年，如何对上眼，娶了村里最俊的姑娘，从此落户安家，又扯起老伴早逝后，老支书的儿子如何争气考了乡里的状元，上大学去城里过好生活，到最后总要止不住问起老支书为啥还不去城里带孙享清福；问急了，老支书拍拍裤腿上的泥，笑笑说，舍不得这官哟！大家撇撇嘴，心里明镜似的，这官也没给他带来多少好处，特别是这两年，地方政府扶贫的目标数下来，工资没涨，老支书的日子可越来越忙碌了。老支书的儿子怕他累着，每次过年过节回来，除了大包小包，总要试图说服老爷子跟他去城里住，可老支书执意不肯，说，走不开。三番两次后，儿子急了，对他吼道："你一个六十多岁的老头子，有什么走不开的！"老支书只是执拗地摇摇头，还是那句，"我走不开"。

老牛轻轻地用角顶开了门，仿佛是偷偷来瞧瞧主人家不常回来的儿子。牛的骨架子大，却瘦得仿佛只有一层皮包着，一走起路，便会吭哧喘起来。牛本是村里王老贵家的，去年收成不好，过年时在城里打工的娃儿也没寄回来钱，老支书好心抬高了价，从他手里买来这头牛，权当接济了。年轻时，王老贵也是条干脆的汉子，可怜他收下老支书的钱时，满面皱纹的脸上竟淌下几滴泪来。

老支书站起身，吆喝了一句，走出了门。牛在他后面亦步亦趋地跟着，儿子在牛的后面也沉默地跟着。

老支书走过阿南嫂的家门口，熟稔地径直拐进了排列齐整的蔬菜大棚，弯下腰查看豆子的长势。豆荚上滚圆的水珠溜到老支书的手心，却濡湿了儿子的心。他记得去年建大棚时为了买到紧俏的竹棚和塑料薄膜，从不麻烦儿子的老支书硬是对他下了死命令，要他托不到人、买不到材料就不要回来过年。现在，温暖的大棚里，绿油油的青菜长势喜人，眼看今年的反季蔬菜可以让村里乡亲们的收入多上个几百元，老爷子眉眼都是笑，比喝了孝敬他的老酒还要开心！

走过村子里的小学校，小娃娃们刚放学，围着老支书吵着喊着要骑牛。老支书把最小的一个娃儿抱起来放在牛背上，一只手扶着孩子的腋下，是怕摔，也是心疼牛，替它承把力。牛走得不稳，但仿佛每一步都踏踏实实地震在儿子的心上。他想起，早先，村里没有学校，孩子们每天要走上七八里山路去上学，有的人家也心疼学费，干脆就不送孩子上学了。老支书跑乡里跑镇上，硬是跑来了建材跑来了支教的老师，在这村里办起了这个只有三个年级的小学校。毕竟，孩子们都上学了，毕竟，可以等孩子们筋骨都结实些再走远路去上学。老支书办成了这件事，心里还是很熨帖的，专门让人弄了根白铝杆，做成了一个像模像样的旗杆，让儿子从城里买回崭新的国旗，每周都张罗着在小操场上举行升国旗仪式。那感觉，美！

走过白水河的岸滩，老支书顺手帮着把赵三大爷漂在水里的渔网挂回木桩上，儿子感觉父亲也把什么挂在他的心上，沉甸甸的。他记起有年村里的鱼塘害烂鳃病，大片大片死鱼浮上来，赵三大爷都快急疯了！老爷子连夜打电话来，让他找城里的技术专家到村里来帮着解决问题，他因为晚上加班本来就没睡好，接到电话一听又是让给村里人办事，气得把电话都摔了。虽然过后他还是把人给请来了，可前后足有两个月老爷子都没给他好脸色看。现在，看到父亲沉默而自然的举动，儿子不由得侧身，躲开了父亲的目光。

老支书最终领着牛来到了一块地边，他挽起裤腿，走下田垄，摸索着拾起地里的工具。儿子在高处喊了一声："爹，那不是咱家的地。"老支书仿佛没听见，看也没看他，把牛牵下了地。半晌，才闷声说："这是徐婆婆家的地，他家里人都出去打工了。"儿子不说话了。他不会做农活，只在旁边蹲着看。

天色慢慢地黑了下去，老支书从田里上来，儿子递上一根烟，点着了。

儿子说："我走了？"老支书猛抽了两口，满足地吐了个大烟圈。

"走吧！"

"你不跟我一起？"儿子明知不可能了，但还是问了句。

"不了，我走不开。"

儿子和媳妇开车走了，村里的路，开起来还是很颠，他想起父亲说过，明年开春就要组织大家搞道路硬化，等路修好了，村里后山上的几十亩果树就好卖果子了！想着这些，他从后视镜里望过去，老支书靠在树上，一只手夹着烟，一只手抚摸着低头吃草的牛脖子，夕阳下一幅简洁的剪影。

车拐了一个弯，人和牛都看不见了，迎头只有青黛色连绵起伏的山包，像逶迤的牛群，扑面而来。

四

诗　歌

| 1 |

琴弦上的阳山（组诗）

作者 周文娥

琴弦上的阳山

和我想象的一样
阳光刚学会发热，阳山人的心事就掉在了地上
书生的脚边，马蹄如约而至
小南风的速度刚好三级
意境里，一组发芽的灵感
已长成古铜色的乐声

此时，适合在艮所书院
在“和”文化熏陶中，品读阳山古村的
山与水、阴与阳、上与下
前与后、左与右、远与近、藏与露

不能一笔略过，这阳山的历史悠久
总是被阳山人搁在琴弦上

一次次弹缓，一次次弹急
六百多年积累的好音符，已翻译成青山，绿水
给往事翻身的
莫过于那三千琵琶

在桂阳

最初看见的桂阳
是阳光可以点燃的文化园
随后是鹿头峰的东塔，从宋朝旋转到明朝
飞檐翘角上的铜钟，因此得到微风指引
摇出悦耳的铃音

或许，在天色失明之前
注定要徒步
一座集古今于一园的幽雅
仿佛已穿过万历元年间

来到东塔公园时
几盏路灯，亮得正好
公园里郁郁群松，有着通窍的香味
一缕清风，刚好拂动一丛修竹

那十九个景点反映过的旧事物
以及龙女的情愫

分别被鹿峰寺和南海龙王
用佛法收回，植于将被用尽的痴情

阳山古村

如此久远
牛头山下，春风熬了六百多年
从一座民居到另一座民居
光阴从没在一条条青石板路上
停止走动
收入眼底的，是斜阳照檐
望断的飞檐翘角，望不尽的轮廓线

小巷，院落。阳光搁在房檐
那落满沧桑的“何氏宗祠”
显露出何氏的鼎盛
六十余栋青砖灰瓦，古朴而又典雅
雕花图案、匾额装饰，刻在题词中的铭言
“是否和我一样，正低头
侧身，让过一阵风吹”

让过身边走过的诗人
他们从遗落草丛的瓦片中，掘出阳山之骨
并在“相约阳山”的巨石上
随古色古香的民俗，一起震撼

小姐绣楼

隔夜的媒妁之言，一方湘绣之帘
在阳山
诉说着二层阁楼里，羞涩的情话
说明天，少女不再是少女
是阳山寄生的一棵树上，生长的梦魇

公子哥儿们走得越近，她们将离阳山越远
我是来采风的
并不知道她们的嫁妆里
哪些藏在银饰盒里的月光，需要提起
哪些离愁，正在破土而出

阳山的月亮从来就没有荒芜
怀春年纪一到，续茶的十指就被意中人捏到
“割断月弦，吹灭星盏”
曾经的少女，那一朵朵梦魇
没有一朵不是开着的
而刚学会发芽的月光，仍在古村闲逛

春陵江

无论晴雨，春陵江都是桂阳的
包括春水的过来人
稻穗在田野沉思，阳光和流水一样舒缓
捕鱼人已把夜色收起
浪尖上，歇一只水鸟照影
叫声被舌头加精

沙滩上，万物皆安逸
青虾乔迁水草丛，白鹭爱上小银鱼
河蟹在晚霞里遇见我，却不惊慌
仿佛熟睹了人世交错，而毫不理会
一个外来者，在暮色里兀自亮着眼睛
追赶烟花三里

而涟漪在更远处
无论早，或晚，都有小浪花
赶着一群鱼儿经过，晃动一匹缎子
春陵江，始终未被一条鱼竿挑断
只有那只鱼篓被夕阳浇沸
内里，跳跃着半条春陵江的喧嚣

莲塘：抒情，抑或叙述

四月，我来看你
你依旧古色古香
塘里的荷叶还没绿出水面
怀旧的情结
立在水里的几块石头上
等候，游人采摘

而今，荷花的盛宴还没开始
诱惑，却像邀约似的，径奔而去
蓝天在水里映出一排圆形的古民居
仿佛空中楼阁
挂起一幅经幡，水墨一样，书写如歌行板

无人机，蓝天上俯瞰
一下子把莲塘收了起来
收起来的，还有古村里的一个八旬老人
他用水玩起了书法
把一条青石板路面，火上了一把

我把莲塘的年龄与风韵，收进手机
风，不小心吹落一片黑瓦
落在地上的，是古村泄露的沧桑

是一部几百年的历史篇章
那些，都不是我的，它是属于桂阳的
它把数百年前的信息
悄悄地递给了我，及远方……

今夜，我不写荷

当一首歌，唱在黄昏
其中刚好是昨夜的荷塘
还没找到丢失的月光，就下起雨了
一对中年人，终于可以用一把伞
找到相偎而行的借口，在半月形的塘边
慢慢绕
这时，一枝新荷又悄悄红了红
今天，板梁古村的聚集，气氛有点小慌张
没人知道，我与这场聚会
是出于抵达与离开的写意，譬如
保持一片叶子的距离
在向晚的水面采莲、养月
把一颗绿色的心，藏在里面

“我的到来，与这场雨无关，与任何美学无关
任何赞叹不过是一种打扰”
我只等夏天的一个傍晚，从身边，干净走过
此时，莲藕在水中长出密密的丝了

一掰就断
我举出来的那一节
似乎对荷的怀恋，才刚刚开始

影青之念

没有人知道
一个王朝的悲欢
会以一枚影青执壶的形态
尘封曾经的离合，宋朝的风
从湖田的早晨
吹到现在，吹成一个悬念

宋词中那一阕平仄的韵脚
填写着与日俱增的寂寞，我知道
你帽檐的剔花
是清晰的静，是琵琶的尾音
是发酵的粮食、发酵的岁月
是执手的日子里，长出来的眷念
是向晚的钟声中
筛出的月色
是那个东倒西歪的夜晚，埋下的伏笔

春风一过，那些沉醉的人就醒了
多少光阴，从壶里流走

釉彩的灵魂，从七百多年前的湖田
返回
如今，谁能占卜出一把壶在历史中的盛衰？
一枚影青之念，流畅而又疑窦丛生

又是枫林晚

热烈的色，弥补着残阳的缺
一枚枫叶翻开秋风，转眼间就被放逐
飘飞的过程
有多少留恋正在风中
从爱晚亭到岳麓山顶
每一次艰难的离别都是靠近

山坡上，小路边
渐渐堆积的枫叶，没有一枚
是和我同样的宿命
十月，重叠的意象
落下的是红尘，覆盖的也是红尘

如果能复制去年的路径
被季节抄袭的命运
那些枫叶，隔着坠下的故事
一枚还恋在枝头，一枚已等在地上

芦花之念

念你的时候，日暮迟迟，追赶夕阳的人
止于一片水岸
落满眼神的意象，被一首诗征用
芦花开在水滩，像十五的夜色
沉迷于一场洁白的缅怀
“禁不起，半尺清风吹”

九月出产的飞絮
把执念抛在深蓝色的歌声中
只留下籍贯，留下一河滩的追逐
有那么一小会儿
搞不清，追到手的是雪花还是芦花
抑或被风举起的光阴

娇容的色泽超标，那片朴素的水域
宽阔的白，变成隐喻之后
会不会见到柔软的脚印，并掀起新的涟漪
清清白白的留言中
该飞的依旧在飞
而离开你时，三步一回头的
不止我一个

等，或念

二十六年了，老屋门厅前
放着一张条桌，二张长椅
椅上，春风坐过，夏雨坐过，秋月坐过
叶子、雪花也坐过
坐得最多的，是二位老人
一个老态龙钟，另一个有点痴呆
现在，他们的
头发花白，行动迟缓
分不清有盐有味的生活

现在，他们有时清醒，有时糊涂
弟弟啊
你若现在回来，叫他们一声爸爸、妈妈
也许还有可能答应你
他们坐着坐着
一个人的名字就从口中掉下来
当我敲出这个名字时
一辈人的一截愁肠，被我找了出来

| 2 |

在平江梅仙三里村（组诗）

作者 李冈

舒猛秋兄弟

他的屋檐下布满蛛网、灰尘
和一张张愁容不展的脸
母亲和糖尿病都交给了一把破旧的睡椅
血液的变异，同样没有放过这个男人
他与我一样的年纪
却要承受更大的愁云、更重的叹息
生活辜负了他的姓
还给他与暮秋一般灰暗的颜色
站在泥砖筑成的房屋前
我能感受到他的压力比屋后的山还重
一两声狗吠，比秋风还轻
零星飘飞在我们的脚边

我唤他一声兄弟
只是紧紧地握了握他的手
那双手中的老茧像田埂一般纵横
虽然粗糙，却质朴如泥
他说，还有一个人也叫他兄弟
也抚摸过他的手
给他带来果园施肥、川中黑山羊
和成片的希望

此时，细雨正从山里赶过来
像赶赴一场盛大的集会
我的舒猛秋兄弟快速走入雨中
收下了这些星星柴火
就像收纳突如其来的幸福
心生感动，将屋檐下的秋天站成春天

猕猴桃果园

随我们访问的只有两种颜色
红的土，绿的果树
它们从图纸上移居到山间时
村民的视线越过辽远的春天
在一丘梯田上种下五千亩希冀与赞美

我们来时，群山已忘记孤独

甚至忘记了贫穷
每个路口的山花都在秋雨中微笑
能在一场雨中尽兴抒情的
除了十四行诗外
还有电线杆上，三两只喜鹊
织出的五线谱

从现在开始，这里是猕猴桃的家园
再大的山村版图也能被绿色点染
先不用谈及收获，便能将山外的兴奋
在山头层层挂起

扶贫队长

他的头顶和脚下的土地一样贫瘠
驻村一年了，又掉了多少头发他并不清楚
但他记得全村有多少贫困户和低保户
记得精准扶贫对象家中的人口
记得道路需维修，山林需养护
一座村庄躺在山脚下
也时刻躺在他的心头

他比谁都清楚贫穷的温度
他能做到的只是放弃了城里的温馨
和穷亲戚一道构筑一个新的家

尽管他的脚步难以改变村庄的全貌
也无法将村头的路走得更长
但他明白，只要水长山高
这条路上就不能落下任何人

| 3 |

你的名字叫战斗

作者 陶曙光

若心有翅膀，飞是挡不住的

——题记

历史在这里留下贫困的印记
我看不见祖辈眼里的悲伤
如果看得见苍莽的原野
那一定是饱含泪水的辛酸
一座座大山横亘在这里，借着夜色的掩护
不眠的日子在风吹起的时候，点燃乡愁
土得掉渣的方言，宣誓着十万落叶的归根
取出身体里的暗示和借喻的弹片
没有人知道你是怎么过来的
只有鲜血染红的旗帜一直飘在空中
领头人，不愧是时代的先锋、民族的脊梁
开始一场没有硝烟的战争

一声春雷打响战斗的第一枪
扶贫的春风吹过来了，从一场燃烧的火焰出发
战场上没有硝烟，突围战埋伏在“湖南方案”里
打得扑朔迷离，而后一举向脱贫宣战
目渺渺兮愁予的湘江
一浪又一浪地开始她的诉说
天空中那些负疚的星辰，是灼痛的灵魂
在精准扶贫的隧道里穿行，直到我手上的报纸
八大主题活动四面出击
抵达一个个脱贫攻坚的据点

我要到《孙子兵法》里找到
意外的突破口，三湘四水在静谧中
骤然吹响脱贫攻坚的冲锋号
用扶贫踢开贫困的黑暗
用扶贫搬开愚昧的大山
用扶贫展开致富的翅膀
用扶贫解除前进的羁绊
干部驻村心连心，让不灭的火种
照亮望向远方的眼睛
他们走向村村寨寨，不惧山高水长
他们了解村情户况，每个数字都准确地记在心上
他们找准穷根，对症下药，为每一户制定适合的方案
他们开展技术培训，让脱贫插上腾飞的翅膀
他们建成扶贫车间，让脱贫感受到集体的力量
他们绝不让一个人丢下，孤军作战

我听见洞庭湖的回声，在穿越时空
精准扶贫打开了乡村致富的大门
国家的三农政策在湖南深深地扎下了根
县委书记盘坐在老乡的屋头，拍一拍肩膀
拉几句家常，这叫做新时代的新风流
县长来到村民的家里，揭一揭锅盖
问一声温饱，成为目前的新网红
扶贫队员到家了，叫一声大爷，算算今年的收入
完全成了家里的人
包扶对象进户了，喊一声老哥，谈谈明年的打算
仿佛已经是最亲的人

我看见岳麓山上浩气冲天
湖南在执着前行，冲锋陷阵
这里有一幅幅动人的画面
这里有一帧帧壮丽的图景
湘西州的“互联网+”是“互联网小镇”示范点
怀化市的“公司+基地+农户”成了扶贫产业示范基地
桃源的油茶，汉寿的水产
“三联一帮”确定为精准扶贫的好样榜
立足民情，牵出了养猪养羊的专业户
敢为人先，闯出制酒种药、网上交易的弄潮儿
三湘四水的土地上，都是精准扶贫的主战场
常德市扶贫“扶”出了的精髓，扶到哪里，那里就是小康
长沙市脱贫拓新了标准，贫困村“摘帽”、贫困户“清零”

啊，湖南！如今你又有了新模样
“湖南方案”变成了活生生的现实
修通了四通八达的脱贫致富路
结出了“农家乐”、红色旅游的硕果
绽开了“移民搬迁”的芝麻花
接过了“教育均衡”的接力棒
飞出了一只只“创新进取”的金凤凰
丰饶岁月里，笔墨流芳有了千般大爱万般诗情

我看见这片丰腴而又肥沃的土地豪情万丈
新成立的农业合作社，雨后春笋
刚建成的乡镇淘宝店，遍地开花
黄泥巴路、农家土屋面貌焕然一新
金土地、饮水工程一轮又一轮
我要吐出陈年的咳嗽
我要咯出肺腑里的未尽之言
“湖南方案”用责任融入真情，收获的是富裕和文明
“湖南方案”用使命融入历史，收获的是命运的新篇章

我得学会这些，向三湘四水的大地呐喊
我的痛苦，其实就是我的财富
请到明月高悬的大地上来
在圣洁的光里，周围长满荣耀
我坐在绿色中间吟诵荷马的诗篇

| 4 |

老支书

作者 许百经

走过沟沟坎坎
走过万水千山
来到这小路
来到这小院
就可以歇歇脚
就有茶、有水、有饭
狗摇着尾巴欢迎
尽管未曾带给一块骨头
鸡哼着小曲欢迎
虽然终将成为盘中餐
发乎本性的行为
源自内心的欢颜
老支书的家
是联村干部的家
根据地、广播站、信息源
老支书的家

是全体村民的家
投诉点、发泄处、联络点
老支书
广袤大地的基石
无垠苍穹的支点
背负着万千重担
也背负着不白的骂名
默默地守望河流山川
亘古不变
田土记得你
溪水暗自感叹
老支书
默默地躺在山间
山花悄然开放
阳光洒满你身边

五

儿童文学

| 1 |

仰阿莎

作者 梁学明

“风的私语吹动你的长发 / 满山杜鹃映红你的脸颊 / 多情歌声醉了天边晚霞 / 仰阿莎可听见我的话 / 吹起芦笙唤醒窗前月牙 / 你在河边梳洗你的牵挂 / 跳月场上冉冉绣出的画 / 仰阿莎你听见就回答 / 你是阿婆的一朵银花 / 你是阿爸吹的唢呐 / 你是阿哥哥眼角的泪花花 / 你是阿妈针头的天涯……”这天夜里，这首湘西姑娘杨姣歌唱仰阿莎的歌一遍遍回荡在翠翠脑海，翠翠于是梦到了仰阿莎。

“哎唷！”也许是梦得深沉，她的一只手从褥子里伸出来，不巧撞上床头柜。她吃痛地喊了一声，清醒过来，揉揉眼睛，偏头看向窗外——黢黑的夜空中，一轮明月高高悬挂，月光虚虚地洒下来，给天星村笼上一层皎白透亮的轻纱——她看呆了，忘记了疼痛，也忘记了伤心。不一会儿，睡意再度袭来，她又倒头睡去，口中轻唤：“仰阿莎，仰阿莎……”

外婆

天星村坐落于阿拉营镇西南部，村子旁边有一处天然池塘，暗通阴河，塘水清澈，在晴朗的夜晚能倒映出满天繁星，人称“天星塘”，村子因此而得名“天星”。这是一个土家族和苗族聚居的美丽村落，由于地处偏远，长期受到历史、自然、经济、人文等多种因素影响，它也是一个贫困村。

翠翠从小在村子里长大，打出生之后就没见过她的阿妈，她的阿爸说阿妈去了大城市打工，等到翠翠考入县中学的那一年，阿妈就会开开心心地回家。于是，翠翠问阿爸县中学是什么，阿爸说县中学是学习知识的地方，也是阿妈的梦想。

翠翠懵懂地点点头，她尚且年幼，不知道梦想是什么，但她知道开心是什么，开心是吃饱饭，开心是穿新衣，开心是掏鸡蛋，开心是天放晴……开心太美妙了，她不想让阿妈失望。

每年农忙之后，阿爸就很少待在家里，而是前往数十公里外的沱江撑船，顺道向游客兜售手工艺品，以此营生。

大概一年前，阿爸告诉翠翠，说他要去大城市找阿妈，第二天就离开了家，如今一年到头也难得回来一次，剩下翠翠跟外婆相依为命。

翠翠的外婆是一个勤劳能干的苗族妇女，为了不让土地抛荒，日日早出晚归。犁田种地翠翠帮不上忙，便做家务：挑水、洗菜、生火、做饭……久而久之，翠翠件件干得有模有样。

每天夜晚，是翠翠最开心的时刻。这时候，外婆忙完农活儿，空出双手——不对，外婆的双手可没空出来，她还要借着昏黄的灯光给翠翠缝衣服、纳鞋底呢！但不管怎么样，外婆的嘴是空出来了，她可以陪翠翠聊天了。

“外婆，外婆，你在绣什么呀？”这夜，翠翠歪着脑袋，凑过去看。

“这是蝴蝶妈妈。很久以前，枫树生了蝴蝶，蝴蝶又是我们苗族人的母亲。”外婆精通苗绣，山川河海、神话传说、自然万物在她手下都能变成一幅幅色彩鲜艳、细节生动的绣品，翠翠阿爸向游客兜售的手工艺品全是她的杰作。

“蝴蝶妈妈？”翠翠若有所思。

“是啊，外婆给你绣在衣服上，让蝴蝶妈妈……保佑你平安、吉祥。”许是注意到翠翠的反应，这回说出“妈妈”这个词时，外婆停顿了一下。

“外婆，你说，阿爸找到阿妈了吗？”翠翠满怀期待，一双明亮的大眼睛扑闪扑闪的，“阿爸出去那么久了，我想见阿妈，也想阿爸呢！”

“你阿爸找到你阿妈自然会回家的。”外婆放下针线，小心翼翼地从针线盒底的夹层取出一个布包，打开来，“你阿爸虽然远在千里之外，但他时刻记挂着你，每个月都会寄钱回来。这些钱外婆给你存着，留到以后送你去县里读中学。”

“阿爸……”看着布包里皱巴巴的红票子，翠翠心里有点儿甜又有点儿酸。

“外婆，我阿妈长什么样子啊？”翠翠忍不住又问，这个问题她以前也问过，外婆总说等她长大再告诉她。今年翠翠上小学，上星期班主任还表扬她是“小大人”，她觉得自己是时候得到答案了。

果然，这次外婆没有回避。外婆起身，颤颤巍巍地站上一张小板凳，从柜顶取下一个玻璃相框，吹吹灰尘，拿抹布擦了擦，坐回翠翠身边，指着上面的两个年轻人说：“喏，这是你阿爸，这是你阿妈，她可漂亮了，就像仰阿莎一样……”

仙慧

“翠翠，等等我啊！”仙慧跑得直喘气，满头大汗，好不容易才追上翠翠，“你今天怎么了，是生同学的气，还是生吴老师的气啊？”

今天放学之后，班上一个男同学把他阿爸阿妈从城里买回来的一大块巧克力，分给同学们吃。同学们一个接一个掰去一小块，你一言我一语，纷纷表示下次也要带新鲜玩意儿来跟大家分享。轮到翠翠时，不知哪个同学说了一句“她没有阿妈，阿爸又常年不在家，肯定拿不出什么好东西来”，这句话刚好落入回教室取教案的吴老师耳中。吴老师不紧不慢地走上前，将翠翠抱进怀里，接着把《边城》的故事娓娓道来，最后掰下一小块巧克力放在翠翠手中，不料却被翠翠一手甩开。

“都气！”翠翠一扭头，仙慧没刹住脚步撞上来，两个小女孩儿的头重重地撞到一起，发出一声清脆的响声，听得叫人心疼。

“哎唷！”仙慧捂住额头直呼疼，“这下可好，猕猴桃长脑门上喽！”

猕猴桃是当地特产，这儿的土壤环境和气候条件十分适合红心猕猴桃种植。近年来，凤凰县政府办驻天星村扶贫，帮村里修路引水、建村部大楼、完善基础设施及扩展300余亩猕猴桃产业，仙慧的阿爸阿妈就在天星村猕猴桃综合示范片基地里劳作。别说，仙慧刚刚跑得满脸通红，左边额头被撞得有些发青，那青中透红的模样还真像一颗剖开的红心猕猴桃呢！

翠翠捂着自己的额头，忍俊不禁，仙慧也跟着笑了。两个小女孩儿又像四年前初次见面时那样，手拉着手回家。时光弹指一挥间，她们已经是四年级学生了。

仙慧是翠翠上小学之后认识的第一个朋友。天星村不大，谁家有小孩儿大人们一清二楚，小孩儿们也常常聚在一块儿玩儿，奇怪的是，她们两个却从没见过面。仙慧后来解释说，她小时候在家照顾生病卧床的奶奶，很少出门。

两年前，仙慧的奶奶病逝了，仙慧的阿爸阿妈回来操持老人家的后事。他们本来商量着要把仙慧寄养到邻村亲戚家，再回大城市打工，可仙慧泪眼汪汪，说不想离开家，更不愿意转学，他们于心不忍，陷入两难。

这时，几位村干部上门摸底，介绍国家精准扶贫政策，劝说仙慧的阿爸阿妈将家中十几亩土地入股合作社，种植红心猕猴桃。仙慧的阿爸阿妈一开始有些犹豫，毕竟猕猴桃的挂果期长达三年，前两年得靠套种其他作物增收，收入可能远远不如外出务工来得多。其中一位村干部又说银行会给予农户小额贷款扶持，仙慧的阿爸阿妈再回头一看仙慧那充满期待的眼神，终于下定决心留在家里。

事实证明，这个决定是对的。三年下来，红心猕猴桃长势喜人，进入盛果期之后仙慧一家的收入将有更大幅度的增长。除此之外，当地还通过打造以“观光农业”“休闲农业”为代表的现代生态农业，来吸引观光客，为村民创造增收机会。

“给你尝尝！”仙慧从口袋里掏出一个猕猴桃，递给翠翠，“这是我偷偷拿出来的，阿妈不许我多吃，她说这是我们家的宝贝，我以后念书全靠它！”

“真甜！”翠翠撕掉猕猴桃的外皮，一口咬下去，青绿色的汁液溅得嘴边都是，空气中弥漫着香甜的味道。

“你还气吴老师吗？”仙慧估摸着翠翠消气了，问道，“你今天顶撞她的样子我看了都害怕。”

“拿我阿妈开玩笑，她就是不对！”翠翠放下猕猴桃。

“吴老师怎么开玩笑了？”仙慧嘟着嘴，“她说你阿妈肯定像大作家笔下的湘西姑娘翠翠一样漂亮、纯真又善良，这不是夸奖吗？”

“那也不行，我阿妈才不像那个翠翠呢！”翠翠依旧愤愤不平。

“她那么说还不是一片好心！”仙慧也不罢休，“你说你阿妈像哪个嘛？”

“我的外婆说，”翠翠郑重地提高了音量，“我阿妈像仰阿莎！”

吴老师

午后，翠翠端坐在教室里，手中翻着一本崭新的《边城》。

窗外的平地上三五成群的学生正追逐嬉闹，不时发出一阵阵欢笑声，翠翠仿佛听不见一般，只顾低头读书，一连好几个中午她都是这样度过的。

“翠翠在风日里长养着，把皮肤变得黑黑的，触目为青山绿水，一对眸子清明如水晶，自然既长养她且教育她。为人天真活泼，处处俨然如一只小兽物。人又那么乖，如山头黄麂一样，从不想到残忍事情，从不发愁，从不动气……”读到这一段时，翠翠不禁放下书，轻叹一句：“大作家写得真美啊！”

《边城》翠翠当然听说过，不过是从大人嘴里东一句西一句听来的，她只知道这是一个凄美忧伤的爱情故事，读原文还是头一回。

书中的场景翠翠再熟悉不过——那依山傍水的边城，那古朴雅致的吊脚楼，那悠然耸立的小白塔……每一幕都带她回到阿爸离开家的那一天。那一天，她拉着外婆的手，站在沱江岸边，看着阿爸撑船远去，放声大哭。外婆蹲下身来搂着她的脑袋放在胸口，告诉她，阿爸去找阿妈了，找到阿妈就回家。

《边城》中的男主人公跟翠翠阿爸一样在沱江上撑船，而翠翠又跟女主人公拥有同一个名字，难怪吴老师那天会拿这个故事来给翠翠解围。

放下《边城》，翠翠打从心底释然了，吴老师没有恶意，那个同学其实也没有说错，只不过是道出事实，翠翠无能为力，才会气急败坏——关于阿妈，除了应翠翠的强烈要求挂上墙的阿爸阿妈的合照，以及阿爸每年春节带回家的一两页手写信件之外，翠翠再无其他能拿出手的凭证；而关于阿妈在大城市的生活，翠翠只知道阿妈当服务员，一年 365 天都要招呼客人，假期少得可怜，根本没法回家。

想到信中阿妈的嘱托，翠翠羞愧地低下头，阿妈让她好好读书，跟同学、老师友爱相处，而她却顶撞了吴老师。说起来，要不是有吴老师，她根本读不到印制这么精美还配有彩色插图的《边城》呢！

吴老师既不是天星村人，也不是苗族人，她是从大城市来的支教志愿者，活泼爱笑，双颊挂着红云，头上扎着高高的马尾辫，嘴里说着一口流利的普通话，就像百灵鸟唱歌一样悦耳动听。她教学生们画画儿、做手工、搞科学实验，这些都是当地学生平时很少接触的，相当受欢迎。

支教结束之日，吴老师跟同事们坐大巴离开，学生们失落无比，一边哭一边追着大巴跑。吴老师坐在大巴里也哭得泪眼婆娑，马尾辫一抖一抖的，两团红云眼看也快消散了——她是支教小分队的队长，跟学生的感情更加深厚。

令人意想不到的是，半个月后，吴老师回来了，她实在割舍不下这些学生，决定把青春的热血泼洒在灵秀的湘西大地上。

学生们高兴极了，因为吴老师不仅自己回来了，还带了上千册课外书回来。这些课外书是她和同事们筹钱买的，还有一部分来自社会爱心人士的捐赠——学校没有专门的学生阅览室，她要用这些书组建一个，丰富学生的课余生活和精神世界！

一个星期后，《边城》读完了，翠翠把书还回阅览室。

“啊！”翠翠低头走路，同正好走出阅览室的吴老师撞个满怀，“啪”一声书掉在地上，她赶忙说，“吴老师，对不起！”

吴老师弯下腰去捡书，她一瞥书名，笑了，意味深长地看向翠翠。

“吴老师，对不起！”翠翠又说了一遍，刚刚那一遍是为身体撞上吴老师而道歉，这一遍是为上次行为顶撞吴老师而道歉，她不知道吴老师有没有听明白。

“不要紧的。”吴老师摸摸翠翠的脑袋，“这本书你喜欢吗？”她一如既往的亲和温柔，就像从没有过那段不愉快的插曲一样。

“喜欢！”翠翠抬起头，直直地看向吴老师，眸子亮晶晶的，“不过，我还是觉得我的阿妈更像仰阿莎，因为她比翠翠还要勇敢！”

阿爸

入冬之后，时间仿佛变慢了。今年冬天早早地飘起雪，雪花覆盖村庄，那些破旧的老房子在白雪点缀下倒显出几分别样的韵致。

都说瑞雪兆丰年，看着漫天洋洋洒洒的雪花，翠翠想：这是不是预示着来年春天我会得到好消息呢？

不过，眼下有两件事情让翠翠既焦急又期待：一件是期末考试，另一件是春节。两件事都跟同一个人有关，这个人就是阿妈——翠翠只剩两年就要考中学了，她希望这学期考出好成绩，让回家过年的阿爸把成绩单带给阿妈，叫阿妈放心。

于是，身处寒冬腊月，翠翠也坚持早起，不缺一天课；教室漏风，她往冻得发红的手心里哈几口气，马上继续写作业；放学回到家，伸手往头发上一摸，竟摸出几片细碎的冰花，她笑笑，抖抖书包上的雪水又把课本拿出来……功夫不负有心人，经过努力，她在期末考试中考出了全班第一名的好成绩！

拿成绩单那天，吴老师奖励给翠翠一块巧克力，翠翠在全班同学的掌声中接过去，嘴角上扬，仿佛她口中正含着巧克力般甜蜜。放学之后，翠翠照例跟仙慧一道回家，到了分岔路口，她又在仙慧羡慕的目光中走远。

翠翠情不自禁边走边哼起歌来，还没走到家门口，远远地就看见一个熟悉的身影。是阿爸！阿爸今年怎么提前这么多天就回来了？今天真是我的幸运日！

走到家门口，翠翠深吸一口气，推开门，看见阿爸的背影，激动地飞扑上去，抱住阿爸。阿爸转身，举着翠翠转了好几个圈儿。这是他们父女之间的游戏，小时候翠翠一边担惊受怕，一边享受着身体悬空的快乐。这么多年过去，翠翠不害怕了，随着年岁渐长，阿爸也不能像从前那样把她举得那么高了。

“阿爸，给你吃巧克力！”翠翠从口袋里掏出巧克力，见阿爸脸上疑惑的神色，她自豪地将试卷翻出来，“这学期我考了全班第一名，巧克力是吴老师奖给我的！”

“我们家翠翠真棒！”阿爸拿起翠翠的试卷，“巧克力你自己吃，阿爸来看看你的试卷。”说完，他一道题接一道题认真过目，错题看得尤为仔细。

“翠翠，这次考试你虽然考了第一名，但还是有不少粗心大意的地方，阿爸看得出来，数学你学得不扎实，考县中学还得加把劲儿！”过了许久，阿爸才放下试卷。

阿爸说得没错，不只是翠翠，班上其他同学的数学成绩都不怎么好，翠翠算得上矮子里的高子，但她还是学得相当吃力，一碰到复杂点儿的题目就头大。

翠翠低下头，嘴里的巧克力从甜味中透出一丝苦涩来。

“不要紧，过完年阿爸给你补习。”阿爸把试卷叠好放回翠翠的书包。

“阿爸？”翠翠抬起头，她不明白阿爸的意思。

“你阿爸这次回家就不走了，”这时，外婆提着一桶热水走过来，她把水桶放在椅子边，叫翠翠阿爸走过去坐下洗脚，“就像仙慧的阿爸阿妈一样！”

“如今村里扶贫政策好，我回来也有活儿干，有收入。再说，你马上要考中学了，在这个关键时刻阿爸想多陪陪你！”阿爸把双脚放进水桶里，“哎唷，好烫！”

翠翠不敢相信自己的耳朵，万千言语全化作一声呼唤：“阿爸！”

今天的晚餐跟往年一样，一桌子菜依旧是家的味道，不过，餐桌上的气氛却热闹了许多，有外婆的嘘寒问暖，有阿爸眉飞色舞地描述大城市的新鲜见闻，更有翠翠停不下来的欢笑声，她实在是太高兴了！

“阿爸，今年阿妈给我写信了吗？”一阵谈笑风生之后，翠翠问。

“啊……”阿爸吓了一跳，支支吾吾，“你阿妈她很好，很好……”

外婆赶紧夹一筷子青菜到翠翠碗里，撇撇嘴，示意翠翠不要再问。

翠翠不甘心，张开嘴欲再说些什么，外婆这下从身后掏出一个信封，放到翠翠碗边。翠翠睁大眼睛，立刻放下碗筷，拿着信封跑到后屋。几分钟后，后屋传出一串断断续续的呜咽声，渐渐地，呜咽声越来越大，撕裂了冬夜的寂静。

这天夜里，翠翠又一次梦到仰阿莎。

阿妈

很久以前，在大苗岭深处，有一处绿幽幽的深潭。有一天，一股清泉从潭底喷涌而出，清脆的啼哭声响彻四野八荒，仰阿莎诞生啦！

仰阿莎出生第一天就会笑，第二天就会说话，第三天就会唱歌，第四天就会织布、绣花。她的歌声婉转动听，她一开口就能驱散阴云，唤出阳光，唱得百花竞相盛放。仰阿莎的美名伴随着她的歌声，飞越了山山岭岭，回荡在村村寨寨……

仰阿莎 18 岁那年，说亲的人踏破了她的家门，连乌云也来做媒。她听信乌云的花言巧语，嫁给了太阳，谁料太阳并不把美丽的妻子放在心上，追名逐利不着家，仰阿莎寂寞又痛苦，只有月亮陪伴她。

月亮勤劳诚实，仰阿莎在月亮身上感受到了温暖，她以为太阳不再回来，便改嫁了给月亮。没想到多年之后，太阳归来，气急败坏地跋涉千里，势要夺回仰阿莎。最后，经过理老评理，仰阿莎与月亮获得胜利，幸福地生活在一起。

这就是仰阿莎的故事，故事起源于黔东南，后来传遍所有苗族人聚居的地区，勇敢追求美好生活的仰阿莎成为苗族人心中的“美神”。

在翠翠的梦里，故事有了新发展：仰阿莎体谅自己年迈的阿妈辛苦，让丈夫留在家中照看孩子和田地，独自前往远方，不久她等来丈夫，两人一起为美好生活而奋斗……翠翠第一次听外婆讲仰阿莎的故事，就认定阿妈跟仰阿莎一样漂亮又勇敢。

第二天，翠翠睁开眼睛，发现外婆正坐在床边拉着她的手，喃喃自语。见外婆转头看向自己，翠翠马上闭上眼睛装睡，不过，耳朵却竖得直直的。

“都是外婆的错，小时候你阿妈想上中学，我没钱供她；长大后你阿妈想跟你阿爸出去闯世界，我执意让她留下来。”外婆握握翠翠的手，那老树皮般的皮肤摩擦得翠翠有些疼，“你阿妈是个勇敢的孩子，如果她跟着你阿爸去大城市，生你的时候也不会难产，大城市的医生法子多……”

翠翠昨晚读了信，她当然知道，这不是外婆的错。阿妈出嫁之后，外婆把绣针交到阿妈手里，说这是老祖宗传下来的手艺，跟家里的土地一样，万万不能丢弃。后来，阿妈难产走了，阿爸离开伤心地，如愿前往大城市，而外婆则重新拿起绣针、扛起锄头，在家乡大地上站起来，撑起这个家。

只是，当翠翠发现自己心心念念的阿妈早已不在人世，多年来的期待不过是精心编织的谎言时，她还是相当难过，难以接受，连仰阿莎的故事都抚慰不了。

翠翠

漫长的冬天过后是春天。

翠翠开学的日子转眼即至。阿爸陪翠翠去学校报到，这时候不少学生的阿爸阿妈早已回大城市打工，这些学生羡慕甚至有些妒忌地望着翠翠。翠翠心里又甜又酸，她现在知道了，这种感觉叫“喜忧参半”。

这天回到家，翠翠见外婆站在小板凳上，正拿抹布擦拭玻璃相框。

“外婆，等天放晴，咱们上花田走走吧！”翠翠凑近，拉拉外婆的衣角。

外婆愣住，那夜之后，翠翠终于又一次主动同她亲近。她点点头，让翠翠扶她从小板凳上下来，两人抱坐在一起，好像回到了她俩相依为命的时光。两人身后，照片上的翠翠阿妈巧笑倩兮，幸福溢出嘴角。

天放晴的那天，正好是村里开扶贫攻坚动员大会的日子。翠翠一手牵着外婆，一手牵着阿爸，来到离村子不到一千米的几座相连土坡上。

这儿就是翠翠口中的“花田”——由凤凰县政府办驻天星村扶贫开发的500亩花卉苗木种植基地，种有紫薇、樱花、玉兰、柳树、红叶石楠、罗汉松、红叶李等20余个品种的花卉苗木。通过流转土地，翠翠一家成为基地的股东之一，享受分红。

时值初春，一大片樱花吐出粉白色的嫩蕊，微风携着淡淡的花香扑鼻而来。

阿爸久久地站在樱花丛中，看着其他村民三五成群地赏花护花，不发一语。虽然他已经决定留在村里，但毕竟有很长一段时间没干农活儿，心中难免忐忑。

“哟，这不是翠翠阿爸吗？”不知道什么时候，一位村干部走到翠翠阿爸面前，他认真地看着翠翠阿爸，“翠翠阿爸，你来了真好！村里建设现代型花卉苗木基地，需要你这样的年轻人呀！”

翠翠认得这位村干部，他是个热心人，阿爸外出务工那几年，家里遇到什么困难他都会第一时间上门来帮忙。

“我不会种花。”翠翠阿爸欲言又止。

“不会可以免费上种植培训班，扶贫工作队也会帮忙。”村干部拍拍翠翠阿爸的肩膀，“再说，基地不仅需要培育技术人员，也需要管理人员、市场开拓人员，像你这种从大城市回来的年轻人，思想活络，总有合适的岗位！”

翠翠阿爸终于露出微笑，翠翠和外婆也相视一笑。

起风了，一场粉白色的樱花雨不期而遇。

在片片飞扬的樱花花瓣中，翠翠看见一个人影，她追着人影在花田里奔跑起来。人影慢慢地越来越清晰，那就是仰阿莎——噢，不对，那就是阿妈！阿妈晃着，笑着，近在眼前又触不可及，像跟翠翠玩躲猫猫似的，翠翠开心极了！

跑着跑着，翠翠想起阿妈的梦想，她现在知道梦想跟开心不一样，梦想不是开心，而是传承，是责任，是拼搏奋斗过后才会开出的成功之花；翠翠也有了自己的梦想，那就是考上中学，不仅如此，她还要考上大学，把外婆的手艺带出天星村，让人们了解和喜爱苗绣这门艺术，吸引更多人前来建设这座美丽的村落！

心中有了梦想，翠翠无比踏实，她迫不及待地想把这个梦想告诉阿妈，告诉阿爸，告诉外婆，告诉仙慧，告诉吴老师，告诉村干部，告诉每一个爱她的人……

| 2 |

阿嘉

作者 吉布鹰升

山上云雾缭绕，那片绿绿的落叶松、华山松树林时隐时现。坡上的土地，荒草丛生，使人感慨草的强大生命力。天空笼罩着薄薄的云，太阳刚露出脸不一会儿又躲藏起来了。草木一天比一天茂密又芬芳馥郁。小女孩阿嘉甩动着手里那根长长的竹竿追赶着羊群，吆喝着，“嗡嘎嘎……”那牧羊的声音悠远又即刻消失在空旷的山谷里。羊轻快地迈着碎步，有的尾巴轻轻摇晃着，踩着那条蜿蜒的土路，一路上腾起细细的灰尘，迫不及待地走上草坡，埋着头贪婪地吃着那鲜绿、可口的青草，比起冬日里吃着干涩的草，这又是一个惬意、幸福的夏日。

大蓟的紫花毛茸茸，一年蓬撑起一把把小伞，草莓的白花灿烂，蛇头芋张开了一把绿绿的伞，凤尾蕨迎风颤悠……草坡上空云雀鸣啭，一只鹞鹰在欢快地盘旋。树林里，伯劳、山雀、柳莺、杜鹃、红嘴蓝鹊、山鸡、白腹锦鸡等鸟在演奏着乐曲。阿嘉呼吸着新鲜的空气，听着鸟鸣声声，是那么心旷神怡。她坐在一块石上远望着，羊群像一朵朵白云在漫游，心想这么广阔的山却留不住人，眼下村子里好多人家已经搬离，他们再也不回来了，就像那流走的河水，留下的几户人家都是经济窘迫，似乎是些许无奈的。每天对着这空旷的山谷，听着鸟语聒噪，又觉着生活的些许单调乏味。然而，世界的任何地方何尝不是如此呢！

山谷里那条潺潺的河水泛起了雪白的浪花，河岸陡峭的山上坐落着五六座白白的瓦房，那里留下来的一两户人家，传来人语、放牧声。然后，山谷又一阵陷入空旷寂静。太阳明晃晃有些刺眼，周围的浮云里露出了蓝色的天空。又是一个晴好的天气。羊群已经走向远处，走向森林边缘。

阿嘉走上山梁，一边是一片鲜绿的凤尾蕨迎风摇摆，那稀疏的灌木丛，如杜鹃、青冈、火棘在寂静中沐浴着阳光，一边是稀疏树林，山杨树叶扑啦啦闪耀着光芒，高高的杞木挂着绿绿的花穗，巨伞状的红桦木鲜绿的叶子似乎抚弄着风。爷爷说，从前这里是茂密的原始森林，然而从阿嘉记事起，那里参天古树不见了。一株紫菀孤零零开着花朵，那一片小龙胆点点蓝色的花如星星耀眼灿烂，阿嘉蹲下端详着，心想这些花儿在默默然显得很孤独，又低低诉说着心语好热闹呢！谁说草木没有生命，瞧它们在晨曦照耀下是那样润泽可爱。风掠过耳边，像妈妈那温柔的手，可是妈妈在遥远的地方。那里是多么渺茫，阿嘉多想和妈妈吃上一顿饭，看着妈妈的笑容……

那条隐约可见的小径，珠芽蓼开着粉色的花穗，阿嘉轻轻地走过弯腰采摘了一束。又走了几步，好险呀！那是一个陷阱，一根白色的尼龙线圈套，一端系在一根树枝上，圈套上放着几根细细的枯枝，若是山鸡、白腹锦鸡等鸟儿过往踩上，刹那会被套住的。鸟儿心跳是多么厉害，这该死的陷阱，是爷爷还是其他牧人设下的呢？这种尼龙线编造的圈套，甭说是鸟儿，野猪、山羊等大的动物被套住了，也会难以挣脱。阿嘉从旁边拣了一根枯枝，丢在圈套里，嗖的一声，圈套弹起，系在树枝上的一端结成了一个小疙瘩。她想，拯救一只鸟的生命，是无比幸福的。

几个月前，她参加了县上精准扶贫农民培训班，那位戴着眼镜、留着胡须的老师讲到要像保护眼睛一样保护生态环境。那是她第一次上学，老师以为她读过书，让她把“绿水青山就是金山银山”写下来，周围的同学说她没有读过书。下课，老师才知道她是孤儿。多么可爱的小女孩，马尾辫长长的，乌黑的睫毛下那双忽闪的眼睛像清澈明亮的湖水，那端正的鼻子，那脸上的酒窝和微笑，一点儿也看不出生活的困境，反而是很开朗阳光。老师为她的生活困境而眼睛不禁湿润起来。

“我们不懂事的小孩爱掏鸟窝，这是很不好的。大家想想，鸟窝是鸟儿不断地寻找、衔回一根根枯草、苔藓、羽毛等建造的，是多么辛苦呀！鸟儿是天才建筑师，我们在座的能建造出这样精致的鸟窝吗？当然是不能的。我们修建一座砖瓦房要花七八万，甚至几十万元。我们很多人家几代人居住的是土坯房。孩子们，你们捣毁鸟窝就像有人捣毁你们家的房子，你们一定很愤怒的。同样，鸟儿也如此。所以，孩子们，请大家不要去掏鸟窝了。”是啊，老师讲的道理是多么生动。阿嘉从小失去了爸爸，她格外怜悯那些弱小的动物。譬如，路上遇见了蚂蚁，也会让开。阿嘉几岁的时候，有一次，爷爷捕捉了一只小鸟带回来，她让爷爷把小鸟放飞了。爷爷说遇见蛇要打，阿嘉却说蛇也是有生命的，不能打。爷爷觉着阿嘉是个怪怪的小女孩，竟然对蛇也怜悯起来。杜鹃鸟在远处拼命地鸣叫，一声高过一声。林鸮的声音似乎沙哑，柳莺的叫声尖细，伯劳的鸣叫婉转……阿嘉被鸟声包围着，觉着仿佛走进了森林里的童话。会遇见仙女吗？森林上空会飞来一位仙女——她这样想，嘴角浮起了笑容，那是美滋滋的。

天空的流云让出了广阔的蓝天，阳光照耀着树林、草坡。她仰躺在草丛上，想美美地睡上一觉，闭目养神，世界是那样安静。打盹一会儿，她仿佛觉着在天堂里，阳光洒下来，一切融化在寂静的祥光里。如果人死了，在另外世界里是这样的存在吗？爸爸若在那边是这样的，她就不担心了。她的周围是五彩的，她迷迷糊糊地醒来了。哇，刚睁开眼睛，世界是多么明亮，森林里鸟语聒噪。她起身，走下坡。一丛火棘盛开着灿烂的白花，一片叶子上栖息着一只色彩斑斓的蝴蝶。爷爷说，那是鬼蝴蝶。于是，她瞧着那只斑纹黑黄相间的蝴蝶，觉着有些阴森，鬼魅一般。远处，一群小小的蓝蝴蝶欢快地在树丛上飞舞，仿佛在举行一场盛大的舞会，一只翠凤蝶穿着黑色连衣裙翩跹飞舞，几只红嘴蓝鹊鱼贯式飞翔。忽然，对岸的树林里传来松鸦的叫声，“哇……你……哇哇……”极像是一个牧童在喊话。“赤赤……赤赤……”又是一阵尖叫声，她差点受惊了，真奇怪，那又是什么野物呢？爷爷这把年纪了也不知道这种动物。这座山里藏有多少秘密呢？将来还会出现什么野物呢？人又是那样渺小如尘，尤其在那黑夜里。爷爷说，山里的树林越来越密，从前人们踩出的林下小径即将消失，以后一个人是不敢进入森林里了。

| 3 |

水莲的眼睛

作者 胡杨树

那年秋天，我在一个偏远山区支教的时候，认识了一个叫水莲的小女孩，她是一个盲人，先天性失明，什么也看不见，她的世界一片黑暗。

八岁的水莲，瘦瘦的，模样长得俊俏，因为眼睛看不见，她的父母就没让她上学，可她偏偏喜欢学校，经常叫哥哥带她来。

我到学校半个月的时间里，就看见水莲七八回。她总是一个人坐在操场的一角，学生上课，她坐在那里，学生下课，她也坐在那里，安安静静的，孤独得叫人可怜，也让人心疼。

校长说：水莲这孩子怪怪的，搬过几次凳子给她坐，可她宁愿站着，就是从来不坐。听她父亲说，她从小就这犟脾气。

我想，水莲一定是在抗议着什么。一个原本活泼可爱的女孩，一个原本应该坐在教室里听老师讲课的女孩，却孤零零的一个人，坐在空旷的操场一角，听老师讲课的声音，听同龄人欢快的打闹声，听学校那半截挂在树上的水管的铛铛铛声。

一个冬日的午后，水莲照旧坐在操场的一角，我忽然就有接近她的冲动，想知道这个女孩的内心世界，于是我靠近了她。

我还没说几句话，就看见她脸上有了笑意。她抬起头说：是胡老师姐姐吧。

我吃了一惊，忙说：是的。你怎么知道是我？

水莲笑了笑，说：听声音就知道是你呀。你的声音可好听了，像电视里的一样，好喜欢你唱歌，听过你教他们两首歌了。

都说看不见的人听力好，这回可算见识了。

我说水莲，你一定会唱歌，能不能唱一首给姐姐听听？

她笑了，脸上飘过一抹红霞，迟疑了一会儿，说：好吧，那唱什么歌呢？

我很期待，说：就唱你最喜欢，最熟悉的那一首吧！

她说：那我唱《春天在哪里》这首，我好喜欢这歌。说着，她站了起来，直直身子，唱开了：

春天在哪里呀春天在哪里
春天在那青翠的山林里
这里有红花呀这里有绿草
还有那会唱歌的小黄鹂
嘀哩哩哩哩嘀哩哩嘀哩哩哩哩哩
…………

听着听着，我的眼眶里有了泪水，是惊喜？还是感动？刹那间，我的内心有一种莫名的情绪在涌动。尽管她唱得不咋的，时不时还跑调，加上少了一颗牙齿，吐字不太清晰，但我还是鼓励她，说她唱得好棒。过后她还告诉我，说她知道春夏秋冬是个什么样子。我想知道在她心里的春夏秋冬是什么样子，于是叫她描述一下一年四季的情景。她告诉我说，春天的太阳像一锅温开水，晒在人身上温温的暖，叫人好舒服；夏天的太阳像一锅热开水，烫人皮肤，叫人好难受；秋天的太阳像一个害了感冒病的人，病恹恹的有气无力；冬天的太阳像一盆烧得旺旺的炉火，人人都喜欢。说完这些，她低下头叹了口气，自言自语说：要是我的眼睛能看见该多好呀！

我惊讶于这孩子的感知能力，对春夏秋冬描述得如此贴切，于是我对她说：水莲，其实你已经很棒了，别人用眼睛看世界，你是用心“看”世界，用心看世界的人往往比用眼睛看世界的人看得还要仔细真切。

她笑了笑，或许听懂了我的话，或许没有。

为了让水莲不感到孤独，也为了增强她的自信心，一次我在操场上让同学们做摸东西的游戏。水莲刚开始不愿意参加，我就让同学们一起叫她来参加，最后她还是不好意思地加入了摸东西这个游戏。

游戏开始了，我把每个同学的眼睛用布条蒙住，统一站在一起，然后把一个闹钟放在操场中央，等闹铃响了五秒钟后关掉，摸闹钟正式开始。

游戏的结果是，水莲第一个摸到闹钟，同学们都说她厉害。

看着一脸笑容的水莲，我走过去对她说：不管眼睛看得见还是看不见，我们每个人都有擅长的一面，你的眼睛虽然看不见，但你还是赢了所有的同学。水莲你要记住，你那颗明亮的心，就是你的眼睛！

| 4 |

在没有神仙皇帝的村庄

作者 闻桑

盼盼出生的那个村庄，名叫黄岭，世世代代被那一道高高的黄色山岭所阻隔，人们过着缺水盼水的贫苦生活，大人盼水心切，就给盼盼取了这么一个名字。

盼盼读到小学六年级的时候，黄岭也没有盼到水，倒是从黄湾村建筑工地上传回来了父亲高楼坠地身亡的噩耗，中年丧妻、老来丧子的爷爷悲痛欲绝，盼盼也从大人们的话语中明白了人世间的艰辛，单靠一无技术、二无力气的妈妈在外打工，连吃饭都是吃了上餐愁下顿，书肯定是读不成了。

爷爷在家里整天叹着长气："唉，谁叫我们这个村庄没有神仙皇帝呢？"

我们黄岭没有，难道别的村庄就有吗？爷爷说，村庄要是没有了神仙皇帝，能行吗？同样是住在卸甲山脚下，人家黄场村、黄湾村就都有神仙皇帝哩。

可不是吗？星期天学校放假，望水哥和荷花姐都回到了我们黄岭村，相约去采摘桑葚。桑葚长在桑树上，桑树长在高高的黄色山岭背后。

桑枝高低错落，最低处的桑葚伸手就能够着。往嘴里塞过几把后，有胆大的孩子觉得这样吃不过瘾，忍不住脱下鞋子，攀着树干往上爬。脚踏到一根粗壮的枝丫，用力踩踩，感觉牢实，于是放心大胆地坐下。有了表率，胆子小一些的孩子也跃跃欲试，一个一个地往上爬。爬不动时怎么办？坐在枝丫上的孩子伸手往上拉，还在树下的孩子托住屁股往上送，一个接一个地，最后都上去了，各自找到一枝属于自己的领地，安然享受桑葚的美味。

望水哥在黄场村读初中，比盼盼大不了两岁，学习成绩可好着呢。吃着桑葚，他总会给盼盼讲山外头的精彩，讲黄场老街百年不衰的繁华。

望水哥说，黄场老街的起源还是在两百多年以前，黄场村因为有东荆河流经于此成了一个“河码头”。临河的街头起初只有一家很不起眼的小酒肆，“插秧割麦两头忙”的农历五月，这里生意清淡，门可罗雀。

管他门可罗雀不门可罗雀，孩子们只管桑葚是黄岭村唯一的水果吧。苹果稀罕，柑橘无缘，毛桃和大枣还在赶往盛夏和秋季的路上，桑葚出现的时间可谓恰到好处，填补了时令鲜果的空白，也是盼盼这些孩子们生活中的一件大事。与桑葚年年相处，孩子们熟知它的种种滋味。最好吃的自然是黑紫色的，汁多甘甜，吃一颗满口生津。红色的味淡一些，吃了黑色的再吃红色的，可以冲淡甜得过分的感觉。白色的还未完全成熟，带些酸，却也回味绵长。

望水哥继续讲他的故事。一天傍晚，闷热异常。酒肆老板正要关门打烊，忽然一个秀才模样的外地人从三岔河口下船走进店来，自称是进京赶考的举人路过此地，点名要吃江南名菜粉蒸肉。当时天气炎热，饭菜易馊，酒肆备的肉料多以当天用完为限，加之酒肆连日食客很少，备料本来就不多，早晨备下的两斤猪肉碰巧用完。眼下临近掌灯时分，何处去弄粉蒸肉？客人登门，店里只剩下一盘制好未卖的鳝鱼，因天气热怕坏了，放在笼里蒸着。

是呀，这个怎么办呀？盼盼听入了神。

望水哥说，还是老板灵机一动，十分抱歉地对客人说：“做粉蒸肉我实在没料了，我做一道比粉蒸肉更好吃的菜好不好？”客人欣然应允。老板连忙将这盘鳝鱼再次入锅走油。不一会儿，一盘不冒热气的清蒸鳝鱼就端到了客人面前。客人举箸夹了一节入口便连声叫好，随即伸出大拇指问菜唤何名，老板因是一时主意，未曾给菜取名，但他看到蒸熟的鳝鱼尤其是走油后两头翘起，马鞍形状好似回头望月，便随口说是叫黄鳝二回头。殊不知这位风流倜傥的客人就是康熙爷，微服下江南私访于此。

哦，盼盼听出来了。“皇上”与“黄鳝”谐音，天下黎民百姓盼他再度回来，真是吉祥之兆呀。

望水哥说，康熙爷一听龙心大悦，眉开眼笑。酒至半酣，他向老板索来笔墨，以墙作纸，绾袖挥毫，借着微微醉意面壁狂书：“妙哉二回头，香嫩且滑口，异香随风走，回味永在喉。”

坐在枝丫上，左摘一把，右摘一把，孩子们品味着皇帝写下的四言诗，吃得不亦乐乎。几只喜鹊也来凑热闹，加入到吃桑葚的队伍。和小屁孩抢食，它们似乎不大好意思，总是一个俯冲下来，啄一口就迅速地飞走，倒让树上的孩子一惊一乍。孩子们紧张起来，看见喜鹊飞下来，便手摇桑枝、口发斥声进行驱赶。

康熙皇帝的寥寥四句小诗，不仅绘声绘色地摹写了佳肴奇特的外形，而且赋予了人们对“黄鳝二回头”的爱之深切，进而透露了自己流连此一美味的非常意蕴。微服私访的康熙爷青睐“黄鳝二回头”的消息不胫而走，食客慕名而来，门庭若市。从此，老板的小酒肆兴旺起来，很快成为远近闻名的大饭馆，黄场村也顺理成章有了百年老街的传奇。

直到今天，黄场村还有一所书声琅琅的初级中学，让周边好几个村庄的学生娃儿都眼巴巴地祈望着。黄岭村的小孩们只要读完小学六年级，都要翻越那一道高高的黄色的山岭，到那里去求学。

喜鹊不以为意，继续俯冲、啄食、高飞的程序。时间长了，孩子们释放了和解的意思，不去管那些喜鹊，于是乎人鸟相安无事，和谐共享桑葚带来的味蕾体验。在菜园里掐蒜薹的爷爷，看到这一幕总会笑一笑，不知是笑孩子们还是笑喜鹊。

爷爷对望水哥说："你再往前走到了黄湾村，就又是一番天地啦。"

这下子轮到望水哥眨巴眨巴眼睛了。爷爷说："那里是个大集市，镇政府就设在那里呢。"

望水哥说："莫非黄湾村也有神仙皇帝呀？"

爷爷捋了捋胡须说："当然。黄湾村产贡藕哩。这贡藕与一般的藕不同，孔呈单数，七孔居多，也不像其他藕那样节短而多枝，一般都是一枝三节，每节一尺来长，既白又嫩。用这种藕煨汤，粉多易烂，汤酽味鲜。"

盼盼听得直咽口水。望水哥也说，世上还有这么好的美味，我怎么没有尝过呀？

爷爷一磕烟杆，臭小子，有你吃的吗？当年天子下江南，从北方一路走过来从没吃饱过肚子哩。对了，这典故你叫在黄湾村打工的荷花姐讲给你听。

这是什么原因哪？望水哥说，这个天子爷是清朝第六位皇帝，入关之后的第四位皇帝，康熙爷的大孙子，名叫爱新觉罗·弘历，二十五岁登基当上高宗，年号乾隆，寓意"天道昌隆"。

荷花姐说，由于自幼生长在皇家，尝尽天下美味珍馐，所以一出皇宫就觉得味觉寡淡，什么也吃不下，到了江南地界更是觉得舌尖上能淡出个鸟味来。可怜一朝天子搜肠刮肚想出几道御膳，当即下令随身的御厨做给他吃。那厨师无奈，只得就地取材，想方设法做成美食献上，谁知乾隆尝后，觉得根本不对味，一气之下便把御厨杀了。

望水哥和盼盼异口同声地谴责道，皇帝草菅人命，这能怪人家御厨吗？

荷花姐说，到黄湾的时候正是秋高气爽的季节，听说这里的藕非同一般，乾隆又让人找来一个厨娘。厨娘暗想，藕微甜而脆，可生食也可煮食，是常用餐菜之一。黄湾藕也是药用价值相当高的植物，它的根叶、花须果实皆是宝，都可滋补入药。用藕制成粉，能消食止泻，开胃清热，滋补养性，预防内出血，是妇孺童妪、体弱多病者上好的流质食品和滋补佳珍，具有药效，有益于心脏，有促进新陈代谢、防止皮肤粗糙的效果。来客既然对真的黄湾藕感兴趣，我不妨用它煨汤碰碰运气。

爷爷微笑着补充道，秋天气候干燥，如果不注意保养，皮肤会衰老得很快。看到客人眉宇紧皱，灰头土脸，料是急火攻心，黄湾藕汤是名副其实的养生汤，营养价值丰富，常喝藕汤可以收到养颜护肤之功效。厨娘灵机一动，取来莲藕半根，黄花菜少许，想出了这么个办法：她把莲藕洗净切块，黄花菜洗净打结，然后在锅中倒入三碗水，放入莲藕、黄花菜煮上半个时辰，至约剩一碗的量，加入盐调味，一大锅热气腾腾香味扑鼻的黄湾藕汤就展现在众人面前了。

盼盼听得津津有味，望水哥说，有这黄湾藕汤，皇帝还不喜笑颜开呀？

荷花姐说，可不是嘛，那乾隆一看，喝了一口汤就胃口大开，连连惊叹民间厨娘的聪明。汤碗里，又白又嫩的藕犹如美女玉臂般地散落汤中，每节藕块上的七个单孔更是清晰可数。厨娘信口吟道："身处污泥未染泥，白茎埋地没人知。生机红绿清澄里，不待风来香满池。"乾隆心下一惊："你可懂诗？"厨娘回答说："不懂。"乾隆又问："你不懂诗，刚才说的是什么意思？"厨娘只得如实答道："我说的是藕，就我给你们做的这个黄湾藕。"乾隆沉吟片刻说："一弯西子臂，七窍比干心。这个黄湾藕，真的是别有风味呀。"厨娘说："这黄湾藕是我们本地一绝，曾有很多外地人试图引种，可都因水土不服没有一例成功。

就是附近村子的人试种，也种不出那股味道。”乾隆听了龙颜大悦，连眼皮都没抬，就拉着长声说了一个字：“赏！”

故事的结局，精明的望水哥早悟出来了。乾隆吃饱喝足了黄湾藕汤，拍拍屁股继续南巡去了，可他随口吟出的绝句却永远留存在黄湾。“一弯西子臂，七窍比干心”，乾隆是借美女西施的手臂比喻藕的外形，用国神比干的“忠心不二”比喻单数孔，使得黄湾藕具有了人的灵气。

黄湾村的神仙皇帝讲完了，盼盼觉得意犹未尽。望水哥张张嘴还想问什么，不想他奶奶从旁边杀将过来，一翻眼珠子说：“你这个糟老头子，又掉什么袋了误导娃儿呀？当年吃黄湾藕不是什么乾隆，而是那在渭水垂钓的姜子牙。”

爷爷撒起赖来：“我管他是康熙、乾隆还是姜子牙，反正不是皇帝就是神仙！我只知道，我们黄岭之所以祖祖辈辈遭罪受穷，就是因为没有神仙皇帝。”

与黄场、黄湾同处卸甲山脚下的黄岭村，陡然生出的黄岭长满了各具形态的嶙峋怪石，挡住了南北走向的去路。海拔千米的山顶上有三百多棵碗口粗从树桩长出的成片成片的桑树。桑树也不高，孩子们不用费多大的劲就能爬上去。

立夏前后，东南风一阵阵地吹，及时雨一阵阵地下，得了好风好雨相助，草木仿佛完成了又一次蜕变，枝枝叶叶越发地葱郁。桑葚，仿佛一夜之间就从碧绿的桑叶下冒了出来，白的、红的、黑紫的，一个个肥肥嫩嫩，质地油润，糖分充足，酸甜适口，大人们都叫它仙果，满脸骄傲地望着围着桑树追逐取乐的芦花鸡、大黄狗、小花猫，还有三五个眼放馋光的孩子。

谈起年年挂满的这些桑葚仙果，也不是没有神仙皇帝的传说。据说这仙果是当年齐天大圣大闹天宫偷吃蟠桃随手将桃核抛落凡尘演化而成，但黄场、黄湾等山外的世界几乎无人品尝，传说这是王母娘娘做下的好事：

她见人间有了仙界之景，很是恼怒，将一块铺地方砖抛下来，变成了如今一道高高的黄色的山岭，堵死了人们出山的唯一路径。人背二三十斤桑葚出村叫卖，会累得贼死，来回花销还不够，而山外无人相信黄岭村这牵强附会的神仙传说，每年只好堆起来沤作肥料。

黄岭最要命的是，这里严重缺水。一碗水早晨漱了口、洗了碗，还要用来洗脸，最后才喂给刚刚出笼的鸡鸭，轮到浇地就只能靠老天爷恩赐的几滴泪水了。水比油贵不是神话，水比命贵才是骨感的现实，一担水能在黄岭村换一个媳妇也不是什么天方夜谭。因此，这里的老辈人几乎没有人吃过黄场村的"黄鳝二回头"，更没尝过黄湾村的七孔贡藕。谁让高高的黄岭阻断了滔滔东荆河水的流向呢，让一村人只得望梅止渴。

望水哥怎么也搞不懂，黄岭与黄场、黄湾近在咫尺，几乎是抬脚即到，为什么当年的康熙爷或者乾隆爷就不到黄岭光顾一下，也给这里留下一段美好的传说呢？

是因为有那高高的黄岭把神仙皇帝阻隔在外，还是因为黄岭没有什么好吃的美食呀？望水哥眼巴巴地望着山外，不住地向盼盼的爷爷发问。

可盼盼的爷爷总是捋一捋山羊胡，再摇一摇头。

盼盼父亲在世的时候，也想过村民每人集资十元打开山门引水进村，把黄岭村的仙果与山外真正的桑葚作一次嫁接，改良品种后用汽车运到没几里路的东荆河，不用说通江达江进城市，到了黄场村和黄湾村的集市就可以赚大钱，一年每户增收几万元不在话下。

告示一出，村民们都兴奋得嗷嗷直叫，姑娘们开始盘算买什么样式的连衣裙，连百岁老太太也乐得面如桃花。

集资？怕是没钱送娃儿上学堂，想敲你一鼻子吧？盼盼的爸爸和你一样的平头百姓，凭什么揽这事，十元钱虽不值个啥，事办不成不是肉包子打狗有去无回了吗？开天辟地的第一个不眠之夜，太白金星下凡跟人们一起辗转反侧，希冀和疑虑拧成的绳子吊着男女老少的心在半天云里悠。

盼盼清楚地记得，三天过去了，父亲收到的款寥寥无几。他急得拿着个铁皮喇叭满村游说，这一来更坏事了，人不为利谁愿早起呀？恰巧与太白金星的告诫相吻合，大家都觉得他热心得有点过分了，葫芦里肯定没卖什么好药，连成串跟着他要退款。父亲却丈二和尚摸不着头脑，担心是不是村民出不起这十块钱，这里人确实太穷了。他改变了主意，把款全退了，又出了一张告示：一家出一人，用铁锤钢钎打通黄岭！

这一着还算灵，每家都愿出一人。父亲率领开山队伍攀上了高高的黄岭，不过好景不长，很快就人疏马稀了。因为几乎在同一夜的同一刻，山神闯入了老人们的梦乡，说黄岭是王母娘娘的佛法，动弹不得。而天马之尾，本身的意思就是天马独来独往。开山除石要是顺应天理，玉皇大帝自会派大力仙背走，太行、王屋二山填入东海就是例证。再说，半劳力全劳力用工不均，众多男女混在一起，也难免不出猪八戒戏嫦娥之类的事儿，伤风败俗。

最后，父亲成了光杆司令。他无可奈何地站在黄岭上，朝着旱象四伏的村庄呐喊：醒醒吧，该穷绝种的黄岭，为什么总是靠神仙皇帝来打发日子哟！

喊罢，盼盼的父亲独自出山到黄湾村里的建筑工地打工去了。

桃花落尽，黄岭村又恢复了往日的焦渴与平静，夫耕于前，妻锄于后，日出而作，日入而息，盼水望水，千年依然。

盼盼也在盼水。盼到水后，她妈妈就不会再去黄湾村里打工，就会安安心心完成爸爸的遗愿，打开山门引水进村，把黄岭村的仙果与山外真正的桑葚作一次嫁接，改良品种后用汽车运到没几里路的东荆河，赚了大钱送她到黄场村继续上学读初中。

然而，盼盼盼来的却是父亲高楼坠落身亡的噩耗，继而是镇政府要求他们搬迁下山的指令。说这叫易地扶贫，用五年时间对“一方水土养不起一方人”的地方建档立卡，迁到黄场村或黄湾村落户，每个贫困户补助一万元。

一万元是砌不了房子的。黄岭村有点积蓄的人早就远走高飞了，在黄湾村打工的荷花姐就抢先做出了移民榜样，只是像盼盼这样的贫困户还有三十六户。

和荷花姐挥手道别的时候，盼盼哭了，哭得眼泪鼻涕一脸花，为自己，也为没有神仙皇帝的黄岭村。

望水哥却不以为然：“有什么好哭的？三十六户就是三十六万元，合计起来可以办大事，分散到每一户就可能是杯水车薪。”

盼盼不懂：“你少给我拽新词儿，杯水车薪是什么意思？”

望水哥解释道：“杯水车薪的意思是说，用一杯水去救一车着了火的柴草，徒劳无功，比喻力量太小，解决不了问题。这话出自《孟子·告子上》。孟子曰：‘仁之胜不仁也，犹水胜火。今之为仁者，犹以一杯水，救一车薪之火也；不熄，则谓之水不胜火。此又与于不仁之甚者也，亦终必亡而已矣。’”

盼盼听明白了：“你的意思就是说要集中力量办大事。可这笔钱又不在我们手里，你叫那些大人怎样才能听我们这些小孩的话呢？”

“我们现在就给管他们的人提建议，要他们改变思路，帮助我们一起奔小康呀。”望水哥显然是胸有成竹。

“改变思路？怎么改变思路？”盼盼又没有听懂。

“亏你还是一个快读初中的人哪，你在学校学过倒虹吸的原理吧？”

“当然学过。当渠道与道路或河沟高程接近，处于平面交叉时，需要修一建筑物，使水从路面或河沟下穿过，此建筑物通常叫做倒虹吸。”

“倒虹吸主要有竖井式。这种形式施工简便而且便于清除泥沙。倒虹吸有箱形和圆形两种。物理上水往高处走的现象是一种水利工程的技巧。它是在渠道与道路、河流发生交叉或在渠道穿越山谷时经常采用的一种立交水工建筑物。”

“我们老师说，早在两千多年前，中国已有成功的运用。与虹吸管一样，它在立面上也呈弓形。不同的是，其弓弯向下。而且，虽然倒虹吸管和虹吸管的输水原理相同，即都借助于上下游的水位差，但倒虹吸在开始工作时不需人为地制造管中的真空，因而更为普及。”

“《管子·度地》对有压倒虹吸水流作过精辟的描述：水之性，行至曲，必留退，满则后推前，地下则平行，地高即控。”望水哥引经据典，“我们今天要引水到黄岭村，就必须采用倒虹吸的形式，借助于上下游的水位差输水灌溉。”

“对，学以致用。要拯救我们自己的黄岭村，就只有走这着棋了。”盼盼拍手附和。

“黄岭村没有什么神仙皇帝。来，我们就联名给县长写一封信吧！”望水哥执笔铺纸。

信发出去九九八十一天，隆隆的开山炮骤然响了起来，乱石嶙峋的黄岭终于有了震动：住在黄湾村的镇长带来了一个施工队，忙着在那一道高高的黄色山岭下构筑倒虹吸，说是要为黄岭村最后的三十六个贫困户引来致富水。

爷爷高兴得合不拢嘴：“盼盼，我没有盼到有水的好日子，你爸爸也没有盼到有水的好日子，这下子你可盼到了，有了水就有庄稼就有桑葚仙果出山，有了水我们的幸福生活就有了滋润啊！

望水哥的奶奶一翻眼珠子说：“你这个糟老头子，你不是说黄岭村没有神仙皇帝，连打工的荷花她们都搬到山下的黄湾村去了，我们只有世世代代受穷吃苦的命吗？”

爷爷正色道：“这荒山野岭本来就没有什么神仙皇帝。死老婆子，你难道没有听歌里是怎么唱的吗？要创造人类的幸福，全靠我们自己！”

望水哥的奶奶脸上笑成了一朵菊花："全面小康，不落一人。还是共产党领导好呀，盼盼到黄场去读初中这下子有盼头哪！"

爷爷则一脸自豪："那是当然，谁叫她叫盼盼呢，还是赶上了好时代的盼盼。她不但能读书，还可能吃上黄湾七孔贡藕和黄场的黄鳝二回头呢。"

望水哥的奶奶脸上泛出神圣的光彩："哟，那不就成了神仙皇帝哪！"

月亮升起来了，皎洁的光芒透过山顶上三百多棵野桑树稀疏的树叶缝隙，银箔似的斑点朦朦胧胧，洒落在久旱逢甘霖的黄土地上，充满了神神秘秘的诱惑，如梦如幻铺展着无尽的美丽，也把那一道高高的黄色山岭映照成为巍然屹立的剪影。

明明是一座倒虹吸工程，地表上根本看不见什么高大巍峨的建筑物，望水哥却挺认真地说："那是一座丰碑，一座见证我们祖祖辈辈盼水望水等水的丰碑。"

盼盼也郑重其事地点了点头："在一个皇帝不光顾、神仙绕道走的村庄，我们能够等到水，等到妈妈回来，等到有学上，等到拥有这样一座丰碑就心满意足啦！"

| 5 |

梧桐树下

作者 王鹏

赵睿橙紧张极了，手心里攥出了汗，她每隔几秒就朝门外看一眼，可张望了半天，人影也没看到一个，倒是有只呆头呆脑的大白鹅，在她的书桌前晃来晃去，不时展翅欲飞，或发出几声憨叫，真是好不讨厌。

赵睿橙正犹豫着要不要把这捣蛋鬼抱出教室，一个背着书包的姑娘突然走了进来。

确切地说，这是个大姑娘，走起路来虎虎生风，扎着的马尾辫在半空甩来甩去，上身穿一件红白格子衫，下面配浅灰色的牛仔裤，脚上一双纯白色的运动鞋，全身上下洋溢着青春的气息。

教室里的七个人全都看呆了，有人甚至怀疑班里新来了一位高年级的同学。还是班长赵睿橙反应快，起立问道："您是……您是新来的老师吗？"

大姑娘展颜一笑，露出两排整齐洁白的牙齿，说道："如果你们是刘公寨第三教学点的学生，那么我就是你们的包班老师了！大家好，我姓李，叫李茂，茂盛的茂。"

李茂做完自我介绍，其他六人慌忙起身，给老师鞠躬，向老师问好。几人脸上的表情很丰富，有惊讶，有疑惑，有局促。

“都坐下，坐下说话。咱班有班长吗？我刚来，谁给我介绍下情况？咦，怎么教室里还有一只鹅？你也是来上学的吗？”李茂弯下腰，对着大白鹅说道。

大家都笑起来。赵睿橙赶忙再次起立，红着脸说道：“我是走了的胡老师选的班长，我叫赵睿橙，这个教学点以前有二十几个人，现在只剩我们七个了，我们三个女生都是五年级，他们四个男生是四年级。白鹅是我给您的学费，还有一些山货，和粮食一起都放在厨房了，都是各家带来的。”

李茂又看了眼白鹅，有些哭笑不得，又问道：“一间教室有两个年级，你们怎么上课？”

一个男生回答道：“以前人多时，三个年级一起上，老师讲哪个年级的，其他人就上自习。”

李茂点点头，俯身把大白鹅抱出教室，然后关上门，收敛了笑容，对大家说道：“现在上课。”

一上午四节课转眼便结束，李茂记住了七人的姓名，了解了他们的学习水平和个性。让她高兴的是，七人似乎喜欢上她的课，那个叫葛斌的男生还说时间过得好快。

李茂心里踏实些了，她刚从师范毕业，着实缺少教学经验，仅凭着一腔热血扎进这个山疙瘩，她真怕误人子弟，给这些本就缺乏学习资源的孩子带来不好的影响。

“李老师，中午您想吃什么，我给您做！”赵睿橙一口一个李老师，叫得可欢畅了。

李茂听了，假装生气地说：“你抢了我的台词。”几人又笑作一团。

在赵睿橙的指引下，李茂走进教室后面的一座小屋，屋里光线不好，一张木桌立在中间，周围是几只矮凳，有木头的，有塑料的，每个都不一样。窗下就是灶台，紧挨着灶台的墙大半被熏黑，已看不出本来面目。这里便是所谓的厨房。

赵睿橙一直都在小心观察李老师的脸色，说道:“这里暗，咱们出去吧，等会儿我做好了，咱们在外面吃。”

李茂却大步走向灶台，调侃道:“不劳动者不得食，咱们一起做！不过，在这方面，我可是小学生水平，你们是我的老师，你们来教我！而且，做完了不许说不好吃！”

“好！好！……”大家顿时来了精神，一拥而上，你淘米我劈柴他洗菜，忙得不亦乐乎。李茂负责掌勺。

不一会儿的工夫，热气腾腾的饭菜上桌了，大家规规矩矩地围坐在桌边，请老师先动筷。

李茂心中忽然一阵感慨，只觉得手中的木筷重了几分。她夹起一筷子菜，就近放到了一个女生的碗里，此时李茂才意识到，这还是她第一次给别人夹菜。

叫做王巧巧的女生有些受宠若惊地看着碗里的菜，脸红得像个苹果，其他几人都羡慕地看着她。第一次和新老师吃饭，大家都有些拘谨，一顿饭就这么安安静静地吃完了。饭后，几个女生抢着洗碗，男生帮忙扫地、收拾灶台。

都忙完后，学生们便回到教室，把书和文具往书包里装。李茂见了十分不解，问他们在干吗。赵睿橙解释道:“我们这儿每天都上半天课，下午还要回家帮忙干活。”

李茂眉头一皱，当即说道:“都把书拿出来，从今天开始，下午也上课！”

孩子们立时瞪大了眼睛，张大了嘴巴，脸上露出了喜悦之情。相比繁重枯燥的劳动，他们更喜欢坐在教室里念书。

“家里不同意怎么办？”

“回去晚了，我妈会骂。”

…………

学生们小声议论着，心中忐忑不安。

午休过后，李茂继续上课，她发现学生们听课时都不太专心，时不时地往门外看。

果然，下午三点钟一过，便有几位家长找到教学点来了，他们看到自家孩子还在念书，便走进教室叫他们回家。

“请你们在外面等候，我正在上课。”李茂拦下家长们，不容置疑地说道，“孩子们落下的功课太多，以后一律四点半放学。”

李茂的话不多，声调也不高，却有一种让人不得不听从的魔力。赵睿橙看着一贯强势的妈妈竟不敢说话，甚至有些慌乱地退出课堂，她简直不敢相信自己的眼睛。

送走了七个学生和他们的家长，上了一天课的李茂长出了一口气，拖着疲惫的身躯走向紧挨教室的小屋，这里是她的办公室兼教师宿舍。

掏出钥匙打开门锁，李茂第一次走进小屋。房间不大，还算整洁，窗下一张木桌，桌旁就是床，床上的被褥都是新的，上方还挂着蚊帐。

李茂看着窗台上码放整齐的几捆蜡烛，有些无奈地一笑。来之前，志愿队的领导便和她做了沟通，明确告诉她刘公寨第三教学点因为位置太偏，至今还没有通上电，手机信号也是时有时无，让她做好心理准备。

李茂看着床犹豫起来，最后还是一屁股坐到椅子上，她要趁天黑前把作业批改完，蜡烛能省就省，下山买毕竟不方便。

其间，大白鹅嘎嘎叫着来串门，声音十分洪亮，俨然它才是这里的主人。它本是赵睿橙交的学费，可李茂在课堂上便明确表示不会收大家的东西，她坚持让学生们放学后把东西都带走，唯独留下了这只白鹅。

“老师，您喜欢吃鹅肉？”赵睿橙当时很是不解地问道。

李茂笑道：“你们走了，这里就剩我自己了，我都变成空巢老师了，让它陪陪我不行啊？”

在大白鹅的干扰下，李茂批改完作业，紧接着开始为第二天备课，此时天色已黑，她不得不点上蜡烛。蜡烛缓缓燃烧着，驱走了寒冷与黑暗，带来了温暖与光明。

赵睿橙在回家的路上一直谈论新来的李老师，她的妈妈默默听着，时而微笑，时而皱眉，时而轻叹一声。

回到家后，赵睿橙又把同样的话和爸爸说了一遍，然后才开始写作业，写得比以前要慢不少，字迹却格外工整，不小心蹭脏的地方，她会用橡皮小心地擦干净。

赵家有几亩地，种的都是橙子，赵睿橙觉得李老师给他们讲一天的课，嗓子一定很难受，她决定以后每天带两个橙子去学校，给李老师润嗓子。

第二天，天才蒙蒙亮，赵睿橙就起床了，她家离教学点有些远，她要走上三里多的山路。此时的她，脸色有些难看，因为她刚做了一个可怕的梦，她梦见李老师像前年来的那个老师一样，只教了一天的课，第二天就离开了。

赵睿橙竭力说服自己，那只是个梦，梦都是反的，可仍然心绪不宁，这让她的脚步快了许多。走到一半时，她才猛然想起忘了带橙子，便更加不安起来，觉得这不是好兆头。

越往前走，赵睿橙心跳得越厉害，还有半里地时，她干脆小跑起来。很快，她看到了教学点前那棵二人合抱的梧桐树，耳边隐约听到了大白鹅的叫声。她跑得更快了，一口气跑进了教学点，然后就看到了李老师，后者就站在梧桐树下，正对她微笑呢。

赵睿橙一下子心安了，也笑了起来。她没有进教室，而是站到老师身边，感觉特别踏实。李老师不说话，她也就不说话，她俩默默地站在梧桐树下，一同等待其他同学。

没过多久，又有人来了，是纪律委员冯爽，她不知道为什么老师和班长都不进教室，便也不进教室，和她们一同站在梧桐树下。就这样，每当有人来，就会先惊讶，然后站在树下，学生们几乎把这当成了一种游戏，谁先说话谁就输了，直到最后一人也到了。

“大家进教室，开始上课！”李茂看了眼表，大声道，此时还不到七点。很快，教室里传出了琅琅读书声。

从这天开始，每天早上大家都在梧桐树下集合，只要人到齐了便开始上课。

这天中午，李茂正在寝室批改作业，门忽然开了，一群人打闹着涌进来，赵睿橙怀里抱着一个塑料袋，后面的矮个子魏东来一个劲地喊：“还给我！快还给我！”

李茂用询问的、略加责备的目光看向赵睿橙，后者脸上一红，把怀里的东西放在办公桌上。李茂这才看清，原来塑料袋里装的大部分是泥土，而泥土的上面歪歪扭扭地长着七八朵五颜六色的小花。

“老师，这是魏东来带来的，”赵睿橙解释道，“他想送给您美化寝室，可是一直放在书包里不敢拿出来，我知道了就抢过来了。这是太阳花，也叫死不了，特别好养！”

李茂又看向魏东来，魏东来赶忙低头躲到一个男生后面，脸就像一块大红布。

李茂起身从床铺下拿出一个小花盆，把太阳花栽在里面，然后抱着花盆走出寝室，走进教室，把花盆放在窗台边。

“谢谢魏东来同学，这花只我一人欣赏太可惜了，用来美化教室更好。”李茂微笑说道。

放学前，李茂宣布：“魏东来同学的花提醒了我，除了学习文化知识，生活中还有许多美好值得我们去欣赏。最近大家学习都很用功，明天正好是周六，咱们全班去秋游！”

转天一早，八人再次在梧桐树下集合，七个同学背后还背着鼓鼓囊囊的书包，兴奋中夹杂着几许紧张与惶惑，他们从没秋游过，不知该如何做。

李茂有些哭笑不得地让他们把书包放在教室里，自己倒是背了个大包，便整队出发了。

李茂来到刘公寨快一个月了，一有时间便四处逛逛，对周围不算陌生。在她的带领下，一行人翻山越岭，边走边欣赏沿途美景，李茂还不时停下来，用手机给大家拍照。

中午时分，所有人的肚子开始咕咕叫，李茂便宣布停止“行军”。此时他们正好在一条小河边，李茂便找了一个平整的地方，打开书包，拿出一块大布铺在地上，然后把书包里的东西一股脑地倒在布上，有饼干，有面包，有薯片，有饮料。

“这是我所有的存货了！大家坐下来吃吧！”李茂畅快说道。

然而学生们却一个个呆立当场，赵睿橙更是坚决地说：“这是老师的东西，我们不能吃！”

李茂也呆住了，即便她的想象力再丰富，也万万想不到会出现这种情况。

于是她劝说起来，奈何一贯乖巧听话的孩子们，竟一反常态，任凭李茂怎么说，他们就是不肯吃，连碰都不肯碰一下。

“你们不吃，那我也不吃了，咱们一起饿肚子好了。”李茂改用苦肉计。

男生中最活泼好动的孙亮立即道：“这河里有鱼，老师，我给您抓鱼，咱们烤鱼吃！”说罢，他踢掉鞋子，挽起裤腿，踩着光滑的小石子走进了河里。

河水不深，还不及他的膝盖高，但此时早已入秋，河水冰凉彻骨，在河里捞鱼，那滋味一定不好受。

李茂立即出声制止，却起到了反作用，同学们的眼中放射出兴奋的光芒，呼喊着，争先恐后地冲进河中。

几人起初都在认真地捞鱼，然后便打起了水仗，水花在半空飞舞着，碰湿了每个人的衣衫。李茂真怕他们着凉，忽然想起进山之前接受的培训中，有野外生火这一项，便就地取材忙活起来。不会儿的工夫，还真让她点起一堆篝火。

孩子们看到火光，便带着自己的战利品上了岸，有人冷得蹲在火边发抖，有人则在一旁用形状特异的石头刮鱼鳞。十几分钟后，一只只收拾好的小鱼被串在粗枝条上。山里的孩子都是劳动能手，烤鱼的本领也很强，李茂自叹不如，她几乎把鱼烤成了一块黑炭。

孩子们忽然不再喧闹，都安静了下来，他们专心致志地烤鱼，好像在进行烤鱼比赛，谁一旦烤好了，就第一时间举到李茂嘴边，欢天喜地地请老师品尝。

李茂看着嘴边的七条小鱼，看着眼前的一张张笑脸，不禁心潮涌动，视线忽然模糊了，她竭力克制着，竭力保持着微笑。

早上七点半时，梧桐树下只站了七个人，魏东来没有来。李茂看了眼表，说道：“咱们先进去上课吧，魏东来同学可能生病了。”

赵睿橙嘀咕道：“可他上上周发烧也来上课了呀。”

李茂听了眉头微皱。放学时，她向赵睿橙打听魏东来家怎么走。赵睿橙说山里的路说不清，她愿意带老师去一趟。李茂犹豫一番便同意了。

李茂本来年纪就不大，而且没有一点老师架子，还很爱笑，就像一个知心大姐姐，所以每天一到下课，孩子们都争抢着围在老师身边，和老师说话，问城里人的事。赵睿橙自然也是其中一员，但她觉得自己是班长，应该发扬风格，所以总是把机会留给别人。而这次就不同了，路上要走近一个小时呢，她可以尽情和老师聊天了。

一路上，她几乎说个不停，天南海北，知道的不知道的，她都要说，还越说越起劲，因为从小到大，从没有人这样有耐心地听她说话、有问必答。她真希望这条路没有尽头，就这样永远走下去，那样该多好啊！

然而快乐的时光总是短暂的，她们到了。魏东来的妈妈见到李茂时十分惊讶，甚至有些手忙脚乱，她赶忙跑回屋，过了好半天才和丈夫一起出来。

一番寒暄后，李茂直奔主题：“孩子今天怎么没来上课？”

魏东来的妈妈忙道：“孩子感冒，怕传给别的同学，过两天好了就去！”

李茂想进屋看看他，二人坚决阻拦，一个劲地说：“不行不行，把您传上就坏啦！”

李茂只好作罢。

连续三天，魏东来都没来。课间时，李茂和学生们又聊起他，魏东来的好友刘鹏羽忽然低声说道：“李老师，其实，魏东来没病，他爸说上学没用，让他在家帮忙干农活呢。”

放学后，李茂再次来到魏东来家，这一次，她什么也没说，只是坐在他家门口的大石头上，一直坐到月亮高高挂起才回学校，之后的每一天都是这样。

李老师一来，魏家人就躲进屋里，再不肯露面。

很快，这事让学生们知道了，他们一听说老师每天都要从魏家走夜路回学校，都担心得不得了，因为这一带的山路狭窄崎岖，十分难走，本地人若非有急事，都不愿夜里出门，一个不小心就可能滚下山坡。

孩子们急了，都劝李老师别再去魏家了。李茂什么也不说，只是微笑着摇头。

大家见劝不动老师，放学后便和老师一起去魏家，李茂表示反对，他们便和老师玩起了捉迷藏，在后面悄悄跟着。

到后来，孩子们的家长知道了这事，纷纷劝阻，可他们全都拗不过自家孩子，只好也跟到了魏家，晚上再护着孩子一起回家。

这样一来，魏家的门前可是聚了不少人，小孩子在呼喊，大人们在议论，魏家人终于顶不住了，把泪流满面的魏东来放了出来。

李茂转身对众人鞠了一躬，摸着魏东来的头说道：“以后每天晚走一个小时，我帮你把这周落下的功课补上。”

魏东来用力点头，破涕为笑。

时光荏苒，转眼就快过年了，进山半年变得又黑又瘦的李茂，忽然想回家看看。

“老师，您走了……还回来吗？”赵睿橙代表全班问出了他们最想问的话。此时的教室里多了三副新面孔，他们的父母听说了李老师的事后，便让孩子丢下农活，跟李老师学知识。

李茂望着十张红扑扑、略显紧张的稚嫩小脸，微笑道：“当然回来啊，我舍不得你们呢，等过完年，咱们还在梧桐树下集合，不见不散！”

| 6 |

父亲的田野

作者 周松万

夕阳像个蛋黄，挂在山尖，两三片火烧云映照得天边红彤彤的，仿佛一群伸开翅膀的红色的鸟。父亲荷锄从田间归来，他的脸是红彤彤的，身后是收割后的稻田，也镀上了一层猩红。我帮父亲打好洗脸水，搬出一条板凳。父亲坐下来，手指间夹着一根烟，浓浓的烟雾从他满头白发里升起，拂到脸上，缓缓飘动，如一条蓝色的带子。他每吸一口，香烟上的红色火头就往后退一步，烟灰翘在那儿，不肯落下，如同这些年来的酸甜苦辣，丰富与生动着我们的记忆，难以忘记。

七十年代中期，父亲在本村做过六年之久的民办老师。当时月工资待遇不到两块钱，生活条件可以说非常艰苦。后来，父亲在一场清退民办老师的政策大潮中被清退回家。奶奶不住地叹气，说还指盼着吃皇粮端铁饭碗呢，没想到你还是回家当农民。

有一段时间，父亲难以适应现实，无精打采。对此，刚过门不久的母亲看在眼里急在心里，虽感遗憾，却总归拿得起放得下，她开导父亲说："回来就回来呗，只要身体好，肯干活，就不怕饿着肚子。"

父亲 1951 年出生，比母亲大一岁。1978 年，他们两人携手走到一起，成为夫妻。在父母结婚后的第二年起，姐姐、我、妹妹先后出生，在为家里带来欢乐和惊喜的同时，也给初为人父人母的双亲增添了生活压力和经济负担。

父亲有四兄弟，他是老二，一大家子挤着一间偌大的抖墙房（俗称“泥巴房”）里，夏天漏雨、冬天进风，相当简陋。分爨时，父亲从家里分得 3 块薄地、2 亩水田以及 5 斤大米。奶奶过意不去，说这怎么过得了日子啊？坚持要把家里的一头母猪分给父母，并准备再借些钱，给置办些家具什么的。父亲不允，大意是爷爷去世得早，他作为哥哥理应顾及下面还没成家的弟弟们。

我出生那年，正值国家改革开放的初期（1980 年），听说我家生活上还很困难。为了能有一间过得去的住屋，父母省吃俭用，自己做土砖，自己找材料，还东拼西凑几经周折才新建了一间单层红砖毛坯青瓦房。这对一个一穷二白刚刚新组建的家庭来说，其中的艰辛困苦，要多难有多难。

我记得，从小父母就没有让姐姐、妹妹和我饿过肚子。在我看来，母亲做菜的厨艺当属一流，蒸、煮、焖、炒、炖样样拿手，即便是小炒个白菜或者清煮茄子什么的，也能弄得香味四溢，让人胃口大开。那时候，为了减少米的开支，家里有个不成文的规定，就是每餐在吃饭之前，家中成员无论大小都要吃两三个蒸熟的红薯来填充肚子。我们小孩都不喜欢吃红薯，所以父母几乎每餐只能净吃红薯，多匀出些白米饭给我们小孩吃。我们三个精灵小鬼正长身体胃口出奇的好，这样的结果换来的是家里的粮食频频告急，青黄不接。母亲每每见状，就会说：什么时候才能有饱饭吃呢。

在那个年代，父亲和母亲穿着朴素，东一个补丁西一个补丁，而且穿得很单薄。他们是否有强大的御寒能力？或是他们的衣服裤子有什么奇异功能？这个问题多少次促使我和妹妹自作聪明地吵着要试穿，并天马行空地瞎猜想。

有那么两三年，姐姐妹妹对父母一直心怀不满，原因很简单，就是总穿不上她们所期盼的花裙子。我们姊妹三人穿的粗布衣裤是母亲在深更半夜借着煤油灯微弱的光亮，东剪一块黑布西拆一块青布，一针一线缝缝补补整出来的。往往姐姐穿了让我穿，我穿了再让给妹妹穿。面对我们的一次次“牢骚”，父亲并不发火，摩挲着我们的小脑袋指着我们身上的“花布”开玩笑：瞧瞧你们穿得多花呀，都快成“花姑娘”了。而我最大的愿望就是买一顶军帽和一把可以开火冒烟射出子弹的那种玩具枪，我多么希望与村里有钱人家的孩子并肩“战斗”，成为一名“大王”“战士”或者“将军”。父亲总是说，等过几天就带你们到圩上去买。说得我们欢蹦乱跳，可一天天过去，希望一次次变成了失望。好多次，面对我们的“非分之想”不依不饶，母亲作势凌空架起瘦削的巴掌，象征性做做样子就又收回去。我们不知道，在那些个天寒地冻的夜晚，母亲那双穿针引线的手已经磨成了层层厚茧；在她睡意浓浓哈欠连连时，被针尖刺痛了多少回。

父亲为了改变家庭生活困难的现状就从最简单的农活开始学起，虚心向村里的“农把式”请教学习，铆足一股子劲，打田塝、搭田塍、犁田、耙田、插秧、薅田、除草、收割……这些最基本的农活很快就被他学会。从我上小学懂事起，每年暑假（7 月）正是采收烤烟的季节，我都要牵牛随父亲背犁扛耙去到离家 40 里路的邻县嘉禾县塘村镇种烟大村——山背岭村帮这里的烟农犁烟田。由于父亲做事卖力说话和气犁田技术又好而且从不偷工耍巧，这儿的烟农都抢着找父亲帮忙。父亲每天天还麻麻亮就催我起床，我的任务是牵牛跟在他后头，他则背犁扛耙走在前头带路。我们在山背岭村一待就是二十来天，等一个阶段忙完下来，可以挣个二三千块钱，但由于父亲双脚长时间都浸泡在施了肥的烟田里，天气热气温高，田里的水像要烧开了一样，加上冒尖的烟秆儿时不时会刺到脚，等到要回家了的时候，父亲的两只脚跟和脚肚又肿又烂，他走路都走不动了，看着让人心酸掉眼泪。父亲却笑眯眯地说：“别担心，休息两天就没事了。”那时父亲年轻体壮力气大，身体棒得很，果真休息两天就又健步如飞，恢复如常了。

父亲勤劳朴实，说一不二。印象最深的一次是 1996 年 7 月上午的一天，太阳火辣辣地像一把巨大的烙铁炙烤着大地，父亲当时正在烤烟田里赶牛帮人犁田。没过多久天就变了，密集的乌云张牙舞爪翻滚着盖过头顶，一声闷雷，穿过云层，轰地在我们的身边炸响，我只觉得我的身体像被炸出了个窟窿，吓得哇哇大哭起来，我家那头老水牛也受到了惊吓，像被电触了一下，抻长脖子昂首对天干嗷两声腾跳了起来，似要挣脱牛轭甩掉父亲手中的铁犁。决了堤似的天空，哗哗啦啦下起了瓢泼大雨。“吁——！”父亲双手捂脸揩了一把飞溅的雨水，只靠近牛的耳边挠了挠并咕哝了几句，那双大手仿佛附了一股神力，牛就安静了下来。然后，父亲走上田埂，将我领到不远处靠近田边的一个岩洞里，一边说“没事，没事，不要怕”，一边嘱咐我别乱跑，说等他犁完这块田“咱们一起回家”。我哭着不依，央父亲回家。父亲脸一黑，剜了我一眼，很不高兴说：“别人都说了下午要插秧，你不是不晓得，怎么就说不清呢？——我们不能因为天打雷下雨就耽误了人家的事情。”简单交代几句，他兀自又下到田里去了。雷声轰隆，大雨如注，父亲双手扶犁的坚毅身影，脑门上的汗滴和着雨滴一线一线地掉，彼时彼景，至今难忘。

父亲通过勤学苦干成了十里乡邻顶呱呱的庄稼把式，赶牛耕地，提粮下种，筛簸扬拿，他无不精通。什么时候春种秋收，什么时候培秧育苗，如何施肥浇水，如何锄草杀虫，父亲都安排得妥妥当当，还把田里的庄稼侍弄得熨熨帖帖。经他手的农活都十分漂亮，和粗心毛脚的人做出来的绝对两样。他犁的地，沟垄均匀，翻出的泥巴呈波浪形，线条笔直圆滑，没有死角；他锄整过的地，平整如一，非常均衡，没有一块遗漏。父亲把土地打理成了一件艺术品，赢得了庄户人的众口称赞，换来了丰稔的年景，偿还了之前家里建房、生病和小孩读书欠下的两万多元债务，我们由此告别了缺穿少吃的贫穷困苦生活。

春种，夏长，秋收，冬藏，随着季节的节拍，普普通通的父亲和无数农人一样把汗水播洒于土地，滋养着庄稼，那一回回挥汗如雨、那一滴滴汗水，落地生根开花结果，一家老少因此丰衣足食，喜笑颜开。父亲像一株充分吸取阳光、水分、养料的水稻，分蘖，抽穗，灌浆，成熟，遵从时序节令，自食其力，自得其乐。

多年以后，当他们的子女都已长大成人，我时常听到父亲说，我们姊妹三人出生那会是他和母亲奠定人生基础开启美好生活的起点之时。我知道父亲这番话的深刻含义，它不仅透露了父亲对美满家庭的幸福指数，更表明了父亲对国家当时实施改革开放分田到户政策带来改变的感恩。中国农村家庭联产承包责任制以及随之而来的一系列惠农政策，给父亲这位与土地打交道的农村汉子，提供了一个养家糊口实现人生价值的平台和保障。

2006 年 1 月国家开始全面取消农业税，出台了扶持农民种粮的相关政策，它结束了长期以来农民缴纳“皇粮国税”的历史，体现了国家对农村、农民、农业的重视和扶持。然而，当时本地三十六湾矿区矿产资源丰富，受矿产资源开采、矿产品价格飙升等利益驱动，家乡众多农村农民还是禁不住洗脚上岸、抛田弃地去采挖他们向往的“金矿”了。这年，父亲 53 岁，“矿再多，也总有挖完的一天，没有保障。”父亲二话不说就到闹子上精挑细选了一头毛色鲜亮精壮彪悍的水牛。他信心满满地把本村的 5 户人家行将抛荒长草的 10 多亩良田一个人承揽下来。从插下秧苗后，定期灌溉排水、施肥、除草、杀虫……父亲总是起早贪黑，浑身使不完的劲。

不久之后，政府刮起矿业秩序综合整治风暴，县里采取“休克疗法”，全面关停采选企业，依法依规整合矿山资源。去矿山挖“金矿”碰壁的人们又开始回家到自己杂草丛生的被撂荒的田土里，重新除草杀虫，深翻梳理，精耕细作，种上水稻小麦玉米或者花生等经济农作物。

父亲今年 67 岁了，腿脚患有严重的风湿性关节炎，走起路来一瘸一拐，原本宽阔的面颊变得瘦削，颧骨凸出，布满褶皱的脸上总是涂着一层或深或浅的黑釉。父亲老了，我劝他别那么辛劳，应该注意身体，在家好好休息，他说：“你们工资都不高，小孩还小，我把地里的庄稼伺候好了，可以为家里增加一部分收益，一个家里里外外得需要多少钱来开支啊。”每当这时，愧疚和自责像长了利齿的虫子，很揪心。

可怜天下父母心。父亲还像以前那么忙碌，那么有劲头，这位曾经站在三尺讲台手握粉笔的英姿勃勃的“白面书生”除了在田里种植水稻，还和母亲一起在地里种花生、玉米、豆子等农作物。父亲以犁耙、镰刀、锄头为笔，以汗水、泪水为墨，孜孜以求涂抹变换大地收获的颜色，这样一年下来就有了四五万元经济收益，为我们做儿女的着实减轻了不小的负担。

又到收割时节，我约上姐姐和妹妹，我们带上小孩，从城里赶回农村，头戴草帽，卷起裤腿，做父母的好帮手。任收稻机的轰鸣声和我们五口之家的汗水滴答声，还有我们一大家子的小孩“也傍桑阴学种瓜”的欢声笑语融汇于广袤的田野、蓝蓝的天空。金灿灿的稻田里稻浪翻滚，那一株株稻穗，金黄饱满，沉甸甸地弯了腰，父亲的腰弯得更低，他弯腰的姿势，像是一场深情的告别，一次虔诚的膜拜。

国家惠农政策越来越好，农民兄弟的日子越过越红火，我们家也早已不愁吃不愁穿，过上了喜滋滋乐悠悠的小康生活。父亲脸上每天挂着开心快乐的笑容，他常乐呵呵对我们晚辈说：“现在国家政策就是好，在家做农活都有田地补贴，还有其他很多政策扶持和农业技术指导，当农民的福气不浅呵。”父亲笑得爽朗透彻，把上下齿龈都露了出来。

时间像一把刻度尺，一分一厘地镌刻着父亲的衰老和荣光，也记录着时代发展的变迁和我家在改革开放中变化的轨迹。在城市的高楼，在钢筋水泥的丛林里，我一次次梦见父亲在冰凉刺骨的田野，身披蓑衣，双手扶犁“驾、驾、驾”吆喝着，每每这时很多头牛就抻长了脖子向我走来，“凌晨两点，父亲把我和母亲敲醒 / ‘生了，生了’ / 惊喜从牛圈里破棚而出 / 满树银币簌簌而落 / 没来得及清理的一坨坨牛粪 / 如同一个个卖相很好的馒头 / 灯火煌煌，父亲那谨小慎微的样子 / 让我想起，我呱呱坠地 / 和他初为人父时的样子”，直至父亲与牛一道成为我诗歌和心目中的英雄。

后　记

2020年，将成为人类历史上一个闪光的年份，中国将从总体上彻底解决贫困问题，全面建成小康社会的梦想照进现实。这是人类发展进步史上的伟大事件，更是中华民族复兴路上的豪迈壮歌。

贫困是历史留下的顽瘴痼疾，也是全世界都在努力攻克的难题，反贫困是全人类共同面临的艰巨使命。党的十八大以来，朝着全面建成小康社会的宏伟目标，在以习近平同志为核心的党中央领导下，一场惊天动地的“脱贫攻坚战”在华夏大地上打响。2013年11月，习近平总书记在湘西自治州花垣县十八洞村考察时，首次提出“精准扶贫”重要理念，吹响了向贫困开战的冲锋号角。2015年11月，习近平总书记提出：“我们要立下愚公移山志，咬定目标、苦干实干，坚决打赢脱贫攻坚战，确保到2020年所有贫困地区和贫困人口一道迈入全面小康社会。”三湘儿女牢记习近平总书记的殷切嘱托，特别是广大党员干部坚定“大事难事看担当”的雄心壮志，鼓起“不破楼兰终不还”的拼搏劲头，奔赴扶贫战场，深扎贫困基层，吃得苦、霸得蛮、扎硬寨、打硬仗，以扶贫工作务实、脱贫过程扎实、脱贫结果真实的实际成效，充分体现了“精准扶贫”首倡地的担当与作为。现在，走过三湘四水，回望峥嵘岁月，从前的贫困地区如今气象焕然一新，基本生产生活条件明显改善，“两不愁、三保障”突出问题总体解决，经济社会发展步履加快，贫困群众收入水平稳步提高，现行标准下农村贫困人口实现脱贫、贫困县全部摘帽，解决区域性整体贫困的目标任务顺利完成。

从 2017 年 9 月起，遵照湖南省委副书记乌兰同志的指示，在湖南省委宣传部的指导下，湖南省文联、湖南省作家协会、湖南日报社和中南出版传媒集团联合主办“梦圆二〇二〇”主题文学征文活动，其目的在于通过文学创作反映湖南加快精准扶贫、精准脱贫步伐，坚决打赢脱贫攻坚战，全面建成小康社会的伟大实践。湖南文学界秉承怀抱天下的文化传统，勇当时代忠实的记录者、湖湘精神的传承者、脱贫攻坚的见证者和参与者。众多作家追随脱贫攻坚的铿锵脚步，以饱满、真切、深邃的情感，用汗水与心血，创作出一批礼赞湖南精准扶贫、脱贫攻坚的优秀作品，讲述扶贫路上的感人故事，塑造脱贫攻坚的典型人物，讲好脱贫攻坚湖南故事，为时代立传，为人民抒怀，为历史作证。

这次征文，共评选出 39 部（篇）包括长篇小说、中短篇小说、诗歌、散文、报告文学、儿童文学等体裁的获奖作品。这些获奖作品，生动记录了党的十八大以来我省贫困地区的巨大变化，讲述了贫困群众自力更生、艰苦奋斗、脱贫致富的励志故事，展示了广大党员干部勇挑重担、无私奉献、敢于创新的精神风貌，闪耀着党的精准扶贫政策的光辉，彰显了中国特色社会主义制度的优越性。这些获奖作品直面贫困群众的真实生活，对现实进行朴实的艺术提炼，将脱贫攻坚的重大主题糅进日常生活叙述之中，以文学的魅力聚合新时代脱贫攻坚战中迸发出的精神能量。这些获奖作品，既有润物无声的凡人凡事，也有光可鉴人的高尚情操、动人心魄的扶贫壮举，丰富了新时代关于乡土书写的文学长廊，描绘出一幅幅感人肺腑、充满时代气息的艺术图卷。结集出版获奖作品，旨在铭刻湖南人民战胜贫困奔向小康的历史壮举，展示三湘儿女打赢脱贫攻坚战的成功实践，让历史永远记住那些民族复兴路上的奋斗者，把波澜壮阔的新时代的神采与光亮传递给未来。

一切过往，皆为序章。当前，我们正处在脱贫攻坚与实施乡村振兴战略的历史交汇期，展示这个伟大时代的文学天地十分辽阔。我们期待广大作家以文学持久而深沉的影响力和感召力，挖掘出更多湖南脱贫攻坚的感人事迹，展现出人们意气风发奔小康的奋斗精神，推出更多经得起历史和人民检验的精品佳作，为建设富饶美丽幸福新湖南，决胜全面建成小康社会做出更加精彩的文学书写！

“梦圆二〇二〇”主题文学征文活动办公室
2020 年 5 月